Wie wäre es, ein Mensch zu sein?

Gerhard Danzer

Wie wäre es, ein Mensch zu sein?

Über das Humane für eine Welt von morgen

Gerhard Danzer
Potsdam, Deutschland

ISBN 978-3-658-31544-3   ISBN 978-3-658-31545-0   (eBook)
https://doi.org/10.1007/978-3-658-31545-0

Die Deutsche Nationalbibliothek verzeichnet diese Publikation in der Deutschen National-bibliografie;detaillierte bibliografische Daten sind im Internet über http://dnb.d-nb.de abrufbar.

© Der/die Herausgeber bzw. der/die Autor(en), exklusiv lizenziert durch Springer Fachmedien Wiesbaden GmbH, ein Teil von Springer Nature 2020
Das Werk einschließlich aller seiner Teile ist urheberrechtlich geschützt. Jede Verwertung, die nicht ausdrücklich vom Urheberrechtsgesetz zugelassen ist, bedarf der vorherigen Zustimmung der Verlage. Das gilt insbesondere für Vervielfältigungen, Bearbeitungen, Übersetzungen, Mikroverfilmungen und die Einspeicherung und Verarbeitung in elektronischen Systemen.
Die Wiedergabe von allgemein beschreibenden Bezeichnungen, Marken, Unternehmensnamen etc. in diesem Werk bedeutet nicht, dass diese frei durch jedermann benutzt werden dürfen. Die Berechtigung zur Benutzung unterliegt, auch ohne gesonderten Hinweis hierzu, den Regeln des Markenrechts. Die Rechte des jeweiligen Zeicheninhabers sind zu beachten.
Der Verlag, die Autoren und die Herausgeber gehen davon aus, dass die Angaben und Informationen in diesem Werk zum Zeitpunkt der Veröffentlichung vollständig und korrekt sind. Weder der Verlag, noch die Autoren oder die Herausgeber übernehmen, ausdrücklich oder implizit, Gewähr für den Inhalt des Werkes, etwaige Fehler oder Äußerungen. Der Verlag bleibt im Hinblick auf geografische Zuordnungen und Gebietsbezeichnungen in veröffentlichten Karten und Institutionsadressen neutral.

Springer ist ein Imprint der eingetragenen Gesellschaft Springer Fachmedien Wiesbaden GmbH und ist ein Teil von Springer Nature.
Die Anschrift der Gesellschaft ist: Abraham-Lincoln-Str. 46, 65189 Wiesbaden, Germany

INHALT

PROLOG
Vorwort und Einleitung — 3
Mensch-Sein in der Welt von morgen — 7

ENTWICKLUNG VON HUMANITÄT BEIM EINZELNEN
Erziehung, Bildung und Person — 27
Personale Psychologie und Psychotherapie — 49
Philosophieren heißt leben lernen — 73

HUMANE WELT- UND LEBENSANSCHAUUNGEN
Leben ohne entwertende Hierarchien:
Wie wäre es, ein Humanist zu sein? — 97
Leben ohne die Götter: Wie wäre es, Agnostiker zu sein? — 151
Leben ohne Krieg: Wie wäre es, ein Pazifist zu sein? — 197

**HUMANISIERUNG DURCH WISSENSCHAFT,
KUNST UND PHILOSOPHIE**
Was haben Philosophen mit der Humanisierung
unserer Welt zu schaffen? — 243
Kunst, Künstler und die Humanisierung der Welt — 263
Wer und was sind Wissenschaftler, und wie helfen sie
bei der Humanisierung unserer Welt? — 289

EPILOG
    Wie wäre es, ein Mensch zu sein? –
    Verantwortung, Person und Persönlichkeit   315

Personenregister   329

PROLOG

VORWORT UND EINLEITUNG

Wie wäre es, ein Mensch zu sein – fragt der Titel dieses Buches; und wir wundern uns ob dieser überflüssig wirkenden Frage: Sind wir nicht schon seit Jahrzehntausenden in der Gattung angekommen, zum *Homo sapiens* mutiert und also Mensch geworden? Und reicht es für unsere menschliche Identität nicht vollkommen aus, uns trotz beinahe vollständiger genetischer Übereinstimmung mit anderen Primaten-Vertretern diesen als überlegen, als Krone der Schöpfung zu empfinden? Wozu also die umständlichen Fragen nach einem Mensch-Sein und damit nach einer, wie es scheint, natürlichen Selbstverständlichkeit?

Ja, so wird man zugeben, immer schon sind wir Menschen, und seit langem leben wir wie selbstverständlich unserer Gattung gemäß. Nein, so darf man einwenden, seit Jahrtausenden stellen sich Menschen die Frage, wie sie ein menschliches Dasein führen, eine menschenwürdige Existenz gestalten können – und seit Jahrtausenden fallen die Antworten darauf immer wieder neu, überraschend, befriedigend oder unbefriedigend aus, ohne dass ein Ende dieser Antwortversuche in Sicht käme.

Die Anlässe, die Menschen dazu verleiten, die Lebensführung alles andere als problemlos und selbstverständlich zu empfinden, wechseln von Epoche zu Epoche, von Gesellschaft zu Gesellschaft, von Kultur zu Kultur und von Individuum zu Individuum. Die prinzipielle Fragwürdigkeit unserer Daseins- und Existenz-Gestaltung jedoch mag vor Jahrhunderten ähnlich verspürt worden sein wie heutzutage. Und einen Mangel an Humanitas, an humaner Vernunft, die notwendig wären, um den Herausforderungen des Lebens in menschlicher Manier zu begegnen, einen solchen Mangel beklagen wir Heutigen analog wie seit Generationen unsere Vorfahren.

Zu Recht sorgen sich viele von uns über das Ausmaß an politischer Instabilität, die in nicht wenigen Gebieten unseres Globus in Destruktivität und massive Gefährdung von Einzelnen, Gruppen oder ganzen Sozietäten umgeschlagen ist. Vom verheerenden Umgang mit unserer Natur – ein Umgang, dem die Qualitäten eines kollektiven Autoaggressions-Syndroms zukommen – über das Elend von Millionen Flüchtenden und Migranten bis hin zu Terror, Krieg und organisierten Schwerstverbrechen reichen derzeit die riesigen Leiden der Menschheit. Die Welt ist mindestens so sehr wie zu Shakespeares Zeiten aus den Fugen, und ebenso wie damals scheint heute keiner da, sie wieder einzurenken.

Im Gegenteil: Mancherorts kann man sich des bitteren Eindrucks nicht erwehren, dass Narren, Psychopathen und Populisten das Ruder der Herrschaft übernommen haben und die Staatsschiffe nichtsahnend oder feixend Richtung Untergang steuern. Besonders bedrückend daran ist das Faktum, dass einige dieser Herrscher mittels demokratisch legitimierter Wahlen an die Macht gekommen sind – die betreffenden Völker folgen bisweilen mehrheitlich und kritiklos den populistischen Demagogen sowie ihren Rattenfänger-artigen Parolen und Melodien.

Es wäre Hybris, die Lösungs- und Humanisierungsansätze, die es für die unterschiedlichen Nöte und existentiellen Konflikte von Menschen seit Jahrhunderten gibt oder die in vergangenen Jahren und Jahrzehnten formuliert wurden, in einem einzigen Buch auch nur annähernd umfassend erläutern zu wollen. Insbesondere die eben angeschnittenen Probleme politischer, gesellschaftlicher, menschheitlicher Natur sind derart komplex, dass sich schnelle und einfache Rezepturen von selbst verbieten. Hierfür tatsächlich solide Verbesserungen herbeiführen zu wollen bedeutet, die Expertise diverser Disziplinen – von den Wirtschaftsfachleuten bis zu den Soziologen, Psychologen, Technikern, Medizinern, Pädagogen, Biologen, Klimaforschern, nachdenklichen Politikern, Kommunikations- und Medien-Experten, Anthropologen, Energie-Forschern, Physikern, Entwicklungs-Beauftragten, Philosophen (Ethiker) etc. – einzuholen und in einem klugen Masterplan »Humane Erde« zu berücksichtigen.

Mein Text zielt auf viel Bescheideneres ab: Als Arzt, Psychologe und Psychotherapeut komme ich oft mit Menschen und deren alltäglichen Daseins-Kalamitäten in Kontakt, welche die Betreffenden nicht selten vor große Herausforderungen der Bewältigung stellen. Diese unseren Alltag prägenden Probleme wurden zum Ausgangspunkt der ersten drei Kapitel dieses Buches, worin Fragen von Erziehung, Bildung, Psychotherapie und konkreter Lebensgestaltung als wesentliche Aspekte einer Humanisierung der jeweiligen individuellen Existenz angeschnitten werden. Das Thema des Mensch-Seins wird hierbei von der Perspektive des Einzelnen aus betrachtet und beschrieben.

Die darauffolgenden Kapitel widmen sich derselben Thematik aus einer anderen Sicht – aus der Sicht von Welt- und Lebensanschauungen. Jeder von uns weist eine in der Regel uns nur teilweise bewusste Haltung, Einstellung und Meinung zu den Mitmenschen, zur Welt und Kultur auf, wobei die Gesamtheit dieser Einstellungen und Haltungen gemeinhin als Welt- und Lebensanschauung bezeichnet wird. Einige weltanschauliche Positionen, die mir selbst wert und wichtig erscheinen (Humanismus sowie Pazifismus und Agnostizismus), stelle ich ausführlich als Möglichkeiten der Humanisierung unseres Daseins vor.

In gewisser Weise bedeuten diese Welt- und Lebensanschauungen korrigierende Reaktionen auf drei basale (und zugleich nachvollziehbare) Irrtümer der Menschheitsgeschichte. Die kollektiv erlebte Bedrohung der menschlichen Existenz durch Krankheiten, Tod und Naturgewalten sowie durch als rivalisierend-feindlich empfundene fremde Gruppen und Völker veranlasste unsere Vorfahren dazu, Hilfe, Zuflucht und Entlastung beim Götterglauben (Theismus), bei entwertenden Hierarchien (Autoritarismus und Dominanz von aggressiven Vorurteilen) sowie bei gewaltsamen und kriegerischen Auseinandersetzungen (Bellizismus) zu suchen. Weil sich in den vergangenen Jahrtausenden der Autoritarismus, Theismus (vor allem Monotheismus) und Bellizismus als wenig taugliche und für die Menschen teilweise überaus destruktive ideologische Einstellungen und Strategien erwiesen haben, bedeutet ihre Korrektur in Form von Humanismus, Agnostizismus und Pazifismus ein dringliches Desiderat für die Zukunft.

Zuletzt folgen drei Kapitel, die sich den Fragen von Mensch-Sein und Humanität auf eine nochmals andere Art und Weise zuwenden. In der westlichen Welt haben sich in den letzten Jahrhunderten die Philosophie, die Wissenschaften und die Künste als erfolgversprechende Strategien des Erkenntnisgewinns etabliert. Diese drei Varianten untersuche ich hier im Hinblick auf das ihnen innewohnende Humanisierungs-Potential und ihre Beiträge für eine menschlichere Welt von morgen.

Eingerahmt werden diese drei Kapitelblöcke von einem Prolog und einem Epilog. Der Prolog umreißt die Problemlage des Humanen im 21. Jahrhundert, wohingegen der Epilog sehr vorläufige Antworten auf die Fragen nach humanen Lebensformen und Weltsichten sucht. Bei all den Diskrepanzen zwischen den himmelschreienden Inhumanitäten der realen derzeitigen Welt und der Idealität einer zukünftig humaneren Welt war es mein Bestreben, meinen Text weder in zu schönen Farben zu malen noch zu melancholerisch (ein passender Ausdruck von Bertolt Brecht für die traurig und zugleich zornig machenden Zustände der Welt) geraten zu lassen. Ob daraus schlussendlich ein wohltemperiertes Manuskript geworden ist, mag der Leser entscheiden.

Potsdam, im Winter 2020　　　　　　　　　　　　　　Gerhard Danzer

MENSCH-SEIN IN DER WELT VON MORGEN

Die Überschrift dieses Kapitels erinnert womöglich einige Leser an die Autobiographie von Stefan Zweig: *Die Welt von gestern* (postum 1942 erschienen). Zweig war mit Monographien über Erasmus von Rotterdam, Romain Rolland, Balzac, Casanova, Tolstoi und andere Dichter, Künstler und Philosophen berühmt geworden. Weil er jüdischer Abstammung war, sah er sich gezwungen, Österreich 1934 zu verlassen und zuerst nach London und später nach Brasilien ins Exil zu gehen. Dort verfasste er eine Autobiographie, die uns einen wehmütigen Blick zurück in die glanzvolle Kultur Österreichs und Alt-Europas bis zum Aufkommen des Totalitarismus erlaubt. Dementsprechend lautet der Untertitel des Buches zu Recht: *Erinnerungen eines Europäers*.

Hier nun wird die Welt von morgen und damit Entgegengesetztes verhandelt: Kein Zurück ins angeblich ach so schöne, heile, altbekannte Gestern des 18. oder 19. Jahrhunderts, kein Zurück in die Goethezeit, in die Zeit der Aufklärung, der Weimarer Klassik und der Romantik, sondern ein gedankliches Voraus ins ungewisse Morgen steht im Zentrum unserer Überlegungen – und dafür sind Phantasien, Pläne und Entwürfe statt Erinnerungen und Reminiszenzen gefragt.

Wie sehr bei allem Erinnern an vergangene Zeiten ein Blick nach vorne sowieso bitter Not tut, hat bereits Sören Kierkegaard in seinen *Tagebüchern* bedacht: »Es ist ganz wahr, was die Philosophie sagt, dass das Leben rückwärts verstanden werden muss. Aber darüber vergisst man den andern Satz, dass vorwärts gelebt werden muss.« (Kierkegaard 1923, S. 203) Und Goethe merkte in den *Wahlverwandtschaften* an:

Wir blicken so gern in die Zukunft, weil wir das Ungefähre, was sich in ihr hin und her bewegt, durch stille Wünsche so gern zu unseren Gunsten heranleiten möchten. (Goethe 1981, S. 384)

Im Hinblick auf Wissenschaftsdisziplinen ausgedrückt bedeutet dies unter anderem: Wir sollten nicht nur Historiographie, sondern auch Futurologie betreiben – wobei man sich kritisch fragen kann, inwiefern es überhaupt möglich und sinnvoll ist, sich wissenschaftlich mit der Zukunft zu befassen. Landen wir nicht unweigerlich in Spekulationen und wohlfeilen Wünschen, in den emotionalen Untiefen von Hoffnungen oder Befürchtungen sowie in utopisch oder dystopisch anmutenden Skizzen eines zukünftigen Morgen, die mit tatsächlich eintretenden, zukünftigen Szenarien wenig zu schaffen haben oder mit denselben nur sehr indirekt zusammenhängen?

Oder anders gefragt: Wie vermeiden es Futurologen, die sich häufig als Zukunftsforscher bezeichnen, in ein unverbindliches Plaudern über eventuelle zukünftige Entwicklungen zu verfallen und dabei einen seriös-wissenschaftlichen Anspruch preiszugeben? Und sollten wir uns aufgrund des naheliegenden spekulativen Charakters futurologischer Bemühungen nicht besser um die Welt von heute als diejenige von morgen kümmern?

Mitarbeiter des *Futuriums* in Berlin – einer Institution, die sich, wie ihr Name schon sagt, mit der Zukunft beschäftigt – antworten auf diese Fragen mit dem eleganten Hinweis, dass sie sich nicht so sehr mit dem passiv tönenden und spekulativen Problem des »Wie *werden* wir leben?«, sondern mit dem bedeutend aktiveren und konkreter zu bearbeitenden Thema des »Wie *wollen* wir leben?« beschäftigen.

Der Blick in die Zukunft scheint für Menschen von alters her wichtig gewesen zu sein. Aus dem *Alten Testament* kennen wir die Propheten, die sich mit unterschiedlichen Prognosen in dieses Heilige Buch eingeschrieben haben – Prognosen, von denen einige Wirklichkeit geworden sein sollen. Ebenfalls aus der Antike stammen die Rollen und Funktionen des Sehers und Weissagers. Die griechische Mythologie erzählt uns von Teiresias, einem blinden, alten Priester, der über die seltene Gabe verfügte, seinen Mitmenschen die zukünftigen Schicksale vorauszusagen. Er kleidete seine Voraussagen aber in solch sibyllinische Formulierungen, dass die meisten Betroffenen mit ihnen herzlich wenig anzufangen wussten.

Wie wichtig die vorausschauende Einordnung der Zukunft für die Griechen der Antike war, wird auch am Orakel von Delphi offenkundig. Pythia, die weissagende Priesterin, saß in der Nähe des Ortes Delphi und gab – nachdem sie in tranceartige Zustände versetzt war – Auskunft über zukünftige Lebensläufe von Einzelnen, Gruppen oder ganzen Sozietäten. Die Antworten auf an sie gerichtete Zukunftsfragen waren jedoch derart rätselhaft, dass man aus ihnen die eine wie auch die entgegengesetzte Richtung herauslesen konnte. Nicht zufällig spricht man noch heute von orakelnden Zeitgenossen, wenn man Menschen in Bezug auf ihre diffuse, doppeldeutige und unklare Ausdrucksweise charakterisieren möchte.

Eine ebenfalls weissagende Rolle nahm Kassandra ein, wobei ihre Prognosen in der Regel düster eingefärbt waren. Der Gott Apollon hatte sie, weil sie sich ihm verweigerte, dazu verflucht, dass keiner, der ihre Zukunfts-Szenarien hörte, denselben Glauben schenkte. Als tragische Heldin sah sie stets hellsichtig das kommende Unheil voraus und warnte ihre Mitmenschen davor – allein, diese Warnungen verhallten ungehört. Seither werden derartige Prognosen als Kassandra-Rufe bezeichnet.

Auch in der Heilkunde wird seit Jahrtausenden auf das Zukünftige großer Wert gelegt. Die Ärzte der griechischen Antike wurden nicht für ihre therapeutischen Erfolge oder (häufiger) Misserfolge bezahlt und gefeiert; vielmehr galten sie dann als tüchtig oder sogar großartig, wenn sie mit ihren jeweiligen Prognosen über den Verlauf einer Erkrankung richtiglagen – selbst wenn diese Prognosen kein gutes Ende verhießen.

Neben Teiresias, Kassandra und Pythia gab es bei den Griechen wie bei vielen anderen Völkern der Frühzeit diverse weitere Methoden, die individuelle oder kollektive Zukunft zu erkunden. Am Flug von Vögeln, am Stand der Sterne, an Wolkenkonfigurationen oder den eigenen Träumen sollte es angeblich möglich gewesen sein, über das zukünftige Schicksal Aussagen zu treffen – ohne dadurch freilich die schicksalhaften Abläufe merklich beeinflussen zu können oder zu wollen.

Das Fatum (»Wie *werden* wir leben?«) war für die Alten eine von den Göttern beschlossene Sache, an der man – selbst wenn man deren Inhalte voraussah – nicht rütteln konnte. In Horoskopen, Glaskugeln und Pendelbewegungen wie auch in diversen Angeboten von Wahrsagern und Gurus aller Schattierungen feiern diese Vorstellungen bis heute fröhliche Urstände. Doch wie lässt sich jenseits solch fragwürdiger Aktivitäten und mythologisch-abergläubischer Konzepte das Zukünftige seriös ins Visier nehmen? Und wie kann man die weitverbreitete Tendenz von Menschen, sich mit der persönlichen wie kollektiven Welt von morgen zu befassen (wie *werden* und wie *wollen* wir leben?), unter psychologischer und anthropologischer Perspektive einordnen?

Zur Anthropologie der Zukunft. – Schenkt man den Überlegungen und Forschungsergebnissen von vergleichenden Anthropologen Glauben, ist der Mensch das einzige Lebewesen, das weit in die Zukunft vorausdenken und planen kann. Experimente mit Orang-Utans, aber auch mit Raben und anderen Tierarten haben gezeigt, dass manche von ihnen (vor allem die Primaten) durchaus Pläne etwa für den darauffolgenden Tag aushecken und umsetzen. Ob es allerdings darüber hinaus ein Vorstellungsvermögen von Zukunft im Sinne von Jahre oder Jahrzehnte umfassenden Perioden bei ihnen gibt, scheint fraglich.

Menschen hingegen sind potentiell in der Lage, ihr persönliches wie auch das Dasein ihrer Zeitgenossen *in globo* bis hin zum Faktum von Limitierung und eigenem Tod zu imaginieren, und nicht wenige stellen sich sogar Zeiten und Verhältnisse nach ihrer individuellen Lebensspanne vor.* Die von Philosophen, Anthropologen, Psychologen wiederholt als exquisit für den *Homo sapiens* beschriebene Eigenschaft der Weltoffenheit bezieht sich demnach auch auf die zeitliche Dimension seiner Existenz: Menschen sind nicht nur welt-, sondern auch zeitoffen; in ihre Gegenwart ragt immer schon weit Zurück- wie auch weit in der Zukunft-Liegendes mit hinein.

Bereits Friedrich Nietzsche zielte auf dieses Phänomen ab. In *Vom Nutzen und Nachteil der Historie für das Leben* (1874) sprach er davon, dass Tiere kurz angebunden an den Pflock des Augenblicks vegetieren, indes die Menschen sich durch ihre Freiheitsgrade der Erinnerungs- und Zukunftsfähigkeit auszeichnen. Obwohl sich den Forschungsergebnissen der vergleichenden Anthropologie gemäß die Leinenlänge vergrößert hat, mit der die Tiere an den Pflock des Augenblicks fixiert sind, scheint auch weiterhin ein deutlicher Unterschied bezüglich des zeitlichen Umfangs der Zukunftsfähigkeit zwischen Menschen und Tieren gegeben zu sein.

Anthropologen wie Psychologen diskutierten im 20. Jahrhundert leidenschaftlich über die Frage, ob Menschen bevorzugt vergangenheits- oder zukunftsbezogen leben. Abgesehen davon, dass sich der Einzelne immer nur bruchstückhaft an diesbezügliche Formeln und Erkenntnisse von Wissenschaft und Philosophie hält, lassen sich wissenschaftliche wie philosophische Vertreter für beide Richtungen benennen. So stammt von Jean-Paul Sartre die Formulierung, der Mensch sei die Zukunft des Menschen. Ähnlich, wenngleich dunkler getönt, positionierte sich Martin Heidegger (in *Sein und Zeit*, 1927) mit der Beschreibung, die menschliche Existenz zeichne sich vornehmlich dadurch aus, dass sie »zum Tode vorlaufen«

---

* Siehe hierzu die Ergebnisse der Studie *Das Vermächtnis – Die Welt, die wir erleben wollen* (2017), durchgeführt vom Wissenschaftszentrum Berlin für Sozialforschung (WZB), vom Institut für angewandte Sozialwissenschaft (infas) und von der Wochenzeitung DIE ZEIT. Drei Themen scheinen den derzeit Lebenden für die kommenden Generationen dabei besonders relevant zu sein: Gesundheit, Erwerbstätigkeit und Zusammengehörigkeit.

und damit ihr eigenes Ende und Nicht-mehr-Sein imaginieren könne. Wer je diese Erfahrung in einem ernsthaften Sinne gemacht habe, sorge sich von da an bevorzugt nur noch um ein Thema: das Ich-selbst-Sein, bei Heidegger als Eigentlich-Werden des Daseins (Individuation bei C. G. Jung) bezeichnet.

Für die Psychologie seien zwei Namen aufgeführt, die exemplarisch für die Debatte über die Vergangenheits- versus Zukunfts-Orientiertheit und -Determiniertheit des Menschen stehen. Sigmund Freud vertrat in seiner Psychoanalyse eindeutig die Meinung, dass Vergangenes (in Form von Biographie, Triebschicksal, Traumen aller Art) den biomedizinischen wie psychosozialen *Status quo* von Individuen bestimme und verständlich mache; dementsprechend spielt die Kausalität (*causa causalis*) in seinem Menschenbild eine maßgebliche Rolle. Die Zukunft bedeutete für Freud folgerichtig eine (partiell heillose) Fortsetzung vergangener, größtenteils frühkindlicher Prägungen – eine Fortsetzung, die sich unter anderem in Form des Wiederholungszwangs äußern kann.

Alfred Adler hingegen schob in seiner Individualpsychologie die Zukunftsträchtigkeit des Menschen in den Vordergrund. Nicht nur woher einer kommt, sondern wohin einer geht oder zu gehen beabsichtigt, macht Adler zufolge nachvollziehbar, wie der Einzelne sein momentanes Dasein gestaltet und wie er allfällige existentielle Entscheidungen seines Lebens trifft. Die Finalität (also die Orientierung an Zielen, *causa finalis*) und nicht so sehr *Causa causalis* charakterisiere das menschliche Geistes-, Seelen- und Sozialleben.

Nach Adler ändern Wert- und Sinn-Orientierungen eines Menschen und damit die Zielsetzungen für die Zukunft nicht nur die augenblickliche Existenz, sondern auch sein Erinnerungsvermögen, seine Beurteilung der Vergangenheit und eventuell sogar seine körperlichen Verhältnisse. Das Morgige ragt als Drohung oder Verlockung, Abschreckung oder Wunsch ins Heute hinein und bestimmt so maßgeblich die Handlungen, Haltungen und Entscheidungen des Individuums mit. Man kann diese Art und Weise des Determiniert-Werdens auch, wie soeben geschehen, als *causa finalis* (Aristoteles), als eine Verursachung durch Zukünftiges bezeichnen.

Auf literarischem Terrain diskutierte Robert Musil, Zeitgenosse von Freud und Adler, die Fragen von Kausalität und Finalität, Vergangenheits- oder Zukunftsbezug des Menschen; Letzterer (der Zukunftsbezug) wurde von ihm auch als Möglichkeitssinn bezeichnet und unter diesem Terminus breit erörtert. In seinem *Der Mann ohne Eigenschaften* (1930 ff.) stoßen wir auf die Kapitel-Überschrift *Wenn es Wirklichkeitssinn gibt, muss es auch Möglichkeitssinn geben;* über ihn (den Möglichkeitssinn) reflektierte Musil:

Wer ihn besitzt, sagt beispielsweise nicht: Hier ist dies oder das geschehen, wird geschehen, muss geschehen; sondern er erfindet: Hier könnte, sollte oder müsste geschehen ... So ließe sich der Möglichkeitssinn geradezu als Fähigkeit definieren, alles, was ebenso gut sein könnte, zu denken und das, was ist, nicht wichtiger zu nehmen als das, was nicht ist ... Solche Möglichkeitsmenschen leben, wie man sagt, in einem feineren Gespinst, in einem Gespinst von Dunst, Einbildung, Träumerei und Konjunktiven ... Wenn man sie loben will, nennt man diese Narren auch Idealisten. (Musil 1978, S. 16)

Selbst seriöse Blicke in die Zukunft sind mit dem Konjunktiv sowie dem Möglichkeitssinn assoziiert. Ohne dieses fragende »Wie wäre es, wenn ...?« eröffnet sich kein Raum der Zukunft, der stets mit Potentialitäten und nur sehr bedingt mit Realitäten angefüllt ist. Ziele, Vorstellungen und Pläne von Menschen müssen zwar, um irgendwann wirklich zu werden, auf die jeweiligen Tatsachen bezogen sein; zugleich aber reichen sie über das Faktische hinaus ins Ideale, Werthaltige oder Phantastische – wobei es zu den vornehmen Aufgaben von zukunftsgläubigen und zukunftsorientierten Menschen (also Idealisten) gehört, die von ihnen ins Visier genommenen Werte und Ideale nach und nach in die spröde Wirklichkeit einzuarbeiten.

In Musils Roman weigert sich die Hauptperson Ulrich jedoch immer wieder, aus seinen eigenen wie auch aus den Potentialitäten der anderen feste, unwiderrufliche Realitäten werden zu lassen. Stattdessen huldigt er der *Utopie des Essayismus* (Musil 1978, S. 247) und begreift sein Dasein ebenso wie die ihn umgebenden gesellschaftlich-kulturellen Verhältnisse als Experimentier-Anordnungen und Versuche, die jederzeit andere als die bisherigen oder erwarteten Resultate zu Tage fördern werden:

Kein Ding, kein Ich, keine Form, kein Grundsatz sind sicher, alles ist in einer unsichtbaren, aber niemals ruhenden Wandlung begriffen, im Unfesten liegt mehr von der Zukunft als im Festen, und die Gegenwart ist nichts als eine Hypothese, über die man noch nicht hinausgekommen ist. (Musil 1978, S. 250)

Der Begriff *Essay* stammt übrigens vom lateinischen Wort *exagium* ab, was Versuch, Kostprobe und Abzuwägendes bedeutet. Im Gegensatz zu wissenschaftlichen Erkenntnissen, die durch zeit- und ortsunabhängige Wahrheitspartikel gekennzeichnet sind, eignet essayistischen Gedanken stets etwas Probeweises und Vorsichtig-Skeptisches. Nicht kontextfreie, analytisch-reduktive Fakten werden im Essay verhandelt; vielmehr stehen komplexe Zusammenhänge wie eben die Zukunft zur Debatte, die immer nur probeweise und wie bei Verköstigungen in bild- und geschmackhafte Worte gefasst werden. Der Alt- und Großmeister des Essays, Michel de Montaigne, charakterisierte die Methode des essayistischen Denkens, die er auch auf sich selbst anwandte: »Ich beobachte mich ohne Unterlass, prüfe mich, verkoste mich – *je me gouste*.« (Montaigne 1998, S. 327)

Ein Philosoph, der sich in seinem Denken dezidiert dem Vagen und Unfesten der Zukunft, dem Möglichkeitssinn, dem Konjunktiv sowie der Potentialität von Menschen zugewandt hat, war Ernst Bloch. In seinem *Das Prinzip Hoffnung* (1954–59) entfaltete er ein breit angelegtes Szenario der Zukunft von Menschen und ihrer Welt, die er das Noch-Nicht nannte. Zukünftiges existiert und gibt es zwar noch nicht, ist jedoch in vielerlei Hinsicht beim Einzelnen, in Sozietäten wie auch im Lebendigen generell als Möglichkeit angelegt. Selbst die Materie trägt Möglichkeiten in sich (z. B. Tendenzen, Prozesse), welche das antizipierende Bewusstsein des Menschen mehr oder minder umfänglich und bewusst erfasst und zur Kenntnis nimmt. Daneben beschrieb Bloch Phänomene wie Tagträumen, Sehnen, Hoffen, Wünschen, in denen das Noch-Nicht ebenfalls sicht- und spürbar wird. Besonders das Hoffen als fundamentale Zukunftseinstellung darf und muss dem Philosophen zufolge von den meisten Menschen erst gelernt werden – dabei ging es ihm um aktive, die Zukunft gestaltende (wie *wollen* wir leben?) und keineswegs bloß um passive, zuwartende oder womöglich sogar masochistisch-duldende Haltungen (wie *werden* wir leben?) von Einzelnen, Gruppen oder Sozietäten. Eine solche Haltung der Zukunft gegenüber kannte bereits Goethe, bei dem es heißt:

Unsere Wünsche sind Vorgefühle der Fähigkeiten, die in uns liegen, Vorboten desjenigen, was wir zu leisten imstande sein werden. Was wir können und möchten, stellt sich unserer Einbildungskraft außer uns und in der Zukunft dar; wir fühlen eine Sehnsucht nach dem, was wir schon im Stillen besitzen. So verwandelt ein leidenschaftliches Vorausgreifen das wahrhaft Mögliche in ein erträumtes Wirkliches. (Goethe 1981, S. 386)

Wie sehr es Bloch in seinem Hauptwerk darum zu tun war, nicht nur individuell-privatistische Wünsche und Hoffnungen aufzusummieren, wird im zweiten Band von *Prinzip Hoffnung* deutlich, in dem er sich diversen gesellschaftlich relevanten Utopien und deren Umsetzungs-Möglichkeiten zuwandte. So beschrieb er ärztliche und Sozial-Utopien, architektonische, geographische, technische und nicht zuletzt auch künstlerische Utopien. Wenn viele Menschen ihr Sehnen, Trachten und ihr Hoffen auf Aspekte dieser Utopien ausrichten, kann aus ihnen partielle Wirklichkeit und im günstigen Fall Heimat werden – ein zukünftiges Empfinden und Erleben des menschlichen Daseins, von dem das augenblickliche noch entfernt ist:

> Der Mensch lebt noch überall in der Vorgeschichte, ja alles und jedes steht noch vor Erschaffung der Welt, als einer rechten ... Hat er sich erfasst und das Seine ohne Entäußerung und Entfremdung in realer Demokratie begründet, so entsteht in der Welt etwas, das allen in die Kindheit scheint und worin noch niemand war: Heimat. (Bloch 1959, S. 1628)

Mit seinem *Prinzip Hoffnung* wollte Bloch zwar nicht in die Gruppe jener Utopisten geraten, die ein schön imponierendes Morgen malen und damit die weit verbreitete menschliche Neigung, sich nach Erlösung von einem unerfreulichen Heute zu sehnen, *nolens volens* unterstützen – in gewisser Weise näherte er sich aber mit seinen marxistischen Zukunfts-Hoffnungen einem solchen Szenario dennoch an. Derartige Zukunfts-Erwartungen wurden und werden von religiösen Heilslehren oder religions-analogen Ideologien transportiert, die ihren Anhängern paradiesische Verhältnisse am Ende ihrer individuellen oder kollektiven Geschichte verheißen.

Solche Szenarien subsumiert man unter den Begriff *Eschatologie*, also unter eine prophetische Lehre von den letzten Dingen (so die direkte Übersetzung), die die Hoffnungen von Einzelnen, Gruppen und Sozietäten auf Erlösung und Vollendung aufgreift und in mehr oder minder konkrete Zukunftsbilder einfließen lässt. In den letzten Hundert Jahren haben sich neben den religiösen zunehmend säkulare Eschatologien (Kommunismus, Totalitarismus, Faschismus) etabliert, ohne dass die Versprechungen der jeweiligen Heilslehren Realität geworden wären – im Gegenteil: sie haben wesentlich dazu beigetragen, aus dem 20. Jahrhundert ein Zeitalter der grausam-inhumanen Extreme (Eric Hobsbawm) werden zu lassen.

Zur kollektiven Bedeutung von Zukunft. – Mit dem Begriff und Phänomen der Eschatologie und mit den darin investierten Erwartungen, Wünschen, Hoffnungen und Verheißungen verlassen wir individuell-psychologische Gesichtspunkte von Zukunft und touchieren die kollektiv-gesellschaftliche Bedeutung dieses Begriffs; diese ist eng mit dem Terminus der Utopie assoziiert. Unter Utopien versteht man Gesellschaftsordnungs-Entwürfe mit fiktivem Charakter. Wie die Übersetzung des Begriffs nahelegt, handelt es sich dabei um einen *ou topos*, einen Nicht- oder Nirgend-Ort. Doch hat bereits Thomas Morus, der in der Schrift *Vom besten Zustand* *des Staates oder von der neuen Insel Utopia* (1516) diesen Terminus in die Debatte einführte, darauf hingewiesen, dass man diesbezüglich auch von einem *eu topos*, einem guten Ort sprechen könnte.

Einen solch guten und zugleich fiktiven Ort entwarf auch Tommaso Campanella (1568–1639) mit seinem Buch *Der Sonnenstaat* (1602). In die Schar der skeptisch gestimmten Utopisten ist hingegen Jonathan Swift mit *Gullivers Reisen* (1726) sowie Voltaire mit *Candide* (1759) einzuordnen, wohingegen im 19. Jahrhundert die Zuversichtlichen unter den Utopisten literarisch wieder die Oberhand gewannen (Robert Owen mit *The Social System*, 1820; Étienne Cabet mit *Reise nach Ikarien*, 1842; Friedrich Engels mit *Entwicklung des Sozialismus von der Utopie zur Wissenschaft*, 1880). Bei Engels schlagen die utopischen Schilderungen in konkrete und angeblich wissenschaftlich fundierte Handlungsanweisungen um.

Wie sehr aus *ou topos* ein *dys topos* werden kann, mussten im 20. Jahrhundert vor allem die Völker Europas leidvoll erfahren, und Millionen Menschen kamen im Gefolge der totalitären Versprechungen sogar ums Leben. Die Utopie einer klassenlosen Gesellschaft und einer Herrschaft des Proletariats hat sich als ebenso widersinnig-inhuman-destruktiver Totalitarismus erwiesen wie die faschistischen Utopien (z. B. mit dem Ziel der reinen Rasse) in Deutschland, Spanien, Italien und anderswo.

Diese wahnwitzigen Entwicklungen wurden im 20. Jahrhundert von manchen Schriftstellern eindrücklich kommentiert respektive von ihnen vorausgesagt. Drei Bücher sind in diesem Zusammenhang besonders erwähnenswert: George Orwells *Animal Farm* (1944) und *Nineteen Eighty-Four* (1949) sowie Aldous Huxleys *Brave New World* (1932). Letzterer imaginierte in seiner Dystopie eine totalitäre Gesellschaft, deren Mitglieder mittels Drogen und Promiskuität derart ruhiggestellt werden, dass ihnen jegliche autonome Kritikfähigkeit und authentische Lebensart abhanden kommt. Als Motto seines Textes wählte Huxley folgerichtig ein Zitat des russischen Philosophen Nikolai Berdjajew (1874–1948):

Utopien erweisen sich als weit realisierbarer, als man früher glaubte. Wir stehen heute vor einer ... beängstigenden Frage: Wie können wir ihre endgültige Verwirklichung verhindern? ... Vielleicht beginnt ein neues Zeitalter, in dem Intellektuelle und Gebildete Mittel und Wege erwägen, die Utopien zu vermeiden und zu einer nicht-utopischen, einer weniger »vollkommenen« und freieren Gesellschaftsform zurückzukehren. (Huxley 1996, S. 7)

Ähnlich ablehnend den gesellschaftlichen Utopien gegenüber, welche den Menschen Gleichheit, Freiheit und Brüderlichkeit für morgen versprechen und dafür heute aber den Opfergang und die Eliminierung von Millionen und Abermillionen Individuen fordern und durchsetzen, stellte sich George Orwell ein. Als überzeugter Sozialist empfand dieser Autor die totalitären und brutalen Veränderungen in der kommunistischen Sowjetunion unter Stalin als bedrückenden Irrwitz; in *Animal Farm* (1944) glossierte er die stalinistischen Verhältnisse in einer bitterböse-satirischen Parabel.

Noch entlarvender im Hinblick auf die armseligen Gegebenheiten im real existierenden Kommunismus wirkte Orwells *Nineteen Eighty-Four*. In diesem Text, der zum regelrechten Klassiker der dystopischen Science-Fiction-Literatur avancierte, schilderte der Autor einen durchorganisierten Überwachungsstaat, der sich als Großer Bruder geriert und seine Bürger mit systematischer Gehirnwäsche und *fake news* zu willigen Gefolgsleuten und dumpf-trotteligen Automaten macht. *Big Brother is watching you* – so lautet eine fundamentale Gewissheit in diesem Staat, dessen Propaganda von einem Wahrheitsministerium mit Formulierungen wie »Krieg bedeutet Frieden / Freiheit ist Sklaverei / Unwissenheit ist Stärke« (Orwell 1984, S. 30) umgesetzt wird, und der mittels *Neusprech* und *Doppeldenk* auch noch den letzten Rest von Rationalität und *Common sense* bei jedem Einzelnen wie auch bei Gruppierungen ausradieren will.

Angesichts des unsäglichen Leids, das die utopischen Erzählungen im 20. Jahrhundert mit verursacht haben, ist man gut beraten, allen Heils- und Erlösungsversprechungen mit unerschütterlich-standhafter Skepsis zu begegnen. Eschatologische Zukunftsvisionen haben in der Geschichte der Menschheit überwiegend zu Destruktivität und Inhumanität beigetragen – seien sie religiöser oder säkularer Natur gewesen. Die Grabinschrift des bekannten griechischen Schriftstellers Nikos Kazantzakis (1883–1957), der sich in seinem Leben von etlichen Utopien und Zukunfts-Versprechungen erfolgreich emanzipierte, ist daher nur allzu verständlich; sie lautet: »Ich erhoffe nichts. Ich fürchte nichts. Ich bin frei.«

Die Welt von morgen. – Wir sind also gewarnt, wenn wir uns unserer individuellen oder kollektiven Zukunft zuwenden, und wir dürfen fragen, wie eine Welt von morgen vorgestellt und vorbereitet werden kann, ohne in die Falle von Utopien zu tappen, die sich schlussendlich als destruktiv oder zumindest kontraproduktiv erwiesen haben. Ebenso stellt sich aber die Frage, ob es ohne utopisch anmutende Entwürfe und Phantasien überhaupt Entwicklungen hin zu einem besseren Leben für einzelne, viele oder die meisten Menschen geben kann – ganz im Sinne Oscar Wildes, der überzeugt war, dass eine Landkarte, die das Land Utopia nicht kennt, das Papier nicht wert ist, auf dem sie gedruckt ist; oder auch im Sinne Nelson Mandelas, der darauf hinwies, dass wir über uns hinauswachsen müssen, wenn wir unsere Zukunft gestalten wollen.

Was aber macht die Welt von morgen aus, und welche Themen werden uns als Individuen, Gruppen oder Sozietäten, als Europäer und Weltbürger begeistern, erschüttern oder zumindest touchieren? Gibt es Horizonte, auf die hin es zu segeln lohnt, oder Abgründe, vor denen wir uns tunlichst fernhalten sollten? Bewegt die Erde sich weiterhin stabil auf ihrer Planetenbahn, oder haben wir sie, wie Friedrich Nietzsche in *Also sprach Zarathustra* (1883–85) nach dem »Tod Gottes« bildhaft schrieb, von ihrer Sonne längst schon losgekettet, und seither bleibt uns nur, gegen ein unendliches Nichts zu stürzen?

Eine Herausforderung, über die Welt von morgen nachzudenken, besteht demnach darin, weder in Defätismus noch in Utopismus, weder in Kassandra-gleiches Katastrophieren noch in blinden Fortschrittsglauben zu verfallen. Und noch eine weitere Klippe gilt es zu umschiffen: Seit etwa drei Jahrhunderten, seit der Zeit der Aufklärung, imponiert den Menschen (der westlichen Welt) die Zukunft verglichen mit der Vergangenheit und der Gegenwart als die viel wichtigere, weil gestaltbare und den kühnsten Entwürfen wie auch Befürchtungen unserer Gattung anzugleichende oder zu verhindernde Zeitdimension.

Seit etwa drei bis vier Jahrzehnten hat sich diese Bewertung noch radikalisiert. Anfang der 70er Jahre gab der *Club of Rome* seinen oft zitierten und zu wenig gelesenen Bericht *Die Grenzen des Wachstums* (1972) in Auftrag, dem viele weitere Prognosen für die Entwicklung der Erde folgten. Obwohl durchaus nicht alle Vorhersagen dieses Berichts eingetroffen sind, hat sich unter Futurologen, Politikern, Wissenschaftlern, Technikern, Wirtschaftsmanagern, Intellektuellen seither die Überzeugung festgesetzt, dass die Zukunft der Menschheit und unseres Planeten in vielerlei Hinsicht berechenbar und über Globalsteuerungen in den Griff zu bekommen ist – respektive, dass die Zukunft apokalyptischen Charakter annimmt, wenn die falschen oder aber keine Konsequenzen aus den Prognosen der Experten gezogen werden.

Seit wenigen Jahren erhält die Vorstellung der Berechenbarkeit von Zukunft neue Nahrung, da es aufgrund der zunehmenden Digitalisierung zur Aggregation gigantisch anmutender Datenmengen (*big data*) kommt, die es vor dem Hintergrund raffinierter Algorithmen möglich erscheinen lassen, Zukünftiges exakter zu prognostizieren als bisher – gleichgültig, ob es sich dabei um schlichte Wettervorhersagen, den oft deklarierten Klima-Tod, den definitiven Kollaps des kapitalistischen Wirtschaftssystems oder die Unsterblichkeit unserer Gattung vor dem Hintergrund des zukünftigen Mensch-Maschine-Hybrids (Post- und Transhumanismus) handelt.

Was bei diesen Szenarien, die keineswegs mehr als offene Zukunft, sondern beinahe als ein hermetisch geschlossenes *Memento Futurae* auf uns zurollen, mehr oder minder außer Acht bleibt, sind Einflussgrößen wie der Zufall oder die Irrationalität menschlicher Existenz-Entscheidungen. So sehr man versucht, diese in die Zukunfts-Algorithmen einzupreisen, so sehr gehört es jedoch zum Wesen von Zufall und Irrationalität, eben nicht berechen- und vorhersagbar zu sein.

Trotz dieser Einschränkungen lassen sich Einzelne wie Sozietäten von unterschiedlichen Zukunfts-Szenarien immer wieder in der Gestaltung ihrer Gegenwart und den Weichenstellungen ihres Daseins beeindrucken. War es früher die Geschichte, die als Tradition den Alltag von Menschen und Gesellschaften maßgeblich prägte, so ist es heute die scheinbar exakt und verlässlich gewordene Futurologie mit ihren diversen Prognosen, die das Denken und Handeln der Heutigen bestimmt und von morgen und übermorgen her unserer Gegenwart ihren Stempel aufdrückt. Wäre Nietzsche unser Zeitgenosse, würde er anstelle seiner unzeitgemäßen Betrachtung *Vom Nutzen und Nachteil der Historie für das Leben* (1874) eine analoge Abhandlung *Über Nutzen und Nachteil der Zukunft für das Leben* verfassen, in der er wohl ähnlich kritisch wie die Vergangenheits-Orientiertheit die derzeitige gesellschaftliche Zukunfts-Versessenheit aufs Korn nähme.

Nochmals also die Frage: Wie sollen und können wir produktiv und sinnvoll über die Welt von morgen nachdenken und uns sowie kommende Generationen auf dieses Morgen vorbereiten? Mein Vorschlag geht dahin, sich dafür primär nicht in virtuelle Verhältnisse von Utopia zu versetzen, sondern die Probleme unserer Gegenwart im Hinblick auf ihre Entstehung und ihre Perpetuierung so exakt und zugleich so umfassend wie möglich zu beschreiben. Ausgehend davon und basierend auf aktuell zugänglichen Handlungsofferten dürfen wir in einem zweiten Schritt versuchen, diese Probleme zu lösen oder (falls dies nicht realisierbar ist) mittels innovativer Phantasien und Entwürfe zu minimieren – eine gedankliche Beschäftigung mit der Zukunft, die strikt aus der Gegenwart entspringt.

Dieses Vorgehen entspricht einer Strategie, wie sie von Immanuel Kant im 18. Jahrhundert angewandt wurde. In *Vom ewigen Frieden* (1795) ging er vom Krieg, damals wie heute ein Haupt-Krebsübel der Menschheit, aus und stellte Überlegungen an, wie diesem zukünftig abgeholfen werden könnte. Nicht eine utopische Science-Fiktion-Welt, sondern sehr konkrete, in Verträge, Paragraphen und Rechtstitel gegossene Vorschläge waren die Antwort des Königsbergers auf die Frage, wie denn in Zukunft Kriege verhindert und Frieden dauerhaft gesichert werden könne. Wie global der Philosoph dabei dachte, wird allein schon am Faktum offensichtlich, dass er in seinem Text (vor über zweihundert Jahren!) ein Weltbürgerrecht auf Hospitalität (Gastfreundschaft) einforderte, das allen Menschen der Erde uneingeschränkt zustehe.

Ähnlich wie für das Anathema Krieg dürften philosophische Texte mit ebenso wirklichkeitsaufschließender Kraft wie *Vom ewigen Frieden* sowie literarisch-dichterische Werke zu Dutzenden verfasst und für die Zukunft genutzt werden. Als besonders dringliche Probleme unserer Jetzt-Zeit, für die wir angesichts einer Welt von morgen schleunigst Lösungs- und Linderungs-Konzepte entwickeln müssen, erscheinen mir folgende naheliegend und offenkundig:

1) Die Phänomene Krieg und Gewalt, vor allem auch in den Formen des 21. Jahrhunderts (Stellvertreter-Kriege; Cyber-Attacken; *frozen conflicts*; kriegsähnliche Gewalt zwischen ideologischen und/oder wirtschaftlichen Interessensgruppen; Bürgerkriege; Banden-Kriege; Mafia-Kriege; Terror-Kriege; religiös motivierte Kriege und Terror-Anschläge).

2) Bildung und Erziehung anstelle von emotionalem, sozialem und geistig-intellektuellem Analphabetismus. Den Terminus der Bildung sollten wir dabei nicht im abgedroschen-inflationären Sinne der Bildungsreformen der letzten Jahrzehnte verwenden, sondern ihn (wie bei Kant die Hospitalität) als einklagbares Weltbürgerrecht begreifen, das allen Erdenbewohnern ebenso zusteht wie Nahrung, Wohnung, Krankenversorgung.

Bildung und Erziehung dürfen zu den Willkommensgeschenken für alle Neugeborenen, Kinder und Jugendlichen unseres Globus zählen. Und sie sind meiner Ansicht nach die wichtigsten Präventivmaßnahmen, um zu verhindern, dass Menschen massenhaft den destruktiven Versprechungen von politisch, gesellschaftlich, ökonomisch agierenden Demagogen und Populisten Glauben schenken.

3) Ernsthaft-humane Globalisierung bedeutet: Nicht nur Bodenschätze, Öl, seltene Erden sowie Waren- und Geldströme werden zu global gedachten und realisierten Phänomenen – mindestens ebenso global ausgerichtet muss sich bei Individuen, Gruppen und Sozietäten die Verantwortung für Natur, Kultur und die Menschheit entwickeln. Wir sind noch nicht im 21. Jahrhundert angekommen, solange wir noch internationale Außen- und nationale Innenpolitik unterscheiden: Alle brennenden Fragen (Ökonomie, Ökologie, Hunger, Epidemien, Obdachlosigkeit, Klimawandel,

Dürre- und andere Umwelt-Katastrophen, Zerstörung der Natur, Überbevölkerung, obszöne Verteilung von Armut und Reichtum, Flüchtlings- und andere Migrationsbewegungen) sind globale Fragen, die weltinnenpolitisch anzugehen sind. Und wer diesbezüglich Prioritätensetzungen vornimmt – zuerst wir, dann die anderen; zuerst der Westen, das eigene Volk, das eigene Geschlecht, die eigene Hautfarbe, das eigene Portemonnaie und dann der Rest der Menschheit –, ist von der Ebene der Humanität um einige Tausend Höhenmeter entfernt.

4) Sprach- und Dialogfähigkeit sowie die Fähigkeit und Bereitschaft zum Perspektivwechsel sind fundamentale und grundwesentliche Fertigkeiten von Einzelnen wie von kleineren oder größeren Gruppierungen, ohne die es Weltinnenpolitik und globale Verantwortungsübernahme nicht geben kann und wird. Vor Jahrhunderten bereits hat Goethe den *West-östlich Divan* verfasst, und vor Jahrzehnten hat Willy Brandt den Nord-Süd-Dialog eingeklagt. Für die Welt von morgen dürfen wir uns heute schon Konzepte überlegen, die auf Verstehen und Verständigung einer gesellschaftlichen und kulturellen *grand round* von Nord und Süd und Ost und West hin angelegt sind.

5) Zu den basalen Grund-Irrtümern der Menschheit seit Jahrtausenden zählt die Tendenz, den anderen (in Form eines anderen Geschlechts, einer anderen Hautfarbe, Ethnie, Religionszugehörigkeit) zu entwerten, zu attackieren oder eventuell sogar zu eliminieren. Diese Tendenz verfestigte sich in patriarchalischen, rassistischen, ethnischen, antisemitischen und weiteren Vorurteilen und bereitete autoritativen, diktatorischen, totalitären Herrschaftsformen den Boden. In jüngster Zeit kulminieren die Vorurteils-geprägten Haltungen und Gesinnungen in Phänomenen wie Xenophobie und identitären Bewegungen. Die Welt von morgen, deren Bewohnern man einen wertschätzend-würdevollen Umgang miteinander wünschen mag, wird diese Qualität nur entwickeln können, wenn die Entstehung und Perpetuierung solcher Vorurteile entschieden minimiert wird.

6) Als ebenfalls fataler Irrtum der Menschheitsgeschichte haben sich jene Episoden erwiesen, in denen religiöser Aberglaube, Fundamentalismus und Fanatismus eine unheilige Allianz gebildet haben. In den letzten zwei Jahrzehnten haben diesbezüglich vor allem extremistisch-islamistisch orientierte Gruppierungen und Individuen mit brutalsten Terror-Anschlägen von sich reden gemacht. In früheren Jahrhunderten standen ihnen christlich-fundamentalistische Strömungen im Hinblick auf ihr Gewaltpotential in keiner Weise nach. Es gehört daher zu den Grund- und Hauptaufgaben zukünftiger Generationen, sich selbst wie auch ihren Kindern und Kindeskindern die Kardinaltugend umfassender Toleranz zu erläutern. Solange nur der eine Gott angebetet und verehrt werden darf und alle anderen Götter, Religionen und Weltanschauungen und damit natürlich auch der Agnostizismus diskriminiert und verteufelt werden, wird es immer wieder Phasen und Epochen geben, in denen sich – unter Berufung auf den einen Gott und die angeblich eine und reine Wahrheit – extremistisch-fundamentalistische Gruppierungen mit dem »heilig-reinen« Anspruch zusammenfinden, die »unreinen« Ungläubigen wie Ungeziefer aufzuspüren und zu vernichten.

7) Es mag meiner eurozentristischen Enkulturation und Sozialisation geschuldet sein, dass ich mir die Konzeptualisierung sowie beginnende Umsetzung einer humaneren Welt von morgen bevorzugt durch einzelne Künstler, Wissenschaftler, Intellektuelle, Philosophen, Weise, Dichter und Lebenskünstler, nicht aber als Resultat von Massenbewegungen ausmale. Allenfalls kleinere Gruppierungen mit sozial und kulturell innovativem Potential (wie z. B. in der italienischen Renaissance) sind wahrscheinlich ebenfalls in der Lage, ähnlich wie die eben erwähnten Einzelnen produktiv für eine zukünftige Humanisierung unseres Globus aktiv werden. Damit schaffen sie voraussichtlich keine Inseln der Seligen, vielleicht aber Inseln der Bildungswilligen – und damit Inseln, auf denen Individualismus (nicht Narzissmus!) sowie Personalismus hohe Werte bedeuten.

8) In Alfred Adler gab es einen Tiefenpsychologen, der in vielen Texten mit Begriffen wie *Common sense* und Gemeinschaftsgefühl eine Haltung und Einstellung beschworen hat, die einer Welt von morgen in einem humanen Sinne das Wort redete. Er war der Überzeugung, dass nicht wir, sondern die sozialen, kulturellen und ökologischen Aufgaben unseres Globus groß sind; und dass Goethe Recht hatte, der es als einen großen Fehler bezeichnete, wenn man sich mehr dünkt, als man ist, und sich weniger schätzt, als man wert ist (*Maximen und Reflexionen*).

Die Welt von morgen braucht Menschen, die sich in Bezug auf ihren Selbstwert einigermaßen realistisch einschätzen. Solche Vertreter unserer Gattung sind am ehesten in der Lage, die komplexen Aufgaben und Herausforderungen der Zukunft adäquat zu erfassen und womöglich mit geeigneten Antworten zu versehen – mag es sich um Digitalisierung, Mensch-Maschine-Interaktion, Kartierung und Behandlung des Genoms von Menschen, Lösung von sozialen Fragen oder sonstige Phänomene und

Schlagworte handeln, von denen wie heute noch überhaupt keine rechten Begriffe, geschweige denn Konzepte für ihre Einordnung oder Meisterung haben.

9) Die Welt von morgen braucht darüber hinaus Menschen, die mutig und neugierig genug sind, um autonome Urteilskraft sowie ein subtiles, für emotionale, soziale und kulturelle Zwischentöne offen-waches Sensorium zu entwickeln. Dieses tut Not, um sich im zukünftigen Zweifelsfall jeweils für die Werte von Mitmenschlichkeit, Solidarität mit der Natur, Wachstum der Kultur und Schutz der personalen Würde (von z. B. Frauen, Migranten, Kindern, Muslimen) einzusetzen – gleichgültig, wie und wann uns dieser zukünftige Zweifelsfall konkret begegnen mag.

Die Zukunft hat schon begonnen (1952) – so lautete ein bekannter Buchtitel von Robert Jungk (1913–1994), der als Pionier der neuzeitlichen Futurologie gilt. Dieser Titel behält nur dann seine Gültigkeit, wenn eine erkleckliche Zahl von Menschen die Probleme von heute in ihrer Globalität und Komplexität begreift und über ausreichend soziale und intellektuelle Bildung verfügt, um sich konstruktiv für deren Linderung zu engagieren.

Rekapitulieren wir die vorangegangenen Seiten, wird man jede Form von billigem Fortschritts- und Zukunftsglauben mit Skepsis versehen – eine Haltung, die sich bereits in *Faust II* abzeichnet, wenn sich die grandiosen Zukunftsprojekte von Faust trotz mephistophelischer Mithilfe zum Schluss als höchst fragwürdig und teilweise sogar destruktiv erweisen. Ob und wie eine Lösung unserer eigenen drängendsten Fragen gelingen wird, kann man weder dem Vogelflug noch den Sternen noch – als modernistische Variante der Weissagung und Prophetie – den Geheimnissen digitaler Algorithmen entnehmen; die für die eben aufgezählten Problembereiche formulierten Lösungsansätze des vergangenen 20. Jahrhunderts waren jedenfalls in vielerlei Hinsicht nicht gerade zuversichtlich stimmend.

Doch Skepsis bedeutet nicht Pessimismus. Hannah Arendt (1906–1975) hat in ihren Schriften wiederholt darauf hingewiesen, dass sich mit jedem neugeborenen Menschen auch neue Chancen und Möglichkeiten eröffnen, wie gerade dieses Individuum später im Leben gesellschaftliche, politische und kulturelle Themen erfassen, einordnen und bearbeiten wird. Die Philosophin bezeichnete dieses Phänomen als Natalität (in Ergänzung zur Mortalität), also als Geburtlichkeit, mit der sie nicht nur auf biologische, sondern auch auf soziale, psychologische und geistig-intellektuelle Arten des Neubeginns abheben wollte. Das Phänomen der Natalität lässt sich auch auf Situationen von Aus- und Weiterbildung, Lehre und Erziehung sowie von Bildung generell übertragen. Mit jedem Schüler, Studenten und Ausbildungskandidaten gibt es eventuell neue, manchmal überraschende Sichtweisen und Perspektiven auf die Welt von heute sowie innovative Pläne und Entwürfe für sich und die Welt von morgen.

Das Faktum und die Erwartung, dass auch zukünftig Generationen nach uns kommen, induziert neben der Sorge um deren Bildung und Erziehung also auch die von skeptisch-verhaltenem Optimismus geprägte Vorstellung eines Möglichkeitsraumes, den zu betreten und zu gestalten das Vorrecht dieser Nachgeborenen sein wird. An sie dachte Bertolt Brecht (1898–1956), der im Gedichtzyklus *An die Nachgeborenen* (1934–38) in einer massiv bedrängten Situation (der Dichter musste wegen des Faschismus lange Jahre im Exil zubringen) kommenden Generationen zurief: »Ihr aber, wenn es so weit sein wird / Dass der Mensch dem Menschen ein Helfer ist / Gedenkt unsrer / Mit Nachsicht.« (Brecht 1981, S. 725) Obwohl wir derzeit in Zentraleuropa deutlich entspannter leben als Brecht vor wenigen Jahrzehnten, gelten seine Worte ebenso für uns wie für die nach uns Kommenden.

LITERATUR

Bloch, E.: Das Prinzip Hoffnung (1954–59), Band 2, Frankfurt am Main 1959
Brecht, B.: An die Nachgeborenen (1934–38), in: Die Gedichte, Frankfurt am Main 1981
Goethe: Die Wahlverwandtschaften (1809), HA Band 6, München 1981
Goethe: Dichtung und Wahrheit (1811–33), HA Band 9, München 1981
Huxley, A.: Schöne neue Welt, Motto von N. Berdjajew (1932), Frankfurt am Main 1996
Kierkegaard, S.: Die Tagebücher (1834–1855), Innsbruck 1923
Montaigne, M. de: Essais (1580 ff.), Frankfurt am Main 1998
Musil, R.: Der Mann ohne Eigenschaften (1930 ff.), Reinbek bei Hamburg 1978
Orwell, G.: Neunzehnhundertvierundachtzig (1949), Frankfurt am Main 1984

ND BEIM EINZELNEN

ENTWICKLUNG VON HUMANITÄT
BEIM EINZELNEN

ERZIEHUNG, BILDUNG UND PERSON

Mit Begriffen wie in dieser Überschrift lockt man im 21. Jahrhundert keinen noch so hungrigen Hund hinter dem Ofen hervor – ganz im Gegenteil: Das Thema riecht nach Belehrung und krumm gewordenem Zeigefinger, nach sauertöpfischer Moral sowie rückwärtsgewandt-nostalgischer Verklärung des 18. und 19. Jahrhunderts, als Namen wie Humboldt, Herder, Basedow oder Pestalozzi noch innovativ und aufregend klangen. Mit welchen guten Argumenten sollen uns diese alten Kamellen zukünftig noch beschäftigen? Heute interessieren *Big-data-Solutions* oder *Profiling-Strategien* – welcher Hinterwäldler quält sich da noch mit Begriffen ab, die man (wie das Wort Bildung) nur mit komischen Verrenkungen ins Englische übersetzen kann?

Die folgenden Seiten leugnen die Themen und Fragestellungen, die sich im Rahmen der Digitalisierung und Globalisierung in den letzten zwei, drei Jahrzehnten als dringlich erwiesen haben, keineswegs; sie ergänzen diese Aufgabenliste jedoch um Problembereiche, die wir als unerledigte, hochbrisante Erbschaften des 20. Jahrhunderts übernommen haben: die eigentümliche Mischung in der nördlichen Hemisphäre und der westlichen Welt aus wissenschaftlich-technischen Fortschritten in Richtung Moderne einerseits (Eroberung des Weltraums; Entschlüsselung des menschlichen Genoms; In-vitro-Fertilisation; Digitalisierung) und Absturz in die absolute, bis dahin völlig unvorstellbare Inhumanität andererseits (zwei Weltkriege; Totalitarismus; Faschismus; Holocaust; Völkermorde).

Die Reihe dieser Index-Begriffe – Index insofern, als sie ungelöste und gigantische Problembereiche markieren – lässt sich ohne weiteres verlängern: Obdachlosigkeit; erzwungene Migration und Flucht; religiöser Fundamentalismus; Armut und/oder skandalöse Verteilung von Reichtum; Klimawandel und ökologischer Ressourcen-Missbrauch; Bürgerkriege und

Kriege; Drogen-, Waffen-, Menschen-Handel; Analphabetismus; Tendenz zu Nationalismen und diktatorischen Herrschaftsformen; Aufrüstung mit ABC- sowie mit Cyber-Waffen; defizitärer Nord-Süd-Dialog.

Diese Aufzählung wirkt erdrückend, und bedenkt man, dass sich seit einigen Jahrzehnten Dutzende von internationalen Organisationen um die Linderung der allergröbsten diesbezüglichen Nöte und Bedrohungen bemühen, ohne dass dies bisher zu tatsächlich anhaltenden, merklichen Erfolgen geführt hätte, ist man vom Zustand zynischer Resignation nicht weit entfernt.

Eine verbessernde Beeinflussung dieser Problembereiche erinnert an die zwölf Aufgaben des Herakles aus der antik-griechischen Mythologie – Aufgaben, die den Einzelnen beinahe unweigerlich mit Erlebnissen des Scheiterns konfrontieren. Natürlich kenne auch ich keine Patentlösungen dafür, bin aber überzeugt, dass Fortschritte nur zu erzielen sind, wenn (so eine Generalthese dieses Buches) der Status von Erziehung und Bildung bei bedeutend mehr Menschen als bis jetzt merklich angehoben wird.

Vor dem Hintergrund der erwähnten Globus-, Menschheits-, Kulturgefährdenden Phänomene sind die Themen von psychosozialer Hygiene, Enkulturation und sozialem Miteinander der Menschen überaus essentiell. Besonders die Fragen, wie Kinder, Jugendliche, Erwachsene unter den Kautelen von Friedfertigkeit, Liberalität, Solidarität und humaner Vernunft erzogen und gebildet werden können, sind zentral für das Überleben von Menschheit und Kultur; gleichzeitig sind sie in ihrem Stellenwert wie auch hinsichtlich der anzuwendenden Methoden und Inhalte weithin umstritten.

In den letzten Jahren wurde in Bezug auf Bildung und Entwicklung von Kindern und Jugendlichen vor allem das diagnostische Werkzeug so geschärft, dass verlässlichere Aussagen nicht nur für die westliche Welt, sondern im globalen Maßstab möglich werden. So wird seit 1990 jährlich der *Human Development Index* (HDI) erhoben, in den neben dem Bruttonationaleinkommen pro Person sowie deren Lebenserwartung auch deren Bildungsindex miteingehen. Insbesondere Amartya Sen und seine zeitweilige Lebenspartnerin, die Philosophin Martha Nussbaum, haben sich um die Formulierung und Etablierung des HDI verdient gemacht.

Kürzlich (2020) wurde in *The Lancet* eine UN-Studie publiziert, die sich ebenfalls der Diagnostik von Entwicklungs- und Bildungs-Chancen der Kinder und Jugendlichen weltweit widmete. Die Hauptaussage dieser von der WHO und UNICEF mitgetragenen Untersuchung bestand darin, dass kein Land auf der Erde hinsichtlich aller wichtigen Kriterien (Bildung, Ernährung, Umweltschutz, biomedizinische und psychosoziale Hygiene) ihrem Nachwuchs optimale Bedingungen bietet. Viele ärmere Länder benachteiligen Kinder und Jugendliche aufgrund von Mangelernährung, reichere Länder gefährden die Zukunft des Nachwuchses aber aufgrund der Klimaschädigung, und überall besteht die hohe Notwendigkeit, partiell massive Bildungs- und Erziehungsdefizite zu beheben (vgl. Clark et al. 2020).

1) Erziehung und Bildung im Zeitalter der Un- oder Post-Bildung – oder: Wer erziehen und bilden will, muss an Erziehung und Bildung glauben. – Die Debatte über Chancen und Vergeblichkeit von Erziehung und Bildung ist nicht neu. Zu Beginn des 19. Jahrhunderts ergriff Jean Paul das Wort und erlaubte sich in *Levana oder Erziehlehre* (Jean Paul 2000) diesbezüglich einen Jux. In der Einleitung zu diesem Buch nahm er die Rolle eines Lehrers ein, der an eine Schule berufen wird und dort seine Antritts-Vorlesung hält. Dabei erläutert er dem überraschten Auditorium, warum es vertane Liebesmühe bedeutet, als Pädagoge Kinder oder Jugendliche erziehen zu wollen. Die wesentlichen Erziehungseinflüsse bestünden vielmehr in den allgemeinen Lebensumständen sowie im Zeitgeist, wogegen einzelne Lehrer herzlich wenig ausrichten könnten. Außerdem seien auch die Erzieher durch diese kollektiven Erscheinungen geprägt und wiederholen deshalb lediglich auf gelehrt klingende Manier die Vorurteile und Meinungen ihres Volkes.

Wir wundern uns nicht, wenn wir bei Jean Paul lesen, dass diesem Lehrer wenige Tage nach seiner Antritts-Vorlesung die Gelegenheit zu einer Abtritts-Vorlesung zugestanden wurde. Diese formulierte er ebenso engagiert wie die erste Rede, wobei der kauzige Humorist nunmehr einen entgegengesetzten Standpunkt einnahm. Hatte er seinen Zuhörern zuerst die Unmöglichkeit jeglicher Pädagogik vor Augen geführt, machte er ihnen nun deutlich, wie unendlich viel mit gelungener Erziehung zu erreichen sei: Nur so entwickele sich der Nachwuchs zu Menschen mit Format und Europa zu einem Bildungskontinent hohen Ranges.

Wer im 21. Jahrhundert zu Erziehung und Bildung Stellung bezieht, sieht sich in einer ähnlichen Situation wie Jean Pauls Lehrer in *Levana*. Da gibt es Argumente, die die pädagogischen Möglichkeiten grundsätzlich in Frage stellen: Der Mensch sei von seiner Erbmasse, den familiären und gesellschaftlichen Traditionen sowie vom Zeitgeist her derart determiniert, dass es kaum Sinn mache, ihn verändern zu wollen. Das Wenige, was an Einzelnen im Hinblick auf ihre angebliche Erziehbarkeit und Bildsamkeit zu beobachten ist, sei letztlich dem blinden Spiel ihrer Gene geschuldet.

Hinzu kommt die ernüchternde Diagnose, dass in Deutschland nach den jahrzehntelangen Anstrengungen der Reform-Pädagogik sowie diverser Bildungsreformen zunehmend eine *Praxis der Unbildung* (vgl. Liessmann 2014) und die Beliebigkeit einer *Post-Bildung* (vgl. Dörpinghaus 2014) um sich greifen, die fast alle Beteiligten dazu verleiten, die politisch-gesellschaftlichen Erziehungs- und Bildungs-Innovationen von vornherein als vergebliche, lediglich Kraft, Zeit und Geld verschlingende, schlussendlich langweilende und ineffektive Neuauflagen der alten Reformen zu begreifen.

Jeder, der (sich) bilden und erziehen will, darf also mit erheblichen Widerständen persönlicher wie kollektiver Natur rechnen; und er darf sich bewusst sein, dass es tatsächlich soziokulturelle Einflüsse gibt, welche Kinder, Jugendliche und Erwachsene mit unguten Vorurteilen sowie mit ideologischen Versatzstücken ausstatten, die sich wie Pech und Schwefel in ihrem Denken und ihren Gemütern festsetzen und häufig destruktive Wirkungen zeigen: Antisemitismus, Nationalismus, Militarismus, religiöser Aberglaube, Patriarchat, Rassismus sowie Narzissmen aller Art.

Doch trotz dieser oft übermächtig erscheinenden Einstellungen von Zeitgeist und fragwürdigen kulturellen Traditionen darf die Pädagogen der Gegenwart und Zukunft wie Jean Pauls Lehrer der Abtritts-Vorlesung ein kaum erschütterbarer Glaube an das bildsame Veränderungspotential von Individuen auszeichnen. Nur wer von der prinzipiellen, auf Person-Werdung hin orientierten Bildsamkeit von Menschen überzeugt ist, wird derlei bei sich oder anderen induzieren können. Nebenbei sei angemerkt, dass die Begriffe Erziehung und Bildung im Folgenden häufig synonym und ähnlich wie das englische Wort *education* oder das französische Wort *éducation* verwendet werden – wohl wissend, dass im deutschsprachigen Raum anders als im englisch- oder französischsprachigen mit Edukation meist Unterschiedliches (Erziehung versus Bildung) gemeint ist.

2) Erziehung und Bildung bedürfen Wissen und zielen auf Wissen ab. – Erziehung und vor allem aber Bildung sind auf Wissen hin orientiert. Ohne solide Wissensfundamente können sich Einzelne kaum je von dem Status der Unmündigkeit und intellektuellen Unterlegenheit emanzipieren. Wer sich in den vielen Belangen des Lebens als unwissend und ahnungslos empfindet, kämpft mit Ohnmachts- und Minderwertigkeitsgefühlen, die ihn ängstlich und zurückgezogen oder aber gereizt und aggressiv, schwerlich aber souverän und in sich ruhend werden lassen.

Nun wächst das potentiell verfügbare Wissen in den letzten Jahren und Jahrzehnten lawinenartig an, und ein Ende dieser Dynamik ist nicht in

Sicht. Man spricht in diesem Zusammenhang von Wissensgesellschaft, um zum Ausdruck zu bringen, dass in hochentwickelten Ländern Wissen und Information zur zentralen Ressource geworden sind, die zunehmend global, synchron, digital organisiert verfügbar ist. Selbst in spezialistischen Wissens-Nischen ist es heute für die Experten kaum mehr möglich, alles zu wissen, und was die vielgepriesene Allgemeinbildung betrifft, die man bei den Frage-Antwort-Spielen der diversen TV-Quiz-Runden präsentiert bekommt, sitzen die meisten Zuschauer achselzuckend in ihrem Fauteuil und wundern sich über die unzusammenhängenden Namen, Fakten und Begriffe, deren Erläuterung von den Kandidaten erwartet wird.

Erziehung, Schulung, Bildung in Bezug auf das derzeit und zukünftig verfügbare, weltweite Wissensangebot wird deshalb nicht selten als bloße Aufforderung interpretiert, Einzelne zu befähigen, halbwegs produktiv mit dem jeweiligen Nicht-Wissen umgehen zu lernen. Die sokratische Formel (Ich weiß, dass ich und was ich nicht weiß) zeichnet heutzutage all jene aus, die immerhin eine kleine Ahnung von der immensen Wissens- und Gedankenfülle haben, welche die Menschheit in ihrer Kulturgeschichte angesammelt hat, und die sich jetzt, da dieser Satz gelesen wird, schon wieder eklatant vermehrt hat.

Wissen, wie und wo Information und Wissen beschafft, bewertet und weiter in neue Wissenszusammenhänge eingestellt werden kann, zeichnet den Geschulten des 21. Jahrhunderts aus. Das bedeutet kein Plädoyer für ausgedehnte Wissens-Leerstellen oder für den Luxus der Dummheit. Im Gegenteil: Um in den Wissenssozietäten reüssieren zu können, bedarf es vieler, komplexer Wissens-Fertigkeiten und Wissens-Inhalte – begonnen beim mathematischen, naturwissenschaftlichen bis hin zum sprachlichen, gesellschaftlichen und künstlerischen Wissen.

Nun weisen Wissens- und Bildungsexperten von Wolfgang Frühwald (1935–2019) bis zu Konrad Paul Liessmann (geboren 1953) zu Recht darauf hin, dass weder in einzelnen Wissenschaftsdisziplinen noch für den Menschen, der sich solide Allgemeinbildung erwerben will, klar ersichtlich ist, welches Wissen denn gelernt, erworben, assimiliert werden sollte. Ein verbindlicher Kanon des Wissenswerten existiert für die allermeisten trotz des Bestsellers von Dieter Schwanitz *Bildung – Alles, was man wissen muss* (1999) nicht, und auch der von Marcel Reich-Ranicki großangelegte *Kanon*, eine Anthologie lesenswerter deutschsprachiger Werke (Romane, Erzählungen, Gedichte, Dramen, Essays), die zwischen 2001 und 2006 publiziert wurde, hat keinen breiteren Einfluss auf die entsprechenden Lehrpläne und Curricula genommen.

Die Situation hat sich in den letzten zwei Jahrzehnten insofern noch verschärft, als es seither Wissens- und Suchmaschinen wie Google gibt, die in Sekundenschnelle auf jede Frage oder in Bezug auf jeden Begriff Hunderte von Antwortmöglichkeiten offerieren. Wer sich als unbedarfter Bildungswilliger mit diesen gigantischen, unbegrenzten Wissensspeichern konfrontiert sieht, mag sich ob ihrer schieren Fülle wie erschlagen fühlen oder aber ob der Abwesenheit von Wichtigkeits-Hierarchien, limitierenden Strukturen und Zusammenhangs-Angeboten verzweifeln. Auch ist es fraglich, ob Maschinen Wissen vermitteln oder nicht eher Informationen bereitstellen – die für das Wissen unentbehrlich sind, aber noch nicht Wissen im Sinne von Erkennen, Verstehen, Einordnen, Zusammenhänge-Herstellen oder von kritischem Hinterfragen bedeuten. Nur aber derjenige, der mit Nachrichten, Informationen und Wissens-Inhalten auf diese Weise Umgang pflegt, befindet sich auf dem Weg der Bildung.

3) Wissen bedeutet lange noch nicht Bildung. – Immer wieder lässt sich beobachten, dass es wissende oder sogar sehr wissende Menschen gibt, denen man trotz ihres Wissens das Prädikat der Bildung nur ungern verleihen möchte. Nachdenklich stimmende Berichte aus der Zeit des Nationalsozialismus werden bisweilen zitiert: Menschen, die in der Lage waren, abends anrührende Gedichte von Eichendorff oder Mörike aus dem Stand zu rezitieren, um am nächsten Morgen die unfassbarsten Inhumanitäten zu begehen oder anzuordnen. Auch weniger erschütternde Beispiele lassen eine fixe Koppelung von Wissen und Bildung fragwürdig erscheinen; so mancher Gelehrter, dem man nicht nur einen souveränen Umgang mit Wikipedia, sondern darüber hinaus autarke Verfügbarkeit von Wissensinhalten attestieren darf, entspricht in zentralen Aspekten doch nicht den Vorstellungen eines gebildeten Individuums.

Nun hat bereits Max Scheler vor beinahe einem Jahrhundert darauf hingewiesen, dass es unterschiedliche Formen des Wissens gibt; er führte diesbezüglich das Herrschafts-, Bildungs- und Erlösungswissen (vgl. Scheler 2008) an, wobei er mit Herrschaftswissen die Beherrschung der äußeren oder auch der inneren Natur zur Erlangung praktischer Ziele anvisierte. Bildungswissen hingegen führe günstigenfalls zur Ausformung und Gestaltung von Person und Persönlichkeit. In der Pädagogik und Bildungsdebatte des 20. und 21. Jahrhunderts haben sich die Begriffe Schelers insofern gewandelt, als etwa Jürgen Mittelstraß von Verfügungs- und Orientierungs- und nicht mehr von Herrschafts- und Bildungs-Wissen spricht. Das Erstere vermittelt Kenntnisse in Bezug auf Ursachen und Wirkungen, das Letztere nimmt darüber hinaus auch Werte, ethische Standards und Ideale ins Visier:

Verfügungswissen ist ein *positives* Wissen, ein Wissen um Ursachen, Wirkungen und Mittel, *Orientierungswissen* ist ein *regulatives* Wissen, ein Wissen um Ziele und Maximen. Verfügungswissen konstituiert in wesentlichen Aspekten die moderne Welt, nämlich in Form von rationalen, technischen Kulturen; Orientierungswissen ist das, von dem man sagt, dass es in dieser Welt zunehmend fehlt. (Mittelstraß 1989, S. 19)

Bezogen auf unser Thema kann man erwägen, den Schelerschen Begriff des Bildungswissens zu reaktivieren; ähnlich spricht Wolfgang Frühwald in *Wie viel Wissen brauchen wir? – Politik, Geld und Bildung* von Bildungs- und Funktionswissen (statt von Orientierungs- und Verfügungs-Wissen) (vgl. Frühwald 2007, S. 18). Als Bildungswissen kann man jene Wissensinhalte und vor allem Lehr- und Erziehungssituationen bezeichnen, die den Einzelnen in emotionale, soziale und geistige Auseinandersetzungen mit Kultur und Welt verbringen und ihn als eine veränderte, weil humanere, vernünftigere, solidarischere Person daraus hervorgehen lassen. Der Umgang mit kulturellen Inhalten – Literatur, Musik, bildende Kunst, Wirtschaft, Mathematik, Natur-, Sozial- und Geisteswissenschaften, Mythos und Religion, Philosophie etc. – darf und soll im personalen Gefüge von Individuen Spuren der Humanisierung hinterlassen, wenn sie und damit sie bildend wirken. Der Gebildete ist, so meinte Wilhelm von Humboldt, derjenige, der »soviel Welt, als möglich zu ergreifen, und so eng, als er nur kann, mit sich zu verbinden« (Humboldt 1980, S. 235) sucht. So verstandene Bildung umfasst Wissen wie auch Können, intellektuelle und psychosoziale Haltung wie auch Tat und Verhalten:

Nicht der, der viel weiß, ist der, der Orientierungsfragen beantwortet, sondern der, der lebensformbezogen für sich schon die geheimnisvolle Grenze zwischen Wissen und Können überschritten hat. Das aber machte ja schon den (idealistischen) Begriff der Bildung aus. Bildung ist selbst ein Moment der Orientierung und wie diese etwas Konkretes, Teil der Lebenswelt, nichts Abstraktes, Teil der begrifflichen Welt. (Mittelstraß 1989, S. 22)

Bereits einige Jahrzehnte vor J. Mittelstraß hat Alfred North Whitehead (1861–1947) einen analogen Argumentationsstrang verfolgt. Whitehead, der sich zusammen mit Bertrand Russell als Philosoph und Mathematiker einen Namen gemacht hatte – beide haben zwischen 1910 und 1913 das Standardwerk *Principia Mathematica* publiziert –, widmete sich später den Themen von erfolgreicher Wissensvermittlung und Persönlichkeitsbildung. Im Sammelband *Die Ziele von Erziehung und Bildung* (1929) vertrat er die Meinung, dass Kinder und Jugendliche nicht nur gediegenen Mathematik-Unterricht, sondern weit darüber hinaus in Schulen und Hochschulen eine ausführliche Anleitung zur Kultivierung ihrer Person erhalten dürften und müssten:

> Kultiviertheit ist gedankliche Aktivität, Empfänglichkeit für Schönheit und Gefühle der Menschlichkeit. Informationsfetzen haben nichts damit zu tun. Ein bloß gut informierter Mensch ist der nutzloseste Langweiler auf Gottes Erde. Unser Ziel sollte es sein, Menschen hervorzubringen, die sowohl Kultiviertheit besitzen als auch Expertenwissen ... Expertenwissen wird ihnen die Basis geben, von der aus sie starten können, und ihre Kultiviertheit wird sie so weit in die Tiefe führen wie die Philosophie und so hoch hinaus wie die Kunst. (Whitehead 2012, S. 39)

4) Erziehung und Bildung bedeuten Entwicklung von Wertsichtigkeit. – Die bildende Wirkung von Mitmensch, Welt und Kultur besteht zu einem nicht unerheblichen Teil aus osmotisch anmutender Assimilation von Sinn, Wert und Bedeutung durch den Sich-Bildenden – wobei diese Assimilations-Prozesse halb aktiver und halb passiver Natur sind: der Einzelne bildet sich (aktiv) und wird gebildet (passiv).

Den Mitmenschen und ihrer Kultur wie auch der Welt insgesamt wohnen Qualitäten von Sinn, Wert und Bedeutung inne, die der Adept oder Bildungswillige im Umgang mit ihnen anfänglich wie nebenbei und nach und nach dann bewusster aufnimmt und in den eigenen emotionalen und intellektuellen Stoffwechsel integriert. Die Wert- und Sinnhaftigkeit des betreffenden Gegenübers oder der umgebenden Kulturinhalte induziert bei entsprechender Offenheit und passendem Sensorium eine Veränderung im Wert- und Sinn-Erleben des Rezipienten, der sich im günstigen Fall in eine Art Zirkelbewegung von Wert-Wahrnehmung (Sensorium) und Wert-Realisation begibt.

Für die Genese von umfassender Bildung ist es unabdingbar, dass Kinder an Eltern, Lernende an Lehrenden, Erwachsene an den von ihnen selbst gewählten Modellen und Vorbildern das Wertvolle vom weniger Wertvollen diskriminieren lernen – und dabei das Wertvolle überwiegt. Das bedeutet mitnichten, dass Erzieher und Mentoren Engel oder Heilige sein sollen; im Gegenteil: Sie sind wie alle anderen Menschen aus krummem Holz geschnitzt (Immanuel Kant), und selbst bei vorbildlichen Menschen lassen sich Eigentümlichkeiten und Unebenheiten ihres Charakters und Lebensstils finden, die es als sinnvoll erscheinen lassen, den Betreffenden nicht unkritisch anzuhimmeln oder zu imitieren. Erziehung und

Bildung unterscheiden sich merklich von Idolatrie, und gute Lehrer zeichnen sich dadurch aus, dass sie um ihre Begrenzungen wissen, ohne dieselben durch Zehenspitzengang kompensieren oder sich selbst wegen ihrer Unzulänglichkeiten verkleinern zu müssen. Wünschbar wäre es allerdings, wenn Erzieher, Pädagogen und Mentoren bei allen persönlichen Defiziten die Kompetenz oder aber den ernsthaften Willen entwickeln, Wertvolles in ihrem Leben anzustreben und zu realisieren.

Was aber ist das Wertvolle? Was sind Werte, Ideen und Ideale, die es lohnt, ins Visier zu nehmen und mit hohem existentiellem Einsatz zu verwirklichen? Und weshalb ist die Axiologie, die Lehre von den Werten, so essentiell nicht nur für die Pädagogik, sondern für gelingendes Leben ganz generell? Um auf letztere Frage zu antworten: Die Wert-Orientierung als Teil des Orientierungswissens eines Menschen entscheidet wesentlich darüber mit, wie sozial, kooperativ und kulturell produktiv er sich in den jeweiligen Wechselfällen des Daseins einzustellen vermag. Man kann den Adepten keine fixen Anleitungen des Denkens, Handelns und Fühlens für alle erdenklichen Situationen ihres Lebens vermitteln. Wohl aber können sie erkennen, was höhere und was niedere Werte sind, um für sich nach solchen Wertpyramiden von Situation zu Situation zu entscheiden.

Wer etwa Wohlwollen, Gerechtigkeit, Freiheit, Schönheit, Vernunft, Mitmenschlichkeit als Werte kennen und umfassend schätzen gelernt hat, wird in Konfliktlagen versuchen, sie trotz Widrigkeiten hoch zu halten und zu verwirklichen. Je wertsichtiger die Heranwachsenden gebildet werden, umso differenzierter sind sie in der Lage, bei sich ihre emotionalen und sozialen Fertigkeiten zu entfalten. Im gegenteiligen Fall überrascht es nur wenig, wenn Menschen mit großen axiologischen Lücken und Leerstellen zu aggressiv-destruktivem Verhalten neigen, sobald sie sich in existentieller Bedrängnis wähnen.

5) Bildung als emotionaler, sozialer, geistig-intellektueller Prozess. – Die Reihenfolge dieser Adjektive ist nicht zufällig gewählt. Soll sich Bildung im Hinblick auf Personalität und nicht nur auf Intellektualität ereignen, ist es notwendig, diese in einem sehr stabilen emotional-sozialen Fundament zu verankern. Vermittelt über geeignete Modelle (Erzieher, Lehrer, Vorbilder, Peergroup) können und sollen intensive Bildungs-Prozesse auch jenseits von bloßer intellektueller Wissensvermittlung angestoßen werden – z.B. handwerklicher, affektiv-mitmenschlicher, künstlerischer Natur. Empathie, Solidarität, Nachsicht, Güte, humorvolle zwischenmenschliche Generosität sind unleugbare Qualitäten eines gebildeten Menschen, die häufig um ein Vielfaches wertvoller sind als noch so hochgezüchtete Intellektualität.

Im Hinblick auf die kulturellen Angebote, die nicht selten im Rahmen von Schulen und Hochschulen vermittelt werden, gilt es (ähnlich wie bei Erziehern, Lehrern und Mentoren) nach und nach das Wertvollere vom Wertloseren zu diskriminieren. Kinder, Jugendliche und auch Adoleszente begegnen diesen Angeboten gegenüber anfänglich mit einer Einstellung, die Friedrich Nietzsche mit einem Kamel verglichen hat: Sie nehmen auf sich, was man ihnen aufbürdet, ohne dabei fundierte Kritik zu üben (das kritische Unterfangen von älteren Kindern den Schul-Inhalten und Lehrern gegenüber hat in der Regel eher mit Pseudoautonomie und nur selten mit tatsächlichem Unterscheidungsvermögen zu tun).

Es bedeutet bereits einen merklichen Schritt hin zu einem gebildeten Menschen, wenn der Einzelne aufgrund seriöser Wert- und Geschmacks-Urteile das für ihn, seine Entwicklung und die Entwicklung einer Sozietät Hilfreiche und Zukunftsweisende vom Destruktiven und Regressiven zu unterscheiden lernt. Um tatsächlich Wertvolles zu erkennen, benötigt es Tausende Lehreinheiten, die stets mit Irrtümern und Fehleinschätzungen einhergehen, bevor man den Goetheschen Gedanken elegant umsetzen kann: »Alles *Große* bildet, sobald wir es gewahr werden.« (Eckermann 1956, S. 443)

6) Gelingende Erziehung und Bildung induziert Konflikte. – Es verwundert nicht, dass Bildungsprozesse die Betreffenden oft in direkte oder indirekte Konflikte mit ihrer Umwelt verbringen. Ein an Sinn, Wert und Bedeutung ausgerichtetes Orientierungs- oder Bildungswissen und die Identifizierung mit modellhaften Gestalten, seien sie konkret erfahrbar oder aus der Literatur, der Tradition oder vom Hörensagen übernommen, rührt an die idealistischen Schichten unserer Persönlichkeit und damit auch an jene idealeren Sphären unserer Existenz, die den nüchternen und oftmals kruden Dimensionen der Realität in Form von Hoffnungen, Sehnsüchten, Träumen und Utopien entgegengesetzt sind.

Sobald Idealität auf Realität trifft, sind Enttäuschungen und Konflikte unausweichlich – und sei es, dass wir bemerken und anerkennen müssen, wie zäh und widerständig die Wirklichkeit auf unsere Versuche reagiert, etwas Ideales (Wert, Sinn, Bedeutung) in die spröde Realität einzuweben. Goethe etwa hat solche Erfahrungen in Bezug auf den Wert der Schönheit und poetischen Anmut häufig gemacht und eine Strategie entwickelt, die es ihm ermöglichte, am Idealen festzuhalten und sich trotzdem im Realen geschmeidig zu bewegen:

Alle Menschen guter Art empfinden bei zunehmender Bildung, dass sie auf der Welt eine doppelte Rolle zu spielen haben, eine wirkliche und eine ideelle, und in diesem Gefühl ist der Grund alles Edlen aufzusuchen. (Goethe 1981 [1811], S. 463)

Es gehört mit zu den existentiellen Bewegungsgesetzen einer Person, wie sie die Werthorizonte fest im Blick behält, die sie für ihr Wachstum und ihre Bildungsprozesse benötigt, ohne dass sie aufgrund der oft eklatanten und schmerzhaften Diskrepanzen mit der Wirklichkeit in Trauer, Zynismus oder Resignation verfällt. Wenn der Einzelne (ähnlich wie Goethe) dafür Lösungen gefunden hat, strahlt diese Errungenschaft etwas Würdevolles, Unantastbares und Edles aus, das die Mitmenschen zwar intuitiv spüren, ohne dass sie jedoch immer benennen können, welche Persönlichkeits- und Werde-Dynamik in ihm obwaltet.

7) Erziehung, Bildung und die Welt von morgen. – Gleichgültig, ob es sich um heteronom (von außen) oder autonom induzierte Bildungsprozesse handelt: So oder so sind bedeutungsvolle Ziele, Zwecke und Horizonte vonnöten, um uns entweder selbst auf sie hin in Bewegung zu setzen oder durch andere zu solchen Wachstumsregungen animiert zu werden. Den dafür nötigen Idealismus früh bei Kindern und Jugendlichen anzuregen und bei Erwachsenen hochzuhalten, erachtete auch Immanuel Kant als zentrale Aufgabe von Erziehung und Bildung. Ihm schwebte diesbezüglich keine Orientierung lediglich an harmlosen oder leicht zu realisierenden Werten und Idealen vor – der Königsberger Philosoph war weltoffen und gebildet genug, um sich und den anderen nichts Geringeres als die Idee der Menschheit als Maßstab und Zielsetzung für Erziehungs- und Bildungsprozesse zuzumuten:

Kinder sollen nicht dem gegenwärtigen, sondern dem zukünftig möglich besseren Zustande des menschlichen Geschlechts, das ist: der Idee der Menschheit und deren ganzer Bestimmung angemessen erzogen werden. Dieses Prinzip ist von großer Wichtigkeit. Eltern erziehen gemeiniglich ihre Kinder nur so, dass sie in die gegenwärtige Welt, sei sie auch verderbt, passen. (Kant 1977, S. 704)

Nichts verhindert Erziehung und Bildung so sehr wie Angst, Engstirnigkeit und Kleinmut; und nichts fördert dieselben so sehr wie Atmosphären von Gelassenheit und Zuversicht sowie der Glaube an die Wachstums- und Entwicklungs-Potentiale der eigenen Person wie auch des Gegenübers – bei realistischer Einschätzung dieser Potentiale, die sich als tatsächliche Möglichkeit erweisen und nicht Unmögliches vom Himmel holen sollen:

Der geringste Mensch kann komplett sein, wenn er sich innerhalb der Grenzen seiner Fähigkeiten und Fertigkeiten bewegt; aber selbst schöne Vorzüge werden verdunkelt, aufgehoben und vernichtet, wenn jenes unerlässlich geforderte Ebenmaß abgeht. (Goethe 1981 [1833], S. 532)

Wie aber könnte heute schon eine Bildung für die Welt von morgen ins Werk gesetzt werden? In *Theorie der Unbildung* (2006) führte Konrad Paul Liessmann aus, dass sich ausgehend von der humanistischen Bildung breiterer Schichten des Bürgertums im 18. und 19. Jahrhundert über die von Theodor W. Adorno beklagte Halbbildung (vgl. Adorno 1972) eine Entwicklung hin zur Unbildung der Gegenwart diagnostizieren lasse, die er wortreich beschrieben hat:

Während Halbbildung noch kritisch auf die Idee von Bildung bezogen werden konnte, verliert diese nun jede Legitimität ... Nicht Halbbildung ist das Problem unserer Epoche, sondern die Abwesenheit jeder normativen Idee von Bildung, an der sich so etwas wie Halbbildung noch ablesen ließe. (Liessmann 2006, S. 9)

Nimmt man diese Diagnose für bare Münze, besteht ein erster Schritt der Bildungsbemühungen in einer seriösen normativen Debatte über Umrisse, Profil und Inhalte dessen, wie personale Bildung beschaffen sein könnte. Eine in die Zukunft wirkende, maßstabgenerierende Debatte braucht trotz aller sozialen, politischen und historischen Probleme der Vergangenheit einen modifizierenden Rückgriff auf jene Tugenden und Wertdimensionen, die noch vor Generationen humanistische Bildung ermöglichten.

8) Tugenden von Bildung und Erziehung. – Ernst Robert Curtius, einer der bedeutendsten Romanisten im 20. Jahrhundert, verfasste angesichts des heraufziehenden Nationalsozialismus 1932 das Manuskript *Elemente der Bildung*, mit dem er an Erfolge und Errungenschaften der europäischen Kulturgeschichte erinnern wollte, die er durch die braunen Horden in Gefahr sah. Darin erwähnte er unter anderem Tugenden, die ihm zufolge vorhanden sein müssen, um Bildung zu erwerben, und die ihrerseits wieder einen Nachweis von Bildung bedeuten.

Curtius verwies in diesem Zusammenhang (wie vor ihm schon Kant und Goethe) auf die Großherzigkeit als Kardinaltugend, ebenso wie auf den *Common sense*, von dem er als von einer Nötigung spricht, »aus dem engen Kreise des eigenen Lebens hinauszuschreiten« (Curtius 2017, S. 150) und die Themen, Probleme, Fragestellungen der Welt als Angelegenheiten zu begreifen, die jeden Gebildeten berühren, und zu denen er Stellung bezie-

hen muss. Man kann diese die Bildung ermöglichende Einstellung auch als Weltoffenheit bezeichnen; oder mit anderen Worten: Wir steigern unsere Bildung, sofern wir nicht nur private, sondern öffentliche Wesen werden.
   Auf einen ähnlichen Aspekt der Bildung hat in neuerer Zeit Peter Bieri abgehoben. Für den Schweizer Philosophen gehört es mit zum Tugend-Repertoire eines gebildeten Menschen, dass er sich nicht nur für das eigene Dasein, sondern potentiell für die Welt als verantwortlich und zuständig empfindet; und dass er jede Gefährdung und Verhinderung von Bildung, der eigenen wie auch der Bildung der Mitmenschen, als Sakrileg einordnet, das ihn zu leidenschaftlichen Reaktionen provoziert:

Die Reaktionen sind heftig, denn es geht um alles: um Orientierung, Aufklärung und Selbsterkenntnis, um Phantasie, Selbstbestimmung und moralische Sensibilität, um Kunst und Glück ... Der Gebildete sieht jede Kleinigkeit als Beispiel für ein großes Übel, seine Heftigkeit steigert sich bei jedem Versuch der Verharmlosung. Denn wie gesagt: Es geht um alles. (Bieri 2012, S. 239 f.)

Ernst Robert Curtius erwähnt in seinem Text noch weitere Tugenden, die einen intellektuellen wie auch psychosozialen Bildungsprozess befördern: Respekt (vor Personen und deren Leistungen); Willigkeit (Hingabe an die unterschiedlichsten Bildungsinhalte); Demut (nicht wir sind großartig – die Kultur vielmehr weist Großartigkeiten auf); Freude (ohne ein Minimum an Lustempfinden erobern wir weder soziale Beziehungen noch komplexere geistige Gebilde); Sehnsucht (nach einem erstrebenswerten, aber weit entfernten und schwer erreichbaren Ziel). Vor allem die letztere Tugend war auch für Goethe als Antrieb seiner Persönlichkeitsbildung relevant:

Niemand, auch wenn er noch so viel besitzt, kann ohne Sehnsucht bestehen; die wahre Sehnsucht aber muss gegen ein Unerreichbares gerichtet sein, die meinige war es gegen die bildende Kunst. (Goethe: Aus den Lesarten zum 12. Buch von Dichtung und Wahrheit, zit. n. Curtius 2017, S. 148)

9) Bildung bedeutet zunehmende und individuelle Selbstbildung. – Worauf Goethe in diesem Zitat anspielte, fällt in den Bereich der Selbstbildung. Nicht mehr Erzieher, Mentoren, Vorbilder, sondern er selbst suchte jene imaginären und unerreichbaren Ziele, die ihn letztlich zu Höchstleistungen und Bildungsprozessen auf ziemlich anderen Gebieten als den von ihm intendierten anspornten, und die entscheidend mithalfen, die (wie er es Lavater gegenüber ausdrückte) Pyramide seines Daseins so hoch wie nur immer möglich zu spitzen. Goethe formulierte als wesentlichen Vorsatz für seine weitere, von ihm vorgestellte Persönlichkeitsbildung die Erkenntnis, dass Menschen (falls ihnen die Möglichkeit geboten wird) nur jene Themen bearbeiten und jene Seiten an sich zur Blüte bringen sollten, für die sie aufgrund von Abstammung, Beziehungskonstellation, Neigung, Talent, Charakter, Vorgeschichte, Erziehung prädestiniert erscheinen. Das bedeutet, dass nicht alle das Gleiche lernen und sich einem nivellierenden Bildungsprozess unterwerfen sollen, sondern dass jeder individuell sein ihm gemäßes Bildungsprogramm entwerfen und umsetzen darf und kann. Kein allgemeines Curriculum, das Ziel und Inhalt von Bildungsprozessen vorschreibt, sondern eines, welches das je Eigene und Besondere einer Person ermöglicht und betont, ist gefragt.

Je mehr wir zum autonomen Curriculum unserer Bildung gelangen und die heteronomen Lehrpläne als etwas begreifen, von dem wir uns bei Bedarf emanzipieren dürfen und sollen, umso mehr nehmen wir damit die Verantwortung für die Entfaltung und den Austrag unserer Person und Individualität ins Visier. Dies gelingt aber in der Regel nur, wenn auf uns über längere Zeit allgemeine Bildungsprogramme einwirken konnten. Die Betonung des Besonderen unserer Person setzt die Assimilation des Allgemeinen von Zeitgeist, Sozietät und Kultur voraus und verwirklicht sich sekundär als Loslösung, Überwindung, Distanzierung, Einklammerung, Relativierung und eventuelle Veränderung dieses Allgemeinen.

10) Personale Erziehung und Bildung ereignet sich jenseits kollektiver Vorgaben und Trends. – Beim Terminus Bildung denken viele an Schule, Hochschule, Lehre, Aus- und Weiterbildung sowie an die entsprechenden curricularen Stoffgebiete, die von den Lernenden dieser Bildungsanstalten ebenso wie von den Dozierenden bewältigt werden sollen. Davon erhoffen sich Lehrende, Schulbehörden, Ministerien und Gesellschaft, die Adepten auf ein vergleichbares Niveau des Denkens und Handelns zu verbringen und damit die kulturelle Zukunft einer Sozietät zu sichern.

Diesbezüglich hatte allerdings schon Nietzsche gehörige Zweifel angemeldet. Als junger, frisch gebackener Professor für Philologie an der altehrwürdigen Alma Mater von Basel hielt er öffentliche Vorträge *Über die Zukunft unserer Bildungs-Anstalten*, die 1872 unter diesem Titel publiziert wurden. Darin bemängelte er, dass die Gelehrten (etwa Professoren an Universitäten) zwar gelehrt, aber nicht gebildet seien und sich zu einer bildungsfernen Wissenselite sowie zu Bildungsphilistern entwickelten, die eher zum Sinken als zum Stabilisieren des kulturellen Niveaus beitragen.

Wenn darüber hinaus Bildung bevorzugt unter dem Gesichtspunkt der gesellschaftlichen und häufig auch der wirtschaftlichen Funktionalität standardisiert und in verbindliche Curricula gegossen wird, bedient man zwar zunehmend den objektiven Part von Bildung (Wissen, Fertigkeiten, Kompetenzen, *Skills*, wie sie im 21. Jahrhundert im Gefolge der Bologna-Reformen als Begriffe hoch im Kurs stehen), der sich quantifizieren lässt und für die Stabilisierung des sozioökonomischen *Status quo* bestens zu gebrauchen ist. Gleichzeitig wird die subjektive, individuell-persönliche Seite der Bildung, die Selbstbildung, systematisch vernachlässigt.

Die Bildungsphilister von heute verwenden noch viel entschiedener als bei Nietzsche ein Vokabular und damit auch pädagogisch-didaktische Methoden, welche das allgemeine Bildungsgeschehen passgenau auf die momentanen, in der Regel stark wirtschaftlich dominierten Bedürfnisse der Gesellschaft und ihrer Institutionen zuschneiden: So sprechen sie von Digitalisierungs-Fertigkeiten, Wissensmanagement, Bildung als Währung der Zukunft, Human- und Wissens-Ressourcen, Kompetenzen im Umgang mit *big data*, Medienkompetenz, vernetztem Wissenstransfer, *future skills*, wissensbasiertem Wirtschaftsraum, Anpassungsqualifizierungen und der unausbleiblichen Wissensexplosion.

Weil sich in der Sprache die Einstellungen und in den Einstellungen die Handlungen und Taten von Menschen ankündigen und abzeichnen, brauchen wir uns nicht zu wundern, wenn damit eine Wissensvermittlung erreicht wird, die in mancherlei Hinsicht an die Ess-Störung der *Bulimia nervosa* erinnert. Ähnlich wie bei der Ess-Brech-Sucht wird bei derartigen Lern- und Bildungs-Prozessen das verfügbare Wissen wahllos und schnell aufgenommen und (z. B. bei Prüfungen) unverdaut und unverstanden auch wieder abgegeben. Der Effekt dieser Form des Lernens und der »Bildung« entspricht oftmals den Konsequenzen einer *Bulimia-nervosa*-Erkrankung: Statt zur Entwicklung von solider, gebildeter Individualität und Personalität führt derlei eher zur Scheinbildung, die eventuell zu blenden, ihre Defizite aber kaum zu kompensieren vermag:

> Wir ähneln Bücherrücken mit marktschreierischen Titeln, hinter denen sich nichts weiter befindet als unbedrucktes Papier. Man kennt sich in allem aus, ohne irgendetwas zu lernen, und diese Art des Wissens führt nun einmal zur Ungehobeltheit. (Maupassant 1993, S. 58)

Diese Zeilen stammen von keinem Bildungsexperten oder kulturkritischen Erzieher der Gegenwart, sondern von Guy de Maupassant (1850–1893), der sich in seinen *Chroniques*, in kleinen Essays und Feuilleton-Beiträgen, unter anderem über mangelnde Höflichkeit Gedanken und einen Mangel an Wissen und Bildung dafür verantwortlich machte. Im Europa des 19. Jahrhunderts gab es ganz offensichtlich ebenfalls ein Wissens-, Lern- und Bildungsverhalten, das zu wenig zur Solidität von Persönlichkeiten beitrug und stattdessen ungehobelte Menschen in die Gesellschaft entließ.

11) Bildungsprozesse kennen ihre eigenen zeitlichen Abläufe. – Personale und individuelle Erziehungs- und Bildungsprozesse gehorchen eigenen zeitlichen Abfolgen. Wann und wie schnell Menschen Entwicklungen bei sich anzustoßen und umzusetzen in der Lage sind, hängt von Variablen ab, die nur teilweise in den Verantwortungs- und Gestaltungsbereich des Einzelnen fallen. Nur wenige personale Erziehungs- und Bildungsziele lassen sich direkt und willkürlich ansteuern – ein Großteil entzieht sich willkürlicher Einflussnahme und ereignet sich aufgrund nicht bewusst intendierter Konstellationen intrapsychischer, interpersoneller und kultureller Natur.

Dies bedeutet für den Betreffenden wie für seine Mitwelt oftmals ein geduldiges Warten auf den rechten Augenblick; selbst wenn sich dieser eingestellt hat, kann es lange dauern, bis das jeweilige Individuum diverse Lern- und Bildungsschritte absolviert hat. Institutionen, in denen Bildung sich ereignet (Ausbildungsstätten, Schulen, Universitäten), müssten daher Orte des Wartens sein – Orte, die für ihre Adepten Zeit, Muße, Geduld, Nachsicht im Hinblick auf deren Persönlichkeitsreifung an den Tag legen:

Orte, die nicht von den Dürftigkeiten und Bedürftigkeiten des Lebens geprägt sind, Orte der Freiheit deshalb, weil diejenigen, die sich dort als Lehrende und Lernende befinden, frei sind vom Zwang zur Nützlichkeit, zur Praxisrelevanz, zur Lebensnähe, zur Aktualität – mit einem Wort: ... Orte der Muße ... *Schule* lässt sich über das lateinische *schola* auf das griechische *scholé* zurückführen und meinte ursprünglich ein »Innehalten in der Arbeit«. (Liessmann 2006, S. 62)

Jenseits von Notdurft und Funktionalisierung sollten Bildungswillige ihren je eigenen Rhythmen, Tempi und Modalitäten des personalen Wachstums nachgehen, um ihrer Individualität zum Austrag zu verhelfen. Die diversen Wissens-, Erfahrungs- und Bildungsquellen, seien sie aus Lehrbüchern, Schulen, wissenschaftlichen Veranstaltungen oder aber aus persönlichen Erlebnissen, Begegnungen und Reflexionen der Einzelnen gespeist, in einen mächtigen Bildungsstrom einfließen zu lassen, den man als Bildung zweiter Ordnung begreifen kann, und der seine eigenen Stromschnellen, Sandbänke, Geschwindigkeiten aufweist – erst dies zusammengenommen ergibt jenes individuelle Bildungsschicksal, in dessen Verlauf sich nach und nach die Umrisse unverwechselbarer Persönlichkeiten abzeichnen.

12) Erziehung und Bildung in weltbürgerlicher Absicht. – Im Jahre 1784 veröffentlichte Immanuel Kant eine kurze Abhandlung mit dem Titel *Idee zu einer allgemeinen Geschichte in weltbürgerlicher Absicht*. Darin vertrat er die Meinung, dass die Menschheitsgeschichte im Großen betrachtet einem Plan gehorcht. So sehr sie vom Standpunkt einzelner Individuen aus beurteilt regellos und willkürlich zu verlaufen scheint, könne man die Summe der Geschehnisse letztlich doch als auf ein Ziel hin ausgerichtet begreifen.

Allerdings setzte dieses teleologische Geschichtsbild voraus, dass die Menschen sich zunehmend ihres Verstandes bedienen und damit die Welt einem vernünftigen Zustand annähern. Dies geschehe am ehesten im Rahmen von Kulturen, welche die größtmöglichen Freiheitsgrade für den Einzelnen gewähren, gleichzeitig aber darauf achten, die Allgemein-Interessen der Gesellschaft nicht zu beeinträchtigen.

Dieses Prinzip wollte Kant auf möglichst viele Staaten übertragen wissen. Ihre Mitglieder sollten dadurch in einen gesetzmäßig bürgerlichen Zustand eintreten, und die souveränen Staaten sollten sich zu einem Völkerbund vereinen. Auf diese Weise erhoffte er sich die Verwirklichung einer Universalgeschichte »in weltbürgerlicher Absicht«, die schließlich in eine weitestgehende Aufklärung vieler oder aller Menschen mündet.

Will man den Horizont benennen, auf den hin Pädagogik, Erziehung und Bildung ausgerichtet sein dürfen, kann man meines Erachtens diese Kantische Formel der weltbürgerlichen Absicht nutzen. Wenn damit auch kein politischer Zustand wie derjenige eines Völkerbunds gemeint ist, zielt das pädagogische Bemühen doch bei jedem Einzelnen auf eine Kultur ab, in der möglichst viele Menschen die Autonomie des Selberdenkens und die Fähigkeit zu vernünftigem Handeln für sich erobert haben.

Indirekt werden durch derartige Erziehungs- und Bildungs-Resultate doch auch politisch-gesellschaftliche Effekte erzielt. Wenn Sozietäten über viele Jahrzehnte hinweg die Erziehung und Bildung der nachfolgenden Generationen in weltbürgerlicher Absicht realisierten, stünde zu erwarten, dass sich viele ihrer Mitglieder als politisch hellwach und zu autonomen Urteilen fähig erweisen würden und so gegen dumpfes, Ressentiment-geleitetes Agieren gefeit wären.

In eine solche Richtung gingen die pädagogischen Bemühungen Gotthold Ephraim Lessings. Von ihm stammt der Text *Die Erziehung des Menschengeschlechts* (1780), worin er den ehrgeizigen Plan erläuterte, wie umfassende Sozialisations- und Bildungsprozesse nicht nur einigen wenigen Menschen oder kleineren Gruppen, sondern idealerweise der gesamten Menschheit zugutekommen könnten. Lessing verstand unter Erziehung den Abbau von Aberglauben und kollektiven Vorurteilen, die Überwindung autoritärer Strukturen sowie die Förderung intellektueller und sozial-emotionaler Fähigkeiten der Betreffenden. Ein derartiges Projekt durfte dem Autor zufolge keinerlei Begrenzung auf Völker, Rassen oder Nationen kennen – die Menschheit *in globo* war sein Adressat.

In *Die Erziehung des Menschengeschlechts* meinte Lessing ähnlich wie Kant die Universalgeschichte als sinnvollen Fortschrittsprozess deuten zu können. Vernunft und Humanität übernehmen die Rolle von Erziehern, welche die Menschen zu höheren Graden an Rationalität und sittlichen Handlungen führen. Die so Erzogenen werden in die Lage versetzt, das Gute weder aus Furcht vor Strafe noch aus Hoffnung auf Belohnung, sondern um seiner selbst willen zu tun. Damit nähert sich Lessing zufolge das Menschengeschlecht dem Ziel eines vollkommeneren Zustandes an.

Vorerst jedoch wäre man schon froh, wenn sich viele Einzelne auf den Weg von Selbsterziehung und Selbstbildung begeben und dabei jene Perspektive erobern, die Immanuel Kant in *Kritik der Urteilskraft* (1790) als Gemeinsinn oder *sensus communis* (im Englischen als *Common sense* bekannt) bezeichnet hat. Dem Philosophen zufolge ist darunter die seltene Fähigkeit von Personen gemeint, dem eigenen privaten Urteil gleichsam die gesamte Menschenvernunft als Maßstab und Korrektiv an die Seite zu stellen. Dadurch, so Kant, könne man der Illusion entgehen, die Urteile, die aus subjektiven Privatbedingungen heraus gefällt werden, seien für sich genommen objektiv. Wer die gesamte Menschenvernunft (was immer dies im Detail sein mag) mitdenke, sei vor derlei Irrtümern gefeit.

Übertragen auf das Thema Erziehung und Bildung bedeutet dies, dass wir bei wichtigen eigenen Entwicklungsschritten sowie bei existentiell relevanten Entscheidungen so sehr es geht die Menschenvernunft als Korrekturfaktor mit einbeziehen dürfen. Handeln wir derart, integrieren wir damit eine Perspektive in unser Dasein, die uns einerseits verobjektiviert, andererseits dem subjektiven Bildungsprozess überraschend weite und philosophische Dimensionen eröffnet: Dann nämlich geht es nicht mehr nur um Fragen von privaten Details – es geht ums Ganze des Globus und der Natur, der Menschheit und um deren Kultur.

Dieses Ganze hatte auch John Dewey (1859–1952) im Visier, wenn er davon sprach, dass wesentliche Teile der Philosophie eine Philosophie der Erziehung seien. Diese These kann man auf manche Wissenschaften (Geistes- und Kulturwissenschaften) und die Künste übertragen: Auch sie haben einen erzieherischen, bildenden Auftrag, den sie parallel zu ihren wissenschaftlichen und künstlerischen Projekten realisieren dürfen.

13) Erziehung und Bildung sind das Alpha und Omega von Wissenschaft, Kunst und Philosophie. – Derart verstandene Erziehung und Bildung vermittelt Traditionen der Lebenspraxis und des Geistes und hilft den Menschen, vorhandene Kulturinhalte zu assimilieren, kritisch zu beurteilen und eventuell zu erweitern. Derartige Pädagogik und Bildungsarbeit hat nichts mit Dressur und Drill, Unterwerfung unter eine Leitkultur, Befolgen von Knigge-Vorschriften oder partikulär eingefärbten Lernzielkatalogen zu tun; stattdessen nimmt eine solche Pädagogik und Bildungsarbeit die Horizonte von Vernunft, Liberalität, Solidarität, Humanität und der globalen Kulturgeschichte ins Visier und segelt auf sie zu.

So ruft uns etwa Epikur über die Jahrtausende hinweg zu, dass wir glücklicher werden, wenn wir im Verborgenen leben und uns mit Oliven, Wein und anregenden Gesprächen mit Freunden zufriedengeben. Horaz empfiehlt uns, das Haar der Hoffnung kurz zu tragen und den Tag zu genießen – *carpe diem*. Leonardo da Vinci lebte uns ebenso wie manch anderer *uomo universale* der Renaissance vor, dass wir unsere Interessen und Neigungen auf das Ganze der Welt ausrichten dürfen; und Raffael zeigt uns bis auf den heutigen Tag, dass der Sinn des Lebens in der Verschönerung der Welt zu finden ist. Spinozas Biographie und Werk strahlt die Würde unbestechlichen Denkens aus, das auf transzendente Mächte und Erlösung verzichtet. Voltaire, d'Alembert und Diderot lehren uns, wie enzyklopädisches Wissen zur Emanzipation von kirchlichen und weltlichen Machthabern beiträgt und den Willen zur Selbstermächtigung steigert. Immanuel Kant fordert uns zum *sapere aude* auf, zum Mut, den eigenen Verstand zu benutzen; und Goethe überzeugt uns mit seinem Credo, aus dem Leben ein Kunstwerk zu machen.

Diese und weitere Namen sind erwähnenswert, um das Niveau und den Horizont jener Bildung und Kultur zu verdeutlichen, auf die hin Kinder, Schüler und Erwachsene im Bildungs- und Erziehungsprozess sowie im Prozess ihrer Selbsterziehung ausgerichtet sein könnten. Pädagogik ist zwar ein Osmose-Vorgang, in dem die Fackel des Geistes, der Humanität und des solidarischen Fortschritts von Person zu Person, vom Lehrer zum Adepten weitergegeben wird. Es wäre jedoch missverstandene Erziehung und Bildung, wenn der Lehrende narzisstisch nur sich selbst spiegelt und nicht auf die Fülle seiner kulturellen Modelle verweist. Erzieher, Lehrende, Pädagogen von Format benennen die Traditionen ihrer eigenen Vorbilder und halten ihre Schüler dazu an, sie als die Lehrenden zu transzendieren und zu überschreiten. Gelingende Bildung und Erziehung entlässt den Scholaren aus persönlichen Beziehungen, um ihn (sich selbst erziehend und bildend) schließlich von den überpersönlichen Erziehern wie Zeitgeist, Kulturtradition, aktuelle gesellschaftliche Aufgaben und von den Szenarien einer Kultur von morgen erzogen zu sehen. Die meisten überpersönlichen Mentoren haben ihre Heimstadt in Wissenschaft, Kunst und Philosophie, die im günstigen Fall die persönlichen Erzieher aus Kindheit, Jugend und Adoleszenz ablösen und überflügeln.

LITERATUR

Adorno, Th. W.: Theorie der Halbbildung (1959), in: Gesammelte Schriften Band 8, Frankfurt am Main 1972

Clark, H. et al.: A future for the world's children? A WHO-UNICEF-*Lancet* Commission, *Lancet* 2020; 395: 605–58, published online February 18, 2020 https://doi.org/10.1016/S0140-6736(19)32540-1

Curtius, E. R.: Elemente der Bildung (1932), München 2017

Dörpinghaus, A.: Post-Bildung – Vom Unort der Wissenschaft, in: Deutscher Hochschulverband (Hrsg.): Glanzlichter der Wissenschaft – Ein Almanach, Bonn 2014

Eckermann, J. P.: Gespräche mit Goethe in den letzten Jahren seines Lebens (1836/48), Berlin 1956

Frühwald, W.: Wie viel Wissen brauchen wir? – Politik, Geld und Bildung, Berlin 2007

Goethe: Aus meinem Leben – Dichtung und Wahrheit (1811), in: Autobiographische Schriften I, HA Band 9, München 1981

Goethe, Maximen und Reflexionen (1833), in: HA Band 12, München 1981

Hastedt, H. (Hrsg.): Was ist Bildung? Stuttgart 2012

Humboldt, W. von: Theorie der Bildung des Menschen (Bruchstück), in: Werke in fünf Bänden, Band I, Darmstadt 1980

Jean Paul: Levana oder Erziehlehre (1807), in: Sämtliche Werke, Abteilung I, Band 5, Darmstadt 2000

Kant, I.: Über Pädagogik (1803), in: Schriften zur Anthropologie, Geschichtsphilosophie, Politik und Pädagogik 2, Werkausgabe Band XII, Frankfurt am Main 1977

Liessmann, K. P.: Theorie der Unbildung, Wien 2006

Liessmann, K. P.: Geisterstunde – Die Praxis der Unbildung, Wien 2014

Maupassant, G. de: Die Höflichkeit (1881), in: Die Liebe zu dritt – Geistreiche Plaudereien über das Leben und die Kunst, München 1993
Mittelstraß, J.: Glanz und Elend der Geisteswissenschaften, Oldenburg 1989 (Oldenburger Universitätsreden 27)
Scheler, M.: Die Formen des Wissens und die Bildung (1925), in: Gesammelte Werke Band 9, Studienausgabe, Bonn 2008
Whitehead, A. N.: Die Ziele von Erziehung und Bildung (1929/36), Frankfurt am Main 2012

PERSONALE PSYCHOLOGIE
UND PSYCHOTHERAPIE

Die Psychologie im 21. Jahrhundert hat sich ähnlich wie die Medizin in viele Disziplinen, Subdisziplinen und Schulrichtungen ausdifferenziert: von der Methodenlehre bis zur Tiefenpsychologie, von der Klinischen und Allgemeinen bis zur Entwicklungs-Psychologie und von der Arbeits- und Organisations-Psychologie bis hin zur Politischen, Gesundheits-, Werbe- oder Massen-Psychologie und darüber hinaus reicht ihr Spektrum.

Ähnliches gilt für die Psychotherapie. In den weit über einhundert Jahren Geschichte der Psychotherapie haben sich Dutzende Techniken, Schulmeinungen, Methoden etabliert, die allesamt den Anspruch erheben, psychotherapeutisch zu agieren und zu wirken; tiefenpsychologische, verhaltenstherapeutische und psychoanalytische Verfahren sind in dieser Hinsicht am bekanntesten. Rechnet man verschiedene Therapie-Manuale für spezielle Symptome und Krankheitsbilder noch hinzu, ist man rasch mit dem Doppelten von klinisch psychologischen und psychotherapeutischen Interventionsmöglichkeiten konfrontiert. Unwillkürlich fragt sich nicht nur der Laie, ob diese Varianten – von der klassischen Psychoanalyse bis hin zur Achtsamkeits-basierten kognitiven Therapie, von der Daseinsanalyse bis zur Konzentrativen Bewegungstherapie, von gestalttherapeutischen Vorgehensweisen bis hin zur Systemischen oder Familien-Therapie – allesamt als Psychotherapie bezeichnet und womöglich auf gemeinsame Wirkfaktoren heruntergebrochen werden können.

Ein diese verschiedenen psychologischen Disziplinen wie auch die psychotherapeutischen Verfahren integrierendes Konzept lässt sich m. E. am ehesten im Begriff der Person finden. Psychologie und Psychotherapie dürfen und sollen – um sich nicht in atomistischen Einzelbefunden zu verlieren – Menschen in ihren personalen Dimensionen und Qualitäten erfassen, beschreiben, erforschen, verstehen und eventuell behandeln. Personale Qualitäten sind Fähigkeiten wie Erinnerung (Vergangenheit); Entwurf (Zukunft); situative Kompetenz (Gegenwart); sprachlicher und nicht-sprachlicher Ausdruck (*Animal symbolicum*); Werterkennen und Wertrealisierung; dialogische Beziehungsgestaltung (Du sagendes Ich); Suche nach Sinn und Bedeutung.

Personale Psychologie und Psychotherapie sind konzeptuell in der Lage, Selbsterkenntnis- und Selbstermächtigungsprozesse von Menschen in ihren diversen Dimensionen (biomedizinisch, psychosozial, emotional, geistig-kulturell) zu unterstützen. Die philosophisch inspirierte verstehende Tiefenpsychologie Josef Rattners in Berlin zeigt paradigmatisch seit über einem halben Jahrhundert, wie diese personalen Facetten von Menschen zum bevorzugten Interessens-, Forschungs- und Therapie-Gebiet erkoren werden können.

Doch welche herkömmlichen Gesichtspunkte von Psychologie und Psychotherapie werden in ihre personale Variante integriert, und welche Aspekte imponieren als neu, überwölbend und fundierend? Und inwiefern unterstützen personale Psychologie und Psychotherapie jene Entwicklung von Menschen, die man als Humanisierung, Kultivierung, Selbstrealisation bezeichnen kann?

Der über den deutschsprachigen Raum hinaus bekannt gewordene Psychotherapie-Forscher Klaus Grawe (1943–2005), der sich intensiv für eine Schulen-übergreifende sowie wissenschaftsbasierte Psychotherapie einsetzte, hat in Meta-Analysen wie auch in eigenen Studien insgesamt fünf Wirkfaktoren benannt, die bei psychotherapeutischen Interventionen allgemein zur Beobachtung gelangen (vgl. Grawe 2000): a) Grawe betonte die Bedeutung der Beziehung zwischen Patienten einerseits und den Psychotherapeuten andererseits; b) daneben sei die Aktivierung von Ressourcen des Klienten (Motivation, Interessen, Fähigkeiten) für den Therapieverlauf wesentlich; c) die Probleme des Patienten sollen mit dem Therapeuten aktualisiert werden (Erzählung, Imagination, Rollenspiel); d) die Krankheitssymptome dürfen bewusst gemacht und eingeordnet werden (aufrechterhaltende Faktoren, Ursachen, Hintergründe, Bedeutungen); e) schließlich sollten die Probleme des Patienten bewältigt oder gelindert werden. Ausgehend von diesen Wirkfaktoren erörtere ich im Folgenden einige Spezifika einer personalen Psychologie und Psychotherapie.

1) Psychotherapie als Erinnerungsarbeit. – Insbesondere die Frühzeit der Psychoanalyse war geprägt von der festen Überzeugung, dass Neurosen Folgen und Ausdruck einer speziellen Form des Vergessens und der Verdrängungen sind. Wer in Freuds *Studien über Hysterie* (1895) blättert, wird nach wenigen Seiten mit der psychoanalytischen Hauptstoßrichtung der Erinnerungsarbeit konfrontiert. Die anamnestischen Bemühungen der hysterisch erkrankten Patientinnen wie auch des Analytikers waren enorm; Freud war überzeugt, dass nur über die Rekonstruktion der individuellen Vergangenheit, von Kindheit und allfälligen Traumen seiner Patientinnen das krankmachende Agens entdeckt und mit dessen bewusst gemachter Reminiszenz die Krankheit erfolgreich behandelt werden konnte.

Freud selbst zweifelte bald, inwiefern ihm seine Klienten Tatsachen oder Phantasien als ihre persönlichen Biographien präsentierten. Inzwischen wissen oder vermuten wir, dass vieles oder zumindest mehr von dem, was Freud ins Reich der Vorstellungen seiner Patienten bugsierte, leider aus dem Bereich des Faktischen stammte. Vor allem Kindheitserinnerungen mit traumatisierenden Inhalten entsprechen häufiger den Realitäten, als es viele Psychotherapeuten aufgrund der oft belastenden Erzählungen ihrer Klienten wahrhaben wollten oder konnten.

Doch hinsichtlich einer anderen Dimension dieser Patientenberichte kann man Freuds Zweifel im Nachhinein als berechtigt ansehen. Vor dem Hintergrund vieler biographischer Erzählungen von Patienten wie Nicht-Patienten ist seit Jahren bekannt, dass Menschen sich stets tendenziös und zum Teil regelrecht »dichterisch« an Vergangenes erinnern – seien dies angenehme oder unangenehme, sie selbst direkt oder nur indirekt betreffende Ereignisse und Vorkommnisse.

Der anamnestische Einstieg ins Kinderland oder in andere Zeiten der eigenen Werdens-Geschichte bietet eine Menge Trug-Erinnerungen, Umformungen und Erdichtetes, wobei diese Fülle durchaus nicht der bösen und hinterhältigen Absicht der Betreffenden entspringt. Gedächtnis-Experten sprechen von Kern-Erinnerungen, um die herum jeder von uns Neues und partiell Überraschendes zur Illustration und Ausschmückung hinzupackt, sobald er sie memorierend seiner Umwelt präsentiert. Das Hinzudichten und Weglassen diverser Einzelheiten gehorcht dabei meist unbewussten Gesetzen und Motiven. Einen in diesem Zusammenhang oft beobachteten Mechanismus hat Friedrich Nietzsche in *Jenseits von Gut und Böse* beschrieben:

»Das habe ich getan« – sagt mein Gedächtnis. Das kann ich nicht getan haben – sagt mein Stolz und bleibt unerbittlich. Endlich – gibt das Gedächtnis nach. (Nietzsche 1988, S. 86)

Die *Rekonstruktion* unserer Vergangenheit bedeutet in großen Passagen eine *Konstruktion,* auf die wir uns mit unseren Mitmenschen einigen, und die für uns wie für sie identitätsstiftende Effekte nach sich zieht. Wenn sich Patienten im Psychotherapieprozess fragen, wer sie waren und woher sie kommen, heben sie im Beisein und unter Mitwirkung des Therapeuten an zu einer Historiographie, die letztlich dem Zweck dient, sich der eigenen Werdens-Legende zu vergewissern.

Sie greifen auf das Antiquarische zurück, um ihren privaten Mythos von der Geburt und den Taten des Helden (in Anlehnung an den Buchtitel von Otto Rank) Mal um Mal zu bestärken und als wahrscheinlich oder sicher erscheinen zu lassen. Damit weben sie am Stoff ihrer personalen oder Ich-Identität, von dem wir wissen, dass er aus zwei unterschiedlichen narrativen Fäden besteht: aus dem Schussfaden der Dichtung und dem Kettfaden der Wahrheit. Das dabei entstehende Muster soll und darf in der Regel den eigenen narzisstischen Bedürfnissen (Aufrechterhaltung von Selbstwert und Selbstbild) nicht zuwiderlaufen.

2) Psychotherapie als Krypto-Analyse. – Alle psychotherapeutischen Verfahren stützen sich neben der Erfassung von biographischen Daten des Patienten auch auf die Erhebung von Symptomen und Befunden. Zu den Ersteren zählen Affekte und Verstimmungen (Ängste, Depressionen, aggressive Impulse etc.), vegetative Dysbalance (Störungen von Schlaf, Ernährung, Sexualität etc.), Suchtverhalten (Drogen, Arbeit etc.), Zwänge (Gedanken, Handlungen), körperliche Beschwerden (Schmerz, Schwindel, Schwäche etc.), wahnhafte Überzeugungen und Urteile (Bedeutungs-, Größen-, Verfolgungswahn etc.), Trugwahrnehmungen und vieles andere mehr, von dem die Klienten berichten.

Als Befunde ihrer Patienten ordnen die Psychotherapeuten je nach Schulrichtungen ein: die emotionale Schwingungsfähigkeit von Klienten; die Art ihres Kontaktverhaltens; verbale und nonverbale Ausdrucksformen des Klienten; auffällige Verhaltensweisen (Schweigen, überschwängliches Reden, Rückzug etc.); Kooperationsfähigkeit (z. B. bei Expositionsübungen); Frustrationspotential und Kränkbarkeit (bei Probedeutungen); Reflexions-Vermögen; Schilderungen von Träumen, Kindheitserinnerungen, aktuellen Erlebnissen etc.; allfällige psychometrische Ergebnisse (bei Inventaren zu Beschwerden, Persönlichkeit, Narzissmus, Lebensqualität, Coping etc.).

Obwohl unterschiedlich ausgebildete Psychotherapeuten jeweils auf verschiedene dieser Symptome und Befunde besonders achten, sind sie alle mit der Aufgabe konfrontiert, die wahrgenommenen und ihnen vom Patienten mitgeteilten Einzelaspekte seines Daseins in einen wie auch immer gearteten Bedeutungszusammenhang einzustellen. Nicht selten greifen Ärzte und Psychologen dabei auf Diagnose-Manuale (z. B. ICD-11 oder DSM-5) zurück, um die oftmals wirr-unübersichtlichen existentiellen Puzzleteile der Klienten in bündigen Begriffen einer bändigenden Ordnung zuzuführen. Ausgehend von dieser Art der Diagnoseformulierung suchen Psychotherapeuten dann in einem zweiten Schritt nicht selten Zuflucht zu Therapie-Manualen, um sich wie auch dem Patienten Ausblicke für das weitere Procedere zu eröffnen.

So sehr Klienten wie Psychodiagnostiker und -therapeuten bisweilen von einem solchen Vorgehen beruhigt werden, da es dem alten ärztlichen Handlungsprinzip des *cito, tuto et jucunde* (schnell, sicher und angenehm) sowie einigen der eingangs erwähnten Wirkfaktoren von Psychotherapie entspricht, so sehr übersehen damit eventuell alle am Psychodiagnose- und -therapie-Prozess Beteiligte wesentliche Facetten, die mit Symptomen und Befunden des Patienten assoziiert sein können. Statt *cito, tuto et jucunde* sollten manche Schilderungen und Beschwerden der Klienten auf eher langsame, tastende und behutsame Art diagnostiziert, eingeordnet und therapiert werden.

Damit wird keine Lanze für sadistische Formen der Psychotherapie gebrochen, die ihre Patienten aus ideologisch-theoretischen Erwägungen heraus leiden lässt. Im Gegenteil: Seriöse Therapeuten plädieren für zum Beispiel kombinierte medikamentös-psychotherapeutische Therapie-Regime, sofern diese (etwa bei vielen affektiven Erkrankungen) indiziert sind und den Betreffenden zu merklich kürzeren und weniger belastenden Episoden ihrer Krankheit verhelfen.

Aber im selben Maße darf man dafür plädieren, den Phänomenen und Äußerungen des Patienten und so ihm selbst den Status von Fragen zuzuerkennen und daraus nicht innerhalb kurzer Zeit schablonenhafte und evidenz-basierte Antworten werden zu lassen. Im Status der Frage bleibt der Andere für uns eine Herausforderung des Verstehens, wohingegen die Antwort ihn in den Zustand des Verstanden-Habens und damit potentiell in die Situation fixierter Vormeinungen verbringt.

Individuum est ineffabile – so lautete die lateinische Formel für die Personalität des Menschen. Den Patienten als Individuum, Subjekt und Person wahrzunehmen und anzuerkennen erfordert, ihn während des ganzen Diagnose- und Therapieprozesses als *ineffabile* (unausschöpfbar) zu begreifen und ihm damit permanent Möglichkeiten von Veränderung und Korrektur seines Selbst- wie auch Fremdbildes zu eröffnen.

Du sollst dir kein Bildnis machen – lautete ein Gebot des Gottes in manchen alten Religionen. Du sollst keine unverrückbaren Diagnosen über deine Klienten breiten – lautet die Forderung für Psychotherapeuten, die sich einem personalen Dialog mit ihren Patienten verschrieben haben. Jedes Verstehen, so meinte der Altmeister der Hermeneutik Hans-Georg Gadamer in seinem Hauptwerk *Wahrheit und Methode* (Gadamer 1986), beginnt mit und mündet in einem Missverstehen; jedes Urteil über Mitmenschen besteht aus Dutzenden von Vorurteilen; jede offenkundige Wahrheit wächst auf dem Boden von Halbwahrheiten und Geheimnissen. Der Kontakt und das Gespräch zwischen Patient und Therapeut darf und soll dieses Kryptische berücksichtigen und zum Thema machen.

Psychodiagnostik und Psychotherapie als Krypto-Analyse heißt, den Rollenanspruch des Diagnostikers und Therapeuten als Wissender und Durchschauender ebenso in Frage zu stellen wie die Zuschreibung des Nicht-Wissens zum Patienten. Das Unausschöpfbare, Geheimnisvolle und Vage im Diagnose- und Therapieprozess in Nuancen verstehbarer zu machen und in Worte zu fassen, ist eine Aufgabe, an der beide Protagonisten teilhaben. Langsam, tastend und behutsam darf und muss diese Aufgabe angegangen und durchgeführt werden, weil keiner der Interaktionspartner über Verlauf und Ausgang, geschweige denn über Konsequenzen ihres Gesprächs verlässlich Auskunft geben kann.

3) Psychotherapie als Dialog. – Ein Dialog ist (anders als die meisten sonstigen Kommunikations-Formen) prinzipiell ergebnisoffen – vor allem, wenn er das Kryptische zu seinem expliziten Inhalt erklärt. Versteht man Psychotherapie als Dialog, werden Zielvorgaben wie Heilung, Besserung oder Stabilisierung nicht obsolet, aber immerhin fragwürdig. Sigmund Freud zumindest bemerkte bei seinen hysterisch erkrankten Patientinnen bald, dass nicht der rasche Symptomverlust, sondern ein langwieriger Erkenntnisprozess den Inhalt und das Ziel der psychoanalytischen Kur bedeuteten. Daher ließ er die von ihm anfänglich favorisierten suggestiven Therapiemethoden (wie etwa Hypnose) hinter sich und wandte sich jenem speziellen dialogischen Verfahren zu, das heute noch Psychoanalyse heißt.

In mancherlei Hinsicht erinnert die Psychoanalyse an platonische Dialoge sowie die sokratische Mäeutik (Hebammenkunst). Auch Sokrates und Platon ging es um Erkenntnisgewinn, der durch dialogische Debatten errungen werden sollte, ohne dass für die Dialogpartner respektive Leser von vorneherein feststand, welche Ergebnisse dabei generiert wurden. Darüber hinaus verstand sich Sokrates nicht als allwissender Lehrer, sondern als dauernd Fragender, der mittels vertiefender Nachfragen das verborgene und vorbewusste Ahnen und Wissen seines Gegenübers zutage fördern wollte. Wie Hebammen bei der Geburt von Kindern den Kreißenden beistehen, so beabsichtigte Sokrates, den von ihm Befragten bei der

Geburt von Gedanken zur Selbst-, Menschen- und Welt-Erkenntnis behilflich zu sein. Seine in dieser Hinsicht oft zitierte Formulierung, er wisse um sein eigenes Nicht-Wissen und um die Lücken seiner Bildung, ist als grundlegende Aussage auch für Psychotherapeuten empfehlens- und überlegenswert.

Psychotherapie als ein fundamental dialogisches Geschehen zu begreifen bedeutet auch, die Verstehens-Bemühungen ebenso wie die Rede-Anteile zwischen Klienten und Therapeuten in etwa gleichgewichtig zu verteilen. So liegt die Aufgabe des Verstehens des jeweiligen anderen durchaus nicht nur beim Therapeuten, und das Vorrecht des Sprechens kommt nicht nur dem Patienten zu.

Des Weiteren geht es bei Dialogen nicht um die Durchsetzung von eigenen Standpunkten oder um das Rechthaben hinsichtlich divergenter Meinungen. Vielmehr ermöglichen gelungene Dialoge die Entwicklung von Denkakten, die man alleine kaum je erlebt und gedacht hätte. Friedrich Nietzsche zielte auf derlei ab, als er in einem Aphorismus formulierte: »Der eine sucht einen Geburtshelfer für seine Gedanken, der andere einen, dem er helfen kann: So entsteht ein gutes Gespräch.« (Nietzsche 1988, S. 97)

4) Psychotherapie als Bildungsroman. – Wenn Menschen im Rahmen von psychodiagnostischen und -therapeutischen Prozessen ihre Biographie konstruieren und rekonstruieren sowie über ihre kryptischen Symptome und Beschwerden berichten, erzählen und erfinden sie die Geschichte wie auch die Geschicke ihres Daseins. Nicht selten ähneln diese Erzählungen literarischen *short stories,* Novellen oder Romanen, und unser Lebenslauf imponiert wie ein Manuskript, dessen Hauptpersonen wir ebenso sind wie dessen Autoren – oder zumindest Mitautoren, denen an der Wortwahl und der Interpunktion ein Mitspracherecht zusteht, die sich ansonsten aber mit einer Reihe von Co-Autoren (Abstammung, Eltern, Epoche, Lebensraum, Zeitgeist, Mitmenschen etc.) arrangieren müssen.

Den Text unseres Daseins zu lesen und adäquat einzuordnen, fällt vielen von uns schwer, weil es neben den verbal elaborierten Passagen jede Menge Vakat-Seiten, Leerstellen oder zensurierte Abschnitte gibt, die allenfalls Mutmaßungen über unsere Existenz zulassen. Im günstigen Fall wirken die unzureichend ausgearbeiteten Kapitel wie *Lieder ohne Worte* – ein Titel für lyrische Klavierstücke von Felix Mendelssohn-Bartholdy, die melodisch wie Lieder klingen, aber nie vertextet wurden. Ähnlich ergeht es uns mit der Melodie oder dem *Basso continuo* unseres Daseins: Sie sind deutlich vernehmbar, der sprachliche Ausdruck aber ist lückenhaft. Noch ungünstiger wirkt es, wenn sich der Text im Nirgendwo verliert und die Melodie abbricht oder sich jählings in Aporien verfängt.

In solchen verfahrenen Situationen suchen Menschen nicht selten Lese- und Interpretationshilfe für ihr Manuskript beim Psychotherapeuten. Dieser tut gut daran, nicht in die Rolle des alles durchschauenden Lektors zu schlüpfen, der hinsichtlich inhaltlicher und stilistischer Unebenheiten des vorliegenden Romans sogleich Korrekturen anbringt oder den Schluss des Konvoluts in seinem Sinne umzuschreiben beginnt. Viel passender für den Psychotherapeuten ist die Funktion einer Nebenfigur im Lebenstext seines Patienten, die über einige Kapitel hinweg regelmäßig auftaucht und mit der Hauptfigur eigentümliche Gespräche führt. Nach etlichen Roman-Jahren verschwindet diese Nebenfigur wieder und spielt fortan allenfalls noch in den Erinnerungen des Roman-Helden wie auch in manchen seiner Zukunftspläne eine mehr oder minder bedeutende Rolle.

Unser Lebenstext lässt sich unter literarischen Genre-Kriterien am ehesten als Bildungsroman verstehen. Ähnlich wie die Hauptfiguren in Goethes *Wilhelm Meister*, Karl Philipp Moritz' *Anton Reiser* oder Gottfried Kellers *Der grüne Heinrich* erinnern sich Klienten im Beisein eines Lesers (Therapeuten) nicht nur an die Geschichte ihrer Existenz; parallel dazu entwickeln sie sich während ihrer Erzählungen auch zu anderen, reiferen und verstehenden Personen. Das erzählte, teilweise längst vergangene Leben verschränkt sich mit den gelebten Augenblicken ihrer Gegenwart (Psychotherapie) und den Entwürfen ihrer imaginierten Zukunft. Gelingt diese Synthese von Vergangenem, Momentanem und Zukünftigem, wird ein Veränderungs- und Werdensprozess angestoßen, der allen Beteiligten zu einem Plus an personaler Entfaltung und Identität verhilft.

Indem der psychotherapeutische Dialog alle drei Zeitdimensionen (des Klienten wie des Therapeuten) berücksichtigt, induziert er Bildungs- und Wandlungsprozesse bei beiden Protagonisten. Die Frage nach dem Woher wendet ihre Aufmerksamkeit dem Gestern zu, und die Fragen nach dem Wohin nehmen das Morgen und damit Ziele und Wertkonstellationen der Zukunft ins Visier. Psychotherapie kann als Ermutigung zu kritisch-monumentalistischer Historiographie (eine Geschichtsschreibung, die nach Friedrich Nietzsche das Erhaltenswerte vom bloß Antiquarischen trennt) wie auch zu kühn-realistischer persönlicher Futurologie aufgefasst werden – wobei die psychotherapeutische Situation als jener Moment imponiert, in dem Klienten die Souveränität erleben, erzählendes wie zugleich erzähltes Ich, entwerfendes wie zugleich entworfenes Subjekt zu sein.

Die Person ist ein Werden und kein Sein. Mit jedem neuerlichen Erzählen und Entwerfen übt sich der Patient in jenen dynamischen Seiten des

Werdens, die dem statischen Charakter des Seins entgegengesetzt sind. Krankheit, Symptome und Beschwerden sind oft durch existentielle Wiederholungen, Verkrustungen und Versteifungen charakterisiert; dazu im Kontrast zeichnen sich Werdensprozesse durch Veränderungen und Überraschungen aus. Der wesentliche Beitrag von Therapeuten zu den Veränderungs-Prozessen von Patienten besteht übrigens nicht aus weise klingenden Sätzen, Deutungen und Kommentaren, sondern in modellhaft vorgelebten Veränderungen des eigenen Daseins. Man kann dies zu den essentiellen Rahmenbedingungen von psychotherapeutischer Beziehung – Gleichwertigkeit und Gleichberechtigung von Patienten und Therapeuten – zählen.

5) Psychotherapie als Ich-Du-Beziehung. – In Zeiten von *World Wide Web* ist es möglich und üblich geworden, Angebote von Psychotherapeuten und Psychotherapie-Einrichtungen per Mausklick über den Computer auf den eigenen Schreibtisch zu holen. Auf einer Benutzer-Oberfläche kann sich der Patient einloggen, und je nach Störungsbild oder Krankheits-Zustand kommuniziert der Betreffende entweder mit vorprogrammierten Antwort-Algorithmen oder mit einer Person in den Weiten des Internet, die mit ihm einen *Chatroom* teilt und auf Fragen respektive Aussagen direkter reagieren kann als noch so ausgeklügelte Algorithmen.

Diese technischen Innovationen bieten unbestreitbare Vorteile: Sie ermöglichen – auf den ersten Blick eigenartige – Formen der Behandlung von psychosozialen und partiell auch körperlichen Erkrankungen vor allem für jene Patienten, die aufgrund ihrer Wohnsituation oder Behinderung den Weg zu einer psychotherapeutischen Praxis nicht realisieren können. Des Weiteren bietet diese Art der Psychotherapie ein merklich höheres Maß an Anonymität, was manchen Klienten entgegenkommt, die sich entweder ihrer Symptome wegen schämen oder denen die intime Zweierbeziehung in einer Psychotherapie-Praxis als zu nah und bedrohlich erscheint.

Doch trotz dieser Argumente sind nicht wenige Psychotherapeuten wie auch Patienten von seelenärztlichen Internet-Sitzungen nur mäßig zu überzeugen. Sie verweisen auf die Technik, die sich zwischen Therapeut und Klient schiebt und zu eventuell deutlich distanzierteren Beziehungen beiträgt. Auch sind dabei nicht mehr alle psychotherapeutischen Wirkfaktoren, die eingangs erwähnt wurden, garantiert: Der spezielle Ort der Behandlung wird ebenso ins Virtuelle verlagert wie die Durchführung therapeutischer Rituale und Gepflogenheiten.

Über diese Vorbehalte hinaus wird das weit verbreitete Unbehagen am

Internet-basierten Psychotherapie-Geschehen auch noch aufgrund eines anderen, mehr grundsätzlichen Einwands verständlich. Nicht wenige nachdenkliche Stimmen weisen auf den Charakter von Psychotherapie hin und meinen, dass diese ein Paradebeispiel für zwischenmenschliche und dialogische Beziehungen darstellt. In ihrer emotionalen und sozialen Bedeutsamkeit sei sie mit Eltern-Kind-Beziehungen oder mit Verhältnissen zwischen Liebespartnern, engen Freunden oder Lehrern und Schülern zu vergleichen.

Unter den Philosophen war es besonders Martin Buber, der sich in seinen Schriften mit der Beschreibung und dem Verständnis ebensolcher zwischenmenschlicher Beziehungen befasste. In *Das dialogische Prinzip* (1954/ 62) unterschied Buber strikt soziale von zwischenmenschlichen Konstellationen. Erstere sind durch flüchtige und unverbindliche Kontakte von Individuen gekennzeichnet; daneben weist deren Kommunikationsstil Merkmale wie etwa Überredung, Suggestion, Monolog, Alltagsgerede und oberflächlichen Smalltalk auf.

Verglichen damit handelt es sich bei einer zwischenmenschlichen oder Ich-Du-Beziehung um etwas grundsätzlich anderes. Buber betonte, dass sich derlei selten ereignet; weit verbreitet sind soziale Kontakte, bei denen das Bild und der Schein von Personen, nicht aber deren Sein im Vordergrund und Mittelpunkt steht. Dies ermöglicht zwar eine oftmals reibungslosere Kontaktaufnahme, der Einzelne investiert dabei jedoch ein niedrigeres Maß an Offenheit und Authentizität, so dass die Beteiligten weniger stark und nachhaltig voneinander affiziert werden.

Ich-Du-Beziehungen ereignen sich zwischen Subjekt und Person, nicht aber zwischen einem Subjekt und einem Objekt. Wer die Gegenüber entindividualisiert und zu Objekten macht, induziert Ich-Es-Beziehungen und verfehlt das Du. Den Anderen als Subjekt und Person wie sich selbst zu begreifen und zu behandeln, steht nur bei hohen Maßen von Achtung, Toleranz und Respekt zu erwarten. Alle Spielarten der Entwertung des Mitmenschen und der billigen Stabilisierung des eigenen Selbstwerts auf Kosten des Anderen führen zum Verwelken der Ich-Du-Beziehungen.

Eine dialogische oder zwischenmenschliche Beziehung lebt von der weitgehenden Offenheit der Protagonisten. Das bedeutet nicht, dass stets alles gesagt werden muss, was dem Einzelnen durchs Gemüt zieht. Gemeint ist damit vielmehr, in wesentlichen Aspekten unserer Existenz eine spürbare, redliche und der eigenen Welt- und Lebensanschauung adäquate Position einzunehmen und dabei so wenig wie irgend möglich zu mogeln. Die eigene Positionierung setzt nicht immer Verbalisierung voraus; häufig imponieren wir als offen durch Handlungen, Haltungen, Einstellungen und durch das gelebte Ethos. Vor allem bei Menschen, die sich lange kennen (zum Beispiel gemeinsam alt gewordene Eheleute), lässt sich Offenheit in Form von stummer, aber aufeinander bezogener Zwiesprache beobachten.

Bubers Schriften zum dialogischen Prinzip enthalten ein Kapitel mit der Überschrift *Das echte Gespräch*. Darin beschrieb er Voraussetzungen von Ich-Du-Beziehungen und erläuterte, wie sich Gespräche entwickeln, deren Inhalt aus Rede und nicht aus Gerede besteht. Solche Gespräche eröffnen einen Raum des Zwischen, der durch intensives emotionales und intellektuelles Hin und Her der dialogischen Gesprächspartner geprägt ist und als das Besondere einer interpersonellen Beziehung gelten darf:

Wo aber das Gespräch sich in seinem Wesen erfüllt, zwischen Partnern, die sich einander in Wahrheit zugewandt haben, sich rückhaltlos äußern und vom Scheinen-Wollen frei sind, vollzieht sich eine denkwürdige, nirgendwo sonst sich einstellende gemeinschaftliche Fruchtbarkeit. Das Wort ersteht Mal um Mal substantiell zwischen den Menschen, die von der Dynamik eines elementaren Mitsammen-Seins in ihrer Tiefe ergriffen und erschlossen werden. Das Zwischenmenschliche erschließt das sonst Unerschlossene. (Buber 1984, S. 295)

Auf eben dieses »Zwischen« und »sonst Unerschlossene«, von dem Buber schrieb, zielen Psychotherapie und das psychotherapeutische Gespräch ab. Dabei ist es unerheblich, ob man das »Zwischen« als Übertragung und Gegenübertragung oder als Arbeitsbündnis von Patient und Therapeut bezeichnet, und ob man mit dem »sonst Unerschlossenen« das Unbewusste (Sigmund Freud), das Unverstandene (Alfred Adler) oder das Unredliche (*mauvaise foi*, Jean-Paul Sartre) meint – so oder so bilden sie wesentliche Inhalte psychotherapeutischer Bemühungen.

Mangelt es in der Patienten-Psychotherapeuten-Situation an einem Zwischen, an Dialog und überzeugend gelebter Ich-Du-Beziehung, bleibt Psychotherapie eine sterile und technische Angelegenheit. Vorgefertigte Redebeiträge (Antwort-Algorithmen oder Textbausteine) sind dann ebenso zu konstatieren wie humorloses Durchdeklinieren von Therapie-Manualen, was zu Recht als Psychotechnik bezeichnet wird und in beiderseitige Langeweile einmünden kann. In solchen Situationen fehlt eine existentiell anrührende und die Existenz (und nicht nur die Symptome) verändernde Beziehung zwischen Ich und Du, die beiden Protagonisten Erkenntnis- und Wandlungsprozesse ermöglicht.

6) Psychotherapie als Übertragung und Gegenübertragung. – Begriffe wie Übertragung und Gegenübertragung stammen aus der Psychoanalyse und Tiefenpsychologie und finden sich als *Termini technici* in diesen Therapieverfahren. Andere therapeutische Schulrichtungen verzichten auf derlei Begrifflichkeiten, obwohl analoge (Übertragungs-)Phänomene wie zwischen Analysanden und Psychoanalytikern auch bei Gestalt- oder Verhaltenstherapeuten und ihren Klienten zu beobachten sind. Gleichwohl werden sie dort nicht im selben Maße reflektiert und explizit in den Psychotherapieprozess integriert.

Tiefenpsychologische Schulen hingegen legen großen Wert auf das Durcharbeiten von Übertragungssituationen. In Form von positiven und negativen Übertragungen des Patienten erlebt der Therapeut am eigenen Leibe die eventuell eigentümlichen Vorstellungen, Phantasien, Begierden, Wünsche, Affekte und Verhaltensweisen seines Klienten und kann damit dessen Störungen und Charakterbeschaffenheit besser einordnen und diagnostizieren, als wenn er sie nur den Schilderungen seines Patienten entnehmen müsste. Er spürt hautnah die psychosozialen Unebenheiten seines Gegenübers und kann daraus ableiten, welche Projektionen und Wahrnehmungsverzerrungen bei diesem womöglich auch in seinem Alltag eine gewichtige Rolle spielen.

Dieses diagnostische Potential kann jedoch nur sinnvoll genutzt werden, wenn der Psychotherapeut seine eigenen Gegenübertragungen wahrnimmt und sie entsprechend einordnet. Gerät er aufgrund seiner Gegenübertragung in massivere Selbst- und Fremdtäuschung, hilft er dem Patienten nur wenig oder gar nicht beim Prozess der Selbsterkenntnis.

Nach Sigmund Freud bedeutet die therapeutische Souveränität in Bezug auf Übertragung und Gegenübertragung die hohe Schule der Seelenheilkunde. Man fördert den Patienten und dessen Verständnis von sich selbst, wenn man ihm als Therapeut konstantes Wohlwollen anbietet und ihm glaubhaft vermittelt, dass er ein zugewandtes Gegenüber hat, das seine projizierten und übertragenen Charakterstörungen zwar registriert, nicht aber in sie einsteigt. Denn der Klient ist unbewusst darum bemüht, seinen Analytiker in jene Rollen hineinzumanövrieren, die bei ihm in der Kindheit und Jugend z. B. Vater, Mutter, Geschwister und andere wichtige Bezugspersonen mehr oder minder unheilvoll spielten.

Indem dieser Zwang zur Wiederholung ungünstiger Emotionen und Verhaltensweisen in der psychotherapeutischen Situation immer wieder reflektiert und günstigenfalls aufgehoben wird, werden die Erlebniswelten und Charakterstrukturen des Patienten durchschaubarer, die sonst nur im Verborgenen wirken. Das Zwischenmenschliche erschließt auch hier das, wie Martin Buber es ausdrückte, bis anhin Unerschlossene.

An der Art und Weise, wie die Stürme der positiven oder negativen

Übertragung des Patienten durch den Therapeuten für Reflexion und Einordnung ihrer beider Beziehung genutzt werden, soll der Klient exemplarisch erfahren, wie die zwischenmenschliche Welt (auch seines Alltags) im günstigen Falle gestaltet werden kann. Die Kooperation und Kommunikation zwischen Analytiker und Analysand wird damit zum Modell für transparente zwischenmenschliche Beziehungen generell.

Eine sensible und zugleich freimütige Aufklärung über Phänomene der Übertragung wirkt für die Betroffenen meistens befreiend. Sie spüren, dass sie solche Akte der Selbsterkenntnis nicht in einsamer Meditation realisieren, sondern dass dafür die Übungs-, Lebens- und Reflexionsfelder einer tragfähigen, zugewandten und verlässlichen zwischenmenschlichen Beziehung nötig sind. Die Emanzipation von habituellen, oft aus Kindheit und Jugend stammenden Verhaltensweisen und affektiven Strategien der Existenz-Bewältigung gelingt im Psychotherapieprozess häufig erst, wenn sie einige Male im Übertragungsgeschehen vom Patienten eingesetzt und vom Therapeuten mit überraschenden Reaktionen (z. B. Wohlwollen und Verständnis statt vom Klienten erwarteter Kritik) beantwortet wurden.

Derartige Reaktionen des Psychotherapeuten ermöglichen seinem Patienten emotional korrigierende Erfahrungen. Bedeutend mehr noch als intellektuelle Erläuterungen bewirken solche aufwühlenden, irritierenden, erschütternden emotionalen Erlebnisse beim Klienten eine Aktivierung seines Veränderungspotentials. Der psychotherapeutische Dialog ist bei aller klugen, sinnvoll eingesetzten Intellektualität ein zutiefst emotionales Geschehen, das von Stimmungen wie Ernsthaftigkeit, Zuversicht, Neugier, Weltoffenheit, Heiterkeit, Philanthropie, Toleranz und Humor getönt sein sollte. Hauptverantwortlich für diese Stimmungen ist primär der Therapeut, doch nach und nach darf auch der Klient seinen Anteil am emotionalen Psychotherapiegeschehen erkennen und leisten.

7) Psychotherapie als Erziehung der Gefühle. – 1869 erschien Gustave Flauberts Roman *L'Education Sentimentale,* dessen Titel ins Deutsche als *Lehrjahre des Herzens* oder auch *Die Erziehung der Gefühle* übersetzt wurde. Darin schilderte Flaubert das Schicksal des jungen Provinzlers Frédéric Moreau, der in Paris hofft, ein großartiges Leben zu führen und in die Welt der Liebe wie auch in diejenige von Macht und Politik eingeführt zu werden. Das Vorhaben misslingt; zum Schluss heißt es über Frédéric und seinen Freund Deslaurier: »Und dann hielten sie prüfende Rückschau auf ihr Leben. Beide hatten es verpfuscht, der eine mit seinem Traum von der wahren Liebe so gut wie der andere mit seinen Machtträumen.« (Flaubert 1957, S. 550)

Ein Psychotherapie-Prozess folgt oft ähnlichen Zielsetzungen wie in Flauberts Roman angedeutet, wobei sich die Erziehung der Gefühle nicht nur auf Liebesbeziehungen und gesellschaftlich souveränes Auftreten des Klienten beschränkt. Damit das psychotherapeutische Resultat in dieser Hinsicht nicht annähernd so ernüchternd ausfällt wie bei Frédéric Moreau, tut es Not, das emotionale Startkapital eines Patienten realitätsadäquat einzuschätzen und entsprechende Anstrengungen zu seiner Vermehrung zu unternehmen.

Die Gefühlswelt von Menschen ist oft entwicklungsbedürftig. Vor dem Hintergrund schwieriger biographischer Verhältnisse von Kindheit an sind viele weitgehend in sich selbst verkapselt. Sie öffnen sich kaum für die Mitmenschen und erscheinen als sozial zurückgezogen, verschlossen. Verschlossenheit ist nun aber auch ein beinahe regelhaft anzutreffendes Grundphänomen psychopathologischer Zustandsbilder; von ihr – nämlich der Verschlossenheit – meinte Jean-Paul Sartre, dass sie so etwas wie die Ursünde der Menschen darstellt.

Durch das Verschlossen-Sein werden Gefühle schon an der Wurzel blockiert. Gefühle entstehen im Gegensatz zu Affekten bei einem Sich-anmuten-Lassen von, einem Sich-Annähern an und Sich-Identifizieren mit wertvollen Menschen, Aufgaben oder Situationen der Welt. Wer Angst vor den Mitmenschen und ihrer Welt sowie vor seinen eigenen Gefühlen hat, zieht sich in sich selbst zurück und legt eine Art Charakterpanzer um sich. Diese Strategie hemmt sehr viele positive emotionale Entwicklungen und Entfaltungen und verbringt den derart gepanzerten Menschen einerseits in eine gesicherte, andererseits aber auch in eine sterile oder sogar leblose Umwelt.

Gefühle können induziert werden, indem sie von einem Menschen auf den anderen in einer Art von Gefühlsansteckung überspringen. Menschen leben normalerweise empathisch: Sie spüren die Emotionen ihrer nächsten Beziehungspersonen und vollziehen diese unwillkürlich mit. Sollen Gefühle jedoch auf längere Zeitdimensionen hin angelegt sein, reicht eine momentane emotionale Ansteckung meist nicht hin.

Denn auf Dauer übernimmt man Gefühle und emotionale Einstellungen (Stimmungen) nur von jenem Du, mit dem man in einer langanhaltenden und vertrauensvollen Beziehung lebt. Die Psychotherapie-Situation kann zur Gefühlsschulung avancieren, wenn Analytiker und Analysand einander schätzen und überwiegend kooperativ zusammenarbeiten. Um emotionale Austauschprozesse zu ermöglichen, darf und muss ihr Dialog jedoch ein hohes Maß an Akzeptanz, Angstfreiheit und Antiautorität aufweisen.

In der Kindheit wird Empathie im günstigen Fall in der Eltern-Kind-Beziehung eingeübt. Emotional gebildete Eltern bieten ihrem Kind eine Art Gefühlshülle, und je nachhaltiger sie ihm mit Gemütsfaktoren wie Geduld, Freude oder Zuneigung begegnen, umso kräftiger konstituieren sie über *mirroring-* und *matching*-Prozesse die Gefühlskeime des Kindes.

Sind die Eltern jedoch in innere und äußere Nöte verstrickt, werden sie dieser Aufgabe nur zum Teil gerecht. Was in solchen Kindheiten daher versäumt wurde, soll und kann in der Psychotherapie nachgeholt werden. Der Therapeut tritt gewissermaßen in die Mutter- und Vaterfunktion ein. Das ist emotionale Schwerstarbeit, die den ganzen Menschen in Anspruch zu nehmen pflegt. Nur so aber können emotionale Defizite des Patienten wie bei Deprivation, Hospitalismus oder psychosozialer Vernachlässigung allmählich kompensiert oder zumindest verringert werden.

Eine der wichtigsten Therapeuteneigenschaften besteht demnach in emotionaler Bildung und Differenziertheit. Seelenärzte sollen mit vielen und verschiedenartigen Menschen gefühlsechte Beziehungen realisieren. Jeder Schematismus ist hier fehl am Platze, denn jeder Patient erfordert andere emotionale Haltungen von seinem Therapeuten. Man muss fast ein Gefühls-Chamäleon sein, um den Psychotherapeuten-Alltag bestehen zu können. Trotz dieser Wandlungsfähigkeit darf aber auch eine große emotionale Konstanz im Wesen des Therapeuten bestehen, auf die sich seine Patienten verlassen können – ein emotionales Paradoxon, das die psychotherapeutische Beziehung nicht unerheblich charakterisiert.

8) Psychotherapie als Axiologie. – Neben dem Beziehungsaspekt kommt beim Erleben von Gefühlen noch ein weiterer Gesichtspunkt zum Tragen: Gefühle haben – anders als Affekte – eine noetische (geistige) oder Erkenntnis-Grundlage, wobei es sich bei den Objekten des Erkennens jeweils um Werte handelt. Es waren vor allem Max Scheler und Nicolai Hartmann, die in ihren Schriften den engen Zusammenhang von Fühlen und Werterkennen herausgestellt und betont haben.

Fühlen heißt Werterkennen, und Werterkennen induziert Gefühle – wobei Letztere zugleich auch die Organe des Werterkennens darstellen. Nicht zu Unrecht spricht man deshalb von einer Zirkelbewegung zwischen Fühlen und Werterkennen, und ein gehöriger Teil psychotherapeutischer Anstrengungen darf darauf ausgerichtet sein, dass Patient und Therapeut gemeinsam Wege und Möglichkeiten erkunden, in den Zirkel aus Fühlen und Werterkennen hineinzugeraten. Das bedeutet, dass im Therapiedialog auch Fragen von Wert und Unwert touchiert werden. Menschen neigen nicht selten dazu, niedrige oder fragwürdige Werte zu verabsolutieren (Sicherheit, Gelderwerb, Prestige, Geltung, Sachwerte aller Art etc.). Im Rahmen von psychotherapeutischen Gesprächen dürfen sie mit mittleren (Vitalität, Gesundheit, Generosität) oder noch höheren Werten (Schönheit, Freiheit, Humanität, Gerechtigkeit, Solidarität, Personalität) in Kontakt kommen und dieselben einschätzen und einordnen lernen.

Wie aber soll dies konkret geschehen? Es wirkt wenig hilfreich und kaum attraktiv, über Werte zu dozieren oder axiologische (also die Werte betreffende) Lehrbücher zur Lektüre zu empfehlen. Wodurch aber lassen sich unsere Wertwahrnehmungen und das Gefühlsleben sonst verändern? Sind Menschen einmal erwachsen, imponieren sie wie Inertialsysteme, die durch das Gesetz der Trägheit dominiert werden; fast niemand gibt sich freiwillig und gerne den Gefahren und Mühseligkeiten einer axiologischen Ich-Transformation hin.

Eine der wenigen Möglichkeiten, beim Anderen hinsichtlich seines axiologischen Profils verändernde Akzentsetzungen zu induzieren, besteht in der eigenen entschiedenen Ausrichtung auf Werte und bedeutungsvolle Zielsetzungen hin. Wenn sich Psychotherapeuten fragen, wie sie bei ihren Klienten Ich-Veränderung und Ich-Erweiterung anregen können, bleibt als schlichte, aber einzig effektive Antwort darauf lediglich der Verweis auf das überzeugende Beispiel, das der Therapeut selbst vorleben darf.

Lebendige, geistvolle, antriebsfreundliche und entwicklungsbereite Therapeuten animieren ihre Patienten aufgrund eigener Wertorientierung dazu, ebenfalls neue Möglichkeiten des Denkens, Fühlens und Verhaltens auszuprobieren. Klienten registrieren detailliert die Charakterstruktur und das Verhaltensrepertoire von Therapeuten. Spüren sie deren interessante Werthorizonte, wirkt dies ermutigender und anspornender als alle Parolen und Redensarten. Diese axiologische Existenzvermittlung und nicht die technischen Details, die fragwürdigen Deutungen oder die ausgetüftelten Methoden machen das zentrale *Agens movens* eines Psychotherapie-Prozesses aus. Handelt es sich beim Therapeuten um einen Menschen, der Energie, Temperament, moralischen Charakter, Intelligenz, kulturelles Interesse ausstrahlt, trägt dies bei Patienten unweigerlich zur Induktion von Gesundungsmotivation, effektiver Selbstsuche sowie zur Hinwendung zu für sie neuartigen Wertkonstellationen bei.

Als Beispiel für solche axiologische Interaktionen zwischen Patient und Therapeut mag eine Geschichte aus dem Leben Mahatma Gandhis dienen. Gandhi war zwar kein Psychotherapeut; gleichwohl kamen nicht wenige Menschen mit quasi psychotherapeutischen Anliegen zu ihm. So erzählt die Anekdote, dass eines Tages Gandhi von einer Mutter mit ihrem Sohn

aufgesucht wurde: »Mahatma, Du bist ein großer Mann! Mein Sohn nascht viel zu viele Süßigkeiten. Sag mir, was wir dagegen tun können!«
   Gandhi überlegte eine Weile und gab dann Mutter und Sohn den Rat, in zwei Wochen wiederzukommen. Diese hielten sich daran, und als sie ihn nach zwei Wochen neuerlich aufsuchten, vermeldete die Mutter zufrieden: »Mahatma, Du bist ein großer Mann! Mein Sohn isst schon viel weniger Süßigkeiten! Wie hast Du das gemacht? Und vor allem: Warum dauerte es bis zum Erfolg zwei Wochen lang?« Gandhi lächelte und zuckte die Schultern: »Ich weiß nicht ganz genau, warum Dein Sohn jetzt weniger Süßigkeiten nascht. Aber ich weiß ziemlich genau, dass es bei mir zwei Wochen dauerte, bis ich meine eigene Beherrschung eingeübt hatte, selbst weniger Süßigkeiten zu essen.«

9) Psychotherapie als Heilung durch den Geist. – Dieses Beispiel passt zu einem Aphorismus Marie von Ebner-Eschenbachs: »Merkmal großer Menschen ist, dass sie an andere weit geringere Anforderungen stellen als an sich selbst.« (Ebner-Eschenbach 1978, S. 874) Man kann Psychotherapeuten nicht regelhaft der Gruppierung sogenannt großer Menschen zurechnen – was immer unter dem Suffix groß zu verstehen ist. Aber an sich größere Anforderungen zu stellen als an die Mitmenschen und Patienten, ist als Maxime für alle Helfenden im psychotherapeutischen Kontakt mit Hilfesuchenden erwägenswert.
   Diese an sich selbst gestellten Anforderungen sind neben den eben erläuterten axiologischen Themen noch für ein weiteres Gebiet relevant, das in der Nähe von Psychotherapie angesiedelt ist und von manchen Therapeuten als wichtiger Bestandteil ihres Tuns verstanden wird: geistig-kulturelle Schulung und Bildung. Mit *Heilung durch den Geist* – so lautete der Titel eines Buches 1931 von Stefan Zweig, in dem er unter anderem Freuds Psychoanalyse erörterte – sind im psychotherapeutischen Sinne weder Wunderheilungen noch transzendente Hilfestellungen und Einflüsse gemeint. Vielmehr geht es um das Faktum, dass psychosoziale Stabilität und Gesundheit sich nicht nur aus differenzierten Wertwahrnehmungen, vitalen Emotionen, weitdimensioniertem Erinnerungsvermögen, sozialer Geschicklichkeit und sprachlicher Gewandtheit speist. Darüber hinaus gehören auch noetische (also geistige) Funktionen wie Urteilen, Denken, Wollen und exaktes Phantasieren (Begriff Goethes für die Fähigkeit, sich realitätsadäquate und zugleich -verändernde Vorstellungen und Entwürfe für sich und die Welt auszumalen) zu den Standardfunktionen seelisch ausgeglichener und identitätsbewusster Individuen.
   Was aber ist und wie lernt man Urteilen, Denken, Wollen und exakt

Phantasieren? Für unseren Zusammenhang wesentlich ist der Hinweis, dass diese geistigen Funktionen nicht im Gegensatz zu den erläuterten emotionalen Fähigkeiten stehen. Emotionalität und Geist sind agonistisch aufeinander bezogen; daher verfügen wir nur über soviel Gefühle, wie wir Geist entwickeln. Geistarme Menschen bringen es meist lediglich bis zur Sentimentalität, und ihre emotionale Differenziertheit ähnelt in der Regel derjenigen ihrer Vernunft.

Geist hat viele Bedeutungen und umfasst Vernunft, Dialogfähigkeit, Abstraktionsvermögen, Sachlichkeit, Fähigkeit zur Erkenntnis von Ideen, Weltanschauung, Intuition, Verstehen, Gespür für Sprache und Zeitgeist, Ahnung einer geistigen Tradition sowie Verantwortungsempfindungen für die Zukunft von Menschheit und Kultur. Ingredienzien davon sind in vielen psychotherapeutischen Verfahren enthalten, wobei sich Geist- und Kultur-Vermittlung auch in verhaltensmodifizierenden Psychotherapie-Methoden nachweisen lässt. Eine wichtige und explizite Rolle spielen die Exerzitien von Denken, Urteilen, Wollen und exaktem Phantasieren jedoch vor allem in der Psychoanalyse sowie in tiefenpsychologischen und humanistisch-psychologischen Schul- und Therapierichtungen.

Besonders die Phantasietätigkeit von Patienten ist oft aufgrund von Ängsten, Hemmungen, Verdrängungen weitgehend blockiert oder durch illusionäres Wünschen ersetzt. Eng damit assoziiert sind die bereits von Freud beschriebenen Einschränkungen des Urteilens, Wollens, Denkens (Denkhemmungen), so dass es den Betreffenden häufig schwerfällt, sozial und kulturell wertvolle und komplexe Ziele für sich und die Sozietät ins Auge zu fassen.

Psychotherapie als Vermittlung von Geist und Kultur bedeutet, als Therapeut die Patienten in einen weltoffenen und schrankenlosen Dialog über alle nur erdenklichen Themen der Epoche mit einzubeziehen. Wie umfänglich derartige Gespräche angelegt sein können, lässt sich an den *Protokollen der psychoanalytischen Mittwochs-Gesellschaft* erahnen. Bei diesen Zusammenkünften, an denen die Mitarbeiter Freuds ebenso wie manche seiner Klienten teilnahmen, entstand wiederholt eine anregende und geistvolle Atmosphäre. Natürlich besteht bei solchen Gesprächen die Gefahr des Intellektualisierens – ein Abwehrmechanismus, den erfahrene Therapeuten erkennen und dem sie begegnen können. Intellektualisieren bedeutet ebenso wenig gelungene Psychotherapie wie die Tendenz zur Infantilisierung, bei der Klienten nach Hunderten von Sitzungen kaum Geist und Kultur assimiliert und über sich, die Mitmenschen und die Welt nur wenig oder nichts Fassbares gelernt haben.

10) Psychotherapie, Kulturanalyse und Ideologie-Kritik. – Die Funktion des Psychotherapeuten als Kulturanreger ist keineswegs in allen Ausbildungs-Curricula verzeichnet, und sie wird von nicht wenigen Vertretern des Faches rundweg abgelehnt. Nicht selten verweisen sie stattdessen auf die therapeutische Aufgabe der Symptombeseitigung oder auf die reine Lehre der Psychoanalyse, welche die Beimengungen von Erziehung, Schulung und Bildung nicht dulde. Außerdem bestünde bei derlei Psychotherapie-Dialogen neben dem Risiko des Intellektualisierens auch dasjenige einer weltanschaulichen Beeinflussung des Klienten durch den Therapeuten.

Insbesondere das letztere Argument darf ernstgenommen werden. Es wäre fatal, wenn Menschen, die in ihrer Kindheit und Jugend oft genug mit ideologischer Schmalspurkost abgefertigt wurden und als Erwachsene mit den daraus resultierenden Denkhemmungen zu kämpfen haben, in der psychotherapeutischen Situation neuerlich weltanschauliche Indoktrination erfahren. Das Ziel von Gesprächen über weltanschauliche Fragen in der Psychotherapie darf und muss daher die Emanzipation des Patienten von jeglichem ideologischen Schablonendenken sein.

Dass eine solche Emanzipation bei nicht wenigen psychosozialen Störungsbildern einen wesentlichen Teil der Besserung oder Stabilisierung bedeutet, wird seit den Anfängen der Psychotherapie immer wieder betont. Zu Neurosen gehört oft ein geistiger Überbau, der von emotionalen und triebhaften Verstrickungen mit determiniert ist; andererseits betrifft der schicksalhafte Hemmungsvorgang, der in der Kindheit einsetzt, niemals nur Charakter, Temperament und Emotionalität des Klienten, sondern stets auch dessen Geistesleben inklusive seiner Weltanschauung. Wer seelisch erkrankt ist, weist oftmals ein Welt- und Menschenbild auf, das aus seiner psychosozialen Störung entspringt und zu ihr passt. Schließlich stützen und stabilisieren sich Weltanschauung und die psychosoziale Problematik gegenseitig und vermitteln dem Betreffenden sogar noch das Empfinden von Stimmigkeit und Kohärenz.

Bedenkt man derlei Zusammenhänge, erscheint die Thematisierung weltanschaulicher Fragen im psychotherapeutischen Gespräch nicht nur in seltenen Ausnahmefällen erlaubt, sondern relativ häufig indiziert. Es ist keineswegs gleichgültig, wie Patienten hinsichtlich Religion, Philosophie, Politik, Wirtschaft, Fortschritt und Freiheit denken. Gelingt es im Therapie-Dialog, z.B. Dogmatismus, Aberglauben, Fanatismus, Konformismus oder Autoritarismus mit einem Fragezeichen zu versehen, ergeben sich für den Patienten daraus fast immer mächtige Entwicklungsimpulse. Lernt er im Dialog mit seinem Therapeuten statt ideologischer Engstirnigkeit die

Einstellungen von Toleranz und Skepsis kennen und entdeckt er dabei die Möglichkeiten eines vorurteilsfreien Denkens und Urteilens, ist für seine psychosoziale Gesundung wie auch seine personale Identität womöglich mehr gewonnen als mit noch so raffinierten anamnestischen Ausflügen in seine allerfrüheste Kindheit.

Therapiegespräche, in denen der Klient im Hinblick auf autonome Urteilskraft und aufgeklärt-humanistisches Denkvermögen gefördert wird, stellen Situationen dar, in denen er sich in seiner Personalität gemeint und ernstgenommen fühlen darf. Am ehesten gelingen solche Gespräche bei Psychotherapeuten, welche die ideologischen Engen und Einseitigkeiten bei sich selbst durchschaut und überwunden haben oder die zumindest im Begriff sind, sie hinter sich zu lassen. Zu diesen Engen und Einseitigkeiten zählen vor allem jene Weltanschauungen, die im 20. Jahrhundert zu Recht als politische Religionen bezeichnet wurden. Dieser Terminus stammt von dem Philosophen Eric Voegelin, der damit die totalitären Ideologien von Faschismus, Nationalsozialismus, Stalinismus und Kommunismus meinte und charakterisierte.

Im 21. Jahrhundert dürften sich Psychotherapeuten neben einer skeptischen Haltung diesen Ismen gegenüber auch einer Gesellschafts-, Kultur- und Weltanschauungskritik befleißigen, die Phänomene wie Xeno- und Homophobie, religiösen Fundamentalismus, Rassismus, Militarismus, Terrorismus und Gewaltverherrlichung, Nationalismus, Chauvinismus, Patriarchat, Sexismus, Antisemitismus, ungezügelten Kapitalismus und zerstörerischen Umgang mit der Natur umgreift.

Dabei ist es nicht nötig, dass jeder Psychotherapeut so offenherzig wie Sigmund Freud und Alfred Adler seine Kulturkritik publik macht. Die beiden Gründerväter der Tiefenpsychologie waren überzeugte Atheisten und hielten in ihren Schriften mit ihrer Anschauung nicht hinter dem Berg. Es genügt meist, wenn im psychotherapeutischen Dialog eine Atmosphäre von aufgeklärter Liberalität und weltoffenem Humanismus entsteht – dies animiert letztlich beide Protagonisten zu skeptisch-freiheitlichem Denken und womöglich sogar zu kritischen Kultur-Analysen, wie sie zum Beispiel der Psychoanalytiker Alfred Lorenzer formulierte (vgl. Lorenzer 1986).

Am Ende dieser Abhandlung kommen wir auf den Ausgangspunkt des Kapitels zurück und greifen die anfänglich gestellten Fragen wieder auf: Was heißt und zu welchem Ende praktiziert man Psychotherapie, und inwiefern handelt es sich bei Psychotherapie-Gesprächen um Dialoge, die der Suche nach Humanisierung und personaler Identität dienen?

Wer die eingangs erwähnten Beschreibungen und Definitionen von Psychotherapie und ihren Wirkfaktoren nur oberflächlich liest, ist geneigt, das psychotherapeutische Geschehen unter den Kautelen von Regeln und Technik zu betrachten. Bestärkt wird er in dieser Meinung durch manche Psychotherapie- und Psychologie-Lehrbücher, in denen Diagnose- und Therapie-Manuale als Frage- und Interventionstechniken vorgestellt und als Königswege angepriesen werden. Berücksichtigt man dann noch das Phänomen der Internet-gestützten Psychotherapie mit vorprogrammierten Antwort-Algorithmen oder die störungsspezifischen Behandlungseinheiten, bei denen das Symptom und nicht die Person über psychotherapeutisch zur Anwendung gelangende Strategien entscheidet, ist man gewillt, Psychotherapie in die Hände von evidenzbasierten Psychotechnikern zu legen und ansonsten auf die Güte der Algorithmen zu vertrauen.

Diese Polemik soll nicht jene sinnvollen Psychotherapie-Facetten entwerten, die sich in den letzten Jahrzehnten als überaus hilfreich für die Patienten erwiesen haben: Expositions-Übungen bei Angst-Erkrankungen; strukturierende Maßnahmen bei ich-strukturell gestörten Menschen (z. B. essgestörte Patienten/Patienten mit Autodestruktionssyndromen/Sucht-Erkrankte etc.); Trauma-Therapieformen bei Missbrauchs-Opfern; *social-skills*-Programme bei schizophren Erkrankten usw. Alle diese Methoden sind ein Segen für die betroffenen Patienten wie auch für die Behandler, die heute über bedeutend mehr und effizientere Therapiemöglichkeiten verfügen als noch vor zwei oder drei Jahrzehnten.

Neben diesen Therapiestrategien machen Psychotherapeuten aber die Erfahrung, dass viele ihrer Patienten im Laufe der Behandlung Fragen nach Sinn, Wert und Bedeutung ihrer Existenz, nach Möglichkeiten einer befriedigenden Gestaltung ihres Daseins und nach den Umrissen ihrer Identität aufwerfen. Diese Themen sind kaum je mit Techniken und Manualen zu meistern; sie erfordern vielmehr individuelle, personale und philosophisch tingierte Antwortversuche.

Das Menschenleben ist allemal ein *Philosophicum*, und beim meist tastenden Suchen nach der eigenen Identität, nach dem Woher und dem Wohin, den Umrissen von Selbst-, Menschen- und Weltkenntnis sowie nach Anerkennung, Glück und Zufriedenheit stoßen wir immer wieder auf philosophische oder metaphysische Themen, zu deren Lösung unser gesammeltes soziales und kulturelles Wissen und Können erforderlich ist – und die uns trotzdem nicht selten ratlos zurücklassen.

Ein Psychotherapeut hat hierbei keine Wahrheiten zu verkünden; aber er kann seinen Patienten zeigen und vorleben, dass und wie die Suche danach möglich ist. Diese allein ist philosophisch, wohingegen sich der Besitz von Wahrheit in der Regel als Kennzeichen von Ignoranz und Dogmatismus erweist. In Wissenschaft, Kunst und Philosophie wird seit Jahrtausenden Wahrheitssuche eingeübt, wobei sich der Gedanke von Sir Karl Popper durchzusetzen scheint, dass sich vor allem Wissenschaftler damit zufriedengeben dürfen, in ihrem Leben den einen oder anderen Irrtum erkannt und womöglich ausgeräumt zu haben.

Psychotherapie beinhaltet demnach also handwerklich-technische, wissenschaftliche, philosophische wie auch künstlerische Elemente und Facetten. Vom Künstler sagt man, dass er Schöpfer schöner Dinge und zugleich ein Forscher nach existentieller Wahrheit ist. Er empfindet die Welt auf eine sehr persönliche Weise und drückt das Empfundene je nach seiner Kunstmanier in Worten, Tönen, Farben, Bauten und Plastiken aus. Anmut, Schönheit, Werkgestaltung, Selbstverwirklichung sowie innere und bisweilen auch äußere Autonomie kennzeichnen in vielen Fällen das künstlerische Tun.

Wenn Psychotherapeuten neben allen bereits erwähnten Aspekten auch künstlerische Gesichtspunkte in ihre Behandlung integrieren, kann es passieren, dass sie sich selbst und ihre Patienten mit überraschenden Intuitionen, neuartigen Problemstellungen, kreativer Kombinatorik sowie anmutig-schöner Formulierungskunst beschenken. Ähnlich wie es die Gestaltpsychologen in Bezug auf die Wahrnehmung beschrieben haben, ergänzen solche Therapeuten die fragmentarischen Seelenzustände von Menschen zu einer prospektiven Totalität und prägnanteren Gestalt. Das Lückenhafte, Zerrissene, Absurde, Nihilistische der menschlichen Existenz wird damit zwar nicht aufgehoben, aber mit einer Art von Trost oder Empörung versehen, wie sie etwa von Albert Camus in *Der Mensch in der Revolte* (1951) beschrieben wurde.

Gleichgültig, ob sich ein Psychotherapeut eher als Wissenschaftler, Techniker, Handwerker, Künstler oder Philosoph versteht – so oder so hat er nur eine mehr oder minder lange Weile Teil am Schicksal und Leben seiner Patienten. Auch im Hinblick auf die Dauer von Psychotherapien unterscheiden sich die diversen Schulrichtungen fundamental – von der Ultrakurzzeit-Therapie der Hypnose-Verfechter bis hin zu den Jahrzehnte dauernden Psychoanalysen von widerspenstigen Ausbildungskandidaten. Doch selbst wenn es in den Schriften Sigmund Freuds die Idee von der unendlichen Analyse gibt, waren alle bisher realisierten psychosozialen Behandlungen zutiefst endliche Veranstaltungen.

Einleuchtend scheint diesbezüglich die Haltung Alfred Adlers zu sein, der mit seinen Klienten oftmals nur wenige Sitzungen absolvierte, dabei rasch auf zentral imponierende Problemfelder zu sprechen kam und die weiterführende Therapie der Betreffenden als deren Selbsterziehung und Selbstentfaltung definierte. Adler warnte davor, in Psychoanalysen einen Riesenaufwand an Zeit, Geld und Geduld zu investieren, um sich zum Schluss mit einigen Bagatellen zufriedengeben zu müssen.

Eine solche therapeutische Einstellung, die sich zugegeben nicht bei allen Patienten realisieren lässt, schont nicht nur das Portemonnaie des Klienten, sondern häufig auch dessen psychosoziale Ressourcen. Er regrediert weniger und ist gehalten, sich am eigentlichen Therapeuten – seinem Leben – abzuarbeiten und zu bewähren. Eventuell gewinnt er damit rascher Autonomie- und Freiheitsgrade, als wenn er sich jahrelang in zumindest teilabhängige Beziehungen zu Analytikern begibt.

Der Daseinsanalytiker Medard Boss, der mit seinen Patienten wenn nötig auch langwierige Psychotherapien durchführte, erzählte gerne eine Geschichte aus Arabien, um die Rolle des Seelenarztes zu verdeutlichen. Ein Vater hatte drei Söhne und 17 Kamele. Als er starb, hinterließ er einen letzten Willen: Der erste Sohn sollte die Hälfte, der zweite Sohn ein Drittel und der dritte Sohn ein Neuntel der Kamele erhalten. Man kann sich leicht vorstellen, dass dieses Testament bei den Söhnen Verwirrung hervorrief, und so holten sie sich Hilfe bei einem weisen Mann. Dieser überlegte kurz und schlug dann folgende Lösung vor: »Ich leihe euch ein Kamel – so habt ihr 18. Der erste erhält die Hälfte, also 9; der zweite ein Drittel, also 6; und der dritte ein Neuntel, also 2. Neun und sechs und zwei macht 17 Kamele, so dass ich mein eigenes zurückbekomme.« Die Söhne waren verblüfft und zufrieden, der Weise aber sprachs und verschwand.

LITERATUR

Buber, M.: Das dialogische Prinzip (1954/62), Heidelberg 1984
Camus, A.: Der Mensch in der Revolte (1951), Reinbek bei Hamburg 1969
Ebner-Eschenbach, M. von: Das Gemeindekind/Novellen/Aphorismen, München 1978
Flaubert, G.: Die Erziehung der Gefühle (1869), München 1957
Gadamer, H.-G.: Wahrheit und Methode (1960), Tübingen 1986
Grawe, K.: Psychologische Therapie (1998), Göttingen 2000
Lorenzer, A.: Kultur-Analysen – Psychoanalytische Studien zur Kultur, Frankfurt am Main 1986
Nietzsche, F.: Jenseits von Gut und Böse (1886), in: KSA Band 5, München Berlin 1988

PHILOSOPHIEREN HEISST LEBEN LERNEN

Einem oft zitierten Ausspruch Michel de Montaignes (1533–1592) gemäß heißt philosophieren sterben lernen. In seinen *Essais* (1580 ff.) findet sich ein Aufsatz mit dieser Überschrift, und im dazugehörigen Text wird der Moralist Montaigne nicht müde, sich und den Leser mit Zitaten von antiken Denkern ebenso wie mit seinen eigenen Überlegungen in ein vertrautes Verhältnis mit dem Tod zu verbringen und damit unsere Angst vor diesem Anathema zu minimieren:

Verlasst diese Welt, ... wie ihr in sie eingetreten seid. Denselben Weg, den ihr ohne Furcht und Schrecken vom Tod zum Leben gegangen seid, geht ihn zurück nun vom Leben zum Tod! Euer Tod ist ein Teil der Ordnung des Alls, er ist ein Teil des Lebens der Welt. (Montaigne 1998, S. 50 f.)

Ohne hier im Detail zu erörtern, inwiefern der Weg zum Leben respektive aus der uterinen Geborgenheit ins Offene und zugleich etwas Unbehauste des nachgeburtlichen Daseins nicht doch mit einiger ängstlich getönter Skepsis assoziiert ist, gehen die folgenden Seiten von einer auf den ersten Blick zu Montaigne entgegengesetzten These aus und behaupten: Philosophieren heißt leben lernen.

1) In den letzten Jahrzehnten wurde im Bereich der Naturwissenschaften intensiv dem Problem nachgegangen, wie vor etwa 3,5 Milliarden Jahren Leben auf unserem Planeten entstanden ist. Trotz vielfältiger, imposanter Erkenntnisse auf den verschiedenen Gebieten der molekularen Biologie und Chemie konnte diese Frage bis heute nicht abschließend geklärt werden. Dem Sprung von der unbelebten Materie zur Natur (Abiogenese)

und schließlich zur menschlichen Existenz haftet bisher immer noch etwas Rätselhaftes an.

Mindestens ebenso interessant und ungeklärt wie das Thema der *Entstehung* von Leben ist jedoch auch dasjenige seiner *Gestaltung*. In diesem Zusammenhang wird mit dem Begriff Leben auf das menschliche Dasein abgehoben, von dem wir wissen, dass es mitnichten leicht und selbstverständlich zu führen ist. Im Gegenteil: Die meisten Menschen berichten von mittleren oder großen Schwierigkeiten, wenn sie die Frage beantworten sollen, wie sie ihr Leben zufriedenstellend gestalten können. Weil also das menschliche Dasein eine komplexe Aufgabe bedeutet und bisweilen immense Anforderungen an den Einzelnen stellt, wird auf einige dieser Herausforderungen hier Bezug genommen; zugleich will ich zeigen, inwiefern Philosophen seit Jahrtausenden versuchen, Anregungen für deren Lösung zu geben.

2) Einer der ersten Philosophie-Historiker war Diogenes Laërtius, der im dritten Jahrhundert nach Christus lebte. Bekannt wurde er mit seinem zehnbändigen Werk *Leben und Meinungen berühmter Philosophen* (Diogenes Laërtius 2008), worin er die Biographien und das Werk von antiken Denkern wie Anaxagoras, Xenophanes, Thales, Pythagoras, Heraklit, Platon, Aristoteles, Epikur und anderen auf verständliche Art zusammengefasst und dargestellt hat.

Seither sind wir über die Lebensläufe dieser Philosophen leidlich gut informiert, und wir begegnen ihnen mit Hochachtung, Interesse, Achselzucken oder Ablehnung – je nachdem, um wen es sich im Detail handelt. Gleichzeitig beschleicht uns beim Studium ihrer *Vitae* wie auch der Biographien von neuzeitlichen Philosophen nicht selten das Gefühl, dass nur begnadete, hochbegabte Menschen (eben diese Denker), nicht aber Herr oder Frau Jedermann in derart philosophischer Manier zu leben imstande sind.

Da die meisten von uns kein *Leben als Philosophen* führen, gibt es jedoch umgekehrt immerhin die Möglichkeit, diese Denker nach den Umrissen und Inhalten eines *philosophischen Lebens* zu befragen – nach Aspekten also einer Daseinsgestaltung, die auch für Nicht-Philosophen in Frage kommen. Wir nutzen dabei die eigenartige oder auch exzeptionelle Existenz- und Argumentationsweise einzelner Philosophen (nicht nur der antiken), um an ihnen Facetten eines philosophischen Lebens abzuleiten. Auf diese Weise können auch jene, die nicht berufsmäßig das Geschäft der Philosophie betreiben, die verschiedenen Biographien und das Werk der Weisheitslehrer für das eigene Dasein nutzen: »Wirkliche Philosophie handelt von Dingen, die für jeden Gebildeten von Interesse sind.« (Russell 2005, S. 5)

3) Nur ein reflektiertes Leben (so meinte Sokrates) ist es wert, gelebt zu werden. Natürlich lässt sich leicht eine beachtliche Menge an Situationen benennen, in denen nicht Reflexion, sondern Aktion, Handlung und Tat im Vordergrund stehen: Auseinandersetzungen, Gestaltung des Augenblicks, Hingabe an Aufgaben oder andere Personen, Durchsetzung ureigenster Interessen, Abgrenzung gegen Attacken aller Art usw. Man käme mit der Liste notwendiger Aktivitäten an kein Ende – bezogen auf Situationen, in denen eine reflektierende, nachdenkliche, distanziert-abwartende Haltung und Einstellung nicht immer angebracht oder im Gegenteil sogar kontraproduktiv ist.

Und doch kann man selbst für jene Momente, in denen es mehr auf Schlagfertigkeit denn auf Bedächtigkeit ankommt, überlegen, inwiefern ein zurückhaltendes, langsames Reagieren ein höheres Maß an Souveränität bedeutet. Von Friedrich Nietzsche stammt die neckische Definition, dass Geist in diesen wenigen Sekunden entsteht, die wir eventuell reflektierend zwischen Reiz und Reaktion einschieben. Man könnte auch sagen, dass Geistigkeit und Vernunft die Sphäre von Nachdenklichkeit, Nicht-Handeln, Unterbrechung von Handlungs- und Ereignisketten sowie An-sich-Halten benötigt, um überhaupt aufscheinen zu können.

Die chinesische Philosophie kennt für eine solche oder ähnliche Einstellung den Begriff des *Wuwei*. Dieses bedeutet kein Plädoyer für völlige Inaktivität – es zielt vielmehr auf jene Handlungen, die im Einklang mit der Natur und den Gegebenheiten erforderlich sind: »Niemals machen, und doch bleibt nichts ungetan« – lautet ein entsprechender Gedanke aus dem *Tao Te-King*, aus jenem Text, den Laotse am Grenzpass Hangu auf Bitten eines Grenzbeamten niedergeschrieben haben soll, und der später zur zentralen kanonischen Gründungsschrift des Taoismus wurde. »Das Nicht-Handeln üben: so kommt alles in Ordnung.« – heißt es bei Laotse; und weiter meinte er:

Die Welt erobern wollen durch Handeln: / Ich habe erlebt, dass das misslingt. / Die Welt ist ein geistiges Ding, / das man nicht behandeln darf. / Wer handelt, verdirbt sie. / Wer festhält, verliert sie. / … / Also auch der Berufene: / Er meidet das Heftige. / Er meidet das Üppige. / Er meidet das Großartige. (Laotse 2004, S. 94)

4) Als nicht zu unterschätzende Nebeneffekte von *Wuwei* sowie reflexiv-nachdenklicher Pausen in der dicht getakteten Agenda unseres Daseins keimen in uns eventuell Zweifel und Staunen. Sobald wir uns den Luxus erlauben, über die Gemengelage des Lebens nachzusinnen, geht uns die Selbstverständlichkeit unserer stetigen Aktivitäten verloren, und an ihrer Stelle entstehen womöglich zweifelnde, kopfschüttelnde Fragen sowie ein wundernder, verwunderter Blick auf Menschen, Kosmos und Kultur: So ganz anders als gedacht sind also die Gesetze der Natur, des sozialen Miteinanders oder auch der binnenseelischen Verarbeitung gestrickt, und so ganz anders als vermutet sind die Resultate dieser Gesetzmäßigkeiten einzuordnen und zur Kenntnis zu nehmen.

Beides, Staunen wie Zweifeln, wurde schon in der Vergangenheit von Philosophen gebührend hervorgehoben. Das Staunen, meinte Platon, sei gleichbedeutend mit dem Beginn der Philosophie: »Denn gerade den Philosophen kennzeichnet diese Gemütsverfassung, die Verwunderung. Denn diese, und nichts anderes, ist der Anfang der Philosophie.« (Platon 1988, S. 51) Wer erstaunt auf das scheinbar so Alltägliche und Selbstverständliche unserer Existenz reagiert, beginne sich zu wundern und entsprechende Fragen zu stellen – Fragen, deren Halbwertszeit nicht selten mehrere Jahrtausende beträgt, und die immer wieder aufs Neue Antworten evozieren, deren Halbwertszeiten allerdings häufig bedeutend kürzer imponieren.

Ähnliches wie für das Staunen und Wundern ist hinsichtlich des Zweifelns zu vermelden. Es war René Descartes (1596–1650) im 17. Jahrhundert, der zuerst bei sich selbst das radikale Zweifeln an allem und jedem als brauchbare und zielführende Methode des Wahrheits- und Erkenntnisgewinns erprobte und es dann als philosophische Methode anderen weiterempfahl. »Ich denke und zweifle, also bin ich.« – auf diese oft zitierte Formel war der französische Philosoph gestoßen, als er bei sich nach unzweifelhaften Gedanken und evidenten Tatsachen Ausschau hielt, die über jeden Zweifel erhaben sein sollten.

Etwa drei Jahrhunderte nach Descartes berief sich Edmund Husserl (1859–1938) in *Cartesianische Meditationen* (1931) auf den französischen Denker. Allerdings empfahl er den radikalen Zweifel nicht nur als Methode, sondern vielmehr als Grundtugend eines Philosophen, und legte ihn als solcher jedem Adepten der Philosophie als identitätsstiftend ans Herz:

> Jeder, der ernstlich Philosoph werden will, muss sich »einmal im Leben« auf sich selbst zurückziehen und in sich den Umsturz aller ihm bisher geltenden Wissenschaften und ihren Neubau versuchen. (Husserl 1992, S. 4)

Was aber haben Staunen, Verwunderung, Zweifel mit unserer Existenz zu schaffen? Enorm viel, wie ich finde. Ein Großteil unseres Wertempfindens hängt beispielsweise von der Fähigkeit zum staunenden Verwundern ab: So könnten wir etwa staunen, dass ... es uns überhaupt gibt; unser Organismus einigermaßen intakt ist; unser Organismus die Tendenz zu Besserung und Restitution zeigt (bei Krankheiten aller Art); wir uns heute als ähnlich oder dieselben wie gestern und vorgestern erleben; wir seit der Geburt von und durch andere (und sei es auch defizitär) versorgt wurden (sonst gäbe es uns gar nicht); sich Mitmenschen uns zugewandt haben und sich uns immer noch zuwenden (liebend, verstehend, fürsorglich); es Verkehrsmittel, Strom, Wasser, Gas, regendichte Häuser, Geschäfte, Behörden, Medien etc. gibt; wir Musik, Kunstwerke, Literatur, Theater- und Opern-Aufführungen genießen können; die Menschheit Kunst, Wirtschaft, Philosophie, Religion, Mythos, Recht, Wissenschaft, Technik entwickelt hat und permanent weiterentwickelt.

Wer auch nur einen dieser Fakten staunens- und bewundernswert und in keiner Weise selbstverständlich erlebt, wird zugeben müssen, dass ihm über sein Staunen und Wundern diverse Wertdimensionen dieses Faktums zugänglich werden. Wertsichtigkeit erwächst aus einer Haltung der Offenheit und (trotz aller Vorbehalte) grundsätzlichen Bejahung von Mitmensch, Erde und Kultur – eine Haltung, die häufig auch Künstler auszeichnet, über deren Arbeit Paul Klee in *Schöpferische Konfession* (1920) schrieb: »Kunst gibt nicht das Sichtbare wieder, sondern macht sichtbar.« Wem daran gelegen ist, hinter der Alltagsfassade des Daseins die Wirklichkeit der Dinge und Verhältnisse, das *être brut* (Merleau-Ponty), die seltenen, oft verborgenen Seiten eines Menschen zu erblicken, wird dies am leichtesten verwirklichen können, wenn ihm – wie den Kindern – Staunen und Wundern vertraut sind. Als Kinder waren wir in dieser Hinsicht noch am ehesten philosophisch wach und aktiv.

5) Was aber verstehen wir unter Zweifel, und was schützt uns vor der Verzweiflung, wenn wir an allem und jedem zweifeln sollten? Zweifeln kann in einem psychopathologischen und in einem philosophischen Sinn aufgefasst werden. Das erstere Phänomen tritt gehäuft bei Menschen auf, die in ihrer Werdens-Geschichte zu wenig Urvertrauen erfahren haben und später im Leben gehäuft Affekte wie Misstrauen, Eifersucht und Neid an den Tag legen. Des Weiteren findet sich Zweifel als psychologisches Thema bei zwanghaft-ambivalent gestimmten Individuen: Sie können sich bei diversen Fragen und Konfliktlagen ihrer Existenz nicht entscheiden und bezweifeln jede auch noch so schlicht imponierende Richtung, die sie ein-

schlagen könnten. Auch bei melancholisch-depressiv Verstimmten ist oft Zweifel im Sinne von Bedenkentragen, Schwarzsehen oder notorischer Selbstkritik zu beobachten.

Im Gegensatz zu diesen Spielarten des neurotischen Zweifels zeigt ein philosophischer Zweifel durchaus Qualitäten des Denkens, Erlebens, Wahrnehmens, Urteilens – Qualitäten, die unter dem Begriff der Skepsis zusammengefasst werden. Dieser Terminus bedeutet übersetzt so viel wie Betrachtung, Untersuchung, Prüfung. In der griechischen Philosophie der Antike gab es eine Reihe von Denkern, welche die Skepsis – also kritische, unvoreingenommene, nicht-dogmatische Betrachtung der Welt – als ihre bevorzugte Denk- und Daseins-Einstellung wählten.

Zu dieser Gruppe von Philosophen zählten etwa die Sophisten – eine Bezeichnung, die die Weisheit im Wortstamm mit sich führt. Später galten Sophisten nicht nur als aufgeklärte Denker, sondern als Kritikaster, die die Skepsis auf die Spitze trieben. Der ursprüngliche Impuls jedoch, der die Skeptiker umtrieb, war ausgesprochen emanzipativ: alles (vor allem jede dogmatische Aussage, jede angebliche oder tatsächliche Autorität) zu hinterfragen und dabei auch vor der eigenen Person nicht Halt zu machen. G. W. F. Hegel schätzte gerade deshalb die Skepsis als freie Seite jeder Philosophie hoch und wert.

Wenn wir im 21. Jahrhundert nach skeptischen Aspekten unserer Existenz Ausschau halten, finden wir derlei am ehesten in der Philosophie, in den Wissenschaften (zumindest als Ideal) sowie – in der Psychoanalyse und humanistischen Psychotherapie (ebenfalls als Ideal). So sehr Letztere dazu tendieren, dogmatische Lehrsätze zu formulieren und zu verteidigen, so sehr haben die Begründer von Psychoanalyse und Tiefenpsychologie die Skepsis als zentrale Haltung des Erkenntnisgewinns hochgehalten.

Eine Grundregel der Psychoanalyse lautet, die Psychotherapie als Möglichkeit der Reflexion und nicht des Agierens zu nutzen. Jeder Impuls, Gedanke, Erinnerungspart, Phantasiegehalt darf und soll vorbehaltlos in den analytischen Therapiesitzungen geäußert und zum Thema gemacht, nicht aber ausgelebt und agiert werden. Wenn irgendwo, so sind es die psychoanalytischen Sitzungen, in denen das sokratische Diktum konkrete Realität wird, dass nur ein reflektiertes Leben ein lebenswertes sei.

Verbindet man diese Grundregel mit einem gehörigen Schuss von Skepsis, kommt man etwa dahin, den Verlautbarungen des Bewusstseins nicht vollumfänglich Vertrauen zu schenken. In jeden bewussten Akt eines Menschen können sich koboldartig Dutzende von unbewussten Motiven und Bedürfnissen mengen, und es braucht eine skeptisch-hinterfragende Einstellung, um sich selbst oder den Mitmenschen diesbezüglich auf die Schliche zu kommen.

Als Vorläufer einer skeptisch-demaskierenden Tiefenpsychologie sind übrigens wiederum Philosophen namhaft zu machen: Französische Moralisten – allen voran Montaigne, gefolgt von La Rochefoucauld, La Bruyère, Vauvenargues, Chamfort, Rivarol, Montesquieu und anderen – gaben hierzu den Auftakt; in Deutschland haben sich Georg Christoph Lichtenberg, Jean Paul, Arthur Schopenhauer sowie Friedrich Nietzsche und in England beispielsweise Oscar Wilde als moralistische Schriftsteller und Denker hervorgetan. Sie alle waren vom Diktum La Rochefoucaulds überzeugt: »Immer hält das Herz den Verstand zum Besten.« – wobei mit Herz die emotionalen, triebhaften, leidenschaftlichen, meist unbewussten Aspekte der menschlichen Existenz gemeint waren. Bertrand Russell, auf seine Art ein Moralist im 20. Jahrhundert, empfahl Staunen und Zweifel ebenfalls als Essenz der Philosophie wie eines humanen Daseins:

> Der Wert der Philosophie besteht ... in der Ungewissheit, die sie mit sich bringt. Wer niemals eine philosophische Anwandlung gehabt hat, der geht durchs Leben und ist wie in ein Gefängnis eingeschlossen: von den Vorurteilen des gesunden Menschen-Verstandes, von den habituellen Meinungen seines Zeitalters oder seiner Nation ... Die Philosophie ... vermindert unsere Gewissheiten darüber, was die Dinge sind, aber sie vermehrt unser Wissen darüber, was die Dinge sein könnten. Sie schlägt die etwas arrogante Gewissheit jener nieder, die sich niemals im Bereich des befreienden Zweifels aufgehalten haben, und hält unsere Fähigkeit zu staunen wach, indem sie uns vertraute Dinge von uns nicht vertrauten Seiten zeigt. (Russell 1967, S. 138)

6) Reflektieren, Denken, Sinnieren, Einordnen, Werten, Urteilen, Erkennen – alle diese Akte beginnen mit einer Distanznahme zur *Vita activa* und können nur in der relativen Distanz zur Welt und zum lärmigen Leben, als *Vita contemplativa* verwirklicht werden. Es muss sich dabei durchaus nicht um philosophische Gedanken handeln; jeder eigenständige, das eigene wie auch das Dasein von Mitmenschen inkludierende Denk-Akt benötigt zu seiner Genese ein Ausscheren aus dem Trott von Handlungen sowie von Reiz-und-Reaktions-Schemata.

Die sokratische Aufforderung zur Reflexion zielt auf ein Dasein, das man daher als doppelte Veranstaltung begreifen könnte: als gelebtes und reflektiertes Dasein zugleich. Unser Existenzmodus gleicht in der Regel einer fast nahtlosen Aneinanderreihung von Ereignissen, Geschehnissen, Terminen, zufälligen oder schicksalhaft imponierenden Situationsabläufen, Aktivitäten sowie privaten oder kollektiven Erschütterungen, ohne dass uns bei den verschiedenen Phänomenen unseres Lebensstroms immer die je nötige reflektierende Distanzierung gelingt, um eine hinreichende Einordnung und Bedeutungszuschreibung dieser diversen Ereignisse und Geschehnisse vornehmen zu können.

Nach Jahren oder Jahrzehnten eines Lebensabschnitts – etwa der Berufstätigkeit; der Erziehung von Kindern; einer intensiven Freundschaft oder Partnerschaft; eines mehrmonatigen Urlaubs, Auslandsaufenthalts, Moratoriums, Sabbaticals – realisieren wir nicht selten überrascht oder konsterniert oder traurig, dass dieser Zeitabschnitt unseres Daseins zu Ende gegangen ist, ohne dass wir verstanden haben, welche Chancen und Aufgaben damit verbunden waren, und ohne reflektierend erkannt zu haben, welche Entwicklung wir genommen oder verpasst haben.

Man meint dann, nicht intensiv genug gelebt zu haben, wohingegen aber die Überlegung nicht ganz von der Hand zu weisen ist, dass diese Zeiträume von uns womöglich nur nicht genug bedacht, reflektiert, in ihrer Wertigkeit und Bedeutung erkannt wurden. Denn nicht (nur) die Fülle von Ereignissen, sondern die Tiefe und Differenziertheit der dazu entwickelten Gedanken und Erkenntnisse lassen uns so manchen Lebensabschnitt als gelungen und befriedigend beurteilen. Man kann daher jedenfalls jene beglückwünschen, die nach ihrem Urlaub auf die Frage der zuhause Gebliebenen, wie denn ihre Ferien verlaufen sind, mit dem Brustton der Überzeugung antworten: »Ereignisarm, aber gedankenreich!«

Ein zu privaten wie öffentlichen Ereignissen und Geschehnissen distanzierteres Leben zu führen bedeutet, einen Perspektiv-Wechsel vom Betroffenen-Status hin zum Standpunkt einer reflexiven und verstehenden Einordnung des Daseins vorzunehmen. Wer seine Existenz bloß als eine Aneinanderreihung von Begebenheiten empfindet, lebt vorrangig am Pol des Pathischen – er erlebt, erduldet, erleidet sein Dasein. Erstrebenswert wäre zumindest eine zeitweise Integration einer gnostischen Perspektive, mittels derer Erkenntnis und Verständnis der Existenz möglich wird.

7) Noch ein weiterer Gestaltungsaspekt der Existenz geht auf Sokrates zurück: es ist dies die dialogische Daseinsform. Von Sokrates ist bekannt, dass er seine philosophischen Gedanken nicht am Schreibtisch oder (wie Nietzsche) auf einsamen Wanderungen oder (wie Wittgenstein) in kargen norwegischen Hütten, sondern im Hin und Her von Fragen und Antworten mit seinen Dialogpartnern entwickelte. Mit dieser Art des Philosophierens hat er ein Modell kreiert, das in seiner Wertigkeit nicht nur für Philosophen, sondern für uns alle nicht hoch genug eingeschätzt werden kann.

Was bedeuten Dialog und dialogisches Dasein? Der Begriff Dialog kann aus dem Griechischen mit Fließen von Worten, also mit Unterredung oder Zwiegespräch übersetzt werden. Schon in der Antike (bei Platon und Aristoteles) gab es Hinweise darauf, dass Sokrates mit einer bestimmten Methode seine Dialoge realisierte. Fragend wollte er das Wissen und die Ahnungen des Gegenübers zu diversen Themen so transparent werden lassen, dass daraus nach und nach Erkenntnisse erwuchsen. Diese Art des Gesprächs wurde als Mäeutik oder Hebammenkunst bezeichnet – wobei es Sokrates zufolge grundwesentlich ist, nur jene Themen mit dem jeweiligen Konterpart zu besprechen, bei denen dieser irgendetwas zum Erkenntnisprozess beitragen kann; als Hebamme bei Menschen tätig werden zu wollen, die weder schwanger sind noch Befruchtungsvorgänge bei sich akzeptieren, ist ein heilloses und frustrierendes Unterfangen.

In der Neuzeit gab es Versuche, die sokratische Methode von der Persönlichkeit des Philosophen zu separieren und als bloße Gebrauchs-Anweisung für dialogische Situationen anzuwenden. Als Gegenposition dazu ist es wohl klüger und passender, die Fragetechnik des Sokrates nicht als bloße Methode, sondern als Ausdruck seiner Persönlichkeit zu verstehen. Dies bedeutet, dass der von ihm intendierte Dialog nicht als Sammelsurium sprachlicher Interventionen aufgefasst werden darf.

Vielmehr handelt es sich dabei um einen existenziellen Einsatz der jeweils gesamten Person aller am Gespräch Beteiligter – ein Einsatz, der das Persönlichkeitsprofil der Dialogpartner offen zutage treten lässt, und bei dem der bloße Schein, das sprachliche Flunkern oder die lediglich hingeworfene, witzige Formulierung nicht ausreichen, um authentische und erkenntnisheischende Unterredungen, um ein tatsächliches Fließen der Worte zu ermöglichen. Das Wesentliche des Dialogs findet nach Sokrates *zwischen* den beteiligten Personen ab. Dieses Zwischen ist ein Raum, in dem sich die Dialogpartner um Erkenntnis und Verständnis eines Problems bemühen – kein Raum des Rechthabens, der Durchsetzung, der Dominanz oder des Obsiegens. Nietzsche hatte Derartiges im Sinn, als er in *Menschliches, Allzumenschliches* (1878) dazu ausführte:

Das Zwiegespräch ist das vollkommene Gespräch, weil Alles, was der Eine sagt, seine bestimmte Farbe, seinen Klang, seine begleitende Gebärde *in strenger Rücksicht auf den Anderen*, mit dem gesprochen wird, erhält, also dem entsprechend, was beim Briefverkehr geschieht, dass ein und der selbe zehn Arten des seelischen Ausdrucks zeigt, je nachdem er bald an Diesen, bald an Jenen schreibt. Beim Zwiegespräch gibt es nur eine einzige Strahlenbrechung des Gedankens: Diese bringt der Mitunterredner hervor, als der Spiegel, in welchem wir unsere Gedanken möglichst schön wiedererblicken wollen. (Nietzsche 1988 [1878], S. 261)

Im 20. Jahrhundert hat unter anderem Martin Buber (1878–1965) in seinen Schriften das Dialogische im zwischenmenschlichen Raum betont. In *Ich und Du* (1923) legte er dar, welche identitätsstiftende Rolle die dialogische Beziehung zwischen den Menschen spielt. Nur wer im Zwischenraum von Ich und Du zuhause ist, kann mit Wachstum und Förderung seiner Person rechnen – eine Gesetzmäßigkeit, deren Konsequenzen jeder unterschätzt, der dazu tendiert, seine Ich-Du-Beziehungen zu Ich-Es-Beziehungen zu transformieren und zu degradieren.

8) Lebe im Verborgenen! – empfiehlt Epikur (341–271 v. Chr.). Etwa um 300 v. Chr. erwarb dieser Denker in Athen einen Garten (Kepos), in dem er seine Schüler empfing – darunter auch Frauen, Hetären, Sklaven, was für die damalige Zeit ungewöhnlich war. »Tritt ein, Fremder! Ein freundlicher Gastgeber wartet dir auf mit Brot und mit Wasser im Überfluss, denn hier werden deine Begierden nicht gereizt, sondern gestillt.« – lesen wir bei Epikur in seiner im Grunde bescheidenen Manier.

Beim Namen Epikur sind nicht wenige gewillt, statt an Wasser und Brot an fulminante Tafelfreuden und Trinkgelage zu denken. Ein Epikureer galt bereits in der römischen Antike und verstärkt seit dem Mittelalter als genusssüchtiger, sinnenfreudiger, maßloser Mensch, dem nicht leicht Befriedigung seiner körperzentrierten Bedürfnisse zuteilwerden konnte. Wie sehr es sich bei diesen Assoziationen um widersinnige Vorurteile oder – wie wir heutzutage salopp sagen – um *fake news* handelte, verdeutlicht ein inniger Wunsch Epikurs an einen Freund: »Schicke mir ein Stück Käse, damit ich einmal gut essen kann.«

Epikur war Materialist, der die Atomlehre Demokrits übernahm und weiterentwickelte. Von dieser materialistischen Basis aus beurteilte er die Phänomene von Leben und Tod, von Natur, Menschen und Göttern. Öfter zitiert wird der Passus eines Epikur-Briefes an dessen Schüler Menoikeus, in dem er ihm erläuterte: »Das schauerlichste aller Übel, der Tod, hat also keine Bedeutung für uns; denn solange wir da sind, ist der Tod nicht da, wenn aber der Tod da ist, dann sind wir nicht da.« Und im Hinblick auf die Götter empfahl er seinen Hörern, sich um sie und deren Existenz ebenso wenig zu kümmern, wie dies umgekehrt der Fall sei – den Göttern sei es schlicht zu beschwerlich, sich großartig mit dem Schicksal der Menschen zu beschäftigen.

Man bezeichnet Epikurs Denken auch als Eudämonismus, als eine Lehre, die im Glück des Einzelnen wie auch der Gemeinschaft die höchste Sinnerfüllung im menschlichen Dasein vermutet. Alle Einstellungen, Ideen, Affekte, Handlungen und Haltungen, die diesem Eudämonismus zuwider wirken, hätte Epikur abgelehnt – wozu er auch übermäßiges öffentliches und politisches Engagement zählte. Als ähnlich überflüssig bis schädlich ordnete er Ruhmsucht, Besitzstreben und Anfälligkeit für Titel und Applaus ein – sie bedeuteten ihm Abhängigkeit von den Mitmenschen oder den äußeren Umständen und konnten potentiell den Seelenfrieden (Ataraxie) des Einzelnen erheblich stören.

So wird auch die Formel »Lebe im Verborgenen« verständlich – eine Formel, die drei Jahrhunderte nach Epikur von Plutarch (45–125 n. Chr.) in einer Schrift kritisch kommentiert wurde. In der Neuzeit hat sich Friedrich Nietzsche mit Epikur und dessen zurückhaltendem Lebensstil beschäftigt. Nietzsche bewunderte an dem antiken Denker dessen liberale Haltung den Göttern gegenüber; gleichzeitig ordnete er ihn als dekadent ein, da er zu wenig den Willen zur Macht und Selbstdurchsetzung propagiert hatte.

Wie also sollen wir leben – im Verborgenen oder doch lieber auf der Bühne der Welt? Und was bedeutet das Verborgene? Befragen wir nicht nur Epikur, sondern auch neuzeitliche Philosophen, können wir uns etwa mit einer diesbezüglichen Positionierung von Hannah Arendt (1906–1975) auseinandersetzen. Diese Philosophin tendierte aufgrund ihrer Biographie (sie war wegen ihrer jüdischen Abstammung gezwungen, in den 30er Jahren über Frankreich ins amerikanische Exil zu gehen) dazu, sich als öffentliche Person zu begreifen und sich dementsprechend intensiv um die Belange von Zeitgeschichte, Gesellschaft und Politik zu kümmern.

Von Hannah Arendt stammt die philosophische Schrift *Vita activa oder vom tätigen Leben* (1958, deutsch 1960), in der sie drei verschiedene Formen von Tätigkeit beschrieben hat: Arbeiten, Herstellen und Handeln. Die erstere Tätigkeit (der Mensch als *animal laborans*) erfolge meistens ohne dauerhafte Konsequenzen – z.B. in Form von Bügeln, Abwaschen, Staubsaugen, Unkrautjäten, Ofen beheizen. Diese Arbeiten sind zwar für den Existenzerhalt wesentlich und kosten viel Kraft und Zeit, befriedigen jedoch nur bedingt, da sie immer wieder neu erledigt werden müssen. Allenfalls entstehen beim Arbeiten Konsumgüter, die verbraucht werden.

Andere Verhältnisse gelten beim Herstellen – der Mensch wird hier zum *homo faber*. Diese Tätigkeit hinterlässt dauerhaftere Spuren – man denke an verschiedene handwerkliche Tätigkeiten und deren bisweilen exzellente Resultate, die uns eventuell nach Jahr und Tag noch entzücken und befriedigen – sie werden nicht *verbraucht*, sondern *gebraucht*. Dem Hergestellten mangelt es jedoch normalerweise an Originalität; von der Möbel-Fabrikation bis zum Herstellen von Autos, Computern, Handys und Herrenanzügen gibt es jeweils für die einzelnen Gegenstände elaborierte Blaupausen, nach denen die diversen Dinge reproduziert werden.

Allein dem Handeln, so war Arendt überzeugt, wohnt wesenhaft das Neue, Innovative, Originelle, Überraschende inne – ein Phänomen, das die Philosophin auch als Natalität (Geburtlichkeit im Kontrast zu Mortalität) bezeichnete. Das Handeln verortete sie zwischen den Menschen und in der Öffentlichkeit und meinte damit, dass sich Menschen zur politischen Meinungsbildung zusammenfinden; ausgehend von ihrer Zusammenkunft schaffen sie eventuell Neues (Revolutionäres).

Man sieht: Arendt war eine Denkerin, welche die epikureische Idee eines Lebens im Verborgenen nicht favorisiert hätte. Allerdings versuchte sie zum Ende ihres zu kurzen Lebens, neben die Beschreibung eines tätigen Daseins (*Vita activa*) auch diejenige eines zurückgezogenen und nachdenklichen Daseins (*Vita contemplativa*) treten zu lassen. Denken, Wollen und Urteilen waren die drei Existenzformen, die sie diesbezüglich näher untersuchte. Ohne hier im Detail zu klären, was Arendt unter Denken, Wollen, Urteilen verstanden hat, möchte ich auf einen Gedanken hinweisen, den sie für den eigenen Existenzvollzug als relevant erachtete: Wer sich zu sehr der *Vita contemplativa* hingebe, laufe eventuell Gefahr, die Welt, ihre Themen und Aufgaben aus dem Auge zu verlieren – er wird weltentfremdet. Umgekehrt besteht jedoch das Risiko, dass wir uns allzu sehr auf die Welt und ihre Reize und Aufgaben einlassen und dabei im Gegenzug das eigene Ich vernachlässigen – wir werden selbstentfremdet.

Die Herausforderung für uns besteht demnach, zwischen Skylla der Weltentfremdung und Charybdis der Selbstentfremdung hindurch zu segeln, ohne dass unser Lebensschiffchen einen der beiden Felsen (auf denen der griechischen Mythologie zufolge Meerungeheuer hausen) auch nur touchiert, geschweige denn an ihm zerschellt. Für die meisten von uns wird es im 21. Jahrhundert schwieriger sein, der Selbstentfremdung denn der Weltentfremdung zu entgehen – sowohl die vom Zeitgeist ventilierten gesellschaftlichen und kulturellen Rahmenbedingen als auch die Tradition des europäischen und westlichen Lebensstils seit der Renaissance, dem Anbruch der Neuzeit, legen uns nahe, als *homo expansivus* und *homo consumens* (Erich Fromm) das Heil unserer Existenz irgendwo draußen in der Welt und nicht in der Binnenschau des eigenen Ich zu suchen. Lebe in der Verborgenheit – diese Aufforderung Epikurs ist derzeit wahrscheinlich schwieriger zu realisieren als (für manche) in der griechischen Antike.

9) Lebe im Verborgenen – so lautete die Formel Epikurs. Alles, was tief ist, liebt die Maske – meinte Friedrich Nietzsche in *Jenseits von Gut und Böse* (1886). Wenngleich die Verborgenheit anderes zu bedeuten hat als eine Maske, gibt es zwischen beiden doch eine Verwandtschaft, der es nachzuspüren lohnt. Nietzsche jedenfalls konnte nachvollziehen, dass sich Menschen, die etwas Kostbares und Verletzliches (wie etwa das eigene Ich) bergen und beschützen wollen, sinnvollerweise eine Maske zulegen und sich damit ein Inkognito schaffen, mit dem sie dies eigene Ich für die Umwelt unsichtbarer und damit weniger angreifbar machen:

> Ein ... Verborgener ... *will* es und fördert es, dass eine Maske von ihm an seiner statt in den Herzen und Köpfen seiner Freunde herumwandelt; und gesetzt, er will es nicht, so werden ihm eines Tages die Augen darüber aufgehen, dass es trotzdem dort eine Maske von ihm gibt – und dass es gut so ist. Jeder tiefe Geist braucht eine Maske: mehr noch, um jeden tiefen Geist wächst fortwährend eine Maske ... (Nietzsche 1988 [1886], S. 58)

Wie sehr das Verborgen-Sein hinter einer Maske, einem Inkognito den Betreffenden für ungewohnte Entwicklungsschritte und Identitäts-Prozesse freizusetzen vermag, lässt sich an der Biographie Goethes ablesen. Vor allem während der ersten italienischen Reise legte er großen Wert darauf, den Freunden und Bekannten in Weimar keine Mitteilung über die ersten Monate seiner *Grand Tour* zukommen zu lassen und sich den neuen Bekanntschaften in Italien als Kunstmaler Philippo Möller vorzustellen. Wer je versucht hat, herkömmliche Identitäts-Zuschreibungen zur eigenen Person hinter sich zu lassen und sich von Bildern zu emanzipieren, die sich Mitmenschen von uns gemacht haben, wird zugeben, dass derlei ein zähes, um nicht zu sagen unmögliches Unterfangen bedeutet. Es scheint leichter, sich eine Maske zuzulegen, an der sich unsere Mitwelt abarbeiten kann, und hinter der Maske das Ich unbehelligt und unkommentiert in nicht selten fragil-verletzliche Richtungen wachsen zu lassen.

Dass es sich bei Wachstumsprozessen der eigenen Persönlichkeit oftmals um etwas Zartes, Knospendes, Zerbrechliches handeln kann, dem man mit Vorsicht begegnen darf, hat vor über einem Jahrhundert Georg Trakl (1887–1914) in einer Gedichtzeile ausgedrückt: »Wie scheint doch alles Werdende so krank!« – wobei wir interpretatorisch nicht fehl gehen, für das Wort krank Begriffe wie fragil, subtil und verletzlich zu verwenden. Ungeschickte Nachfragen oder kritische Blicke der Mitmenschen genügen bisweilen, um Werdens-Impuls einer Person im Keim zu ersticken.

10) Was sich günstigenfalls hinter einer Maske entwickelt, nennen wir Persönlichkeit. Für Goethe etwa war dies ein überaus erstrebenswertes Ziel, von dem er annahm, dass nicht nur er selbst, sondern die meisten Menschen zufrieden wären, wenn sie sich auf dem Weg zur Persönlichkeit wähnen dürften: »Volk und Knecht und Überwinder, / Sie gestehn, zu jeder Zeit, / Höchstes Glück der Erdenkinder / Sei nur die Persönlichkeit.« (Goethe 1981 [1819/27], S. 71) Was aber zeichnet Persönlichkeiten aus, und welche Entstehungsbedingungen (neben einer Maske) sind dafür erwägenswert? In *Kritik der praktischen Vernunft* (1788) vertrat Immanuel Kant die Ansicht, dass Persönlichkeit entsteht und sich verfestigt, sobald Einzelne ein respektive ihr moralisches Gesetz in und für sich registrieren:

> Zwei Dinge erfüllen das Gemüt mit immer neuer und zunehmender Bewunderung und Ehrfurcht, je öfter und anhaltender sich das Nachdenken damit beschäftigt: *Der bestirnte Himmel über mir, und das moralische Gesetz in mir* ... Der erstere Anblick einer zahllosen Weltenmenge vernichtet gleichsam meine Wichtigkeit, als eines *tierischen Geschöpfs*, das die Materie, daraus es ward, dem Planeten (einem bloßen Punkt im Weltall) wieder zurückgeben muss, nachdem es eine kurze Zeit (man weiß nicht wie) mit Lebenskraft versehen gewesen. Der zweite erhebt dagegen meinen Wert, als einer *Intelligenz*, unendlich, durch meine Persönlichkeit, in der das moralische Gesetz mir ein von der Tierheit und selbst von der ganzen Sinnenwelt unabhängiges Leben offenbart ... (Kant 1974, S. 300)

Einige Begriffe sind bemerkenswert, die Kant im Zusammenhang mit dem Terminus Persönlichkeit verwendete, um sie zu charakterisieren: Freiheit und Unabhängigkeit gegenüber Natur und Sinnenwelt; subjektives Erleben des eigenen, unendlich hohen Wertes; Wahrnehmung und Akzeptanz des moralischen Gesetzes – für Kant gleichbedeutend mit dem kategorischen Imperativ, der uns mit Prinzipien einer formalen Pflicht-Ethik konfrontiert, die sinngemäß lauten: Handle bevorzugt nur nach jener Maxime, durch die du zugleich wollen kannst, dass sie ein allgemeines Gesetz werde.

Nun wurde die formale Pflicht-Ethik Kants mit vielerlei Argumenten kritisch beleuchtet und teilweise völlig abgelehnt – eine Debatte, die hier nicht vertieft werden kann und soll. Was mir jedoch an Kants Begriffen für die Charakterisierung einer Persönlichkeit wichtig erscheint, sind deren (relative!) Autonomie gegenüber der Natur, deren Wert-Empfinden sich selbst gegenüber sowie deren (individuelle) ethische Verfassung, die sie als eine Art Gesetz in sich spürt und gelten lässt.

II) Zur Autonomie gegenüber der Natur: In den letzten Jahrzehnten geht die Tendenz der wissenschaftlichen, philosophischen und öffentlichen Diskussion über Unabhängigkeit und Freiheit der menschlichen Existenz, namentlich des menschlichen Willens eindeutig in eine Richtung, die man mit Naturalisierung und Materialisierung bezeichnen kann. Insbesondere die *Neuro-Science* hat mit vielen ihrer Befunde und Erkenntnisse der jüngsten Vergangenheit dazu beigetragen, die Mär vom freien Willen eben als eine Mär zu demaskieren. Neben den angeborenen Gegebenheiten des Gehirns und des gesamten Organismus lassen sich in zunehmendem Maße auch die biologischen Spuren verfolgen, welche die verschiedenen biographischen Einflüsse (sozio-ökonomische, familiäre, zeitgeistbedingte, historische, gesellschaftliche, politische etc. Ereignisse und Bedingungen) auf den frühkindlichen, jugendlichen, erwachsenen Organismus induzieren und als solche wiederum zu Determinanten von Affekten, Entscheidungen und Handlungen der betreffenden Individuen werden.

Zum Verhältnis von Natur (Determiniertheit) und Kultur (Freiheit) hat sich Immanuel Kant ebenfalls geäußert. Er betonte, dass Menschen Bürger zweier Welten sind (der Natur wie auch der Kultur), und dass unser Wille demzufolge aus zwei Quellen gespeist wird: aus *mundus sensibilis,* also der sinnlichen Welt (organismische Impulse, Umweltreize), sowie aus *mundus intelligibilis,* der Welt von Logos und Vernunft.

Anders als bei Kant weisen die Neurowissenschaften darauf hin, wie sehr die determinierende Biologie (Gehirn) nötig ist, um die Stimme von Logos und Vernunft in uns überhaupt vernehmbar werden zu lassen. Unser Organismus ist zwar vernunftbegabt, muss dazu jedoch sozialisiert werden. Erziehung und Bildung bedeuten deshalb, unsere Biologie derart zu formen und formen zu lassen, dass sie vernünftig denken, urteilen und entscheiden kann.

Persönlichkeit entsteht und perpetuiert sich, insofern der Einzelne sich einem andauernden Sozialisations- und Vernunftprozess anheimstellt (Selbst-Erziehung und Selbst-Bildung) respektive er als Kind, Jugendlicher und Adoleszenter heteronome Erziehungs- und Bildungsprozesse bei sich erlebt. Jenseits solcher Prozesse ist die Induktion der Stimmen von Logos und Vernunft in uns kaum vorstellbar.

12) Zum Wert-Empfinden der eigenen Person: Ebenfalls bei Kant finden sich Gedanken zum Wert der Persönlichkeit; insbesondere die Werte von Würde, Achtung, Respekt verband er mit dem Phänomen von Person und Persönlichkeit. Diese Gedanken Kants haben sich bis in den Artikel 1 des Grundgesetzes der Bundesrepublik Deutschland hinein fortgesetzt, in dem es heißt: Die Würde des Menschen ist unantastbar. Damit ist gemeint, dass alle Menschen potentiell Person respektive Persönlichkeit sind.

Der unantastbare, nicht relativierbare Wert von Persönlichkeit und Person, der den Auftakt unseres Grundgesetzes darstellt und der zugleich im

Alltag hunderttausendfach in Frage gestellt und verhöhnt wird, könnte eine hinweisende Antwort auf die Frage geben, wie Persönlichkeit entsteht und sich stabilisiert. Wer als Kind und Jugendlicher erlebt hat, dass wichtige Bezugspersonen groß und wertorientiert von ihm gedacht haben, kann nachvollziehen, welch enorm ermutigender Entwicklungsschub von einer derartigen Einschätzung durch andere ausgehen kann.

Eine analoge Wertschätzung hinsichtlich unserer Person dürfen wir als Erwachsene auch uns selbst gegenüber verwirklichen. Wer zu kritisch, nörglerisch, abwertend, relativierend, autoritär mit sich umgeht oder zu dauernden Gerichtsverfahren gegen das eigene Ich und dessen Impulse, Handlungen und Lebensstil neigt, wird schwerlich eine zufriedenstellende Persönlichkeitsentwicklung bei sich beobachten; eher schon provoziert man damit Phänomene, die in der psychopathologischen Terminologie als Persönlichkeitsstörung bezeichnet werden.

Von sich selbst groß und sehr wertvoll zu denken, bedeutet weder Hypertrophie noch überschießenden Narzissmus; stattdessen spiegelt es jene Haltung wieder, die bereits von den Humanisten der Renaissance als adäquat für uns Menschen vertreten wurde: Es gibt niemanden – keine anderen Personen, keine Institutionen, keine Götter – über uns; es gibt aber auch keine Menschen unter uns, die weniger wert sind als wir.

Konkret bedeutet dies, dass wir als Personen und Persönlichkeiten zu keinem Mittel für welche Zwecke auch immer eingesetzt, missbraucht werden dürfen – so, wie wir auch umgekehrt die anderen Menschen nicht für unsere Ziele und Zwecke funktionalisieren sollen. Überträgt man die Maxime in unseren Alltag, fällt es nicht schwer, allerorten Übertretungen davon und somit Gefährdungen unserer Personalität zu detektieren. Die Unantastbarkeit unserer Würde gerät täglich in Gefahr – sei es in den partnerschaftlichen, familiären, privaten Verhältnissen, in den beruflichen Zusammenhängen oder aber in gesellschaftlichen, staatlichen, globalen Maßstäben und Rahmenbedingungen.

Persönlichkeit wächst und gedeiht auf dem Boden einer subtilen, differenzierten und individuellen Wertehierarchie, deren hohe und höchste Werte personale und überpersonale Idealvorstellungen bilden. Wohl kann sich der Einzelne für überpersonale Werte wie Solidarität, Gerechtigkeit, Schönheit, Freiheit einsetzen und dafür Lebenszeit und Kraft investieren – freilich ohne sich dafür aufzuopfern, geschweige denn, dafür sein Leben hinzugeben. Es gibt keine Wertdimension, die es wert wäre, dafür die eigene Persönlichkeit zu negieren – so wie es umgekehrt ebenso keine Persönlichkeitsentwicklung gibt, ohne dass sich der Einzelne mit einigen ihn als Person überschreitenden Wert- und Sinndimensionen befasst und sich an ihnen abarbeitet. Der assimilierende und verarbeitende Kontakt mit personalen und überpersonalen Werthorizonten schärft das Profil der Persönlichkeit und verleiht ihrem Tun und Lassen Gewicht und Tiefgang.

13) Zur Individualität der Persönlichkeit: Menschen als bloße Organismen sind miteinander vergleichbar, beispielsweise hinsichtlich ihres Gewichts, ihrer Körpergröße, ihrer Blutdruckwerte und Herzfrequenzen und weiterer Messgrößen. Sobald aber neben die Biologie deren Biographie, Vorlieben, Neigungen, Fertigkeiten, Talente, emotionale Tönung, Zukunftsentwürfe, Beziehungsmuster, Freundschaften, Feindschaften, Sexual-Organisation, Kultur-Interessen, Bildungs- und Ausbildungs-Schicksal, berufliche Erfolge und Niederlagen, Freizeitaktivitäten, Geschmacksurteile, Weltanschauung und so fort treten, haben wir es mit Unvergleichbarkeiten, Individualitäten oder mit jenen Facetten von Persönlichkeiten zu tun, die als eigentümlich, seltsam, ungewöhnlich, inkommensurabel, beispiellos, außerordentlich, einzigartig, besonders, singulär imponieren.

In ihrem Buch über Idiosynkrasie (vgl. Bovenschen 2000) beschrieb Silvia Bovenschen (1946–2017) eben jene Unvergleichbarkeiten, welche die Persönlichkeiten jeweils ausmachen, und auf die jeder von uns eigentlich stolz sein dürfte. Unter Idiosynkrasie versteht man das jeweils eigene Mischungsverhältnis der individuellen und persönlichen Eigenschaften. Jeder von uns ist genau betrachtet ein Solitär, der sich von anderen Solitären in vielerlei Hinsicht derart unterscheidet, dass sich ein Vergleich zwischen uns und anderen eigentlich verbietet. Sich dennoch mit anderen zu vergleichen, bedeutet daher häufig das Ende der Zufriedenheit und den Anfang der Verzweiflung – meinte ganz richtig schon Sören Kierkegaard (1813–1855).

Wer das Faktum der Individualität von Persönlichkeiten akzeptiert, kommt unweigerlich dahin, Ungleichheiten zwischen den Einzelnen nicht nur zu tolerieren, sondern diese regelrecht als ein Qualitätsmerkmal von Personalität zu begreifen. Der Wert der Gleichheit, in der Französischen Revolution als *égalité* neben die Werte von Freiheit und Brüderlichkeit gesetzt, tritt hinter den Wert der Persönlichkeitsentwicklung zurück; womit nicht jene exkulpiert werden sollen, die ihren persönlichen Reichtum auf Kosten von anderen oder der Sozietät ergaunert haben und diesen mit der zynischen Argumentation, ihre materielle Situation sei lediglich Ausdruck ihrer Tüchtigkeit und hohen Persönlichkeitskultur, auch noch verteidigen.

14) Gerechtigkeit als Fairness: Diese philosophische Formel stammt von dem amerikanischen Denker John Rawls (1921–2002), der über 30 Jahre lang Philosophie an der Harvard University unterrichtete. Rawls diente im Zweiten Weltkrieg als Soldat im Pazifik. Als er nach dem Abwurf der Atombombe Hiroshima aufsuchte, lehnte er eine Offizierslaufbahn ab und verließ das Militär. In Oxford lernte er Isaiah Berlin (1909–1997) kennen, der ihn stark beeindruckte. Berlin und Rawls wurden im 20. Jahrhundert die wichtigsten politischen Philosophen des Liberalismus.

Der Liberalismus hat ideengeschichtlich eine lange Tradition, die unter anderem von John Locke mitbegründet wurde. John Rawls zählt man zur Gruppe jener Denker, die einen egalitären Liberalismus vertreten; neben Rawls werden diesbezüglich meistens auch Jürgen Habermas und Amartya Sen genannt. Für den egalitären Liberalismus sind, so wie sein Name es nahelegt, die beiden Werte Gleichheit und Freiheit wesentlich – wobei sich Gleichheit auf die Chancen von Individuen bezieht (Fairness der Chancengleichheit im Sinne von Verfahrensgerechtigkeit) und Freiheit als Mittel verstanden wird, sich der Gerechtigkeit in Bezug auf Chancen und Verfahren anzunähern:

Gerechtigkeit ist die erste Tugend sozialer Institutionen, so wie die Wahrheit bei Gedankensystemen. Eine noch so elegante und mit sparsamen Mitteln arbeitende Theorie muss fallengelassen werden, wenn sie nicht wahr ist; ebenso müssen noch so gut funktionierende und wohlabgestimmte Gesetze und Institutionen abgeändert oder abgeschafft werden, wenn sie ungerecht sind. Jeder Mensch besitzt eine aus der Gerechtigkeit entspringende Unverletzlichkeit, die auch im Namen des Wohls der ganzen Gesellschaft nicht aufgehoben werden kann. (Rawls 1979, S. 19)

Die Verfahrensgerechtigkeit bedeutet in keiner Weise eine Einebnung von Unterschieden einzelner Personen: Biographie, Talent, Charakter, Besitz, soziale Stellung, Lebensverhältnisse, sexuelle Orientierung – sie alle sind weiterhin als different vorstellbar und sogar wünschbar, wenn dadurch die faire Verteilung von Chancen nicht beeinträchtigt wird. Rawls *Theorie der Gerechtigkeit* zielt ab auf Verfahrensgerechtigkeit von Institutionen sowie von öffentlichen und politischen Prozeduren, an denen jeder Einzelne sich mit denselben guten oder schlechten Chancen (die natürlich von seiner jeweiligen Persönlichkeit mit determiniert werden) beteiligen können soll.

Auf einen weiteren zentralen Wert des Liberalismus hat Bertrand Russell hingewiesen – auf einen Wert, den bereits John Locke eingehend erörtert hat: die Toleranz, das großzügige, souveräne Gewähren-Lassen anderer, zum Teil entgegengesetzter Meinungen, Ansichten, Lebensstile:

Unsere verworrene und komplizierte Welt bedarf verschiedener Dinge, um dem Unheil zu entgehen, und dazu zählt in erster Linie, dass bei den Völkern, die an liberalen Anschauungen festhalten, diese Überzeugung auch tief und fest verwurzelt ist; dass sie sowohl den Dogmatismus der Rechten wie der Linken kompromisslos ablehnen und zutiefst vom Wert der Freiheit und Toleranz durchdrungen sind. (Russell 2005, S. 27)

Mit diesen Zeilen machte Russell bereits vor Jahrzehnten auf den großen Unterschied zwischen Toleranz und Masochismus aufmerksam. Einzelne wie ganze Sozietäten dürfen und sollen sich großzügig eventuell konträren Standpunkten und Werturteilen von Individuen oder Gruppen gegenüber verhalten, insofern die Letzteren mit ebensolcher Toleranz, Friedfertigkeit und freiheitlicher Überzeugung mit den Ersteren verfahren. Sobald sich jedoch Unduldsamkeit, Dogmatismus und Radikalismus in interpersonelle oder öffentlich-politische Debatten und Auseinandersetzungen mengen, wäre Russell nicht verlegen gewesen, sich, seinen Standpunkt sowie die Werte von Freiheit und Toleranz wehrhaft zu verteidigen. Keine Toleranz gegenüber der Intoleranz – so könnte man seine diesbezügliche Position charakterisieren, von der ich überzeugt bin, dass sie inzwischen wieder ebenso angebracht und nötig ist wie im 20. Jahrhundert.

15) Persönlichkeiten leben einerseits in einem Raum, den sie mit anderen teilen, und der durch geometrische Daten charakterisiert werden kann: Ort oder Land oder Kontinent; andererseits leben sie in einem individuellen, subjektiven Raum, der jeweils nur für den Einzelnen erlebbar ist, und der alle allgemeinen Orte, Länder und Kontinente zu besonderen macht. Der Gestaltpsychologe Kurt Lewin (1890–1947) bezeichnete Letzteren als den hodologischen Raum (griechisch *hodos* = Pfad, Weg), wobei er betonte, wie sehr sich ein und derselbe geometrische Raum für zwei Individuen als subjektiv völlig verschieden erlebte (Nähe, Distanz, Bedeutung diverser Gegenstände, Erinnerungen, Vorstellungen) hodologische Räume präsentieren kann.

Analog zum Raum erleben Individuen auch die Zeit sowohl als allgemeine, physikalisch in Maß und Zahl ausdrückbare Einheiten wie auch als ausgesprochen subjektiv eingefärbte Weilen, die nur mit Mühe einem Vergleich untereinander standhalten. Analog zum hodologischen Raum könnte man von einer chronologischen Zeit sprechen, wenn dieser Terminus nicht bereits von der Messung der physikalischen Raum-Zeit in Beschlag genommen worden wäre. Persönlichkeiten jedenfalls zeichnen sich durch akzentuiert hodologische Räume und chronologische Zeiten aus, ohne dass sie den geometrischen Raum und die physikalische Zeit deshalb negieren müssten.

Im Hinblick auf die Zeit ließe sich für eine Persönlichkeit erwägen, inwiefern für sie eine gewisse unzeitgemäße Art der Daseins-Gestaltung und -Kommentierung passend erscheint. Menschen mit ausgeprägter, individueller Personalität gehen nicht unbedingt *d'accord* mit ihrer Zeit; sie fallen bisweilen regelrecht aus der Zeit, kommen aus einer anderen Zeit und wollen in eine andere Zeit. In vielerlei Hinsicht sind sie weder modern noch zeitgemäß noch auf der Höhe der Zeit – bestenfalls sind sie zeitlos, oftmals aber auch antiquiert oder utopisch zukünftig orientiert. Eine Art Paradebeispiel für eine Persönlichkeit, die das Unzeitgemäße bei sich als etwas Auszeichnendes empfand, war Friedrich Nietzsche, der zwischen 1873 und 1876 insgesamt vier *Unzeitgemäße Betrachtungen* publizierte. In der dritten dieser Betrachtungen, überschrieben mit *Schopenhauer als Erzieher*, beschäftigte er sich unter anderem mit dem Phänomen, dass viele Menschen den Chancen der Persönlichkeitsentwicklung ausweichen und stattdessen als »Außenseite ohne Kern, ein anbrüchiges, gemaltes, aufgebauschtes Gewand, ein verbrämtes Gespenst« ihr Dasein fristen; und weiter meinte er:

Im Grunde weiß jeder Mensch recht wohl, dass er nur einmal, als ein Unikum, auf der Welt ist und ... kein noch so seltsamer Zufall zum zweiten Mal ein so wunderlich buntes Mancherlei zum Einerlei, wie er es ist, zusammenschütteln wird: er weiß es, aber verbirgt es wie ein böses Gewissen – weshalb? Aus Furcht vor dem Nachbarn, welcher die Konvention fordert und sich selbst mit ihr verhüllt ... Bei den allermeisten ist es Bequemlichkeit, Trägheit, ... Hang zur Faulheit ... Die Menschen sind noch fauler als furchtsam und fürchten gerade am meisten die Beschwerden, welche ihnen eine unbedingte Ehrlichkeit und Nacktheit aufbürden würde. (Nietzsche 1988 [1874], S. 337)

16) Die Ahnung oder das Bewusstsein, eine unverwechselbare, einzige, unvergleichliche Persönlichkeit werden zu können, wurde von manchen Philosophen wie Nicht-Philosophen nicht nur als Chance, sondern auch als Verpflichtung, Last oder Imperativ aufgefasst. Die aus der griechischen Antike stammenden Formeln »Werde, der du bist!« sowie »Erkenne dich selbst!« können beschwerenden Charakter annehmen, sofern der Einzelne viel zu wenig spürt, in welche Richtungen er das Schiffchen seines Lebens lenken könnte. Außerdem tönt in diesen Formeln unausgesprochen die Möglichkeit an, die eigene Persönlichkeit bezüglich ihrer Potentialitäten zu verfehlen, zu über- oder auch zu unterfordern. Kein Geringerer als

Goethe äußerste daher sein entschiedenes Missbehagen in Bezug auf diese antiken Sprüche, die das Orakel von Delphi zierten:

> Hierbei bekenne ich, dass mir von jeher die große und so bedeutend klingende Aufgabe: *erkenne dich selbst,* immer verdächtig vorkam, als eine List geheim verbündeter Priester, die den Menschen durch unerreichbare Forderungen verwirren und von der Tätigkeit gegen die Außenwelt zu einer inneren falschen Beschaulichkeit verleiten wollten. (Goethe 1981 [1823], S. 38)

Statt einer introvertiert-seelischen Binnenschau empfahl Goethe just einen entgegengesetzten Daseinsvollzug: Handlungen, Taten, einem erfolgreich gelebten Leben könne man viel klarer und verlässlicher entnehmen, wer man (geworden) ist oder auch werden kann, als den billig-wohlfeilen Ideen und Worthülsen einer Konsequenz-armen und nicht selten illusionären Existenz-Reflexion:

> Wie kann man sich selbst kennenlernen? Durch Betrachten niemals, wohl aber durch Handeln. Versuche, deine Pflicht zu tun, und du weißt gleich, was an dir ist. Was aber ist deine Pflicht? Die Forderung des Tages. (Goethe 1981 [Nr. 1087/1088], S. 517f.)

Der eingangs zitierte sokratische Gedanke, nur ein reflektiertes Leben sei es wert, gelebt zu werden, lässt sich demnach sinngemäß um die Goethe-Maxime erweitern, dass nur ein tätiges Dasein Sinn, Wert und Bedeutung für uns als Personen generiert und ganz wesentlich zur Förderung und Entwicklung unserer Persönlichkeit beiträgt. Unsere Entscheidungen und Taten sind Probierstein von Charakter, Weltanschauung und Lebensstil; wer exakte Auskünfte über Umrisse, Niveau und Inhalte seiner personalen Qualitäten erhalten möchte, wende sich an die Geschichts-, Jahr- und Tagebücher, die über unsere realisierte Existenz geführt werden, und die wie eine einzige umfängliche Bestätigung der Formel Jean-Paul Sartres wirken: Der Mensch ist, was er tut.

Wer diese Buchungen vornimmt und diese Ephemeriden verfasst? Nun, inhaltlich zeichnen wir selbst für deren Kapitel verantwortlich – den Kommentar, die Interpretation sowie die vorläufigen oder abschließenden Urteile dazu geben jedoch unsere Mitmenschen oder die Nachgeborenen ab. Wie sie unsere Handlungen auffassen und unsere Person beurteilen, liegt nicht nur in unserer Macht, und es ist bekannt, dass vor allem unter Zeitgenossen Fehleinschätzungen über den sozialen und kulturellen Wert oder Unwert von Einzelnen an der Tagesordnung sind. Nimmt man aber den historischen Abstand hinzu, den wir bei der Einschätzung unserer Altvorderen oder die zukünftigen Generationen uns selbst gegenüber an den Tag legen, kommt man zu dem Ergebnis: Die Menschheit hat ein fein Gehör und lässt auf Dauer sich wohl kaum betrügen.

LITERATUR

Bovenschen, S.: Über-Empfindlichkeit – Spielformen der Idiosynkrasie, Frankfurt am Main 2000
Diogenes Laërtius: Leben und Meinungen berühmter Philosophen, zwei Bände, Hamburg 2008
Goethe: West-östlicher Divan (1819/27), in: HA Band 2, München 1981
Goethe: Bedeutende Fördernis durch ein einziges geistreiches Wort (1823), in: HA Band 13, München 1981
Goethe: Maximen und Reflexionen, in: HA Band 12, München 1981
Husserl, E.: Cartesianische Meditationen (1931/50), in: Gesammelte Schriften 8, Hamburg 1992
Kant, I.: Kritik der praktischen Vernunft (1788), Werkausgabe Band VII, Frankfurt am Main 1974
Laotse: Tao Te-King – Das Buch des Alten vom Sinn und Leben, aus dem Chinesischen von Richard Wilhelm (1921), Wiesbaden 2004
Montaigne, M. de: Essais (1580 ff.), in der Übersetzung von Hans Stilett, Frankfurt am Main 1998
Nietzsche, F.: Schopenhauer als Erzieher (1874), in: KSA 1, München 1988
Nietzsche, F.: Menschliches, Allzumenschliches (1878), in: KSA 2, München 1988
Nietzsche, F.: Jenseits von Gut und Böse (1886), in: KSA 5, München 1988
Nietzsche, F.: Aus dem Nachlass (Frühjahr/Sommer 1888), in: KSA 7, München 1988
Platon: Theätet, in: Sämtliche Dialoge, Band IV, Hamburg 1988
Rawls, J.: Eine Theorie der Gerechtigkeit (1971), Frankfurt am Main 1979
Russell, B.: Probleme der Philosophie (1912), Frankfurt am Main 1967
Russell, B.: Unpopuläre Betrachtungen (1940), Zürich 2005

HUMANE WELT- UND LEBENSANSCHAUUNGEN

LEBEN OHNE ENTWERTENDE HIERARCHIEN: WIE WÄRE ES, EIN HUMANIST ZU SEIN?

Als Gott den Menschen erschuf, meinte einst witzig Mark Twain, war er bereits müde; das erkläre manches. Eventuell macht es auch verständlich, warum nicht nur einzelne Menschen, sondern oft ganze Gesellschaften, Völker oder Epochen merklich hinter ihren Möglichkeiten zurückbleiben, der Humanität zur Geltung und zum Durchbruch zu verhelfen. Nicht selten sprechen Historiker, Soziologen, Psychologen oder Mentalitätsforscher in diesen Zusammenhängen von dunklen Zeiten, in denen das Menschliche Gefahr läuft, fast völlig in Vergessenheit zu geraten.

Als nach dem Zweiten Weltkrieg unser Globus in Trümmern lag und das Humane endgültig diskreditiert schien, sah sich Thomas Mann (den manche als skeptisch-pessimistischen Humanisten beurteilen) veranlasst, eine Sammlung von Essays mit dem Titel *Adel des Geistes – sechzehn Versuche zum Problem der Humanität* (1945) zu publizieren. In Aufsätzen über Goethe, Kleist, Schopenhauer, Wagner, Fontane, Storm und andere Schriftsteller und Künstler wollte er jenen Gedanken nachspüren, die sich selbst angesichts der Katastrophe dieses Weltkriegs als menschlich in einem zutiefst nüchtern-nackten Sinne erweisen sollten. Jenseits aller Tendenzen zum kitschigen Gutmenschentum suchte Mann nach Figuren und Ideen aus der europäischen Kulturgeschichte, von denen ausgehend Humanes und damit auch Helleres für die Zukunft wieder vorstellbar werden konnte.

Obschon derzeit, 75 Jahre nach dem Ende des Zweiten Weltkriegs, kein globales Trümmerfeld wie 1945 zu beklagen ist, scheint eine ähnliche Rückbesinnung auf belastbare Konzepte und Elemente der Humanitas wie bei Thomas Mann nicht völlig deplatziert. Wer sich menschlichere Welten von morgen ausmalt, tut gut daran, sich auf jene Traditionen zu stützen, die in den letzten Jahrhunderten das Humane bereits in ihrem Namen zum Programm erkoren: die verschiedenen Bestrebungen, Einstellungen und Positionierungen des Humanismus.

Humanismus in der Antike. – Der Begriff Humanismus leitet sich vom lateinischen Wort für Menschlichkeit ab und bedeutet eine philosophische, weltanschauliche sowie lebenspraktische Orientierung an den Werten, Interessen und der Würde des Menschen. Die Idee wie auch der Terminus der *Humanitas* waren bereits den Römern der Antike bekannt.

Besonders Cicero (106–43 v. Chr.) plädierte für ethisch-kulturelle Hoch- und Höchstentfaltung von menschlichen Fähigkeiten und Kräften, die in ästhetisch ansprechender Form, mit entspannter Stimmung erfolgen sollte. Zwei griechische Begriffe waren dabei für ihn leitend: *Philanthropie* (Wohlwollen und Menschenfreundlichkeit) sowie *Paideia* (Erziehung und Bildung). Humanitas verstand er als Resultat und Fusion dieser Qualitäten und Herangehensweisen, wobei ihm darüber hinaus rhetorische Fähigkeit sowie Urbanität im Sinne von Weltläufigkeit als grundwesentlich für seine antik-humanistische Lebensweise imponierten.

Homo res sacra homini – der Mensch ist dem Menschen heilig, meinte Seneca (1–65 n. Chr.) zwei Generationen später. Er konterkarierte damit ein Zitat des römischen Komödiendichters Titus Maccius Plautus (254–184 v. Chr.), der in seiner Komödie *Asinaria* (Eseleien) den Satz *Homo homini lupus* (der Mensch ist dem Menschen ein Wolf) eingeführt hatte. Bekannt geworden ist diese Umschreibung aber erst durch den englischen Staatstheoretiker und Philosophen Thomas Hobbes (1588–1679) im 17. Jahrhundert, der anhand einer solchen anthropologischen Formel die dringliche Notwendigkeit der Etablierung eines robusten, durchsetzungsfähigen Staates begründen wollte. Letzterer sollte die wolfsartigen Untugenden der Menschen in Schach halten.

Doch zurück zum Humanismus respektive zu dessen Wurzeln und antiken Vorläufern. Ähnlich wie später die Vertreter des Renaissance-Humanismus bezogen sich Cicero und Seneca auf literarische Quellen und kulturelle Vorbilder der griechischen Klassik, die ihnen als Maßstab für Humanitas dienten. Neben Bildung und Menschenfreundlichkeit sowie Wohlwollen favorisierten sie Milde, Güte, Gelassenheit, Gerechtigkeit, Generosität und etliche weitere ethisch hochstehende Einstellungen und Tugenden, die den Menschen idealerweise charakterisierten.

Ein menschengemäßes Leben für Einzelne wie für die Sozietät war für Cicero und Seneca möglich, insofern sie die Autoren der griechischen Klassik – vorrangig Philosophen, daneben auch Dichter und Künstler – angemessen rezipierten und deren Überlegungen in die Gestaltung des eigenen Daseinsvollzugs integrierten. Die intellektuelle und existentielle Orientierung an den antiken Klassikern Griechenlands bedeutete eine Art Königsweg zur Eroberung von Humanitas – eine Idee, die sich vor allem in der Renaissance als beherzigenswert erwiesen hat.

Humanismus in der Renaissance. – Wenn wir heute, im 21. Jahrhundert, von Humanismus sprechen, assoziieren die meisten nicht die Namen von Cicero und Seneca, sondern bevorzugt diejenigen von Renaissance-Denkern und -Künstlern. Neben dem Erblühen von Kunst und Literatur zeichnete sich die Renaissance auch durch eine originelle Adaptation und Weiterentwicklung von philosophischen Grundgedanken der griechisch-römischen Antike aus. Pico della Mirandola, Francesco Petrarca, Giovanni Boccaccio, Marsilio Ficino, Leon Battista Alberti, Pietro Bembo, Lorenzo Valla, Giannozzo Manetti und andere, die sich in Italien als Philosophen, Künstler, Schriftgelehrte einen Namen machten, verfolgten ein vorwiegend säkulares Bildungs- und Erziehungsprogramm. Dieses unterschied sich grundlegend von christlich-kirchlich-klösterlichen Schulungsangeboten des Mittelalters und rückte die Humanitas, das Humane am Menschen, ins Zentrum seiner Lehre.

Einer der namhaftesten Humanisten war Poggio Bracciolini (1380–1459), der eine Weile als Schreiber der Kurie in Rom arbeitete und später vor allem wegen seiner Entdeckungen antiker Texte (unter anderem von Cicero, Quintilian, Tacitus, Vitruv, Petronius) bekannt wurde. Besondere Bedeutung erlangte 1417 sein Auffinden des Buches *De rerum natura* des antiken Philosophen-Dichters Lukrez (wahrscheinlich 99–53 v. Chr.), der in der Tradition des Epikureismus stand und entsprechend materialistische und agnostische Positionen vertrat:

Unter seinen (Poggios) Funden war ein langer Text, verfasst um 50 v. u. Z., und zwar von einem Dichter und Philosophen namens Titus Lucretius Carus ... Der Titel der Schrift (lautete) *De rerum natura* ... Er (Poggio) befreite ein Buch, das zu gegebener Zeit mit dazu beitragen würde, seine gesamte Welt zum Einsturz zu bringen. (Greenblatt 2012, S. 59)

Als wie modern, zukunftweisend und unkonventionell die Texte von Lukrez von manchen bereits in der Antike empfunden wurden, geht übrigens auch schon aus einem Urteil Ovids (43 v. Chr.–17 n. Chr.) über seinen Vorläufer hervor: »Die Gedichte des erhabenen Lukrez werden erst dann vergehen, wenn ein einziger Tag alle Welt vernichten wird.« (Ovid: Amores/Liebesgedichte, zit. n. Greenblatt 2012, S. 62)

Ab dem 19. Jahrhundert bezeichnete man Poggio und die anderen Renaissance-Denker als Humanisten – ein Begriff, der im deutschen Sprachraum erstmals zu Beginn des 19. Jahrhunderts beim Philosophen Friedrich Immanuel Niethammer (1766–1848) in seiner Schrift *Der Streit des Philanthropinismus und Humanismus in der Theorie des Erziehungs-Unterrichts unsrer Zeit* (1808) aufgetaucht ist.

Italien als das Sehnsuchtsland aller zukünftigen Humanisten und hier besonders Florenz bildeten den Kristallisationskern des Renaissance-Humanismus. Daneben entwickelte sich diese Art des Denkens und der Bildung auch in anderen europäischen Ländern. Im deutschsprachigen Raum machten Willibald Pirckheimer, Hartmann Schedel, Sebastian Brant, Ulrich von Hutten, Philipp Melanchthon, Beatus Rhenanus, Rudolf Agricola und Johann Reuchlin von sich reden. Und in England zählten Thomas Morus, in Frankreich Michel de Montaigne (unter bestimmten Kriterien) und in den Niederlanden vor allem Erasmus von Rotterdam zu den Humanisten.

Erasmus wurde und wird als Ahnherr und Initiator verschiedenster kultureller Traditionen namhaft gemacht. Die Theologen reklamierten ihn als Mann des dringend benötigten Ausgleichs zwischen Reformation und Katholizismus; Wilhelm Dilthey erkannte in ihm einen Aufklärer und bezeichnete ihn als den Voltaire des 16. Jahrhunderts; Johan Huizinga in seinem Erasmus-Buch charakterisierte ihn als den letzten bedeutenden Vertreter des Humanismus, indes Stefan Zweig ihn als ersten bewussten Europäer titulierte. Allein diese unterschiedlichen Attribute spiegeln bereits einige seiner humanistischen Qualitäten wider.

In seinen *Adagia*, einer erläuternden Sammlung von Sprichwörtern, kommen manche Seiten des Erasmus zur Geltung, die ihn später zum Fürsten der Humanisten werden ließen: universale Gelehrsamkeit, feiner Spott, wohltemperierte Sprache und weltanschauliche Autonomie. Einige seiner Essays zu den Sprichwörtern wurden so bekannt, dass der Autor sie später eigenständig publizierte; so etwa *Dulce bellum inexpertis* (Süß scheint der Krieg den Unerfahrenen).

Ähnlich populär wurde *Das Lob der Torheit* (1511), eine Schrift von Erasmus, die ihn ebenfalls als Humanisten *par excellence* auszeichnete. Wenngleich viele Leser über den eigentümlichen Stil und ungewöhnlichen Inhalt dieser Publikation staunten, waren sich die meisten rasch darin einig, dass dem Autor damit ein brillantes Stück Literatur gelungen war. Erasmus griff auf Vorbilder wie etwa Sebastian Brants *Narrenschiff* (1494) oder Schelmenromane zurück; gleichzeitig aber schuf er mit dem *Lob der Torheit* eine außergewöhnliche Form der literarischen Reflexion, die von anthropologischen Überlegungen bis hin zur Ideologiekritik reicht.

In dieser Schrift, die er seinem Freund Thomas Morus gewidmet hat, schlüpft Erasmus in die Rolle der Torheit und schildert aus ihrer Sicht die Menschen und den Weltenlauf. Dabei beherrscht er souverän jenes Spiel, das man später als das eigentliche Qualitätsmerkmal des Gelehrten verstanden hat: Das Changieren von einer weltanschaulichen Position in die nächste, den Wechsel der Meinungen und Standpunkte sowie den Verweis auf immer neue Perspektiven der Betrachtung und des Urteils.

Erasmus verkörperte als überzeugter Europäer noch ein weiteres humanistisches Ideal: Er war bestens vernetzt und unterhielt Beziehungen zu Ulrich von Hutten, Johann Reuchlin, Sebastian Brant, Thomas Morus, Albrecht Dürer sowie zu den Verlegern Johannes Froben (in Basel) und Aldus Manutius (in Venedig). Er lebte und wohnte in den Niederlanden und in Deutschland, in Italien, England und der Schweiz; hätte man ihn gefragt, wo er zuhause ist, so wäre als Antwort aus seinem Munde wohl das arabische Sprichwort zu vernehmen gewesen: Heimat ist da, wo ein weiser Mann (in diesem Falle also er selbst) sein Zelt aufschlägt.

Beinahe erübrigt sich der Hinweis, dass Erasmus nicht nur gelehrt und in der Kultur der griechisch-römischen Antike ebenso umfassend bewandert war wie in der christlichen Bibel-Tradition; daneben zeichnete ihn ein pazifistischer Standpunkt aus: Es gibt seiner Meinung nach keinen gerechten Krieg, und der Verlust des Friedens ist durch überhaupt nichts zu rechtfertigen.

Humanismus im 18. Jahrhundert. – Mit René Descartes (1596–1650) und dessen rationalistischer Philosophie kam ein neues Denken in Europa obenauf, das mit den humanistischen Idealen der Spätrenaissance nur wenig im Sinn hatte. Das Verführungspotential einer mathematisierbaren Welt war enorm und erfuhr in den damals entstehenden Wissenschaften von der Natur eine fulminante Bestätigung. Isaac Newton (1642–1727) und Gottfried Wilhelm Leibniz (1646–1716) zeigten, dass man mit Infinitesimal- und Differentialrechnung das Leben und den Kosmos bedeutend exakter und effektiver erfassen konnte als mit noch so klugen Sprüchen aus den *Adagia* oder der griechischen Antike.

Hinzu kamen die Verwüstungen des Dreißigjährigen Kriegs, die von einer Welt kündeten, die einem humanistischen Gedankengut diametral entgegenstand: Wer, bitteschön, sollte angesichts der religiös motivierten Gemetzel im Europa der Jahre zwischen 1618 und 1648 noch den Mut aufbringen, Grundgedanken des Humanismus wie Toleranz, Bildung und Friedfertigkeit in den Mund zu nehmen – von Menschenfreundlichkeit, Güte, Milde, Würde und Generosität ganz zu schweigen.

Bei derart großer Unmenschlichkeit wie dem Dreißigjährigen Krieg schien es angebrachter, sich entweder künstlerisch in den alles vergessen machenden schwelgerischen Pomp des Barock zu flüchten oder sich aber – wie die Niederländer – wirtschaftlicher Kompensationsmechanismen zu befleißigen. Letztere schwangen sich parallel zum großen europäischen Krieg zu ihrem goldenen Zeitalter auf, das ihnen ökonomische Vorteile *en masse* und damit assoziiert beachtliche politische, strukturelle und nicht zuletzt künstlerische Aufschwünge bescherte.

Es dauerte bis weit ins 18. Jahrhundert hinein, bis sich in Europa neuerlich humanistisches Gedankengut bemerkbar machte. Im Zuge der Aufklärung wurden die Themen und Fragen von Bildung und Erziehung aktuell; dabei griffen Philosophen, Pädagogen, Literaten und Künstler des *Siècle des Lumières* auf Gedanken der Antike oder des Renaissance-Humanismus zurück und formulierten Antworten und Lösungsstrategien für solche Probleme. Der lokale Schwerpunkt dieser Bemühungen lag im deutschsprachigen Raum; zu den namhaften Vertretern dieser später als Neuhumanismus bezeichneten Bewegung zählten u. a. Johann Joachim Winckelmann, Gotthold Ephraim Lessing, Wilhelm und Alexander von Humboldt, Johann Gottfried Herder, Goethe, Schiller und Hölderlin.

Die Neuhumanisten vertraten ähnlich hochgesteckte Ziele wie die Denker der Renaissance. Lessing, Herder, Wilhelm und Alexander von Humboldt, Goethe, Schiller orientierten sich an humanistisch-humanitären Idealen, die sie in Erkenntnis- und Geschichtstheorien, in künstlerische, pädagogische und ethisch-sittliche Ausgestaltungen ihres Lebens und Werks sowie in gesellschaftliche und kulturelle Konzepte einfließen lassen wollten. Goethe nahm in *Iphigenie auf Tauris* (1786) auf diese Gedanken der Humanität Bezug und schrieb: »Alle menschlichen Gebrechen / Sühnet reine Menschlichkeit.« Jahrzehnte später jedoch meinte er selbstironisch zu Schiller, seine *Iphigenie* sei ihm »ganz verteufelt human« geraten; er wollte kein Humanitätssalbader werden oder sein.

Nachhaltige Wirkungen erzielten die Neuhumanisten im Hinblick auf Reformen von Bildung und Erziehung. Inspiriert von den pädagogischen Ideen Jean-Jacques Rousseaus und überzeugt von der grundsätzlichen Erziehbarkeit des Menschen entwickelten Friedrich Immanuel Niethammer und Wilhelm von Humboldt das Modell des humanistischen Gymnasiums, an dem über das Erlernen der alten Sprachen Latein und Griechisch ein Zugang zu antiken Idealen und Tugenden eröffnet und damit für Einzelne ein umfassender Bildungsprozess ihrer Person ermöglicht werden sollte.

In Ergänzung und partieller Entgegensetzung zur Realschule, die sich der Vermittlung von Realien (Technik, Naturwissenschaften) widmete, war das humanistische Gymnasium an Persönlichkeitsbildung interessiert, die sich in ihren Resultaten durchaus in Distanz zur bestehenden Umwelt verstand. Ein hohes Maß an Idealismus sowie an musisch-schöngeistigen Inhalten sollte die Adepten zu Menschen bilden und erziehen, die jenseits von Notdurft und Nützlichkeit ihr eigenes Dasein wie auch die Kultur und Gesellschaft, in der sie lebten, in Richtung Humanitas zu transformieren in der Lage waren. Für derartige Unterrichts- und Bildungszwecke wurden Lehrer an der u. a. von Wilhelm von Humboldt 1810 begründeten Friedrich-Wilhelms-Universität in Berlin eigens geschult. So sehr das Bürgertum mit den humanistischen Bildungsidealen *d'accord* ging, da sie Möglichkeiten der Abgrenzung zu den Vielen boten, so sehr geriet der Neuhumanismus als elitäre Bildungstheorie unter Beschuss sozial und egalitär eingestellter Bevölkerungsteile. Hinzu kam die Kritik an den nicht zeitgemäßen Inhalten des Unterrichts angesichts der zunehmenden Industrialisierung.

Humanismus im 20. Jahrhundert. – Vor dem Hintergrund dieser kritischen Einschätzungen sowie aufgrund der gesellschaftlichen und historischen Entwicklungen dauerte es lange, bis neuerliche Anläufe zur Formulierung humanistischer Gedanken und Konzepte gewagt wurden. So versuchten nach dem Ersten Weltkrieg der Altphilologe Werner Jaeger (1888–1961) und der Philosoph Eduard Spranger (1882–1963) mit begrenztem Erfolg, einen Dritten Humanismus (nach dem Renaissance-Humanismus und dem Neuhumanismus) zu etablieren – insbesondere der Begriff *Paideia* sowie das Erlernen der alten Sprachen Griechisch und Latein standen im Mittelpunkt ihrer Überlegungen, die sie als Antworten auf das sinnwidrige Massen-Gemetzel des Ersten Weltkriegs verstanden wissen wollten, ohne dass ihre Initiativen politische Effekte gezeigt hätten.

Ebenfalls nicht auf politische Wirkungen angelegt, aber um Klassen souveräner und geistvoller als die Texte Werner Jaegers imponierte das Buch *Individuum und Kosmos in der Philosophie der Renaissance* (1926) von Ernst Cassirer (1874–1945). Obschon Cassirer keine Abhandlung zum Humanismus verfassen wollte, gerieten ihm manche Passagen zu einer überaus erhellenden Beschreibung von Grundgedanken der Renaissance-Humanisten, die eine gewichtige Rolle bei der Formulierung zukünftiger humanistischer Konzepte hätten spielen können.

Ein ähnliches Schicksal wie die pädagogisch-humanistischen Ideen Jaegers und Sprangers erfuhren der französische Philosoph Jacques Maritain (1882–1973) und seine Bemühung um einen christlich inspirierten Humanismus. Maritain war Schüler von Henri Bergson gewesen; während des Zweiten Weltkriegs unterrichtete er als Philosophie-Professor in den USA und in Kanada. 1935 publizierte er den Text *Integraler Humanismus*, in welchem er einen Brückenschlag zwischen den Wertvorstellungen der humanistischen Tradition und dem Christentum realisieren wollte. Die Schrift trug immerhin mit dazu bei, das Zweite Vatikanische Konzil (1962 bis 1965) mit dessen Modernisierungs-Impulsen der Katholischen Kirche zu ermöglichen und vorzubereiten.

Als ein Kontrastprogramm zum christlichen Humanismus darf der existentialistische Humanismus Jean-Paul Sartres (1905–1980) gelten. Sartre war vor und während des Zweiten Weltkriegs mit Erzählungen (z. B. *Der Ekel*, 1938) und seinem ersten Hauptwerk *Das Sein und das Nichts* (1943) bekannt geworden. Nach 1945 wurden viele seiner Gedanken zur Mode-Erscheinung des Existentialismus popularisiert und banalisiert, so dass er sich veranlasst sah, in Interviews, Vorträgen und schriftlichen Statements die Seriosität seines Denkens zu betonen.

Gerne und oft zitiert wird dabei Sartres Text *Ist der Existentialismus ein Humanismus?* (1946) – in neuerer Übersetzung wurde die Frageform der Überschrift in *Der Existentialismus ist ein Humanismus* (2000) verändert. Darin griff der Autor auf skeptisch-agnostische Positionen der Aufklärung sowie der Ideologie- und Religionskritik zurück; in diesem Zusammenhang spricht man von einem säkularen Humanismus. Als seine Hauptvertreter gelten neben Sartre z. B. Albert Einstein, Bertrand Russell, Albert Camus, wobei diese Autoren in ihren Schriften unterschiedliche, teilweise einander auch widersprechende Akzentsetzungen einer säkular-humanistischen Welt- und Lebensanschauung vornahmen.

Zeitgleich mit Sartre und auf ihn kritisch Bezug nehmend schrieb Martin Heidegger im Herbst 1946 seinen Brief *Über den Humanismus* (an Jean Beaufret gerichtet), den er ein Jahr darauf unter dem gleichnamigen Titel publizierte. Beaufret, der später als prominentester Heideggerianer Frankreichs galt, hatte den Philosophen gefragt, wie man nach 1945 (und den Verwicklungen Heideggers in den Nationalsozialismus) das Konzept des Humanismus mit neuen und tragfähigen Inhalten versehen könne. Heidegger antwortete mit seiner verdrängenden Art, indem er die Tradition des Humanismus wegen dessen anthropologischer Grundannahmen und Definitionen kritisierte. Über die Inhumanitäten des Nationalsozialismus ebenso wie über seinen eigenen Antisemitismus und seine eigene Affinität zur nationalsozialistischen Ideologie verlor er kein Wort.

Ein ehemals enger Weggefährte und Briefpartner Heideggers, Karl Jaspers (1883–1969), bezog nach dem Zweiten Weltkrieg mit seinem Text *Über Bedingungen und Möglichkeiten eines neuen Humanismus* (1949) ebenfalls Stellung. Anders als Heidegger, mit dem Jaspers schon seit den 30er Jahren wegen dessen antisemitischer Haltung kaum mehr Kontakte unterhalten hatte, nahm der Autor direkten Bezug auf die damalige jüngste Vergangenheit. Zur inhaltlichen Gestalt eines zukünftigen Humanismus empfahl er neben der Philosophie die Offenbarungsreligionen (wie etwa die jüdische oder christliche Religion); zu einem entschieden säkularen Humanismus und Agnostizismus sah sich Jaspers nicht in der Lage.

Ausgehend von den existenzphilosophischen Konzepten Jean-Paul Sartres, Martin Heideggers und Karl Jaspers' entwickelten in den 50er Jahren des letzten Jahrhunderts Psychologen wie Abraham Maslow (1908–1970) und Carl Rogers (1902–1987) die sogenannte Humanistische Psychologie. Die Kernthesen ihrer psychologisch-psychotherapeutischen Ansichten und Vorgehensweisen lehnten sich an manche Aussagen von Existenzphilosophen an. So waren Maslow und Rogers von der prinzipiell angeborenen Gutmütigkeit und Friedfertigkeit (die sich unter Erziehungs- und Umwelt-Einflüssen jedoch ins Gegenteil kehren kann) der Menschen überzeugt. Darüber hinaus interpretierten sie psychosoziale Störungen und Krankheiten als Ausdruck von Selbstentfremdung – dementsprechend war die Behandlung an der Überwindung von Selbstentfremdung sowie an der Orientierung an menschlichen Bedürfnissen (Maslow formulierte eine diesbezügliche Bedürfnis-Pyramide) ausgerichtet.

Nicht direkt der Humanistischen Psychologie zugehörig, sehr wohl aber an den Themen von Humanismus, Psychologie und Psychotherapie enorm interessiert, befasste sich Erich Fromm (1900–1980) in den 60er Jahren des letzten Jahrhunderts mehrfach mit der Frage, wie Psychologie, Psychoanalyse, Soziologie, Marxismus und Humanismus aufeinander bezogen werden können und zusammenhängen. Fromms Überlegungen dazu ist ein eigener Band in der Gesamtausgabe seiner Werke (Band IX: *Sozialistischer Humanismus und Humanistische Ethik*) gewidmet.

In Aufsätzen wie *Humanismus und Psychoanalyse* (1963), *Sozialistischer Humanismus* (1965) oder *Humanistische Planung* (1970) wollte Fromm zeigen, dass Sigmund Freud und die von ihm inaugurierte Psychoanalyse in der Tradition des europäischen Humanismus stehen. So künde die Tatsache, dass Freud Hunderte von Sitzungen einem einzelnen Patienten widmete, von einer prinzipiellen Hochachtung des individuellen Menschen – eine Haltung, die als zutiefst humanistisch imponiert. Ähnlich sei der große Aufklärungs-Impetus des Begründers der Psychoanalyse zu bewerten: Auch anhand dieser Qualität wollte Fromm die humanistische Einstellung Freuds nachweisen. Eine analoge Einordnung Freuds als Humanist hatte übrigens drei Jahrzehnte vor Fromm schon Thomas Mann vorgenommen. In einer Laudatio zu dessen 80. Geburtstag 1936 in Wien erläuterte der

Dichter, dass die Erforschung des Unbewussten durch die Psychoanalyse eine genuin humanistische Leistung bedeutet, da dadurch das Verständnis des Humanen am Menschen enorm erweitert wurde.

Ebenfalls indirekt zur Gruppe der Humanistischen Psychologie wird Josef Rattner (geboren 1928) gerechnet, der sich mit Themen und Fragen des Humanismus intensiv auseinandersetzt. Rattner gilt als Begründer und Vertreter einer Personalen Psychologie und Psychotherapie. In einem Essay, betitelt mit *Humanismus heute* (in: *Aufsätze aus drei Jahrzehnten über personale Psychologie, Therapie und Kulturanalyse*, Berlin 2019), benannte Rattner einige Merkmale eines zeitgemäßen Humanismus, um als Resümee seiner Ausführungen die Verantwortung für humanistische Evolutionen beim Einzelnen zu verorten:

Die humanistische Leistung ist den Individuen überlassen, und zwar jenen, die ernstlich das Geschäft der Selbsterkenntnis, der Selbsterziehung und der personalen Entwicklung betreiben. Wo dies geschieht, gibt es Humanität nicht als Theorie und These, sondern in *statu nascendi*, als gelebte Wirklichkeit. (Rattner 2019, S. 54)

Neben der humanistischen Psychologie hat sich in den Jahrzehnten seit dem Zweiten Weltkrieg ein von der Biologie beeinflusster evolutionärer Humanismus etabliert. Diese Bezeichnung geht auf Julian Huxley (1887–1975) zurück, der 1961 in *The Humanist Frame* (deutsch: *Der evolutionäre Humanismus – Zehn Essays über dessen Leitgedanken und Probleme*, 1964) das erste Mal umfassend seine kritisch-naturalistische sowie seine agnostische Weltanschauung vorstellte. Den Menschen sah Huxley dabei als eingebettet in die Gesamt-Evolution des Kosmos und der Natur, was erhebliche ethische Implikationen nach sich zieht. Vor wenigen Jahren hat der Philosoph Michael Schmidt-Salomon (geboren 1967) im Anschluss an Julian Huxley ein *Manifest des evolutionären Humanismus – Plädoyer für eine zeitgemäße Leitkultur* (2005) verfasst, worin er sich entschieden für eine Weiterentwicklung von aufgeklärter Lebensart, Wissenschaft, Kunst und Philosophie sowie gegen jede Spielart von religiösem und staatlichem Fundamentalismus engagiert.

Humanismus zu Beginn des 21. Jahrhunderts. – In letzter Zeit erfuhr der Humanismus weitere Spezifizierung: Der japanische Schriftsteller Daisaku Ikeda (geboren 1928), der Bücher unter anderem zusammen mit Arnold Toynbee, Linus Pauling und Ernst Ulrich von Weizsäcker publiziert hat, veröffentlichte 2012 sein Buch *Humanismus – Ein buddhistischer Entwurf für das 21. Jahrhundert*. Darin versuchte er sich in einer Fusion östlicher und westlicher Religion mit der humanistischen Tradition.

Analoges unternimmt der österreichisch-arabische Soziologe und Religionswissenschaftler Mouhanad Khorchide (geboren 1971) im Hinblick auf den Islam. Man kann verstehen, dass der Romanist Ernst Robert Curtius (1886–1956) schon vor Jahren seufzte: »Wie schattenhaft der Begriff Humanismus geworden ist, ersieht man daraus, dass sich die meisten Leute nichts Bestimmtes mehr darunter vorstellen können.« (Curtius 1960, S. 65 ff.)

Als angenehm areligiös imponieren dagegen die *Humanistischen Reflexionen* (2016) von Julian Nida-Rümelin (geboren 1954). Dieser Autor interpretiert den Humanismus nicht nur als literarisches, künstlerisches oder philosophisches, sondern vorrangig auch als politisches Thema:

In der Tat bin ich davon überzeugt, dass die neuen Fanatismen und Fundamentalismen, die Kommerzialisierung und Infantilisierung der westlichen Kultur und der Kulturen weltweit nicht nur einer philosophischen, sondern auch einer politischen Antwort bedürfen, und dass diese humanistisch sein sollte. (Nida-Rümelin 2016, S. 11)

Den Humanismus bis zu seinen Grenzen (und manchmal darüber hinaus) ziemlich kritisch in Frage stellend erweist sich in den letzten Jahrzehnten das Denken Giorgio Agambens (geboren 1942 in Rom). Dieser Philosoph und Essayist wurde vor allem mit seinem Projekt *Homo sacer* über die Schulphilosophie hinaus bekannt.

Homo sacer bedeutet übersetzt so viel wie der heilige, aber auch der verfluchte, verdammte oder ausgestoßene Mensch. Beide Aspekte behält Agamben im Visier, wenn er über das Humane am Menschen nachdenkt und schreibt. Ausgehend von der erschütternden Beobachtung, dass im 20. und 21. Jahrhundert an den unterschiedlichsten Orten unseres Globus Konzentrations-, Straf- und Sammel-Lager entstanden, in denen die darin festgehaltenen Menschen oft auf ihr biologisches Sein reduziert und als rechtlose Lebewesen der völligen Willkür des jeweiligen Lager-Souveräns ausgeliefert wurden und werden, charakterisierte Agamben die Existenz dieser Menschen als ein bloßes und nacktes Leben (griechisch: *zoé*) im Gegensatz zum Leben von Individuen und Personen (griechisch: *bios*), denen Würde und garantierte Rechte zukommen.

Als Beispiele für seine Ausführungen dienen Agamben nicht nur die Konzentrationslager im nationalsozialistischen Deutschland, die letztlich zu Vorbereitungs- und Realisations-Orten des Holocaust wurden, oder die Straf- und Arbeitslager der ehemaligen Sowjetunion (Gulag), in denen Millionen Menschen zwischen Leben und Tod ihr Dasein fristeten; nicht wenige von ihnen verendeten jämmerlich. Die Geschichte der Lager aber setzt sich weit über die faschistischen und bolschewistischen Herrschafts- und Grausamkeits-Zeiten hinweg bis in unsere Gegenwart hinein fort – Namen wie Guantanamo, das Gefängnis von Abu Ghraib oder manche Sammellager für Flüchtlinge (selbst in Europa) waren oder sind tatsächlich Orte, an denen Insassen vieler oder aller ihrer Menschenrechte verlustig gehen und als nacktes Leben dem Sadismus ihrer Wärter und Folterer ausgeliefert sind. Ob jedoch, wie Agamben meint, das Lager deshalb als *nomos* (Gesetz) der Moderne (vgl. Agamben 2002, S. 175 ff.) und der rechtsfreie Raum als im Herzen demokratischer Rechtssysteme nistend verstanden werden müssen, darf füglich bezweifelt werden; als Stachel für jeglichen naiven Humanismus allerdings dient *Homo sacer* zweifellos.

Diesen Stachel, der im 21. Jahrhundert deutlich zu spüren ist, hat im letzten Jahrhundert Helmuth Plessner auf merklich umfassendere Art und Weise bereits vorformuliert. Obwohl von den Gedanken des Humanismus durchaus angetan, lieferte er (1892–1985) in *Macht und menschliche Natur – Ein Versuch zur Anthropologie der geschichtlichen Weltansicht* (1931) eine tiefsinnige, grundlegende Kritik an den humanistischen Konzepten. Der Hauptvorwurf Plessners lautete, dass es sich Philosophen, Künstler und Literaten zu einfach gemacht haben, wenn sie von *der* Natur oder *dem* Wesen des Menschen redeten, als ob derlei feste und unumstößliche Größen seien, die Allgemeingültigkeit beanspruchen dürften.

Das Gegenteil aber sei der Fall: Betrachte man die Geschichte des Humanismus wie auch diejenige von Medizin, Psychologie, Anthropologie, Biologie und Soziologie, komme man nicht umhin, von einer prinzipiellen Unergründlichkeit des Menschen sprechen zu müssen. Was menschlich sei, werde von Epoche zu Epoche wie auch von Kultur zu Kultur jeweils neu verhandelt; apodiktische Aussagen sowie Ethno- und Eurozentrismus humanistischer Denker seien daher fehl am Platze.

Noch radikaler kritisierte Plessner jeglichen naiven Humanismus vor dem Hintergrund der im 20. Jahrhundert grausamste Wirklichkeit gewordenen Entmenschung. Im Buch *Die verspätete Nation – Über die Verführbarkeit bürgerlichen Geistes* (1935/59) führte er dazu aus:

Das 19. Jahrhundert hatte den Unglauben an Gott der Öffentlichkeit zum Bewusstsein gebracht, ihren Glauben an den Menschen aber noch nicht zu erschüttern vermocht. Das 20. Jahrhundert hat sogar noch diesen Glauben, den Humanismus im öffentlichen Bewusstsein getötet ... (Plessner 1982, S. 114)

Trans- und Posthumanismus. – Im Zusammenhang mit dem Humanismus können und sollen Tendenzen nicht unerwähnt bleiben, die in den letzten Jahren im Bereich von Philosophie, Anthropologie, Künstlicher Intelligenz, Psychologie und Medizin von sich reden machten, und die unter Begriffe wie Transhumanismus, (kritischer) Posthumanismus, Metahumanismus, posthumanistischer Humanismus etc. subsumiert werden. Ohne hier die Details dieser verschiedenen Strömungen zu erläutern, möchte ich kurz deren Hauptstoßrichtung skizzieren.

Ausgehend von den sich abzeichnenden technischen Möglichkeiten von Biologie, Neurowissenschaften und elektronischer Datenverarbeitung erscheint es reizvoll, über die eventuellen oder tatsächlichen Folgen einer Verschmelzung von Mensch und Maschine respektive einer Ausweitung und Fusion von menschlicher und künstlicher Intelligenz nachzudenken. Unter Schlagworten wie *Human Enhancement*, virtuelle Unsterblichkeit, *Mind uploading* oder artifizielle Superintelligenz firmieren Vorstellungen, Konzepte und Modelle, wie die menschlichen Limitierungen (Sterblichkeit; Krankheiten; Vergesslichkeit; Alterung; begrenzte emotionale, soziale und kognitive Fassungskraft; Abhängigkeit von Raum und Zeit; organismisch-geschlechtliche Identität) mit tatkräftiger Unterstützung durch Informatik, Kryonik (Konservieren des menschlichen Organismus *post mortem* durch Einfrieren), Genetik, neuronale Implantate eingedämmt und überwunden werden können.

Mittels solcher und anderer, ähnlicher Strategien werden – so die Überzeugung von Trans- und Posthumanisten – nicht nur Begrenzungen der menschlichen Existenz abgemildert oder aus der Welt geschafft. Weit darüber hinaus soll es damit auch zu einer Entwicklung unserer Gattung hin zu trans- oder posthumanistischen Wesen kommen, für die tradierte Kategorien wie Natur und Kultur, Mann und Frau, Subjekt und Objekt, Tier und Mensch, belebt und unbelebt keine oder nur noch untergeordnete Rollen mehr spielen. Auch der Anthropozentrismus, der uns Menschen als Mittel- und Höhepunkt der Evolution von Kosmos und Leben definiert, soll durch die trans- und posthumanistische Überschreitung des Menschen der Vergangenheit angehören. Womöglich ist der Übergang vom Holozän zum Anthropozän, den die Geo-Chronologen derzeit für die Erde beschreiben, schon in wenigen Jahrzehnten nicht mehr *up to date* – die Trans- und Posthumanisten nehmen längst schon ein Post-Anthropozän ins Visier.

Ein derzeit viel zitierter Autor, der in seinen Büchern dieses Post-Anthropozän ziemlich beredt entwirft und schildert, ist Yuval Noah Harari (geboren 1976 in Haifa). Harari lehrt Geschichte an der Hebrew University in Jerusalem mit Schwerpunkt Weltgeschichte. Seine *Kurze Geschichte der*

Menschheit (2011) wurde zum Bestseller, und *Homo Deus – Eine Geschichte von Morgen* (2015/16) imponiert ebenfalls mit eindrücklichen Auflagenzahlen.

In *Homo Deus* geht Harari davon aus, dass der Humanismus zur vorherrschenden Weltreligion geworden ist, der er jedoch den baldigen Zerfall prognostiziert: »Der Aufstieg des Humanismus enthält auch die Saat zu seinem Sturz.« (Harari 2017, S. 94) Den Humanismus eine Weltreligion zu nennen, ist für Harari möglich, da er unter Religion »jede allumfassende Geschichte« verstanden wissen will, »die menschlichen Gesetzen, Normen und Werten eine übermenschliche Legitimation verschafft.« (ebd., S. 249)

Dementsprechend interpretiert Harari die Geschichte des letzten Jahrhunderts als erbitterten Religionskrieg zwischen drei humanistischen Richtungen: dem liberalen Humanismus, der bevorzugt an Ökonomie interessiert war und ist; dem sozialistischen Humanismus als verkapptem Kommunismus; und dem evolutionären Humanismus, dessen Extremform nach Harari der Nationalsozialismus gewesen sein soll.

Ausgehend von dieser eigenwilligen historischen Zuordnung sieht Harari im 21. Jahrhundert ein Ende der humanistischen Religion und ihrer Erlösungsversprechungen auf die Menschen zukommen. Im Humanismus sei vor allem im 20. Jahrhundert die Aussicht auf die Vergöttlichung des Menschen (Allmacht, ewiges Leben und Glück) investiert gewesen, und um diese Zielsetzungen zu erreichen, seien Menschen gegenwärtig bereit, sich einem Transhumanismus des 21. Jahrhunderts hinzugeben.

Dieser Transhumanismus wird Harari zufolge aus zwei Quellen gespeist: zum einen dem Techno-Humanismus, der es ermöglicht, mittels geeigneter biochemischer Substanzen das menschliche Bewusstsein und Seelenleben zu jeder nur denkbaren Dimension (Glück, Euphorie etc.) hin auf Dauer zu verändern; und zum anderen dem Dataismus, der Daten-Religion der Zukunft, die eine Entwicklung vom homozentrischen zum datazentrischen, also Daten-zentrierten Weltbild einläuten wird.

Um einen Humanismus für morgen bittend. – Doch weder wissen wir, ob die utopischen (oder besser dystopischen?) Visionen von Vertretern trans- oder posthumanistischer Standpunkte jemals Wirklichkeit werden, noch, wie sehr sich derartige Vorstellungen und Konzepte auf die überwiegende Mehrheit der Erd-Bevölkerung auswirken würden. Vielleicht erweisen sich die Trans- und Posthumanisten von heute als phantasiebegabte, letztlich aber als zu wenig an den konkreten Nöten, Bedürfnissen und Problemen der jetzt lebenden Menschen orientierte Wissenschaftler und Philosophen. Und eventuell wäre es im Hinblick auf deren intellektuelle Fähigkeiten wie auch hinsichtlich der ökonomischen Ressourcen, die in die trans- und posthumanistischen Forschungsprojekte investiert werden, deshalb klüger und humaner, sich um tausendfache, derzeit ungelöste Problemstellungen der Mitmenschen – die Vereinten Nationen erwarten für das Jahr 2050, also in weniger als drei Jahrzehnten, etwa zehn Milliarden Menschen auf dem Globus – zu kümmern, als Kraft und Energie in wohlfeile Modelle einer trans- und posthumanistischen Welt zu versenken.

Daher wende ich mich, selbst auf die Gefahr hin, dass es antiquiert erscheinen mag, auf den folgenden Seiten jenen Ausgestaltungen eines Humanismus zu, die in vergangenen Jahrhunderten trotz gut gemeinter Ansätze zu kurz gekommen sind, und die sich meines Erachtens als Desiderat für uns und die nachkommenden Generationen erweisen. In Anlehnung an den Titel eines Textes von Ortega y Gasset (1883–1955) – *Um einen Goethe von innen bittend* (1949) – wird es um jene Facetten einer humanistischen Weltanschauung für das 21. Jahrhundert gehen, die in der Vergangenheit als sinnvolle und die Menschen wie unseren Globus förderliche Ideen zwar diskutiert, aber noch zu wenig umgesetzt wurden.

Das Individuum. – Es mag als Speziesismus (also nach Überlegenheit der menschlichen Spezies und damit einhergehend nach einer arroganten Art des Umgangs mit der nicht-menschlichen Welt) und Egoismus ausgelegt werden, wenn an den Anfang von Erläuterungen eines Humanismus für das 21. Jahrhundert das Ich gestellt wird. So verlockend und verständlich derartige Assoziationen sind, so sehr erweisen sie sich beim näheren Hinsehen entweder als falsch oder aber als unvermeidliche Perspektive, von der aus Menschen sich und die Welt um sie her betrachten, erleben, beschreiben und einordnen.

So sehr wir uns auch bemühen, uns in nahe oder weiter entfernte Mitmenschen, in andere Primaten, Tiere, Pflanzen, die Natur, den Globus, den Kosmos einzufühlen, hineinzuversetzen, sie mit Sympathie oder Empathie oder Intuition zu versehen, ihnen mit Respekt und zart-subtiler Vorsicht zu begegnen, so sehr müssen wir Mal um Mal zugeben, dass es unmöglich ist, die Welt mit den Sinnesorganen eines Mitmenschen oder eines Tieres tatsächlich und vollumfänglich wahrzunehmen und mit deren Organismen wertend zu beurteilen. Allenfalls können wir uns an eine alte indianische Empfehlung halten, die da lautet: Willst du einen Menschen verstehen, so laufe vier Wochen lang in seinen Mokassins! Verstanden haben wir ihn, den Mitmenschen, dann wahrscheinlich etwas besser, keinesfalls aber vollumfänglich.

Denn stets bleiben wir bei allen unseren Daseinsvollzügen an den eigenen Organismus, an die eigene Biographie, das eigene Schicksal, das eigene Weltmittelpunkts-Erleben und damit an das eigene Ich gebunden. Einen archimedischen Punkt, von dem aus wir uns, die Mitmenschen, das Leben und den Kosmos jenseits von uns selbst betrachten und einordnen könnten, kennen wir nicht. Ich bin es, der diesen Satz schreibt; ein Ich ist es, das diesen Satz liest und auf seine Art versteht, vergisst, erinnert, für sich als gut oder nicht nachvollziehbar deklariert.

Trotz dieser nicht übersteigbaren egozentrischen Verhältnisse sind wir weder zum einsamen Egoismus noch zum nur sich selbst spiegelnden Narzissmus verdammt. Das Ich kann und darf sich stattdessen zu einem Individuum, zur Person und Persönlichkeit mit reichhaltigen Interessen an Mitmensch, Kosmos und Kultur entwickeln – eine Potentialität, die jedem Menschen mehr oder minder zukommt, und die in der Geschichte des Humanismus das erste Mal während der Renaissance expliziert wurde.

Pico della Mirandola (1463–1494) verkündete in *Über die Würde des Menschen* (1496) seinen Zeitgenossen, dass sie und wie sehr sie Verantwortung für die Gestaltung ihrer eigenen Individualität tragen – eine Verantwortung, die ihnen damals und uns heute keiner abnehmen konnte und kann, und die auch im 21. Jahrhundert bei vielen Menschen als noch nicht eingelöste Möglichkeit ihrer Realisierung harrt:

Wir (die Götter) haben dich (den Menschen) ... geschaffen, damit du als dein eigener, vollkommen frei und ehrenhalber schaltender Bildhauer und Dichter dir selbst die Form bestimmst, in der du zu leben wünschst. Es steht dir frei, in die Unterwelt des Viehes zu entarten. Es steht dir ebenso frei, in die höhere Welt des Göttlichen dich durch den Entschluss deines eigenen Geistes zu erheben. (Pico della Mirandola 1988, S. 10f.)

Jeder zukünftige Humanismus darf von diesem über fünf Jahrhunderte alten Gedanken seinen Ausgang nehmen: Dass es Wert und Würde des Menschen ausmacht, eine individuelle, mit eigenem Akzent und eigenem Profil versehene Person sein respektive werden zu dürfen, so sehr auch diese Potentialität im Einzelfall durch innere oder äußere Verhältnisse bedroht oder eingeschränkt sein mag.

Vom Individuum und nicht von einer Gruppe, Sozietät oder einem Staatsgebilde auszugehen, den Menschen als Person in seiner Integrität und Unantastbarkeit zu achten und ihn – bei allen weltanschaulichen, religiösen, sexuellen und sonstigen Eigenheiten seiner Daseinsgestaltung – eben aufgrund dieser Eigenheiten zu respektieren: All das zeichnet den

Humanismus aus. Die personalen Qualitäten und Facetten des Einzelnen beziehen sich auf Fähigkeiten zu Erinnerung (Vergangenheitsbezug) und Entwürfen (Zukunftsbezug), auf seine situativen Kompetenzen (Bezug zur Gegenwart), auf seinen sprachlichen und nicht-sprachlichen Ausdruck (er ist *animal symbolicum*), auf seine dialogische Beziehungsgestaltung (er ist Du-sagendes Ich), auf Werterkennen und Wertrealisierung sowie auf die Suche nach Sinn und Bedeutung.

Person. – Zu Beginn des 20. Jahrhunderts gab es eine von Philosophen, Wissenschaftlern sowie Künstlern angestoßene Personalismus-Debatte. Bekannt geworden ist der Philosoph Emmanuel Mounier (1905–1950) mit seinem 1932 gegründeten Journal *Esprit*, das er als »personalistisches Blatt im Kampf gegen die etablierte Unordnung« verstanden wissen wollte. 1936 publizierte er *Das personalistische Manifest*, mit dem er Person und Personalität definieren sowie das Fundament einer personalistischen Gesellschaftsordnung und Kultur legen wollte.

Ähnlich entschieden wie Emmanuel Mounier (der in die damaligen Humanismus-Debatten nur ganz am Rande involviert war) darf sich ein zeitgemäßer Humanismus zur individuellen Personalität von Menschen als Mitte, Maß und Richtschnur in Politik, Gesellschaft und Kultur bekennen. Ansätze hierzu lieferten Autoren wie Hans Joas (*Die Sakralität der Person*, 2011); Regine Kather (*Person – Die Begründung menschlicher Identität*, 2007); Michael Quante (*Person – Grundthemen Philosophie*, 2007) oder Robert Spaemann (*Personen – Versuche über den Unterschied zwischen »etwas« und »jemand«*, 1996). Besonders erwähnenswert ist die literarische und klinische Arbeit Josef Rattners in Berlin, der seit Jahrzehnten mit Publikationen und mit der von ihm begründeten Großgruppentherapie die Themen von Persönlichkeit und Person erörtert, die er als Leitbegriffe für Pädagogik, Psychologie, Psychotherapie und Medizin erachtet.

Im günstigen Fall entwickeln Personen sich zu Persönlichkeiten, zu Menschen mit ausgeprägt individuellem Profil, das sich aus Temperament und Charakter, Welt- und Lebensanschauung, Fertigkeiten und Tugenden, biographischen Prägungen (Niederlagen, Triumphe), Wert-Orientierungen und keineswegs bloß aus Eitelkeiten und Narzissmen zusammensetzt. Ein wesentliches Merkmal einer solcher Persönlichkeit ist deren Tendenz zu Autarkie und Autonomie.

Als überzeugendes Beispiel für eine derartige Persönlichkeit gilt der schon mehrfach erwähnte Erasmus von Rotterdam, den Ulrich von Hutten, ein Zeitgenosse dieses Gelehrten, in seinen *Dunkelmännerbriefen*, einer berüchtigten Satire-Zeitschrift der Reformationszeit (1515/16), als einen

Homo pro se bezeichnet hat, als einen Menschen also, der für sich alleine steht. Diese Formel wurde zur Charakterisierung von Erasmus verwendet und kann aber zugleich als wesentliches Ingrediens einer humanistischen Einstellung und Daseinsgestaltung gelten.

Mit seiner Formulierung hat Hutten bei Erasmus etwas Richtiges gesehen. Bekannt sind Aussagen des Letzteren wie etwa: »Ich wünsche Weltbürger zu sein, allen zu gehören, oder besser noch Nichtbürger bei allen zu sein«; sowie: »Ich liebe die völlige Freiheit und will und kann niemals einer Partei dienen.« Erasmus war stets auf intellektuelle und weltanschauliche Unabhängigkeit bedacht: Nie ließ er sich von religiösen, ideologischen Richtungen vereinnahmen; nie erledigte er die Geschäfte anderer, wenn sie nicht seinen eigenen Intentionen dienlich waren. In der Epoche massiver Religions- und Glaubenskämpfe tarnte er sich nach außen hin geschickt mit vielerlei Meinungen und Ansichten; in seinem Inneren jedoch blieb er eisern bei seinen ureigenen und manchmal auch eigensinnigen Standpunkten: »Beständig sein heißt nicht, immer dasselbe zu sprechen, sondern immer am gleichen Ziel festzuhalten.«

Bei Persönlichkeiten lassen sich daher oft Charaktereigenschaften feststellen, die in der psychoanalytischen Terminologie S. Freuds als anal (aber nicht im abwertenden Sinn) bezeichnet werden: Autonomiestreben, Ordnungsliebe, Reinlichkeit (im Hinblick auf soziale Kontakte mindestens ebenso wie auf intellektuelle Aufgaben). Anders als in den neurotischen Ausformungen und Störungen erfährt Analität bei Persönlichkeiten jedoch meist eine Wendung ins Sublimierte, sozial und kulturell Wertvolle – eine Ausgestaltung, die als *Conditio sine qua non* für unabhängiges Denken, Urteilen und Handeln gelten darf:

Ich muss in mir selbst eine Freiheit zu denken einführen, da muss ich Herr sein oder ich bin gar keiner, ich muss sehen und hören, vergleichen, aber nur ein Richter muss in mir sein, niemals zwei: *the whole man must move together*. (Lichtenberg 2005, S. 120)

Diese Zeilen stammen von Georg Christoph Lichtenberg (1742–1799), der in vielen Aphorismen ein nachhaltiges Plädoyer für die Entwicklung der eigenen Persönlichkeit formuliert hat. Der bucklige Physiker und Denker aus Göttingen wusste, wovon er sprach – nicht zuletzt aufgrund seiner körperlichen Defizite hatte er sich schon früh eine sehr individuelle Art des Denkens, Fühlens und Urteilens zugelegt: »Ein derart entschiedenes Ethos des Selbstseins steht in der Geschichte der Anthropologie zwischen Montaigne, Vauvenargues und Nietzsche einzig da.« (Balmer 2018, S. 225)

Freiheit und Verantwortung. – Zwei Gesichtspunkte seien noch benannt, die für einen Humanismus im 21. Jahrhundert für die Entwicklung der eigenen Person und Persönlichkeit grundwesentlich bleiben: Freiheit und Verantwortung. So gering die Freiheitsgrade des Einzelnen in speziellen Situationen auch immer sein mögen, gesteht ein heutiger Humanismus (ebenso wie seine Vorläufer) dem Menschen die prinzipielle Möglichkeit autonomer Entscheidungen mit existentieller Tragweite zu.

Mitte des letzten Jahrhunderts hatte Jean-Paul Sartre mit Emphase verkündet: »Es gibt keinen Determinismus, der Mensch ist frei, der Mensch ist die Freiheit!« (Sartre 2000, S. 155) – ein Diktum, von dem er sich später zumindest partiell distanzierte. Denn je mehr er sich mit gesellschaftlichen, ökonomischen und materiellen Gegebenheiten befasste, in die jedermann *nolens volens* in seinem Dasein hineingerät, umso mehr sah Sartre sich gezwungen zuzugeben, dass es sich dabei immer nur um Abschattungen von Freiheit mit unterschiedlich großen Abhängigkeiten (kultureller, biographischer und historischer Natur) der jeweiligen Individuen handelt. Berücksichtigt man darüber hinaus die vielen Befunde von Neurowissenschaften, Soziologie, Entwicklungspsychologie oder Ethnologie der letzten Jahrzehnte, sind wir gut beraten, im Hinblick auf die persönlichen Freiheitsgrade des Einzelnen einen vorsichtig-skeptischen Standpunkt einzunehmen.

Vorsichtige Skepsis bedeutet hier jedoch keinen puren Determinismus. Menschen sind zwar in die Kausalketten ihrer Organismen und damit in die determinierenden Verhältnisse von Biologie und Physiologie eingefügt. Daneben kennen wir aber (seltene) Momente tatsächlicher Entscheidung und selbstbestimmter Orientierung an Gründen und Werten, die uns als Subjekte und Personen auszeichnen und die uns Würde verleihen:

Jeder Materialismus hat zur Folge, dass die Menschen, die eigene Person eingeschlossen, als Objekte behandelt werden, das heißt als eine Gesamtheit determinierter Reaktionen, die durch nichts unterschieden ist von einer Gesamtheit von Eigenschaften und Erscheinungen, die einen Tisch oder einen Stuhl oder einen Stein konstituieren. Wir aber wollen das Reich des Menschen als eine Gesamtheit von Werten konstituieren, die sich vom Reich des Materiellen unterscheiden. (Sartre 2000, S. 165)

Die Möglichkeiten von Wert-Sicht, Wert-Erleben, Wert-Orientierung lassen uns zu Recht auch von der prinzipiellen Möglichkeit (minimal) freiheitlicher Haltungen, Einstellungen und Entscheidungen von Menschen ausgehen. Es wäre unwürdig oder – in der Terminologie Sartres – eine Unredlichkeit (*mauvaise foi*), unsere Stimmungen, Ansichten und Daseinsgestaltungen lediglich als bloße Verlängerungen unserer Kindheit oder als Auswüchse unserer biologischen Erbschaft zu begreifen. Auch die sinnwidrigen Ereignisse der individuellen Vergangenheit sind kein Argument, von einer Unmöglichkeit zukünftiger sinnvollerer Wert-Realisierungen auszugehen.

Nur vor dem Hintergrund eines Minimums an Autarkie, Autonomie und persönlich-individueller Freiheit ergeben anthropologische Aussagen über die Verantwortung des Menschen einen Sinn; von Verantwortung (etwa für die Entwicklung der eigenen Person, für das Wohlergehen von anderen oder für den Schutz der Natur und den Fortbestand der Kultur) zu sprechen, ohne Einzelnen die dafür nötigen Freiheitsgrade zuzugestehen, wäre blanker Zynismus.

Das korrespondierende Verhältnis von Freiheit und Verantwortung im jeweiligen Einzelfall angemessen zu berücksichtigen ist Voraussetzung für eine adäquate Beurteilung sowohl der eigenen wie auch der anderen Person. Es macht unter anderem die Unvergleichbarkeit von Menschen untereinander aus, dass sie in verschiedenen Situationen ihres Daseins oftmals über sehr divergente Ausmaße an Freiheitsgraden, Autonomie-Bedürfnissen und damit an Möglichkeiten der Verantwortungsübernahme verfügen. Uns alle diesbezüglich über einen Kamm zu scheren, würde unserer Individualität erheblichen Abbruch tun.

Eine philosophische Position, die diesbezüglich zu Reduktion neigt, ist der radikal verstandene Naturalismus. Darunter lässt sich eine Haltung subsumieren, die den Menschen als völlig von Naturgesetzen determiniert begreift und seine Wünsche, Vorstellungen, Gründe, Intentionen und »freien« Entscheidungen als »nichts weiter als« neuronal identifizierbare Prozesse versteht. Eine derartige Nichts-weiter-als-Erklärung von z.B. Subjektivität, Selbstbewusstsein, Intentionalität, Geist oder freiem Willen widerspricht einem tradierten wie auch zukünftigen Humanismus:

> Von diesem naturalistischen Programm der Erklärung menschlichen Verhaltens möchte ich eine humanistische Position unterscheiden, die behauptet, dass diese Reduktion nicht möglich ist. So verstanden sind Naturalismus und Humanismus kontradiktorisch: Entweder ist man Naturalist oder Humanist – eine Zwischenposition gibt es nicht, ebenso wenig eine Position der Neutralität. (Nida-Rümelin 2010, S. 5)

Solange man Naturalismus als Nichts-weiter-als-Haltung definiert, sind die eben erwähnten Phänomene, die für den Humanismus seit jeher essentiell waren, tatsächlich entweder bloße Biologie oder aber Hin- und Nachweis eines supranaturalen Idealismus, der sich im Menschen bemerkbar macht. Sobald jedoch Naturalismus ebenso wie die dem Humanismus wichtigen Phänomene (Geist, Subjektivität, Intentionalität, Selbstbewusstsein, freier Wille) weiter und umfassender gedacht werden, kann man all jenen Recht geben, die etwa die Willensfreiheit als nicht absolut und von der Biologie (dem Gehirn) losgelöst, sondern als leiblich bedingte Freiheit auffassen (siehe hierzu etwa Bieri 2007; Habermas 2005; Pauen/Roth 2008). Und sie entwickeln einen zentralen Gedanken Immanuel Kants weiter, der in *Grundlegung zur Metaphysik der Sitten* (1785) meinte, dass Menschen »nicht anders als *unter der Idee der Freiheit* handeln« (Kant 1974, S. 83) können.

Persönlichkeit. – Der Freiheit wie auch Verantwortung werden wir nicht nur in Bezug auf einzelne Taten oder Untaten bewusst. Über singuläre Entscheidungen hinaus fällt unsere Lebensführung und Daseinsgestaltung – also jene Aspekte und Bereiche unserer Existenz, in die wir mehr oder minder gestaltend und mit gewissen Freiheitsgraden versehen eingreifen können – in den Verantwortungsbereich unserer Person. Damit erhält genau betrachtet jedes menschliche Leben eine individuelle Note und Tönung – so sehr sich auch manche Biographien an ihrer Oberfläche gleichen oder angleichen mögen.

Alexander Pfänder (1870–1941), ein phänomenologisch orientierter Philosoph, sprach im Zusammenhang mit der Gestaltung des eigenen Lebens von Selbstauszeugung der Person (vgl. Pfänder 1933, S. 378). Im Gegensatz zu Pfänder, der dieses Thema als ein von Gott vorgegebenes empfand, wird hier die Selbstauszeugung der Person als ein dem Menschen innewohnendes Potential, als Aufgabe und Chance zugleich sowie als ein Anthropinon, als eine Wesenseigentümlichkeit des Menschen definiert.

Diese potentielle Selbstauszeugung der Person, das Modifizieren der eigenen Persönlichkeit, lässt in günstigen Fällen die Lebensläufe von Individuen beinahe als Kunstwerke und Schöpfungen erscheinen. Wie die Künstler häufig jahrzehntelang an ihrem Oeuvre bauen, ohne dass dabei die einzelnen Kunstwerke immer schon die Totalität ihres Lebenswerkes zu erkennen geben, schichten Menschen Tat um Tat, Entscheidung um Entscheidung und Stellungnahme um Stellungnahme aufeinander, bis im Laufe ihrer Existenz die Melodien, Rhythmen und Gestalten ihres Daseins vernehmbarer werden.

Kunst und Moral (als gelebtes Ethos und realisierte Handlung) sind beide Schöpfungen und Erfindungen – meinte Sartre. Selbst wenn uns der schöpferische Prozess unserer Persönlichkeits-Entwicklung oftmals kaum bewusst wird, verwirklichen wir ihn nicht selten intuitiv, mit halbbewussten Entscheidungen, Handlungen, Akzentsetzungen. Wesentlich dafür ist, die Möglichkeiten der Selbstrealisation nicht ungenutzt an uns vorüberziehen zu lassen, sondern sie beim Schopfe zu packen. Auch dies ähnelt einem künstlerischen Schaffen, bei dem der Künstler nicht planend, sondern handelnd, nicht suchend, sondern eher findend vorgeht und hinterher über seine Ergebnisse bisweilen verwundert ist.

Für den Humanismus des 21. Jahrhunderts steht es außer Frage, dass Entstehung und Bildung von Persönlichkeit einem halb aktiven, halb passiven Prozess entsprechen. Die aktiven Aspekte wurden vorrangig von Vertretern der Humanistischen Psychologie (Charlotte Bühler, Abraham Maslow, Carl Rogers) sowie des Existentialismus und des Personalismus (Jean-Paul Sartre, Albert Camus, Emmanuel Mounier) betont: der Mensch als freies und kreatives Wesen, das den Impulsen nach Selbstrealisation Folge leisten und sich dadurch zum Solitär, zur individuellen Person und zur Persönlichkeit formen und gestalten kann.

Demgegenüber stehen die Ansichten und Forschungsergebnisse von Ethnologen (Paul Parin) sowie Vertretern der Kritischen Psychologie (Klaus Holzkamp, Alexei Leontjew, Morus Markard), die von einer durch historisch-kulturelle (Paul Parin) und/oder gesellschaftlich-ökonomische Bedingungen (Klaus Holzkamp) vermittelten und dadurch präformierten Spielart der Persönlichkeitsbildung ausgehen. In einem Interview beschrieb Paul Parin das Zusammenwirken von angeborenem Temperament, kindlicher Sozialisation und späteren kulturellen Einflüssen in Bezug auf die Genese oder aber Verhinderung von selbstverantworteten Persönlichkeitsprofilen:

> Je enger man an Institutionen gebunden ist, die nicht genau auf die Bedürfnisse des Menschen abgestimmt sind, die also anderen Bedürfnissen dienen, zum Beispiel der Erhaltung von staatlicher oder ökonomischer Macht, desto größer ist die Wahrscheinlichkeit, dass man sich nicht autonom verhält und dadurch ein Potential an ungünstigen sozialen Eigenschaften entwickelt. (Parin 1979, S. 28)

Es wäre daher zynisch, Menschen, die unter schlechten ökonomischen, sozialen und gesellschaftlichen Verhältnissen leben, ihren eventuellen Mangel an Persönlichkeit zum Vorwurf zu machen. Umso mehr allerdings ist es anerkennenswert, wenn Einzelne trotz solcher Rahmenbedingungen die Selbstauszeugung ihrer Person vorantreiben und sich zum Solitär entwickeln. Umso trauriger wirkt es jedoch umgekehrt, wenn Einzelne trotz günstiger existentieller Voraussetzungen die Chancen der Person- und Persönlichkeitswerdung ungenutzt verstreichen lassen.

Der Andere. – Der Humanismus des 21. Jahrhunderts anerkennt das Ich demnach als Person, als Individuum und kreative Persönlichkeit und begreift das Ich als Basis seiner gesellschaftlichen, kulturellen, politischen Überlegungen. Im Zweifelsfall gilt ihm dieses Ich mehr als die Vielen; Integrität und Würde von Personen dürfen durch allfällige Interessen und eventuelle Beschlüsse einer Majorität – und sei es eine auf Demokratie pochende Majorität – nicht angetastet und relativiert werden:

> Der oberste Wert ist für ein humanistisches Verständnis von Demokratie nicht die politische Gemeinschaft, sondern das menschliche Individuum, das gleichen Respekt und gleiche Anerkennung vor und innerhalb jeder politischen Ordnung verdient ... Das humanistische Ethos verlangt eine Einschränkung der Reichweite kollektiver Entscheidungen, es wendet sich gegen die Rousseau'sche *Selbstentäußerung des Individuums* an die Republik. (Nida-Rümelin 2016, S. 413 und S. 419)

Parallel zur prinzipiellen Hoch- und Höchstschätzung des Ich und damit der Person weiß der Humanismus des 21. Jahrhunderts um den Wert des Du. Schon im ersten Drittel des 20. Jahrhunderts betonten Karl Löwith in seiner Habilitationsschrift *Das Individuum in der Rolle des Mitmenschen* (1928) oder Martin Buber in seiner dialogischen Philosophie (*Ich und Du*, 1923) die Bedeutsamkeit des Du, des Mitmenschen als meinesgleichen für die Entwicklung eines jeden Ich und für die Aufrechterhaltung des personalen Niveaus eines jeden Individuums.

Menschen als Personen sind Du-sagende Iche. Ohne intensivste Bezugnahme auf unsere Mitmenschen und ohne deren jahrzehntelange Fürsorge und Förderung (körperlicher, psychosozialer und soziokultureller Natur) wäre niemand von uns in der Lage, z.B. diesen Absatz auch nur annähernd zu verfassen oder zu lesen – oder, noch drastischer: Es gäbe uns schlicht nicht. Ein Du hat uns (wie befriedigend oder defizitär auch immer) ernährt, gehört, gepflegt; am Du haben wir Sprache und damit den Zugang zu den Mitmenschen und zur Kultur erlernt; und das Du war es, das uns in die Welt von Wert und Unwert, von Sinn und Bedeutung oder aber auch von deren Fragilität bis hin zur Sinnwidrigkeit und Absurdität eingeführt, sie uns gezeigt und vorgelebt hat.

Auf die Verwobenheit von Ich und Du hat auch Nicolai Hartmann in manchen seiner Schriften hingewiesen. Insbesondere in *Das Problem des geistigen Seins* (1933) führte er aus, inwiefern Menschen als Personen stets horizontal mit anderen Personen verknüpft sind, selbst wenn sie sich als einsam und verlassen empfinden oder aber als Eremiten ihr Dasein zu fristen meinen. Immer schon, so der Autor, teilen wir mit den anderen eine gemeinsame Lebenssphäre.

Hartmann explizierte diese These anhand der Expansivität, die die Menschen als Personen auszeichnet. Unter Expansivität verstand er das Faktum, dass jede Handlung eines Individuums Einfluss auf die anderen Menschen nimmt, selbst wenn dies in keiner Weise beabsichtigt ist. So tangiert etwa der Eremit mit seinem Rückzug die Lebenskreise all jener, die davon Kenntnis nehmen: Sie sind dadurch um einen Kontakt- und Gesprächspartner ärmer geworden, und jede einzelne Person nimmt dies mehr oder minder bewusst und eventuell auch traurig oder erleichtert zur Kenntnis: »Was in diesen Kreis hineinspielt, empfindet sie als etwas, was ihr selbst geschieht, ist betroffen davon wie von eigenem Schicksal.« (Hartmann 1962, S. 141)

Eklatant und explizit auf horizontale Expansivität von Menschen angelegt sind die sogenannten emotional transzendenten Akte. Darunter verstand Hartmann Emotionen wie Liebe oder Hass – Emotionen also, die von ihrem Wesen her auf einen oder mehrere andere Menschen abzielen und diese anerkennen und bejahen (Liebe) oder aber verneinen und im Extrem eliminieren (Hass). So wie der Liebende oder Hassende auf einen oder mehrere Lebenskreise seiner Mitmenschen sehr direkt bezogen ist und aktiv einwirkt, so bedeuten umgekehrt die Erwartungshaltungen von Personen ebenfalls einen Nachweis von Expansivität, wenngleich dabei als passive Spielart: »Im Erwarten, Hoffen, Fürchten ist der Mensch vom Heranrückenden vorbetroffen, noch ehe es ihn wirklich trifft.« (ebd., S. 138)

Nicht so sehr auf ein Du abzielend, dieses aber auf einer geistig-kulturellen Ebene touchierend und eventuell verändernd wirken die durch Ablösbarkeit charakterisierten persönlichen Gehalte eines Ich. Darunter subsumierte Hartmann Ideen, Aussagen, Kommentare einer Person, die auf irgendeine Art in die Öffentlichkeit gelangen und – losgelöst von ihrem Urheber – Einfluss auf andere Personen nehmen, völlig gleichgültig, ob es sich dabei um banale Witze oder um exquisite Kulturleistungen handelt.

Mit dem Du assoziiert sind jedoch nicht nur Phänomene wie Erhalt, Förderung und Sozialisation, Enkulturation und Expansivität unseres Ichs und damit viele jener Möglichkeiten der Person-Werdung, auf die eben angespielt wurde. Das Du bedeutet darüber hinaus auch die Erfahrung des Nicht-Ich, eines Gegenübers, das sich seinen je eigenen Neigungen, Vorlieben und Wert-Orientierungen gemäß verhält und – je mehr es selbst zu einer Persönlichkeit geworden ist – seinen je eigenen Lebensstil und Existenzmodus realisiert.

Das Du als zwar meinesgleichen, aber zugleich als der andere stellt das Ich in seiner Mittelpunktstellung und damit in seiner Bedeutsamkeit in Frage. Jean-Paul Sartre in *Das Sein und das Nichts* (1943) hat im Kapitel *Der Blick* ausführlich dargelegt, wie sehr der Blick des Anderen uns zu dessen Objekt machen kann und wir uns eventuell nicht mehr im Zentrum unserer Welt, sondern an der Peripherie seiner Welt befindlich erleben. Vor allem nüchtern-objektivierende, entwertende oder abschätzige Blicke lösen Unterlegenheits-Empfindungen beim Erblickten aus, wohingegen verliebte, liebende und anerkennende Blicke annähernd hierarchiefreie Beziehungen zwischen Ich und Du ermöglichen.

Das Anders-Sein des Anderen wird nicht selten als fremd oder als befremdend oder sogar als unheimlich erlebt, und das Empfinden der Verschiedenartigkeit, der Diversität, beantworten nicht wenige mit Abwehr, Stirnrunzeln, Distanz oder Unverständnis. Jedes Du, jeder Andere oder Fremde weist zwar eigene Stimmungen, Überzeugungen, Glaubenssätze, Rituale, Usancen, Welt- und Lebensanschauungen sowie häufig andere Bedeutungszuschreibungen bei scheinbar den gleichen Worten und Begriffen auf – ganz zu schweigen von einer eventuell fremden Sprache sowie fremdartigem Aussehen und Verhalten. Und dennoch spiegeln sich im Anderen nicht selten auch (abgewehrte und verleugnete) Seiten, Züge und Aspekte der eigenen Person wider:

Denn das Fremde ist das Eigene, Vertraute und Heimliche im Anderen, und als das Andere und darum – wir erinnern hier an eine Erkenntnis Freuds – das Unheimliche. Wenn die Formulierung erlaubt ist: Der Mensch sieht »sich« nicht nur in seinem Hier, sondern auch im Dort des anderen. (Plessner 1981, S. 193)

Der Umgang eines Ich mit dem Du und damit mit der Diversität der Mitmenschen wird nicht erst in den letzten Jahrzehnten mit dem Zuwachs an Globalisierungstendenzen als herausfordernd erlebt und beschrieben. Schon der Humanismus eines Erasmus von Rotterdam thematisierte die zwischenmenschlichen Probleme, die sich aufgrund von divergierenden Ansichten, Interessen und Meinungen von Ich und Du ergeben. Dass die Angehörigen unterschiedlicher Völker, Religionen, Staaten, Rassen sich wie Ich und Du durch eigene Sitten, Bräuche, Normen sowie differente Denk- und Empfindungsstile auszeichnen, überraschte diesen Autor nicht.

Toleranz. – Problematisch und in den Konsequenzen inakzeptabel werden diese Differenzen, wenn sie nicht mit der nötigen Toleranz beantwortet, sondern einem Nivellierungsdruck unterworfen werden. Intoleranz war für Erasmus das Einfallstor für Missverstehen, Ablehnung und feindliche Behandlung des anderen bis hin zu dessen physischer oder psychischer Vernichtung. Daher plädierte er entschieden für die Verbreitung toleranter Welt- und Lebensanschauungen, welche die Fülle der unterschiedlichsten Meinungen, Ansichten und Überzeugungen bestehen lassen, ohne dass beinahe reflexartig mit Angst oder Aggression darauf reagiert wird.

Fast zweihundert Jahre vor John Locke (1632–1704) wurde der Toleranzgedanke bei Erasmus von Rotterdam und den Humanisten der Spätrenaissance zum ersten Mal als wesentlich erachtet – ein Gedanke, der später in der Aufklärungsepoche und im Neuhumanismus von vielen Gelehrten und Philosophen weiterentwickelt wurde. Mit dieser Idee waren die Humanisten ihrer Zeit voraus, die damals vor allem im Hinblick auf die religiöse Intoleranz (Grausamkeiten der Inquisitionsgerichte, Religions- und Glaubenskriege) unrühmliche Bekanntheit erlangte.

Obwohl man ihn nicht zur Gruppe der Humanisten im engeren Sinn zählte, gehört John Locke mit seinem *Letter concerning Toleration* (Brief über die Toleranz, 1689) zur humanistischen Tradition. Ausgehend von den überaus blutigen konfessionellen Streitigkeiten im Europa des 17. Jahrhunderts (z.B. Dreißigjähriger Krieg) plädierte der Philosoph für ein größtmöglich tolerantes Verhalten der verschiedenen Glaubensrichtungen und Kirchen untereinander. Solange eine Konfession andere Meinungen bestehen lasse und den Staat als die säkulare Organisationsform des Zusammenlebens von Bürgern nicht gefährde, solle dieser (der Staat) den diversen Glaubensgemeinschaften ebenfalls mit Toleranz begegnen.

Im 18. Jahrhundert folgte Voltaire (1694–1778) mit der *Abhandlung über den Toleranzgedanken* (1763) den humanistischen und Lockeschen Vorstellungen zur Glaubens- und Gewissensfreiheit. Im Neuhumanismus setzte Gotthold Ephraim Lessing mit seiner Ringparabel in *Nathan der Weise* (1779) das Konzept der Toleranz literarisch-kunstvoll in Szene. Auf eventuelle Defizite im Hinblick auf den Toleranzgedanken wies wenig später Goethe hin: Toleranz meine so viel wie Duldung, Gelten-Lassen, also Duldsamkeit fremden Glaubensrichtungen, Meinungen und Ansichten gegenüber. Der Dichter erkannte zu Recht, dass mit einem bloßen Dulden die Akzeptanz eines Du, einer Gruppe oder einer Konfession noch nicht verbunden ist. Im Gegenteil: Im ungünstigen Falle bedeutet Toleranz das regelrechte Zementieren angeblicher oder tatsächlicher Überlegenheit eines Ich über ein Du sowie über dessen Überzeugungen und Ansichten. Dabei lässt sich das Ich möglicherweise gnädig dazu herab, das Du zu tolerieren; es demonstriert seine Überlegenheit, ohne dieselbe auch nur annähernd in Frage stellen zu müssen oder durch Abbau der Hierarchie eine Gleichwertigkeit zwischen Ich und Du anzustreben.

Daher formulierte Goethe aphoristisch knapp und kritisch: »Toleranz sollte eigentlich nur eine vorübergehende Gesinnung sein: Sie muss zur Anerkennung führen. Dulden heißt beleidigen.« (Goethe 1981, S. 385) Weiter schrieb er in den *Maximen und Reflexionen*, dass jene Anerkennung auf wirkliche Liberalität hindeute, diese aber bei Menschen nicht oft anzutreffen sei: »Gesinnungen sind selten liberal, weil die Gesinnung unmittelbar aus der Person (also dem Ich), ihren nächsten Beziehungen und Bedürfnissen hervorgeht.« (ebd., S. 384)

Liberalität. – Wer einem Du nicht nur mit Toleranz, sondern mit Akzeptanz und Anerkennung begegnen will, darf bei sich also (so kann man Goethes Diktum interpretieren) die Tugend und Haltung der Liberalität entwickeln – eine Einstellung, die den Humanismus spätestens seit Lessing, Goethe, Schiller, Herder sowie den Brüdern Wilhelm und Alexander von Humboldt auszeichnet, und die im 21. Jahrhundert nicht selten völlig fehlinterpretiert wird, indem man diese auf den lediglich aufs Ökonomische abzielenden Neoliberalismus bezieht.

Liberalität bedeutete für Goethe und manch andere Neuhumanisten eine Weitung ihrer Interessen, Urteile und Kenntnisse über den engeren Radius von Deutschland und Europa hinaus. Alexander von Humboldt bereiste Mittel- und Südamerika, unternahm eine Russland-Expedition und hielt in Berlin die legendären Kosmos-Vorlesungen. Goethe war weniger expansiv hinsichtlich seine Reise-Aktivitäten und eroberte stattdessen die Rolle eines literarischen und kulturellen Weltbürgers.

Toleranz, Akzeptanz und Liberalität sind Ingredienzien für eine das Du in seiner prinzipiellen Andersartigkeit gelten lassenden Einstellung und Haltung des Ich. Humanisten des 21. Jahrhunderts können an Goethe und anderen Neuhumanisten des 18. und 19. Jahrhunderts hinsichtlich ihrer liberalen und toleranten Weltsicht Maß nehmen, wenn sie Modelle für den Umgang mit dem Fremden, dem Anderen, dem Diversen (also dem von der eigenen Person Unterschiedlichen) und dem Nicht-Ich suchen. Welch unerhörte Dimensionen dieses Nicht-Ich aufweist, lässt sich etwa an der schlichten Zahl unserer momentan lebenden Mitmenschen verdeutlichen: Solide Schätzungen gehen von über siebeneinhalb Milliarden Bewohnern unseres Globus aus, die allesamt als unterschiedlich zu einem jeden von uns angenommen werden dürfen – und denen wir mit potentiell liberaler Gesinnung begegnen sollten.

Ambiguität. – Eine Tugend, die zur Toleranz und liberalen Denkungsart anderen gegenüber beiträgt, ist die Ambiguitätsfähigkeit. Darunter versteht man eine geistige und psychosoziale Einstellung, die bei strittigen Fragen viele Gesichtspunkte und Dimensionen der jeweiligen Probleme kennt und gelten lässt und ein endgültiges Urteil darüber lange in der Schwebe hält.

Übersetzt heißt Ambiguität nun Zweideutigkeit, Doppelsinnigkeit und Mehrdeutigkeit eines Sachverhalts, einer Lehre oder Situation – wobei Doppelsinnigkeit und Mehrdeutigkeit nicht mit Unentschiedenheit oder einem vagen *Sowohl – Als auch* verwechselt werden dürfen. Die Haltung der Ambiguität erfordert vom Betreffenden vielmehr ein existentielles Bekenntnis zur Vieldeutigkeit der Welt. Er muss sich im Zwischenreich einrichten und wiederholt neue Beobachtungsstandpunkte einnehmen und verlassen – wobei er von philosophischen Reflexionen zum künstlerischen Ausdruck sowie vom positiven Wissen zum nagenden Zweifel getrieben wird. Doch nur wer den geschützten Hafen der Eindeutigkeit verlässt und sich auf die hohe See der Doppeldeutigkeit wagt, wird den vielschichtigen Phänomenen des menschlichen Lebens, eines Gegenübers oder auch der gesamten Kultur gerecht.

Maurice Merleau-Ponty (1908–1961), ein enger Weggefährte und Freund Jean-Paul Sartres, galt als Meisterdenker der Ambiguität. Obwohl weniger bekannt als Sartre, sind seine philosophischen Texte mindestens so tiefsinnig wie diejenigen seines Kollegen. Insbesondere bei seinen mäandernden Reflexionen über die menschliche Existenz (Leib, Leben, Bewusstsein, Wahrnehmung, Verhalten, Sexus, Krankheit, Gesundheit) machte sich Merleau-Pontys Vorliebe für ein Ambiguitäts-verpflichtetes Denken und Urteilen bemerkbar, und man spürt, wie sehr er mit dieser Einstellung den Phänomenen von Kosmos und Kultur überraschende Erkenntnisse abgewinnen konnte.

Übertragen auf den Humanismus im 21. Jahrhundert bedeutet dies die Aufforderung, den aktuellen wie auch den zukünftigen sozialen und kulturellen Problem- und Fragestellungen mit einem sehr hohen Maß an Ambiguitätsfähigkeit zu begegnen. Nicht das rasche und entschiedene Urteil und die noch schneller realisierte Tat, sondern die nachdenklich-abwägende Attitüde eines Connaisseurs des Lebens und der Menschen sind hierbei gefragt. Insbesondere die Wahrnehmung und Einschätzung eines Du sowie der Mitmenschen und ihrer Kultur gewinnen an Subtilität, Differenziertheit und Tiefendimension, wenn sie im Zeichen von Toleranz, Akzeptanz, Liberalität und Ambiguität erfolgen.

Vorurteilsarmut. – Wer Ambiguitätsfähigkeit aufweist, lebt nicht mit jenem Übermaß an Vorurteilen und Vormeinungen, die um sich greifen, wenn die Andersartigkeit des Anderen als zu bedrohlich erlebt wird. Menschen, die relativ strikt mit Vormeinungen und -urteilen (z. B. Patriarchat, Rassismus, Militarismus, Nationalismus, Antisemitismus) ihr soziales Leben gestalten, weisen staatlichen wie auch selbsternannten Autoritäten, Populisten und Demagogen gegenüber oftmals ein hohes Maß an Hörigkeit auf, das dazu beiträgt, dass sie recht leicht zu Einstellungen und Handlungen verführbar sind, die tendenziell entwertenden und manchmal aggressiv-destruktiven Charakter den Fremden und Andersartigen gegenüber aufweisen.

Außerdem müssen sie häufig diverse Vorurteile gegen eine Realität verteidigen, die ihnen (den Vorurteilen) nicht entspricht, was das Ausmaß an Frustration und Aggression erhöht. Diese Zusammenhänge wurden in Theodor W. Adornos *Studien zum autoritären Charakter* (1950) dargelegt. Es lässt sich daher formulieren, dass Gesellschaften, Staaten und ihre Mitglieder umso toleranter untereinander und im Kontakt zwischen ihren Völkern Umgang pflegen, je weniger Vorurteile sie sich gönnen bzw. je mehr Vorurteile sie durch emotionale, soziale, intellektuelle Bildung und Erziehung abzubauen oder zumindest zu registrieren imstande sind.

Wer sich und die anderen bevorzugt im Modus von Vorurteil und Klischee erlebt und behandelt, verbaut sich jedoch nicht nur die Chance, sich und die anderen besser kennenzulernen und damit einen Zuwachs an Selbst- und Menschenkenntnis zu realisieren. Mit der Dominanz von Vorurteilen und Denkklischees eng assoziiert ist auch die Tendenz, aus einer Ich-Du- eine Ich-Es-Beziehung werden zu lassen.

Damit sind zwischenmenschliche Verhältnisse bezeichnet, die zur Verdinglichung und Verobjektivierung des Gegenübers beitragen und dem Du dessen Subjekthaftigkeit und Personalität mehr oder minder stark beschneiden oder absprechen. Das Gegenüber wird zum Gegenstand, zu einem Ding, das man wie andere Dinge auch gebrauchen kann, solange es gewünschte Funktionen zur Verfügung stellt und Bedürfnisse des Ich befriedigt. Würde, Hochachtung, Respekt und ähnliche, dem Humanismus als wesentlich erscheinende Wertaspekte fallen damit durchs Raster der Zwischenmenschlichkeit, wobei dieser Verlust zuerst den Mitmenschen, das Du trifft; dieses fühlt sich dann zu Recht als in zentralen Qualitäten seiner Person nicht wahrgenommen und dementsprechend entwertet.

In einem zweiten Schritt allerdings verarmt damit auch das Ich. Wer sich den Luxus erlaubt, die Mitmenschen wie Gegenstände zu behandeln, muss sich über einen Mangel an zwischenmenschlicher Anerkennung und Korrektur nicht zu wundern. Die hauptproblematische Konsequenz einer ausgeprägt narzisstischen Lebensweise, bei der die anderen als peripher und weit entfernt angeordnete Dinge im Existenzraum des Betreffenden definiert werden, besteht nicht so sehr in einem Übermaß an Selbstbezug, sondern in der zunehmenden Welt-Verarmung, die letztlich zur Reduktion des eigenen Selbstwert-Empfindens beiträgt.

Tat twam asi. – Statt Narzissmus, Egozentrismus und Entwertung des Du zum Es plädiert jeder Humanismus für Werte und zwischenmenschliche Haltungen, die Jahrtausende alt sind, ohne dass sie an Attraktivität oder Aktualität Einbußen erlitten hätten: Solidarität, Empathie und gegenseitige Hilfe. Arthur Schopenhauer hat wiederholt die Einstellung von *tat twam asi* (Formel aus den Upanischaden, die man mit »Das bist du!« übersetzen kann) als wichtiges Ideal allem Lebendigen und ebenso den Menschen gegenüber propagiert – eine Formel, die als allgemeine Richtschnur auch für die Gestaltung zukünftiger interpersoneller Beziehungen gelten darf.

Nun wurde anhand sozialpsychologischer Studien nachgewiesen, dass Menschen einander umso solidarischer und empathischer begegnen und behandeln, je besser sie sich kennen und je häufiger sie miteinander Umgang pflegen. Und umgekehrt gilt: Je distanzierter Menschen registriert und wahrgenommen werden, umso weniger steht zu erwarten, dass sie als Unseresgleichen empfunden und daher mit Solidarität, Empathie und gegenseitiger Hilfe bedacht werden.

Diese Fakten unterstreichen die Notwendigkeit, das Aufspüren und den Abbau von Vorurteilen und Vormeinungen als fundamentale Aufgabe von Erziehungs- und Bildungsprozessen zu begreifen. Zu verstehen und bis in die unwillkürlichen Reaktionsmuster hinein zu akzeptieren, dass ein Du nicht nur der eigenen Familie, dem Freundeskreis, einem vertrauten Verein oder der eigenen Partei und Konfession angehören muss, sondern auf fremden geographischen und weltanschaulichen Kontinenten zuhause sein darf, kann nur gelingen, wenn ein Ich imstande ist, die sozialen und intellektuellen Schranken und Klischees zwischen sich und dem eventuell konkret oder im übertragenden Sinne weit entfernten Du zur Kenntnis zu nehmen und zu minimieren.

Einer überwiegend von Vorurteilen und Vormeinungen geprägten zwischenmenschlichen Haltung mangelt es in der Regel am neugierigen Interesse, ein individuelles Du, eine Gruppierung oder ganze Sozietäten näher kennenlernen zu wollen. Nationalismus, Chauvinismus, Patriarchat, Rassismus, Homophobie, Antisemitismus oder Xenophobie gedeihen und verstetigen sich vor dem Hintergrund entschiedener Distanzierungen des Einzelnen zu den jeweils als andersartig und fremd Empfundenen (Frauen oder Ausländer, homosexuell orientierte oder dunkelhäutige Menschen, Moslems oder Juden etc.). Dieser Mangel an Neugier-Verhalten ist häufig gepaart mit einem enorm fragilen Selbstwert- und Identitäts-Erleben der Betreffenden – ein Erleben, das immer wieder neu durch die aggressiv getönten und entwertenden Urteile den anderen gegenüber eine (wenn auch untaugliche) Kompensation erfährt. Für kurze Zeit scheinen Zweifel am eigenen Ich wie ausgelöscht und überwunden, wenn sich dieses (das eigene Ich) als dem Du gegenüber wertvoller und überlegen wähnt – eine Einschätzung, die durch noch so krude und grundfalsche Vorurteile und Klischees ihre scheinbare Bestätigung erfährt.

Es wäre zu kurz gesprungen, nur mit wohlfeilen Aufforderungen zur Reduktion von Vorurteilen, Vormeinungen, Klischees und Denkschablonen durch die Lande zu ziehen und den investierten Kompensationsbedarf der jeweiligen Vorurteils-Vertreter nicht zur Kenntnis zu nehmen. Viele Menschen können, selbst wenn sie es wollten, nicht so ohne weiteres auf Korsette ihres Selbstwert-Erlebens verzichten – ohne kompensatorische Aufwertung durch Vorurteile wären sie mit überaus mächtigen Selbstwert-Problemen der eigenen Person konfrontiert.

Humanisten im 21. Jahrhundert tun deshalb gut daran, sich jener Begriffe und Konzepte zu erinnern, die bei den Neuhumanisten im 18. Jahrhundert hoch im Kurs standen, wenn es darum ging, Menschen im Hinblick auf ihre Personalität und damit auch in Bezug auf ihr Selbstwert-Empfinden zu fördern und zu stabilisieren: Erziehung, Bildung, Aufklärung, Vernunft und Kultureinfügung. Wer das große Ausmaß an Entwertung und despektierlichen Meinungen, Urteilen und damit letztlich auch Handlungen zwischen den Menschen reduzieren will, darf die intrapsychischen ebenso wie die sozialpsychologischen Ursachen für den ubiquitären Rückgriff auf derlei Kompensationsmechanismen nicht aus dem Auge verlieren. Nur wenn die Notwendigkeit dafür vermindert wird, steht auch eine merkliche Verminderung von Vorurteilen und entwertenden Hierarchien zu erwarten.

Bildung. – Erasmus als Erzvater der Humanisten hat bereits auf diese Zusammenhänge aufmerksam gemacht. Als große Hürde für tolerantes, humanes Denken, Fühlen und Handeln benannte er die Wissens- und Bildungslücken seiner Zeitgenossen – wobei er Herrschende ebenso wie Priester, Mönche und Gelehrte für diesen Mangel verantwortlich machte.

Obschon er eines seiner bekanntesten Bücher mit dem ironischen Titel *Lob der Torheit* versah, kann man Erasmus als einen Apologeten des Wissens- und Bildungszuwachses auffassen, den er als unabdingbares Fundament intellektueller und emotionaler Autonomie verstand. Wer sich Unabhängigkeit des Denkens erobern will, wird um den umfassenden Erwerb kultureller Inhalte und Traditionen nicht umhinkommen.

Im *Lob der Torheit* hat Erasmus manche Passagen jenen Personen und Institutionen gewidmet, die durch ihre Art des Probleme-Wälzens das Volk von effektivem Erkenntniszuwachs und Wissen abhalten. Karikierend schreibt er etwa über die Scholastiker, die sich mit so weltbewegenden Themen abgeben wie:

Durch welche Kanäle das Unheil der Erbsünde in die Nachkommen Adams gelangt ist; zu welcher Größe und mit welcher Schnelligkeit Christus in der Gebärmutter der Jungfrau heranwuchs; ist es denkbar, dass Gott in einer Frau, einem Teufel, einem Esel, einem Kürbis oder Kieselstein Gestalt geworden wäre? Wie würde ein solcher Kürbis öffentlich predigen, Wunder tun und ans Kreuz geschlagen werden? (Erasmus 1979, S. 91)

Wer Bildung für sich oder andere ermöglichen will, muss derlei Pseudo-Wissenschaft und Pseudo-Philosophie durchschauen lernen und darf sie entschieden demaskieren. Erasmus erkannte schon im 16. Jahrhundert, dass alle Formen des Aberglaubens massive Denkhemmungen bei den Menschen provozieren, die es kirchlichen und weltlichen Machthabern erlauben, ihren Untergebenen Widersinniges bis hin zur Absurdität als erlösende Wahrheiten anzubieten. Skepsis und Kritik hieß die Medizin, die Erasmus gegen die Krankheiten von Dummheit, Denkunfähigkeit, Torheit sowie Geist- und Bildungsarmut verabreichte oder – wenn dies nicht möglich schien – zumindest empfahl.

Fünf Jahrhunderte später kennen wir andere Scholastiker, Pseudo-Gelehrte, Dogmatiker und Esoteriker, die mit ihren abergläubischen oder ideologisch eingefärbten Ansichten und Lehrgebäuden ihre Anhänger und Schüler abhängig halten und für dumm verkaufen: Wirtschaftsfachleute, die uns allen Ernstes auffordern, der Gottheit Geld zu huldigen; Politiker, die uns glauben machen wollen, dass Lüge wahr und Wahrheit *fake* sei; Künstler und Literaten, für die lediglich die Ästhetik des Hässlichen gelten darf, und die alles daran setzen, auch ihr Publikum davon zu überzeugen; Medienleute, deren Hauptangebote aus dem schönen Schein bestehen.

Dies sind relativ harmlose Beispiele für Geist- und Bildungsarmut respektive für die Aufrechterhaltung eines *Status quo*, bei dem Menschen hinsichtlich ihrer autonomen Urteilskraft und Vernunftfähigkeit keine oder viel zu wenig Förderung und Stimulus erhalten. Ganz andere Dimensionen und Konsequenzen der Volksverdummung und des Massenbetrugs waren im 20. Jahrhundert zu beklagen. In seiner Schrift *Humanismus und Terror* (1947) hat Merleau-Ponty schon vor Jahrzehnten eindrücklich geschildert, wie sich diesbezüglich Stalinismus und Bolschewismus als Ideologie und Herrschaftsform gerierten. Unter Berufung sogar auf humanistische Ideale (Solidarität, Menschlichkeit, Abbau autoritärer und menschenverachtender Hierarchien) pervertierten sie diese Ideale durch ihre konkrete brutale Politik (sogenannte Säuberungs-Aktionen; millionenfache Verhaftung und Ermordung von angeblichen oder tatsächlichen Regime-Gegnern) bis zur unvorstellbaren Inhumanität.

Die Sowjetbürger waren in ihrer überwiegenden Mehrheit an den politischen Weichenstellungen nach der Oktoberrevolution 1917 nicht oder nur sehr am Rande beteiligt. Bedenkt man jedoch, dass im 20. wie auch im 21. Jahrhundert in nicht wenigen Ländern der Erde Gewaltherrscher, Diktatoren, Narren, Blender, Populisten und Demagogen demokratisch legitimiert mittels Wahlen an die Macht kamen und die Majorität des Wahlvolks hinter sich wussten, werden die eventuell fatalen Folgen eines Mangels an kritischer Urteilskraft bei den Volksmassen offenkundig.

Diese schlaglichtartigen gesellschaftlichen, politischen und historischen Aspekte verdeutlichen die Notwendigkeit, Humanismus nicht lediglich als relevantes Thema von Ich und Du, von Einzelnen und ihren Lebensläufen zu begreifen. Die Anliegen des Humanismus im 21. Jahrhundert beziehen sich weit darüber hinaus auf Bildungsprozesse von vielen Menschen und damit auf globale und universelle Dimensionen. Begriffe und Konzepte wie Weltbürgertum (Goethe), offene Gesellschaft (Henri Bergson, Sir Karl Popper), Menschheitskultur (Ernst Cassirer) und *Common sense* (Alfred Adler) sowie evolutionärer Humanismus (Julian Huxley) werden hierbei verhandelt, und es geht dabei um nichts Geringeres als um das Ganze, um den Globus und um das Humane generell.

Um derlei überhaupt ins Visier nehmen zu können, darf sich ein zukünftiger Humanismus ernsthaft und intensiv mit Fragen folgender Art beschäftigen: Wie müssen Gesellschaften und Kulturen beschaffen sein, die es einer großen Zahl von Mitgliedern ermöglichen, ihre personalen Qualitäten zu steigern und ihre Persönlichkeit zu entwickeln? Welche gesellschaftlichen und politischen Rahmenbedingungen müssen gegeben sein, um die Haupt- und Grundübel der Menschheit – Krieg, massenhafte Gewalt, geistig-emotionale und materielle Armut, soziale Deprivation, Obdachlosigkeit, Epidemien, Diskriminierung (im Hinblick auf Geschlecht, Religion, sexuelle Orientierung, Hautfarbe, Abstammung), Ausbeutung in der Arbeitswelt (Kinder, moderne Sklavenhaltung, Wander-Arbeiter etc.), Vergeudung und Missbrauch natürlicher Ressourcen (Schutz unserer Erde, Verantwortung für die gesamte Natur), Analphabetismus – in ihren Ausmaßen zumindest zu minimieren oder wenn möglich zu überwinden?

Nun wäre es vermessen, auf einigen wenigen Seiten Antworten auf Fragen formulieren zu wollen, deren Komplexitätsgrad sich seit etlichen Generationen für Universitäten, Forschungsinstitute, Philosophen-Stuben, *think tanks* und Kohorten von Wissenschaftlern und Gelehrten als riesige Herausforderung erwiesen hat. Ohne mit den jeweiligen Spezialisten oder Gewerken auch nur annähernd konkurrieren zu wollen oder zu können, möchte ich dazu dennoch aus meiner Perspektive (Psychologe und Arzt) einige Anmerkungen wagen:

Der Humanismus im 21. Jahrhundert vertritt eine Vielfalt (Diversität) von Werten und Idealen. – Gesellschaft, Politik und Kultur müssen, wenn sie Gewalt, inhumane Machtausübung, entwertende Hierarchien vermeiden wollen, auf Formen des Absoluten verzichten. Dies beginnt bei angeblich absoluten Wahrheiten, die Einzelne, Gruppen oder ganze Völker für sich reklamieren, und endet bei absoluten Werten, für die es sich angeblich lohnt, Gewalt einzusetzen oder sogar das eigene Leben zu opfern. Die Geschichte lehrt, dass absolute Wahrheiten ebenso wie absolute Werte (Gott, Vaterland, Rasse, Ehre) ziemlich relativ sind und ihre Halbwertszeit in Monaten, Jahren, Jahrzehnten zu bemessen ist. Nicht im (göttlichen) Absoluten, sondern im (menschlich-allzumenschlichen) Relativen das individuelle wie das kollektive Leben anzusiedeln, scheint eine wichtige Voraussetzung zu sein, die Entwicklung pathologischer Machtstrukturen sowie latenter oder offener Gewalt zu verhindern oder einzudämmen.

Mit dem Bekenntnis zu absoluten Wahrheiten und Werten verknüpft ist häufig die Bereitschaft der Bekennenden, dogmatisch oder fanatisch zu denken, zu urteilen und zu handeln. Die Ausrichtung auf den *einen* Gott, den *einen* Herrscher, das *eine* Ziel kann zur Skotomisierung des politisch-gesellschaftlichen Bewusstseins von Einzelnen wie von Gruppen, Massen, Sozietäten beitragen und den Respekt vor Interessen und Gesinnungen anderer sowie unliebsamen Wahrheiten erschweren oder verunmöglichen.

Wer sich als Gruppe, Sekte, Partei oder Konfession aufgrund ihrer Ausrichtung an der einen Wahrheit, dem einen Wert oder dem einen Gott nicht mehr in Frage stellt, gerät leicht in Situationen von unreflektierter Machtausübung oder Gewaltanwendung, sobald sich andere Meinungen, abweichende Weltanschauungen oder Widerstände ihr entgegenstellen. Ein breites Wissen über die Buntheit und Verschiedenartigkeit von Welt und Menschen sowie ein hohes Maß an zwischenmenschlichem Kontakt und Austausch schützen eventuell vor der Hybris der eigenen Ideologie und relativieren die eigenen Machtansprüche – ein relativierender Schutz, den man allen Herrschenden und Regierungen wünschen möchte. Wer die Idee akzeptiert und konkret lebt, dass der andere (auch) Recht haben könnte, gilt im Sinne der Tiefenpsychologie als relativ gesund – und im Sinne der politischen Philosophie als einigermaßen humanistisch. Dies betont auch der Potsdamer Philosoph Hans-Peter Krüger (geboren 1954) in *Homo absconditus* (2019), worin er für Öffentlichkeiten plädiert, ...

in denen sich einander Unbekannte, Andere und Fremde als Personen ohne Assimilationszwang begegnen können, also einander unbekannt, anders und fremd bleiben dürfen, nicht müssen ... Sie können dies, indem sie sich diplomatisch und taktvoll zueinander verhalten ..., weil sich die wirkliche Pluralität ihrer grundlegenden Werte nicht anders als konfliktuell am Rande der Gewalt ausleben lässt. (Krüger 2019, S. 579)

Die Diversität von Werten, Normen, Welt- und Lebensanschauungen, Religionen, sexuellen Orientierungen und politischen Überzeugungen ist ein Merkmal des Liberalismus und Kosmopolitismus. Damit sind weder der Neoliberalismus mit seinen ökonomischen Auswüchsen noch Plädoyers für Beliebigkeit gemeint, bei der die Differenziertheit von Wertordnungen, Lebensstilen und Individualitäten im Einheitsbrei der Egalität nicht mehr zu erkennen ist. Liberalismus und Kosmopolitismus (Weltbürgertum) zielen vielmehr auf jene gesellschaftliche Ideenwelt ab, die von John Locke und einigen Aufklärern (z. B. Montesquieu, John Stuart Mill) propagiert und von Henri Bergson sowie von Sir Karl Popper in ihren Modellen einer offenen Kultur und Gesellschaft weiterentwickelt wurde.

Offene Gesellschaften sind charakterisiert durch demokratische Regierungsformen, wobei zu den Kennzeichen von liberalen Demokratien nicht gehört, dass die Majorität stets Recht hat und dominiert; vielmehr ist der Schutz von Minoritäten und deren Anliegen und Ansichten wesentlich für eine demokratische Gesellschaft. Des Weiteren sind Phänomene wie Öffentlichkeit (und nicht nur Privatheit), möglichst herrschaftsfreier Diskurs und Austausch von Meinungen, das offensive und geduldige Austragen von Gegensätzen sowie die Suche nach Wahrheitspartikeln (auf der Basis der Überzeugung, dass es sie gibt, und dass Wahrheit und Lüge nicht als gleichwertig betrachtet werden) und eine vernunftgemäße Orientierung an ihnen grundwesentlich für eine offene Gesellschaft:

> Wir können die Geschichte der Machtpolitik deuten im Sinn unseres Kampfes für die offene Gesellschaft, für eine Herrschaft der Vernunft, für Gerechtigkeit, Freiheit, Gleichheit und für die Kontrolle des internationalen Verbrechens. Obwohl die Geschichte kein Ziel hat, können wir ihr dennoch diese unsere Ziele stellen. *Und obwohl die Geschichte keinen Sinn hat, können doch wir ihr einen Sinn geben.* (Popper 1992, S. 326)

Als Fortsetzer dieses Popperschen Liberalismus gelten etwa der politische Philosoph und Experte für Ideengeschichte Isaiah Berlin (1909–1997) oder der indische Wirtschaftswissenschaftler Amartya Sen (geboren 1933). In jüngster Zeit hat sich auch der schweizerisch-israelische Philosoph und Psychoanalytiker Carlo Strenger (1958–2019) in seinen Publikationen zum Liberalismus Sir Karl Poppers und zum damit assoziierten Humanismus bekannt. Als eine Gefahr für die offene Gesellschaft sieht er zusammen mit anderen Soziologen die intolerante Sprachlosigkeit zwischen diversen Klassen und Gruppierungen, die auf den sogenannten Echokammereffekt zurückzuführen ist:

> Die liberale Demokratie basiert auf der idealen Annahme, dass es so etwas gibt wie eine Agora, den zentralen Versammlungs-Ort antiker griechischer Stadtstaaten, wo über wichtige Fragen debattiert und wo unablässig unterschiedliche Standpunkte ausgetauscht werden. Das Internet hat jedoch nicht zur Entstehung einer virtuellen Agora geführt, sondern im Gegenteil zu jener katastrophalen Situation, in der die meisten Individuen nur noch jene Sender, Kanäle und Websites nutzen, deren politische Linie sie ohnehin bereits teilen … Es gibt keinen Dialog mehr zwischen den unterschiedlichen Lagern … Eine der zentralen Fragen lautet daher, was liberale Kosmopoliten … dieser bedrohlichen Entwicklung hin zu einem autoritären Populismus entgegensetzen können. (Strenger 2019, S. 18)

Der Humanismus im 21. Jahrhundert plädiert für die Weiterentwicklung von Aufklärung und Vernunft. – Wenngleich Theodor W. Adorno und Max Horkheimer in ihrem häufig zitierten Buch *Dialektik der Aufklärung* (1944) die These vertreten haben, das Projekt der Aufklärung sei in mancherlei Hinsicht gescheitert, weil es in Mythologie umgeschlagen ist und so den Faschismus des 20. Jahrhunderts mit ermöglicht habe, bleibt als Antidot gegen Fanatismus, Dogmatismus und autoritären Populismus doch nur die mühsame Weiterführung eben dieses Projekts der Aufklärung. Was aber kann Aufklärung und Vernunft im 21. Jahrhundert bedeuten, und wie können nicht nur einige wenige, die von den Segnungen der Aufklärung sowieso überzeugt sind (die liberalen Eliten), sondern viele Menschen und damit auch jene, die von derlei Begriffen und Konzepten wenig halten und darauf mit Abneigung und Aggression reagieren, mit eben diesen Ideen von Aufklärung und Vernunft in konstruktiven Kontakt kommen?

In der abendländischen Ideen- und Geistesgeschichte kennen wir zwei oder sogar drei Phasen und Epochen, in denen Aufklärungsimpulse eine merkliche Konjunktur erfuhren: im antiken Griechenland etwa im 6. vorchristlichen Jahrhundert; in der Zeit der europäischen Renaissance; im 18. Jahrhundert, das üblicherweise auch als Jahrhundert der Aufklärung charakterisiert wird. Die Promotoren der diversen Aufklärungsgedanken waren in der Regel Philosophen, Literaten oder Humanisten; sie einte ihre kritische Einstellung Autoritäten, Herrschenden und Herrschaftsstrukturen gegenüber, mochten diese weltlicher oder kirchlicher, physischer oder metaphysischer Natur sein. Die Götterwelt der griechischen Mythen wurde dabei ebenso wie christliche Gottheiten, der Papst oder die absolutistisch Herrschenden mit fundamentalen Fragezeichen versehen.

Aufklärung bedeutete Kritik, und die alles in Frage stellende Kritik bedeutete Transparenz in Bezug auf himmlische wie irdische Verhältnisse. Wer sich im Hinblick auf Götter, Halbgötter, Kaiser, Könige, Tyrannen, Militärs, Päpste, Kardinäle oder Priester und deren Herrschaftsgebaren genügend unvoreingenommenes und nüchternes Wissen erworben hatte, war – so lautete die Überzeugung der Aufklärer – in der Lage, zu eben jenen Autoritäten Distanz einzulegen und sich von ihnen zu emanzipieren. Energisch durchgeführte Religions-, Staats- und Militarismus-Kritik sollte aufgeklärte Bürger und letztlich eine aufgeklärte Menschheit ermöglichen.

Doch warum kam es trotz der erwähnten Aufklärungsepochen in der europäischen wie auch in der Weltgeschichte wiederholt zu Phasen, in denen die Wertvorstellungen und Ideale der Aufklärung (Vernunft, Kritik, Transparenz, Emanzipation) nur noch wenig oder nichts mehr zählten und manchmal sogar in ihr Gegenteil umschlugen? Und warum erlagen viele Menschen in Deutschland und in anderen zentraleuropäischen Ländern, die nach dem 18. und 19. Jahrhundert als aufgeklärt und gebildet galten, innert kurzer Zeit im 20. Jahrhundert den süßen Schalmeienklängen von politischen Verführern, Hasardeuren und Bankrotteuren?

Es wäre verfehlt, den Aufklärungsbemühungen der Vergangenheit Verantwortung für Totalitarismen im 20. Jahrhundert zuzuschreiben. Nicht die Aufklärer des 18. Jahrhunderts, sondern die geistigen Eliten zwei Jahrhunderte später haben zum Großteil versagt, als es darum gegangen wäre, Vernunft und Kritik in Bezug auf Faschismus und Bolschewismus anzuwenden und die Massen für das Toxisch-Demagogische, Destruktive, Inhumane dieser politischen Bewegungen zu sensibilisieren.

Was bei den bisherigen Versuchen, bei Menschen ihr aufgeklärtes, autonomes, kritisches und humanes Denken, Urteilen und Handeln zu fördern, meist unterschätzt wurde, war und ist das emotionale und soziale Wurzelgeflecht der Vernunft. Wer Aufklärung und Vernunft lediglich als kognitive Prozesse begreift, verfehlt ihr Wesen und muss sich über die ausbleibenden Effekte nicht wundern. Vernunft ist kein eindimensionales Konzept; will man die eigene oder die Vernünftigkeit von anderen steigern, darf und muss man Größen wie Charakterstruktur, Emotionalität, soziale Einbettung und Verbundenheit, souveränen Umgang mit Impulsen und Affekten, Wertorientierungen, Welt- und Lebensanschauungen sowie Angst und Anlehnungsbedürfnisse der Betreffenden mit ins Kalkül ziehen.

Nietzsche hatte derlei im Sinn, als er in *Also sprach Zarathustra* (1884) darauf hinwies, dass eine nur die Intellektualität und Rationalität ins Visier nehmende Vernunft zu kurz springe; in Ergänzung dazu propagierte er die ältere und umfassendere Vernunft des Leibes. Vernunft dürfe nicht nur auf Wissen und elaborierte Begrifflichkeit bezogen sein – sie müsse Begierden, Leidenschaften, körperliche Bedürfnisse, also den gesamten leibhaftigen, dem Bewusstsein kaum zugänglichen und irrationalen Status eines Menschen mitberücksichtigen. Der Leib bedeutete für Nietzsche die wesentlichere, entscheidende Vernunft, und das Ich als Repräsentant von Sprache, Geist und Rationalität stellte für ihn lediglich ein Etwas, eine Art Organ dieses Leibes dar.

Sigmund Freud und mit ihm die gesamte dynamische oder Tiefen-Psychologie des 20. Jahrhunderts radikalisierte und systematisierte diese Ansichten Nietzsches. Ein Hauptanliegen Freuds bestand in dem Versuch, das Wesen und Wirken des Unbewussten (Irrationalen) zu verstehen und einzuordnen und gegebenenfalls auch therapeutisch zu beeinflussen. Das Unbewusste aber ist eben jener Leib, auf den Nietzsche als die ältere und umfassendere Vernunft schon abgezielt hatte.

Vernunft, Ethos und Humanität dürfen im Bios der menschlichen Existenz entspringen und weisen am ehesten dann ein menschliches Maß auf, wenn sie nicht bloß Ausbund eines vergeistigt-spirituellen Daseins sind. Nicht der Leib, die Natur, das Unbewusste in und an uns, sondern unsere oftmals schrägen Kommentare dazu und unsere häufig verqueren diesbezüglichen Einordnungs- und Sozialisationsversuche sind Ursachen für problematische, weil unvernünftige Denk- und Verhaltensweisen. Der Leib hingegen bedeutet letztlich einen Maßstab, der Güte, Wohlwollen, Nachsicht, Milde, Verständnis, Humanes – und damit auch die Vernunft – als etwas Selbstverständliches inkludiert.

Die Stimme der Vernunft ist leise, meinte Freud; aber sie ruht nicht, ehe sie sich Gehör verschafft hat. In diesem Sinne wollte der Begründer der Psychoanalyse diese als fortgesetzte Aufklärung verstanden wissen: Wo Es (das Unbewusste) war, sollte Ich (das Bewusste) werden, womit aufklärerische Kardinaltugenden wie Transparenz, Emanzipation, Kritik auf die jeweils eigene Person bezogen wurden. Selbstvergewisserung und Selbstermächtigung waren zu zentralen Anliegen der psychoanalytischen Aufklärungsbemühungen avanciert und zielten vor allem auf unbewusste, irrationale Anteile und Aspekte der Betreffenden ab.

Neben Freud hat ein zweiter Tiefenpsychologe im 20. Jahrhundert den Begriff der Vernunft um wichtige Aspekte erweitert: Alfred Adler mit dem Konzept des Gemeinschaftsgefühls respektive des *Common sense*. Adler ging davon aus, dass einem jeden Menschen ein gehöriges Maß an Sozialinteresse angeboren ist: eine originäre, zugewandte Kontaktnahme zwischen Individuen, die sich intrauterin andeutet und nach der Geburt in vielfältigen Formen (z. B. als Blicke, Gesten, Sprache, Berührungen) ihren Ausdruck findet und ausgestaltet wird.

Die Neigung zum Sozialinteresse und Gemeinschaftsgefühl ist zwar angeboren, muss aber in Kindheit und Jugend entwickelt und sozialisiert werden, damit sie sich – etwa als Empathie, Solidarität, gegenseitige Hilfestellung – entfalten kann. Es gibt abschreckende Beispiele genug für ein Scheitern dieses Entfaltungsprozesses, infolge dessen Menschen sich als inhuman, egoistisch, hartherzig, gewaltbereit erweisen. Dass die Menschheit trotz solcher Negativ-Beispiele überlebt hat, war Adler zufolge nur möglich, weil das Ausmaß an *Common sense* groß genug war, um allfällige Gefahren und Herausforderungen in der Geschichte der Menschheit zu überwinden und zu bestehen.* Eine wesentliche Konsequenz des Sozialinteresses von Menschen besteht nun auch in der gemeinschaftlichen Entwicklung von Vernunft und Kultur. Adler betonte mehrfach, dass Denken, Fühlen und Handeln in den Frühzeiten der Menschheit wie auch in der Moderne immer dann erfolgreich, kreativ und innovativ waren, wenn nicht nur einige wenige, sondern mehrere (meist als Gruppen) an ihnen beteiligt waren.

---

* Die Forschungsergebnisse im Bereich der vergleichenden Anthropologie scheinen die Annahmen von Alfred Adler zu bestätigen. Siehe hierzu etwa Tomasello 2010, 2016, 2020.

Vernunft ereignet sich in der Regel nicht im Einzelnen, sondern vor allem zwischen den Menschen, und wer sich Aufklärung und Vernunft auf seine Fahnen schreibt, darf und muss sich parallel dazu überlegen, wie Gemeinschaftsgefühl respektive *Common sense* bei Menschen ermöglicht und gesteigert wird. Auch den umgekehrten Fall (Einzelne sind überzeugt davon, dass allein ihr solipsistisches Denken vernünftig sei, und lassen sich diesbezüglich nicht korrigieren) hat Alfred Adler bereits beschrieben: Er nannte derlei Privatlogik – wobei ein Übermaß davon in psychiatrischen Krankheitsbildern mit wahnhaften Überzeugungen enthalten ist.

Neuere Entwicklungen der Aufklärung. – In den letzten Jahrzehnten hat Jürgen Habermas (geboren 1929) mit seiner Theorie der kommunikativen Vernunft das Konzept Adlers von der zwischenmenschlich entstehenden Vernunft philosophisch elaboriert. In seiner *Theorie des kommunikativen Handelns* (1981) hat Habermas die lediglich funktionalistisch verstandene Vernunft sowie die instrumentelle Vernunft (Max Horkheimer) kritisiert. Weit über eine bloß technisch-rationale Vernunft hinaus entstehe durch günstige Formen der Kommunikation zwischen einzelnen Individuen eine Spielart der Vernunft, welche die menschliche Lebenswelt mit ihrem Erfahrungshintergrund berücksichtigt, und die Habermas kommunikative Vernunft nennt. Diese erst ermöglicht es den Einzelnen, Sinn, Wert und Bedeutung ihrer Welt umfänglich zu erfassen:

Sinnverstehen ist ... eine solipsistisch undurchführbare, weil kommunikative Erfahrung. Das *Verstehen* einer symbolischen Äußerung erfordert grundsätzlich die Teilnahme an einem Prozess der *Verständigung* ... Die symbolisch vorstrukturierte Wirklichkeit bildet ein Universum, das gegenüber den Blicken eines kommunikationsunfähigen Beobachters hermetisch verschlossen, eben unverständlich bleiben müsste. Die Lebenswelt öffnet sich nur einem Subjekt, das von seiner Sprach- und Handlungskompetenz Gebrauch macht. (Habermas 2008, S. 164 f.)

Um nicht kommunikative Unvernunft oder sogar kommunikativen Unsinn entstehen zu lassen, müssen die Voraussetzungen zwischenmenschlicher Kommunikation gewährleistet sein. So sollten alle Gesprächs-Teilnehmer in höchstmöglich verständlicher Form miteinander kommunizieren und dabei ein hohes Maß an Wahrhaftigkeit realisieren. Außerdem dürfen sich die Gesprächs-Inhalte um Wahrheits-Partikel widerspiegelnde Ereignisse, Fakten oder Sachverhalte (und nicht um *Fake*) drehen, und die aus den Gesprächen erwachsenden Handlungen und Entscheidungen sollten sich an normativer Richtigkeit orientieren.

Bei der Aufzählung dieser Kriterien wird deutlich, dass Habermas den herrschaftsfreien, allen Gesprächspartnern ziemlich gleiche Chancen der Teilnahme und Deutung ihrer Kommunikation ermöglichenden Dialog als ein Ideal formuliert hat, das in der zwischenmenschlichen Realität nicht dauernd auftritt. Vergegenwärtigt man sich die öffentliche Kommunikation der letzten Monate und Jahre (z. B. weit verbreitete *Fake News;* affektiv außerordentlich destruktiv aufgeladene Kommentare im Internet), rückt die kommunikative Vernunft als tatsächliches Resultat eines herrschafts- und täuschungsarmen Dialogs in weite Ferne.

In weite Ferne, aber nicht in ein Niemals und ein Nirgendwo. Der zukünftige Humanismus geht von der grundsätzlichen Möglichkeit aus, sich dem Ideal einer kommunikativen Vernunft zu nähern, und unternimmt alles, um immer mehr Menschen in die Lage zu versetzen, an derartigen Prozessen teilzuhaben. Insbesondere Erziehung und Bildung sind dabei die Hebelarme nicht nur der Kultur (wie Jean Paul es ausgedrückt hat), sondern auch jener Formen des zwischenmenschlichen Umgangs, die es Einzelnen wie auch Gruppen und Sozietäten ermöglicht, kommunikative und damit letztlich humanistische Vernunft zu generieren.

Neben den kommunikativen Fähigkeiten benötigt das Entstehen von humanistischer Vernunft vor allem emotionale und soziale Qualitäten aller Beteiligten. Alfred Adler betonte derlei bei der Explikation des Begriffs Gemeinschaftsgefühl wiederholt: Alle Spielarten von Kulturinteresse und Intellektualität bleiben boden- und damit wirkungslos im Hinblick auf die Humanität, wenn sie nicht auf ein ausreichendes Maß an Sozialinteresse, Wohlwollen, Empathie und grundsätzlicher gegenseitiger Anerkennung zurückgreifen können.

Derlei wird in den letzten Jahren bevorzugt vom Kommunitarismus als philosophische und sozialpsychologische Ergänzung zum Liberalismus eingefordert und vertreten (siehe hierzu etwa MacIntyre 1999; Reese-Schäfer 2018; Taylor 1996). Ohne im Detail auf die Fragen einzugehen, die eine Betonung von Gemeinschaften für den humanen Zusammenhalt von Gesellschaften mit sich bringen (die Unterschiede von Gemeinschaft und Gesellschaft wurden beginnend von Ferdinand Tönnies 1887 in seiner gleichnamigen Schrift erörtert und von Helmuth Plessner in *Grenzen der Gemeinschaft* (1924) weiter dargelegt), lässt sich wohl festhalten, dass ein Minimum an Gemeinschaftssinn, *sensus communis* (Immanuel Kant) und *Common sense* (Alfred Adler) Not tut, um Gesellschaftsleben überhaupt zu ermöglichen; die im Neo-Liberalismus hochgehandelten Individuen sind ohne ausreichendes Sozialinteresse dazu jedenfalls nicht imstande.

Noch ein weiterer Repräsentant der europäischen Kulturgeschichte,

Ernst Cassirer, soll Erwähnung finden, der sich als Philosoph der Frage zuwandte, was Aufklärung und Vernunft im 20. Jahrhundert bedeuten und wie Menschen dazu bewegt werden können, sie im persönlichen wie auch kollektiven Dasein anzustreben:

Die Vernunft ist weit weniger ein Besitz, als sie eine bestimmte Form des Erwerbs ist ... Das 18. Jahrhundert ... nimmt sie nicht als einen festen Gehalt von Erkenntnissen, von Prinzipien, von Wahrheiten als vielmehr als eine Energie; als eine Kraft, die nur in ihrer Ausübung und Auswirkung völlig begriffen werden kann. Und ihre wichtigste Funktion besteht in ihrer Kraft zu binden und zu lösen. Sie löst alles bloß Faktische, alles einfach Gegebene, alles auf das Zeugnis der Offenbarung, der Tradition, der Autorität Geglaubte auf; sie ruht nicht, bis sie es in seine einfachen Bestandteile und bis in die letzten Motive des Glaubens und Für-wahr-Haltens zerlegt hat. (Cassirer 1998, S. 15 f.)

Aufklärung und Vernunft werden von Cassirer hier als eine Art Lebensstil und Existenzmodus verstanden, als ein Wahrnehmen, Assimilieren und Begreifen von Welt, das sich nicht so sehr vom Ergebnis, sondern vom umsetzenden Tun her versteht, und das die betreffende Person in ihrer Totalität erfasst und verändert. Lösung, Bindung, Analyse und Synthese heißen die dafür nötigen Prozess-Schritte, die man sich in ihrer radikalen Konsequenz nicht nur geschmeidig vorstellen darf – nicht selten mündet derlei in Auseinandersetzung, Konflikt und Revolte des Einzelnen mit der ihn umgebenden sozialen und kulturellen Welt.

Cassirer gehörte zur philosophischen Gruppe der Neukantianer; als solcher hat er nicht nur die erkenntnistheoretischen Konzepte Immanuel Kants, sondern auch dessen aufklärerischen Impetus weiterentwickelt. Von seinen Zeitgenossen wurde der Königsberger Denker aufgrund seiner nüchtern-skeptischen Infragestellung von Selbstverständlichkeiten als der Alles-Zermalmer bezeichnet. Man wird ohne weiteres zugeben, dass zu solchen Arten einer aufklärerischen Daseinsgestaltung vor allem Courage erforderlich ist, und dass diese Haltung als vorrangiges humanistisches Erziehungs- und Bildungsziel gelten darf.

Fasst man die Ideen von Freud, Adler, Habermas und Cassirer zu Aufklärung und Vernunft zusammen, verdeutlicht dies *cum grano salis* den Schwierigkeitsgrad der Aufgabe, viele Menschen zu einer aufgeklärteren, vernünftigeren und autonomeren Lebensform zu ermutigen. Da aber eine solche Lebensform eine wesentliche Voraussetzung dafür bedeutet, dass Menschen zukünftig nicht mehr so leicht Spielbälle und Objekte politischer Rattenfänger werden, muss diese Aufgabe trotz aller Hürden angegangen werden, um so jenen von Kant bereits vor über 200 Jahren beschriebenen Status zu sichern oder neuerlich zu erreichen:

Wenn denn nun gefragt wird: Leben wir jetzt in einem *aufgeklärten* Zeitalter? So ist die Antwort: Nein, aber wohl in einem Zeitalter der *Aufklärung*. (Kant 1977 [1784], S. 59)

Der Humanismus im 21. Jahrhundert kennt als wesentliche Aufgaben die Erziehung und Bildung von möglichst vielen Menschen. – Ausgehend vom eben zitierten Text Cassirers werden die Umrisse eines Erziehungs- und Bildungsprogramms sichtbar, die ein zeitgemäßer Humanismus seinen Anhängern und Adepten wohl zumuten sollte. Es geht dabei um personale und charakterliche Qualitäten wie Ausdauer, Mut, Unerschrockenheit und Zivilcourage, um analytische und synthetische Kompetenzen, um Neugier- und Appetenz-Verhalten und um die Fähigkeit, die Konsequenzen aller dieser Lösungs- und Emanzipations-Prozesse ertragen zu können – vor allem die Fähigkeit, allenfalls alleine und für sich stehen zu können, also ein *Homo pro se* (Erasmus von Rotterdam) zu werden:

Die Pädagogik oder Erziehungslehre ist entweder *physisch* oder *praktisch* ... Die *praktische* oder *moralische* ist diejenige, durch die der Mensch soll gebildet werden, damit er wie ein frei handelndes Wesen leben könne ... Sie ist Erziehung zur Persönlichkeit, Erziehung eines frei handelnden Wesens, das sich selbst erhalten, in der Gesellschaft ein Glied ausmachen, für sich selbst aber einen inneren Wert haben kann. (Kant 1977 [1803], S. 712)

Das 18. Jahrhundert entwickelte sich in Europa nicht nur zum *siècle des lumières*, sondern auch zum *siècle de la formation et éducation*, zur Epoche der Erziehung und Bildung von Individuen wie auch des ganzen Menschengeschlechts (Lessing). Dutzende von Pädagogen, Hofmeistern, Philosophen und Anthropologen widmeten sich Fragen von Erziehung, Selbsterziehung und Bildung im autonomen und heteronomen Sinne (ich bilde mich und ich werde gebildet): Pestalozzi, Rousseau, Wilhelm von Humboldt, Jean Itard, J. B. Basedow, Jachmann, Niethammer, F. Schleiermacher, Christian Reinhold, Kant, Salzmann, Goethe. Sie alle waren überzeugt, dass Bildung mit Schulung, Lernen, Wissen zu tun hat. Die Bemühungen von Schriftstellern und Philosophen (Bayle, Diderot, d'Alembert) um eine enzyklopädische Zusammenfassung und Präsentation des Wissens ihrer Zeit trug dem Motto »Bildung durch Wissen« Rechnung.

Wissen allein ist nicht mit Bildung gleichzusetzen. Über kognitive Wissensinhalte hinaus dürfen lebenskundige, künstlerische, charakterliche Qualitäten, soziale, emotionale und handwerkliche Fertigkeiten vorhanden sein, um Menschen als gebildet zu bezeichnen. Um derlei für sich zu erlangen, sind langwierige Sozialisations- und Erlebensprozesse nötig, die an die idealistischen Schichten der Person und damit an jene idealeren Sphären der Existenz rühren, die den nüchternen, kruden Dimensionen der Realität oftmals entgegengesetzt sind. Menschen dazu zu erziehen, ihr Sensorium für Sinn und Wert nicht einer häufig als eklig imponierenden Realität zu opfern, ist Kern einer humanistischen, an *Common sense* und Vernunft orientierten Bildung. Goethe hat, ähnlich wie Immanuel Kant, auf diese Art der Vernunft als *Conditio sine qua non* einer jeden Bildungs- und Kulturarbeit abgehoben und sie als Begründung dafür verstanden, dass man den Menschen etwas quasi Göttliches attestieren darf:

Das Gewebe dieser Welt ist aus Notwendigkeit und Zufall gebildet; die Vernunft des Menschen stellt sich zwischen beide und weiß sie zu beherrschen; sie behandelt das Notwendige als den Grund ihres Daseins; das Zufällige weiß sie zu lenken, zu leiten und zu nutzen, und nur, indem sie fest und unerschütterlich steht, verdient der Mensch ein Gott der Erde genannt zu werden. (Goethe 1981 [1795/96], S. 71)

Goethe? Kant? *Common sense?* Kultur-Arbeit? Menschenvernunft? – wie lassen sich solche Namen und Begriffe in unseren Zusammenhängen mit gutem Gewissen zitieren, ohne dass Vorwürfe der Schönfärberei und der flächenhaften Verdrängung von realen Bildungs- und Kulturverhältnissen in Deutschland, Europa und weltweit erhoben würden? Oder konkreter gefragt: Inwiefern hilft eine Passage aus *Wilhelm Meisters Lehrjahre* bei einer derzeitigen (2020) Analphabeten-Rate in Deutschland von über sechs Millionen Erwachsenen (über die Hälfte von ihnen weist übrigens Deutsch als Muttersprache auf)?

Hinzu kommt eventuell der Einwand, wie derlei elitär imponierende Kulturinhalte jenen zu politischer Wachheit, autonomer Urteilskraft und emotionaler Differenziertheit sowie vor allem zu Lebensqualität verhelfen sollen, die – etwa als Arbeitssuchende, Obdachlose, Altersverarmte, Vertriebene, Flüchtende – um ihre nackte Existenz kämpfen, und denen sich statt göttlicher und erotischer Aspekte am Menschsein viel eher das Dämonische und Thanatische zeigt. Ein derzeitiger wie auch zukünftiger Humanismus darf meiner Ansicht nach auf das Wort human nur Bezug nehmen, wenn er nicht für einige wenige Privilegierte denkt, spricht und handelt, sondern gequälte und gefährdete Kreaturen mindestens ebenso im Blick behält wie die Blüten der Hochkulturen.

Im Namen der Humanität gibt es nicht nur die philosophische und ästhetische Reflexion, sondern auch die geschichtliche, verändernde Tat. Ein Verharren in der Welt der wohlfeilen Ideen kann ebenso heuchlerisch und inhuman sein wie die nackte Gewalt von Revolutionen, die nur den Machtgewinn einiger weniger und nicht die Verbesserung des Lebens der vielen mit sich bringen. Der Humanismus von morgen ist aufgerufen, das Sprachrohr all jener zu werden, die sich aufgrund ihrer sozialen Positionen kaum Gehör verschaffen können und für die effektive Veränderung ihrer Existenz keine Fürsprecher haben; und er ist aufgerufen, sich kraftvoll und aktiv politisch für jene einzusetzen, die auf unserem Globus sowohl zum ökonomischen als auch zum Bildungs-Prekariat zählen.

So käme es wohl einem kulturell-gesellschaftlichen Umsturz ganz ohne Tote und Verletzte gleich, einen Großteil jener Mittel, die derzeit weltweit für Rüstung, Militär und Raumfahrt ausgegeben werden, konsequent in die Verbesserung der Lebensbedingungen von Zu-kurz-Gekommenen und Benachteiligten unserer Erde zu investieren und zugleich Erziehung und Bildung im maximal umfassenden Stil für sie zu ermöglichen. Solch global orientierte und realisierte politisch-ökonomische wie auch Erziehungs- und Bildungs-Revolten stünden *Diese(n) verdammten liberalen Eliten* (Strenger 2019) und ihren bürgerlichen Bildungtraditionen bestens zu Gesicht und befriedigten parallel dazu die revolutionär-evolutionären Impulse all jener, die eher in der Sozial- statt in der Kultur- und Bildungspolitik Handlungsbedarf sehen.

Der Humanismus im 21. Jahrhundert kennt die Höhen und Untiefen der Kultur. – Es gibt zahllose Definitionen von Kultur und mindestens so viele Konzepte, wie Kulturen entstehen, sich entwickeln und eventuell wieder zugrunde gehen; unter anderem Arnold Toynbee hat in der zwölfbändigen *Study of History* (1934–1961) diesbezüglich eine Reihe von Erkenntnissen und Hypothesen formuliert.

Eine Definitionsrichtung für Kultur scheint mir für den Humanismus besonders geeignet, die auf Max Weber zurückgeht und sich in seinem oft zitierten Satz zusammenfassen lässt: »Kultur ist ein vom Standpunkt des Menschen aus mit Sinn und Bedeutung bedachter endlicher Ausschnitt aus der sinnlosen Unendlichkeit des Weltgeschehens.« (Weber 1968, S. 180) Ernst Cassirer hat in seiner *Philosophie der symbolischen Formen* (1923 ff.) diesen Satz im Hinblick auf die Sinn- und Bedeutungszuschreibungen, die jeder Kultur zugrunde liegen, weiter ausgeführt. Er definierte Kultur als riesige Menge von Symbolen, die für ihn sinnlich wahrnehmbare Gegenstände waren, die zugleich sinnhaft sind. Anders als bloße Zeichen tragen sie ein Potential an Sinn und Bedeutung an sich, das je nach individuellen und kollektiven Gegebenheiten immer wieder verschieden ausgeschöpft wird. Ein Wort, ein Bild, eine Melodie, eine Strukturformel oder eine Skulptur werden je nach Epoche, Landstrich, Bildungsstand von Einzelnen oder Sozietäten unterschiedlich interpretiert und mit Sinn versehen:

Unter einer symbolischen Form soll jede Energie des Geistes verstanden werden, durch die ein geistiger Bedeutungsgehalt an ein konkretes sinnliches Zeichen geknüpft und diesem Zeichen innerlich zugeeignet wird. (Cassirer 2000, S. 161)

Die Kultur als die Gesamtheit von Symbolbereichen (Kunst, Philosophie, Wissenschaft, Sitte, Recht, Mythos, Religion, Sprache) bildet ein großes Reservoir von Sinn und Bedeutung, das laufend erweitert wird; Menschen schaffen immer wieder neue Symbole und weiten damit ihren Sinn- und Werthorizont aus. Je weltoffener der Einzelne lebt, umso mehr Zugang verschafft er sich zu einzelnen Symbolbereichen, und umso heimatlicher fühlt er sich in der ihn umgebenden Kultur. Im günstigen Fall wird er zum *Homo hermeneuticus*, einem Menschen, der das Verstehen von Sinn und Bedeutung der Welt als zentrale Aufgabe menschlichen Daseins begreift.

Damit wird er zum *Animal symbolicum*, zum Symbole schaffenden wie auch Symbole interpretierenden Mitglied einer Kultur. Beide Aspekte, das Interpretieren wie auch das Neu-Erschaffen von Symbolen, ist für den Erhalt und die Entwicklung von Kulturen wesentlich. Nicht nur sogenannte Kultur-Schaffende, sondern mindestens so sehr auch Kultur-Erhaltende – also z.B. Sprechende, Lesende, Schreibende, Rechnende, Musizierende, Rituale Anwendende, Nachdenkende etc. – weben andauernd mit an dem Stoff, den wir Kultur nennen. Kultur gibt es nur im Vollzug, und sei es, dass Einzelne sich angesichts eines Buches, eines Museums oder eines Schlangenrituals Vorstellungen und Gedanken über deren implizite Bedeutungen und eventuelle Sinngehalte machen.

Zwei Aspekte möchte ich gesondert herausgreifen, die meiner Meinung nach für die Entstehung und den Erhalt von Kulturen und speziell von einzelnen Kulturbeiträgen (aus Literatur, Wissenschaft, Philosophie, Mythos, Religion, Kunst, Handwerk, Brauchtum etc.) wesentlich sind und bei einzelnen Personen ebenso wie bei Gruppen kulturelle Neugier sowie Aktivitäten hervorrufen: Kreativität und Engagement.

Friedrich Schiller hat im 15. Brief *Über die ästhetische Erziehung des Menschen* (1795) den oft zitierten Satz geprägt: »Denn, um es endlich auf einmal herauszusagen, der Mensch spielt nur, wo er in voller Bedeutung des Worts Mensch ist, und er ist nur da ganz Mensch, wo er spielt.« (Schiller

2004, S. 618) Damit zielte der Dichter auf jene Formen menschlichen Daseins ab, die durch Suche nach Schönheit, Freiheit, Eros und Vernunft und nicht allein durch die bloße Dominanz von Zwängen, Notdurft und Gesetzen charakterisiert sind.

Im 19. Jahrhundert war es Friedrich Nietzsche, der sich in seiner Philosophie des kreativen Menschen angenommen hat. Von ihm stammt die eigenartige Entwicklungsidee, der zufolge Menschen in den ersten Jahren und Jahrzehnten ihres Lebens die Rolle eines Kamels einnehmen, das viele Kulturinhalte und -aufgaben auf sich nimmt und willig weiterträgt. Nach einiger Zeit werde diese Rolle abgelöst vom Stadium des Löwe-Daseins. Nun zerreiße der Betreffende all das, was er lange ohne Murren akzeptiert hat; Kritik und Skepsis im Hinblick auf die Kultur zeichnen den Menschen auf dieser Entwicklungsstufe aus. Wenn diese beiden Phasen absolviert sind, gerät das Individuum ins Stadium des Kindseins, wo es mit den aus dem Löwe-Dasein übrig gebliebenen Elementen und Fragmenten spielerisch, originell und frei neue Gestalten schafft. Auf dieser Höhe der persönlichen Evolution realisiere der Mensch seine ihm innewohnenden Möglichkeiten vollumfänglich und werde zu dem, der er (potentiell) ist.

Auch Sigmund Freud hat auf seine Art eine Theorie der Kreativität formuliert. Zwar determinieren das Trieb- und Beziehungsschicksal den Menschen weitgehend und machen ihn zu einem Wesen, das nicht Herr im eigenen Hause ist. In Form der Sublimierung sprach der Begründer der Psychoanalyse dem *Homo libidinalis* letztlich aber doch die Möglichkeit zu, seine Triebimpulse einigermaßen spielerisch, frei und kreativ in sozial und kulturell wertvolle Leistungen umzuwandeln.

Der niederländische Kulturhistoriker Johan Huizinga stellte sich mit dem Buch *Homo ludens* (1938) einerseits in diese Tradition; andererseits untersuchte er jedoch vor allem die Einflüsse, welche vom Spiel auf die Entwicklung von Kulturen ausgegangen sind. Seine Grundthese lautete, dass sich kulturelle Systeme wie Politik, Wissenschaft, Religion, Recht, Wirtschaft, Technik, Kunst und Philosophie ursprünglich aus spielerischen Verhaltensweisen entwickelt und über Ritualisierungen im Laufe der Zeit institutionell verfestigt haben.

Die Menschen der Vergangenheit haben nach Huizinga über Spiele ihre Fähigkeiten, Neigungen, Eigenschaften und Bedürfnisse erkannt. Die spielerisch gemachten Erfahrungen wurden systematisiert und nach und nach in Regeln oder Gesetzen fixiert, so dass aus dem Spiel heiliger Ernst erwuchs. Hatten sich aber die ersten Regeln ausgebildet, wurde aus ihnen nicht selten ein System von Zwängen, die die ursprüngliche Freiheit des kreativen Spiels konterkarierten – eine Entwicklung, die in recht vielen staatlichen Organisationen und Strukturen zu beobachten war und ist:

> Wir sehen alle dieser Tage, wie die Vervollkommnung der politischen, sozialen, wirtschaftlichen und schließlich auch der geistigen Organisation zu einer Erstarrung der Formen und Kräfte geführt hat, die alle Entwicklungsfreiheit der Kultur unterbindet. Unter den heutigen technischen Bedingungen entwickelt jede einmal organisierte Macht ein gewaltiges totes Gewicht, das sie beinahe unerschütterlich macht. (Huizinga 1954, S. 363)

In den überwiegend harmlosen bis läppischen (Computer-)Spielen unserer Gegenwart klingen solche Themen der Anthropologie und Kulturkritik nur noch am Rande an. Huizinga hatte im Gegensatz zu Bagatell-Spielen die Gesamtexistenz des Menschen im Visier, dem er das Recht auf ein schöpferisch-kreatives Leben und auf einen fortwährenden Neubeginn zusprach. Der Mensch sollte nicht nur *Homo sapiens* (ein Denker) und *Homo faber* (ein Macher), sondern auch *Homo ludens* sein, dem die Entwicklung seiner Persönlichkeit ebenso am Herzen liegt wie diejenige der ihn umgebenden Kultur – eine Charakterisierung des Menschen und seiner Aufgaben, die man als zutiefst humanistisch bezeichnen kann.

Neben einer spielerischen, kreativen und innovativen Note weisen viele Kulturphänomene aber auch kritische, skeptische (nicht zu verwechseln: pessimistische) Qualitäten auf, und nicht selten entstehen sie aufgrund von Revolte gegen und Empörung über bestehende Verhältnisse, die als ungerecht, erniedrigend, entwertend und im weitesten Sinne als inhuman empfunden werden. Ein in diesem Zusammenhang häufig angeführtes Beispiel ist das Leben und Werk von Albert Camus. In seinen Romanen (*Die Pest, Der Fremde, Der Fall*), Essays (*Der Mensch in der Revolte*), Tagebüchern und philosophischen Texten (*Der Mythos von Sisyphos – Ein Versuch über das Absurde*) hat der Autor die Unmenschlichkeiten und Sinnwidrigkeiten der Welt geschildert, von denen er oftmals festzustellen gezwungen war, dass rasche und nachhaltige Beseitigungen dieser Übel nicht möglich waren.

Doch selbst wenn Einzelnen oder Gruppierungen und Sozietäten keine relevante Veränderung von quälenden Verhältnissen gelingt, bleiben ihnen Möglichkeiten, menschenwürdige Haltungen und Einstellungen dazu an den Tag zu legen. »Ich empöre mich, also sind wir!« – heißt es in *Der Mensch in der Revolte* (1951). Die Weigerung, sich mit sinnwidrigen und inhumanen Gegebenheiten einfach abzufinden und zu resignieren, wirkt gemeinschaftsstiftend; zugleich retten damit der Einzelne oder auch die Vielen ihre Würde, ihre Achtung und ihren Respekt voreinander:

Der Geist, den wir meinen, stützt sich auf den Mut ... Wenn dieser Geist erlischt, bricht die Diktatur an. Deshalb müssen wir ihn in allen seinen Pflichten und in allen seinen Rechten hoch halten ... Dann wird vielleicht in einer freien, wahrheitshungrigen Nation der Mensch wieder anfangen, die Freude am Menschen zu empfinden, ohne die die Welt nie etwas anderes sein wird als eine unermessliche Einsamkeit. (Camus 1977, S. 61)

Der sich engagierende, revoltierende Mensch hat seine Sach' auf nichts gestellt (Goethe); er verhält sich mit dem Pathos der Distanz (Nietzsche) den Sinn-Widrigkeiten wie auch Sinn-Zuschreibungen gegenüber. Intellektuelle Sicherheit und soziale Geborgenheit sucht er weder in geschichtlichen Bewegungen noch in Parteien und Vereinigungen. Er setzt auf die Heimat der Heimatlosen, die wie Erasmus *Homo pro se*, ihre je eigene Partei sein wollen. Der *Homme révolté* bleibt auch im Status der Solidarität ein Solitär und wirkt so allenfalls als Modell für andere, ebenfalls Individuum zu sein oder zu werden – wohlgemerkt: solidarisches Individuum und nicht ein sich selbst bespiegelnder Narziss.

Im kreativen und innovativen Akt wie im Engagement liegen kulturelle Chancen und Ressourcen – beide Einstellungen und Existenz-Vollzüge kommentiert der Humanismus daher mit entschiedener Sympathie. Weil ihm die Kultur in ihren wert- und sinnhaltigen Facetten am Herzen liegt und er Sinnwidrigkeiten der Unkultur registriert und wenn irgend möglich minimiert, schlägt sich der Humanismus der Gegenwart wie der Zukunft auf die Seite jener Literaten, Handwerker, Philosophen, Wissenschaftler, Intellektuellen, Arbeiter, Künstler, die sich im Ja zum kulturell Wertvollen und im Nein zum kulturell Wertwidrigen üben. Sie stiften Gemeinschaft, ohne dass sie damit Parteien, Vereine, Kirchen, Sekten oder staatliche Institutionen und Organisationen bedienen wollten oder müssten.

Die Gemeinschaft der Humanisten. – Im Bereich der Wissenschaften gibt es den Begriff der *scientific community;* damit ist die Gesamtheit aller am internationalen Wissenschaftsbetrieb teilnehmenden Wissenschaftler gemeint. In Analogie kann man von einer *humanistic community* sprechen und auf jene abzielen, die ihre Lebensgestaltung und Weltanschauung an humanistischen Zielen und Idealen ausrichten und sich mit ihnen auf eine skeptisch-kritische Art identifizieren (die Skepsis ist für sich genommen schon wieder ein Ideal des Humanismus).

Eine solche humanistische Gemeinschaft ist global und universell in einem sehr direkten Sinne des Wortes. Nicht nur Länder-, Geschlechter-, oder Abstammungs-Grenzen werden von ihr transzendiert – auch die

Kluft zwischen den Epochen, Vorfahren, uns Heutigen und den Nachgeborenen wird durch sie relativiert. Erasmus und Montaigne und Diderot (als drei Beispiele für viele) stehen manchem von uns mit ihren Ansichten und Kommentaren eventuell näher als einige Zeitgenossen, und womöglich erweisen sich diese drei und weitere längst Verstorbene aus der Kulturgeschichte zukunftsträchtiger und moderner als etliche Heutige, die sich auf dem ultimativen Sprung zum Trans- oder Posthumanismus wähnen.

Weil die Kultur – *nota bene:* die Kultur und nicht die Unkultur – das Humane am Menschen seit Jahrtausenden in symbolhaften Formen stets ausdrückt, zur Diskussion und in Frage stellt, verwirft, sich ausmalt und innovativ entwirft, zur Seite legt, irgendwann wieder aufs Neue entdeckt, verteidigt der Humanismus nicht nur das jeweils Persönlich-Menschliche am Menschen, sondern auch seine Kultur. Es war deshalb kein Zufall, dass Thomas Mann in seiner eingangs erwähnten Essay-Sammlung *Adel des Geistes – sechzehn Versuche zum Problem der Humanität* anhand von Kulturrepräsentanten (Goethe, Schopenhauer, Fontane, Storm) und ihren Werken jenem Humanen nachspürte, das nach der desaströsen ersten Hälfte des 20. Jahrhunderts noch Bestand haben sollte.

Jeder, der sich einer humanistischen Welt- und Lebensanschauung befleißigen will, darf daher neben grundsätzlicher Philanthropie auch eine ähnlich dimensionierte Philologie entwickeln. Damit sind nicht jene vielen gleichlautenden Studiengänge gemeint, in denen alte oder neue Sprachen gelehrt und erforscht werden. Vielmehr zielt der Begriff Philologie auf den ursprünglichen Bedeutungsgehalt ab, der übersetzt aus dem Griechischen soviel wie die Liebe zum Logos (und damit zum Geist, zur Vernunft sowie zur Kultur) meint.

Philanthropie wie Philologie dürfen meiner Ansicht nach eingebettet sein in einen zutiefst humorvollen Daseinsvollzug. Humor ist jene Haltung, die die Sinnwidrigkeiten, das Ängstigende und Absurde des menschlichen Daseins am ehesten ertragen lässt; und zugleich bedeutet Humor eine Art Weltanschauung, die emotionale, charakterliche, soziale sowie geistig-intellektuelle Qualitäten miteinschließt, die ich gerne einem Humanismus von morgen attestieren möchte: Selbst-, Menschen- und Weltkenntnis; Generosität; Zivilcourage; nüchterne Skepsis und Realitätsbewusstsein; Enthusiasmus in Bezug auf die Verwirklichung von Sinn- und Wertvollem; Idealismus hinsichtlich der zukünftigen Menschheit und ihrer Kultur; stille Freude über Siege und Triumphe unserer Existenz – und das Wissen um die unausbleiblichen Niederlagen des Lebens.

LITERATUR

Agamben, G.: Homo sacer – Die Souveränität der Macht und das nackte Leben (1995), Frankfurt am Main 2002

Balmer, H. P.: Condicio humana oder Was Menschsein besage – Moralistische Perspektiven praktischer Philosophie, München 2018

Bieri, P.: Das Handwerk der Freiheit – Über die Entdeckung des eigenen Willens, München 2007

Camus, A.: Den Geist hochhalten (1945), in: Fragen der Zeit, Reinbek bei Hamburg 1977

Cancik, H., Groschopp, H. & Wolf, F. O. (Hrsg.): Humanismus – Grundbegriffe, Berlin/Boston 2016

Cassirer, E.: Substanzbegriff und Funktionsbegriff (1910), in: Werkausgabe Band 6, Hamburg 2000

Cassirer, E.: Die Philosophie der Aufklärung (1932), Hamburg 1998

Curtius, E. R.: Büchertagebuch, Bern/München 1960

Eckermann, J. P.: Gespräche mit Goethe in den letzten Jahren seines Lebens (1836/48), Berlin 1956

Erasmus: Lob der Torheit (1511), Frankfurt am Main 1979

Gerhardt, V. & Nida-Rümelin, J. (Hrsg.): Evolution in Natur und Kultur, Berlin 2010

Gerhardt, V.: Humanität – Über den Geist der Menschheit, München 2019

Goethe: Wilhelm Meisters Lehrjahre (1795/96), HA Band 7, München 1981

Goethe: Maximen und Reflexionen, in: HA Band 12, München 1981

Greenblatt, St.: Die Wende – Wie die Renaissance begann (2011), München 2012

Habermas, J.: Freiheit und Determinismus, in: Zwischen Naturalismus und Religion, Frankfurt am Main 2005

Habermas, J.: Theorie des kommunikativen Handelns, Band I (1981), Frankfurt am Main 2008

Harari, Y.: Homo Deus – Eine Geschichte von Morgen (2015/16), München 2017

Hartmann, N.: Das Problem des geistigen Seins (1933), Berlin 1962

Holderegger, A., Weichlein, S. & Zurbuchen, S. (Hrsg.): Humanismus – Ein kritisches Potential für Gegenwart und Zukunft, Fribourg/Basel 2011

Huizinga, J.: Brief an Julien Benda (1933), in: Geschichte und Kultur, Stuttgart 1954

Kant, I.: Beantwortung der Frage: Was ist Aufklärung (1784), in: Werkausgabe Band XI, Frankfurt am Main 1977

Kant, I.: Grundlegung zur Metaphysik der Sitten (1785), in: Werkausgabe Band VII, Frankfurt am Main 1974

Kant, I.: Über Pädagogik (1803), in: Schriften zur Anthropologie, Geschichtsphilosophie, Politik und Pädagogik 2, Werkausgabe Band XII, Frankfurt am Main 1977

Krüger, H.-P.: Homo absconditus – Helmuth Plessners Philosophische Anthropologie im Vergleich, Berlin 2019

Lichtenberg, G. Chr.: Sudelbücher (1768), Frankfurt am Main 2005

Loh, J.: Trans- und Posthumanismus zur Einführung, Hamburg 2018

MacIntyre, A.: Dependent Rational Animals – Why Human Beings Need the Virtues, Chicago 1999

Nida-Rümelin, J.: Naturalismus und Humanismus, in: Gerhardt, V. und Nida-Rümelin, J. (Hrsg.): Evolution in Natur und Kultur, Berlin 2010

Nida-Rümelin, J.: Philosophie einer humanen Bildung, Hamburg 2013

Nida-Rümelin, J.: Humanistische Reflexionen, Berlin 2016

Nida-Rümelin, J. & Weidenfeld, N.: Digitaler Humanismus – Eine Ethik für das Zeitalter der Künstlichen Intelligenz, München 2018

Parin, P.: Ist der Mensch veränderbar? in: Freibeuter 2 (1979)

Pauen, M. und Roth, G.: Freiheit, Schuld und Verantwortung – Grundzüge einer naturalistischen Theorie der Willensfreiheit, Frankfurt am Main 2008

Pfänder, A.: Die Seele des Menschen – Versuch einer verstehenden Psychologie, Halle 1933

Pico della Mirandola: Über die Würde des Menschen (1496), Zürich 1988

Plessner, H.: Macht und menschliche Natur – Ein Versuch zur Anthropologie der geschichtlichen Weltansicht (1931), in: Gesammelte Schriften Band V, Frankfurt am Main 1981

Plessner, H.: Die verspätete Nation – Über die Verführbarkeit bürgerlichen Geistes (1935/59), in: Gesammelte Schriften Band VI, Frankfurt am Main 1982

Popper, K.: Die offene Gesellschaft und ihre Feinde, Band 2 (1945), Tübingen 1992

Rattner, J.: Humanismus heute, in: Aufsätze aus drei Jahrzehnten über personale Psychologie, Therapie und Kulturanalyse, Berlin 2019

Sartre, J.-P.: Der Existentialismus ist ein Humanismus (1946), Reinbek bei Hamburg 2000

Reese-Schäfer, W. (Hrsg.): Handbuch Kommunitarismus (2018), Heidelberg 2018

Schiller, F.: Über die ästhetische Erziehung des Menschen, 15. Brief (1795), in: Sämtliche Werke Band V, München 2004

Strenger, C.: Diese verdammten liberalen Eliten – Wer sie sind und warum wir sie brauchen, Berlin 2019

Taylor, Ch.: Quellen des Selbst – Die Entstehung der neuzeitlichen Identität (1992), Frankfurt am Main 1996

Tomasello, M.: Warum wir kooperieren (2010), Berlin 2010

Tomasello, M.: Eine Naturgeschichte der menschlichen Moral (2016), Berlin 2016

Tomasello, M.: Mensch werden – Eine Theorie der Ontogenese (2019), Berlin 2020

Weber, M.: Die »Objektivität« sozialwissenschaftlicher und sozialpolitischer Erkenntnis (1904), in: Gesammelte Aufsätze zur Wissenschaftslehre, Tübingen 1968

LEBEN OHNE DIE GÖTTER:
WIE WÄRE ES, AGNOSTIKER ZU SEIN?

Vor kurzem erschien das Buch *Leben mit den Göttern* (2018) von Neil MacGregor, dem langjährigen Direktor der *National Gallery* in London. Da MacGregor ein erfahrener Autor und Museumsmann ist, liest sich sein Text über die einflussreiche Prägekraft von Religionen, Götterglauben und Mythen auf die Kulturgeschichte der Menschheit recht unterhaltsam und leichtfüßig, ohne dabei simplifizierend zu sein. In der Einleitung schreibt er, »dass jede bekannte Gesellschaft über eine Reihe von Überzeugungen und Annahmen verfügt – einen Glauben, eine Ideologie, eine Religion –, die weit über das Leben des Einzelnen hinausreichen und einen wesentlichen Teil einer gemeinsamen Identität darstellen.« (MacGregor 2018, S. 7) Diesen kulturellen Einflüssen wollte MacGregor in seinem Buch nachgehen, ohne dabei für oder gegen die jeweiligen Glaubensinhalte spezieller Religionen Stellung zu beziehen.

Verglichen mit MacGregors Anliegen darf und muss der Anspruch meines Textes merklich bescheidener ausfallen. Die vielen Perspektiven und Beschreibungsebenen, die MacGregor einnimmt (Religionssoziologie und -anthropologie, -psychologie, -ethnologie, -geschichte etc.), kommen im Folgenden nur sehr sparsam zum Zuge, und die Ausgangsfrage dieses Essays ähnelt derjenigen von MacGregor lediglich insofern, als mich ein *Leben ohne die Götter* (und damit indirekt doch auch eine Bezugnahme auf Götterglauben und religiöse Verhaltensweisen) interessiert.

1) Spätestens seit Nietzsches Diktum vom Tod Gottes sind die Religionen der westlichen Welt – gemeint sind hier vorrangig die monotheistischen Religionen des Christentums, also Katholizismus und Protestantismus, sowie das Judentum und der Islam – mit teilweise ätzend-zersetzender Skepsis und Kritik versehen worden. Unter anderem als Folge kritisch-

skeptischer Betrachtungen von Religionen zeigen die Mitgliederzahlen der beiden erstgenannten Konfessionen seit Ende des 19. Jahrhunderts bis jetzt einen drastischen Rückgang, dessen Dynamik sich in den letzten Jahrzehnten verstärkte. So war in den Niederlanden und in Großbritannien 2015 die Hälfte der Bevölkerung konfessionslos; selbst in Österreich und der Schweiz – traditionell Konfessions-gebundene Länder – lag der Anteil Konfessionsloser 2015 bei jeweils einem Viertel der Bevölkerung.

Parallel zu dieser Entwicklung waren beginnend im 19. Jahrhundert mit den ideologischen Phänomenen von Chauvinismus, Nationalismus, Imperialismus sowie im 20. Jahrhundert mit den totalitären Ideologien von Faschismus und Bolschewismus quasi-religiöse Weltanschauungen auf den Plan getreten, die sich manch religiöser Denkfiguren bedienten (Heils- und Erlösungsversprechungen; eschatologische Geschichtskonzepte) und damit millionenfache Anhänger und Gläubige an sich banden.

In den letzten Jahrzehnten schoben sich nach dem (passageren?) Zurückdrängen totalitärer Ismen insbesondere in Westeuropa und in den USA unterschiedliche sakrale Lebensformen in den Vordergrund, die von diversen Ernährungsgewohnheiten bis zu religiös-analogen Sport- und Kunstereignissen oder bis zu Achtsamkeits-Ritualen reichen. Das Sakrale (im Gegensatz zum Profanen – Émile Durkheim, vgl. Durkheim 2007) und Außeralltägliche (im Gegensatz zum Alltäglichen – Max Weber, vgl. Weber 2009) fasziniert scheinbar auch jene Menschen, die sich als konfessionslos bezeichnen und stattdessen privat-individuelle Formen der Religiosität und Spiritualität bevorzugen. Bei trotz Säkularisierung immer noch so weit verbreiteten Spielarten des Religiösen und Sakralen stellen sich Fragen nach deren Attraktion ebenso wie nach deren psychosozialer und soziokultureller Bedeutung sowie nach ihrem Stellenwert für Einzelne wie für die Sozietäten.

2) Religionen, religiöse Praktiken und Überzeugungen wie auch religiöse Lehrmeinungen und Dogmen, Lebens- und Weltanschauungen blicken auf Jahrtausende alte Traditionen zurück. In vielfältigen Formen und Inhalten (z. B. pan-, poly-, mono- oder atheistisch; Natur- und ethnische Religionen; Hoch-Religionen; Offenbarungs-Religionen etc.) haben Menschen in den unterschiedlichsten kulturellen und historischen Zusammenhängen Fragen nach Ursprung, Sinn und Zielsetzung ihrer Existenz, nach dem Woher und Wohin des Kosmos oder auch nach einem glückhaften Leben gestellt und mit Antworten versehen. Die Beobachtungen von Religionskritikern wie Ludwig Feuerbach (vgl. Feuerbach 1983), von Religionssoziologen und Ethnologen wie Clifford Geertz (vgl. Geertz 2002) oder von Religionswissenschaftlern wie Mircea Eliade (vgl. Eliade 1998) erweisen sich über die Jahrhunderte hinweg als bestätigungsstabil:

> Und all diese Praktiken scheinen mir im Grunde hauptsächlich eines zu bestätigen: dass jeder von uns Teil einer Erzählung ist, die weit über uns selbst hinausführt, Teil einer fortdauernden Gemeinschaft, deren Mitglieder gemeinsame Zielvorstellungen verbindet. Praktiken wie diese stiften Identität und stärken den Zusammenhalt. (MacGregor 2018, S. 500 f.)

Eine solche Beschreibung von Religionen und ihren Praktiken bezeichnet man als funktionalistisch. Dabei interessieren nicht der Wahrheitsgehalt oder inhaltliche Gesichtspunkte einzelner Religionen (Dogmen, Glaubens-Bekenntnisse, Gottesvorstellungen, Heiligenlegenden: substanzialistische Religionsbetrachtung). Vielmehr stehen Funktionen und Konsequenzen zur Debatte, die von Religionen für den Einzelnen wie die Sozietäten und deren Kulturen in der Vergangenheit induziert wurden oder noch weiter induziert werden. Derartige funktionalistische Betrachtungsweisen und Interpretationen von Religion stehen auch im Mittelpunkt dieses Essays, wobei vor allem die Einflüsse von Religionen auf die Individuation und die Entwicklung von Personalität beim Einzelnen verhandelt werden.

3) Als hauptsächliche, wiederkehrende Funktionen von Religionen werden von Religionswissenschaftlern wie von Religionskritikern unter anderem ins Feld geführt: Formulierung von kosmologischen Konzepten (Anfang, Ausgestaltung und Ende des Universums); von anthropologischen Konzepten (Entstehung des Einzelnen wie der gesamten Gattung); von ethischen Konzepten (was ist gut und was ist böse?); von Gemeinschafts-Konzepten (wir und die anderen; eigen und fremd); von Trost-Konzepten (Trost bei existentiellen Erschütterungen wie Krankheit, Tod, Schicksalsschlägen); von Ausgleichs-Konzepten (bei Not und Ungerechtigkeiten aller Art); von Sinn-Konzepten (angesichts vielfältiger Sinnwidrigkeiten); von Ästhetik-Konzepten (sakrale Kunst, Musik und Architektur); von Alltags-Konzepten (Bräuche, Riten, Rituale, Feste – Rhythmisierung und Strukturierung des Lebens); von politischen Konzepten (Hierarchien, Herrschaftsformen – z. B. Könige oder Kaiser von Gottes Gnaden); von juristischen Konzepten (Kirchenrecht, Kirchenasyl); von institutionellen Konzepten (Konfessionen, Kirchen, Sekten).

Bedenkt man die Fülle und Dimensionen dieser von den Religionen mit mehr oder minder großer Effizienz seit Jahrtausenden und unter den verschiedensten kulturellen und gesellschaftlichen Voraussetzungen und Gegebenheiten realisierten Funktionen, ist man geneigt, Neil MacGregor in seinem oben zitierten Buch Recht zu geben. MacGregor geht davon aus, dass es selbst für areligiös und atheistisch eingestellte Menschen im 21. Jahrhundert nicht möglich ist, den Spuren und Einflüssen der Religionen auszuweichen – gleichgültig, ob es sich dabei um die Sieben-Tage-Woche oder um christlich-säkulare Feiertage wie Weihnachten, Ostern, Pfingsten oder aber um die Matthäus-Passion von Johann Sebastian Bach handelt.

Diese enge Verflochtenheit zwischen religiös geprägten Funktionen und den jeweiligen Kulturen und Epochen macht auch deutlich, als wie umfassend die Aufgabe einer allmählichen Emanzipation von Religion und Götterglauben vorgestellt werden muss, wollte man sie denn ins Werk setzen. Keineswegs ist es damit getan (wie im Gefolge der Französischen Revolution geschehen), die Sieben-Tage- durch eine Zehn-Tage-Woche zu ersetzen; oder (wie 1968 auf Geheiß von Walter Ulbricht in der DDR erfolgt) die altehrwürdige Leipziger Universitätskirche zu sprengen und zu meinen, damit religiöse Traditionen und mehr noch die Religiosität der betroffenen Menschen reduziert oder eliminiert zu haben.

Wer tatsächliche Aufklärung, Skepsis und emanzipatorischen Elan bei sich und seinen Mitmenschen induzieren will, tut gut daran, sowohl die Sieben-Tage-Woche als auch allfällige Universitätskirchen unangetastet bestehen zu lassen. Stattdessen dürfte er bei sich wie bei den anderen jene oftmals nur schwer zu detektierenden Spuren und Wirkungen der Religiosität suchen, die sich im Gewebe von Charakter und Persönlichkeit des Einzelnen niedergeschlagen haben und dessen Daseinsvollzug mit determinieren.

Solche Formen einer funktionalistisch und zugleich an der eigenen Person orientierten Religionsanalyse und -kritik erfordert mehr existentiellen Einsatz, als die Sprengung von Universitätskirchen zu befehlen. Ein derartig analytisch-skeptisches Vorgehen untersucht die jeweils individuelle Werdens-Geschichte unter kulturellen Aspekten und stellt die eigene Person ähnlich wie in tiefenpsychologisch ausgerichteten Psychotherapien zur Disposition. Dabei kommen *nolens volens* Ansichten und Überlegungen der psychoanalytischen Religionskritik zu Wort.

4) In den letzten Jahren sind Anthropologen wie Harvey Whitehouse (geboren 1964, Professor an der Universität Oxford) oder Psychologen wie Ara Norenzayan (geboren 1970, Professor an der Universität von British Columbia in Vancouver) der Frage nachgegangen, wann und unter welchen Umständen Religionen und Götterglauben in der Geschichte der Mensch-

heit und ihrer Kulturen auftauchten. Ihre Forschungsergebnisse sind insofern interessant, als sie Hinweise auf Funktionen von Religionen geben, die Einzelne oder Sozietäten kompensieren oder als Defizite und Leerstellen akzeptieren müssten, wenn sie denn ganz ohne Götter leben wollten oder könnten.

Ara Norenzayan wurde mit seinem Buch *Big Gods – How Religion Transformed Cooperation and Conflict* (2013) unter Religions-Ethnologen und -Soziologen bekannt. Darin vertritt er die empirisch gut belegte These, dass Religionen wichtige Werkzeuge der Vergemeinschaftung von größer werdenden Gruppen und Sozietäten waren. Frühe Kulturen entwickelten religiöse Netzwerke sowie die Ingroup der Gläubigen, die sich durch Riten, Gebete und Opfergaben zu erkennen gaben, und die sich gegen jene abzugrenzen begannen, die als Nicht-Gläubige Außenseiterpositionen (die Outgroup) attestiert bekamen. Ihnen begegnete die Ingroup nicht selten mit Misstrauen bis hin zu offener Aggression. Dem Plus an Zusammenhalt und sozialer Kontrolle, das durch Religions-Evolutionen bei den Gläubigen induziert wurde, stand ein Minus an Toleranz und Integrationsfähigkeit im Hinblick auf die Nicht-Gläubigen gegenüber.

Diese Ausführungen Norenzayans wurden jüngst in einer Studie bestätigt, die Harvey Whitehouse und seine Mitarbeiter im renommierten Wissenschaftsjournal *Nature* publizierten (vgl. Whitehouse 2019). Whitehouse et al. untersuchten über 400 Sozietäten und Kulturen der letzten 10 000 Jahre Geschichte weltweit und kamen zu dem Ergebnis, dass ab einer Gemeinschaftsgröße von etwa einer Million Mitgliedern Religionen und Vorstellungen von *big gods* entstanden. Diesen kam (und kommt) die Funktion zu, komplexere und damit schwerer zu regierende Gesellschaften mit einheitlichen, häufig rigiden Ethik- und Moral-Kodizes gefügig zu machen und zu kontrollieren. Moralisierende Götter sind, so heißt es in der Studie, keine Voraussetzung für die Entwicklung von komplexen Kulturen, in der Regel aber deren Folge.

5) Verfolgt man die Geschichte der Religionskritik, stellt man fest, dass die Welt-Religionen bisher aus verschiedenen Gesichtswinkeln und Motiven heraus in Frage gestellt wurden. Die religionskritischen Antriebe reichen vom Versuch, sich von den Herrschaftsansprüchen einer Priesterkaste zu emanzipieren, über die skeptische Analyse der Bibeltexte als Mythen und Märchen (substanzialistische Kritik, z.B. bei David Friedrich Strauß) bis hin zu Impulsen, die Selbstentfremdung des Menschen zu minimieren. Eine personalistische Religionsanalyse und -kritik geht von der Hauptthese aus, dass Religionen und Religiosität möglicherweise zur Schwächung von Personalität beitragen können. Oder anders ausgedrückt: Wem eine freie und umfängliche Entfaltung der Persönlichkeit bei sich und anderen eine Herzensangelegenheit ist, tut gut daran, den Einfluss von Religionen als solchen zumindest kritisch zu registrieren und eventuell auch zu minimieren.

Eine erste, frühe derartige Positionierung nahm in der griechischen Antike Protagoras (490–420 v. Chr.) ein. Von ihm ist der Satz überliefert, dass er von den Göttern nichts wisse – weder, dass sie existieren, noch, dass sie nicht existieren. Und ausgehend von dieser agnostischen Haltung empfahl er sich und anderen, aufgrund der Komplexität der Materie sowie der Kürze des Lebens zu akzeptieren, dass ein sicheres Wissen über die Götter auch zukünftig nicht zu erwarten stünde.

Zu ähnlichen Ergebnissen wie Protagoras hinsichtlich der Existenz und Berücksichtigung von Göttern kam Epikur (341–270 v. Chr.). Auf der Grundlage seiner Ethik der Eudämonie plädierte er dafür, jegliche Furcht und Angst vor der Götterwelt hinter sich zu lassen und stattdessen an deren glückseligem Leben Anteil zu nehmen. Epikur war zwar der Ansicht, dass es womöglich Götter gibt – für ihn existierten sie jedoch in einer Art Zwischenwelt, die mit der unsrigen herzlich wenig zu schaffen habe. Die Vorstellung, dass Götter sich um die menschlichen Belange kümmern, sei abwegig; daher sei es im Gegenzug ebenfalls sinnwidrig, wenn wir uns um deren Existenz und Wohlbefinden Gedanken machen. »Solange ich lebe, freue ich mich ähnlich wie die Götter.« – lautete ein Motto Epikurs, der sich seine säkulare Ethik und Moral durch keinerlei Angst und Ehrfurcht vor strafenden, zürnenden oder sonstig affektiv verstimmten Göttergestalten beeinträchtigen lassen wollte. Bei Protagoras wie bei Epikur imponiert ein souveräner Umgang mit einer (fraglichen) Götterwelt, die unser eigenes Dasein in keiner Weise tangiert.

6) Das 18. Jahrhundert als die Epoche der Aufklärung kannte vielfältige Auseinandersetzungen um die Phänomene von Religion, Religiosität und Gottesglaube. Insbesondere die französischen Vertreter der Aufklärung – Voltaire, Diderot, La Mettrie, Helvétius, Jean Meslier – befleißigten sich einer scharf-schneidend-kritischen Argumentation, die vor allem gegen Geistliche, Ordensleute und die Institutionen der Kirchen gerichtet war. Da religiöse Glaubensinhalte und Riten als Priesterbetrug beurteilt wurden, galt die Hauptstoßrichtung der Kritik jenen angeblichen Betrügern und ihren institutionellen Organisationen, denen beispielsweise Voltaire mit seinem oft zitierten antiklerikalen Schlachtruf *Écrasez l'infâme!* (zermalmt das Niederträchtige) begegnete.

Verglichen mit den französischen Aufklärern legten die Denker in England und Deutschland hinsichtlich der Religionsskepsis einen deutlich gemäßigteren Ton an den Tag. David Hume mit striktem Empirismus und Immanuel Kant mit seiner kritischen Vermessung der Vernunft zeigten auf, inwiefern eine rationale, den empirischen Überprüfungen standhaltende Beschäftigung mit religiösen Inhalten (z. B. den Gottesbeweisen) nicht zu realisieren ist. Die von Immanuel Kant formulierte *Religion innerhalb der Grenzen der bloßen Vernunft* (1793/94) legte jeglichen metaphysischen Spekulationen enge Zügel an; Offenbarung, Wunderglauben, Dogmen und religiöse Kulthandlungen wurden von Kant mit Worten wie Religionswahn und Afterdienst Gottes quittiert.

Einer eher funktionalistischen Sicht auf die Religion hing Friedrich Schleiermacher an (1768–1834), der als evangelischer Theologe, Publizist und Kirchenpolitiker allerdings auch religiöse Inhalte (substanzialistisch) zu vertreten hatte. Von ihm stammen Formeln für religiöse Empfindungen wie »Sinn und Geschmack für das Unendliche« (in: *Über die Religion – Reden an die Gebildeten unter ihren Verächtern*, 1799) oder »das Gefühl schlechthinniger Abhängigkeit« (in: *Die Glaubenslehre*, 1821/22). Über die letztere Formulierung spottete Hegel, Hunde seien wohl die allerbesten Christen – schließlich tragen sie das Empfinden der schlechthinnigen Abhängigkeit am stärksten in sich.

Gefühl, Empfindung, Geschmack – Schleiermacher verortete die Religiosität des Einzelnen jenseits seiner Rationalität als ein emotionales Geschehen, das durchaus Parallelen zum Erlebnis und Genuss von Kunst aufweise; daher auch der von ihm geprägte Begriff der Kunstreligion.

7) In Abgrenzung gegen manche Religionskritiker der Aufklärungsepoche, die die Religion vereinfachend als bloßen Priesterbetrug hinstellten, war Ludwig Feuerbach (1804–1872) von der enorm bedeutsamen Funktion von Religionen für die Menschen überzeugt. Wenn in allen Zeiten und Zonen Religionen anzutreffen sind, sei es unwahrscheinlich, dass sie lediglich auf trickhafte Manöver einer schlauen Kaste zurückzuführen sind.

Vielmehr deuten die Glaubensinhalte der verschiedenen Religionen auf Bedürfnisse, Wünsche, Begierden und Hoffnungen der Menschen hin. In ihnen manifestieren sich Mechanismen kollektiven Denkens, Erlebens, Empfindens und Phantasierens; ein Hauptmechanismus besteht dabei in der unbewussten Erschaffung von Gottheiten, Jenseitsvorstellungen und eines Himmels durch Wunschgedanken der Menschen, die schließlich an ihre eigenen Geschöpfe glauben und sich ihnen unterwerfen, als ob es sie wirklich gäbe. So betrachtet, enthalten die Religionen aufschlussreiche

Hinweise auf die menschliche Wesensbeschaffenheit. Allerdings müsse man sie (die Religionen) richtig und angemessen interpretieren, um diese anthropologischen Merkmale und Gesichtspunkte in und an ihnen adäquat zu erfassen und freizulegen:

> Wie der Mensch denkt, wie er gesinnt ist, so ist sein Gott: Soviel Wert der Mensch hat, soviel Wert und nicht mehr hat sein Gott. Das Bewusstsein Gottes ist das Selbstbewusstsein des Menschen, die Erkenntnis Gottes die Selbsterkenntnis des Menschen ... Was dem Menschen Gott ist, das ist sein Geist, seine Seele, und was des Menschen Geist, seine Seele, sein Herz, das ist sein Gott: Gott ist das offenbare Innere, das ausgesprochene Selbst des Menschen; die Religion die feierliche Enthüllung der verborgenen Schätze des Menschen, das Eingeständnis seiner innersten Gedanken, das öffentliche Bekenntnis seiner Liebesgeheimnisse. (Feuerbach 1956, S. 51)

Die Ohnmacht der Menschen – so argumentierte Feuerbach – wurde von ihnen mit dem Wunsch und der Vorstellung von der Allmacht ihres Gottes beantwortet und die menschliche Begrenztheit und Sterblichkeit mit der Idee vom ewigen Leben. Die vielen gesellschaftlichen und individuellen Ungerechtigkeiten führten zur Phantasie einer jenseitigen ausgleichenden Gerechtigkeit, und das irdische Jammertal erzeugte die Hoffnung auf ein himmlisches Paradies. Als Welt- und Lebensanschauungen waren die Religionen wichtig, weil sie Möglichkeiten boten, die Undurchschaubarkeit der Welt zu minimieren und angstmindernd sowie tröstend zu wirken. In dieser Hinsicht kann man den Religionen sogar einen psychohygienischen Effekt zuschreiben – ein Gewinn, der allerdings mit Unkosten in anderen Bereichen verbunden ist.

Die gedankliche Leistung, in den göttlichen Attributen von Allmacht, Allwissenheit, Allgegenwart und Allzeitlichkeit (Ewigkeit) die Ohnmachts-Empfindungen wie auch die kompensatorischen Größenphantasien der Menschen entdeckt und auf sie zurückgelenkt zu haben, bezeichnet man als anthropologische Kehre, Wende oder Reduktion. Feuerbachs Technik der Reduktion bedeutet etwa, einen Satz wie »Gott ist die Liebe« vom Kopf auf die Füße zu stellen und daraus die Sentenz »die Liebe ist göttlich« werden zu lassen. Letztere sagt viel über den Menschen und sein Wesen aus und könnte ihm behilflich sein, sich in der Welt zurechtzufinden:

> *Homo homini Deus est* (Der Mensch ist dem Menschen ein Gott) – dies ist der oberste praktische Grundsatz –, dies der Wendepunkt der Weltgeschichte. (Feuerbach 1956, S. 409)

Ob dieser Satz die Weltgeschichte tatsächlich mit einer Wende versehen hat, mag man bezweifeln. Unzweifelhaft allerdings ist, dass Feuerbachs anthropologische Reduktion einen großen Schritt für die Person-Werdung in Form von Selbstvergewisserung und Selbstermächtigung bedeutet. Sie vermindert die Selbstentfremdung von Menschen und trägt dazu bei, dass wir uns realitätsadäquater einschätzen sowie realitätstauglicher handeln. Statt sich mit illusionären Wünschen, Hoffnungen und Projektionen in den göttlichen Gefilden aufzuhalten und sich allmächtige oder allgütige Götter zu imaginieren, vor denen wir zittern oder auf deren Tröstungen wir warten und vertrauen, dürfen und müssen wir seit Feuerbach unsere Existenz im Endlichen und im Diesseits unterbringen. Dass uns dabei kein Gott hilft, ist misslich und zugleich befreiend: Wir sind auf uns selbst und damit auf die eigenen Kräfte, Möglichkeiten und Potenzen verwiesen, die wir an keine transzendenten Schemen mehr vergeuden müssen.

8) Ein philosophierender Zeitgenosse Feuerbachs, Arthur Schopenhauer (1788–1860), hat sich ebenfalls in die illustre Reihe der Religionskritiker eingeschrieben. Anders als Feuerbach betonte Schopenhauer vor allem die reduzierten Denk- und Handlungsspielräume, die durch eine religiöse Erziehung bei den Gläubigen zu beobachten seien:

Sogar an Abrichtungsfähigkeit übertrifft der Mensch alle Tiere. Die Moslems sind abgerichtet, fünf Mal des Tages, das Gesicht gegen Mekka gerichtet, zu beten: tun es unverbrüchlich. Christen sind abgerichtet, bei gewissen Gelegenheiten ein Kreuz zu schlagen, sich zu verneigen und dergleichen; wie denn überhaupt die Religion das rechte Meisterstück der Abrichtung ist, nämlich die Abrichtung der Denkfähigkeit; daher man bekanntlich nicht früh genug damit anfangen kann. Es gibt keine Absurdität, die so handgreiflich wäre, dass man sie nicht allen Menschen fest in den Kopf setzen könnte, wenn man nur schon vor ihrem sechsten Jahre anfinge, sie ihnen einzuprägen, indem man unablässig und mit feierlichstem Ernst sie ihnen vorsagte ... Wie die Abrichtung der Tiere, so gelingt auch die des Menschen nur in früher Jugend vollkommen. (Schopenhauer 1988, S. 519 f.)

Die entschiedene Religionsskepsis Schopenhauers paarte sich bei ihm mit einer mindestens so entschiedenen Staatsskepsis sowie mit umfänglicher Akzeptanz und philosophischer Reflexion des menschlichen Leibes – insbesondere mit ausführlicher Beschreibung der Triebhaftigkeit sowie der Sexualität des Menschen. Fasst man diese drei Aspekte – Religionskritik, Staatskritik und Betonung der menschlichen Sexualität – zusammen, kann man im Philosophen mühelos einen Vorläufer der Psychoanalyse Sigmund Freuds erkennen.

Letzterer formulierte in *Das Unbehagen in der Kultur* (1930) drei Denkhemmungen, die sich gegenseitig bedingen und stützen: religiöse, autoritäre und sexuelle Denkhemmung. Obwohl Schopenhauer Religion, Staat und Verdrängung der menschlichen Sexualität noch nicht als eine zusammengehörige Struktur beschrieben hat, bereitete er mit den Texten zur Religionskritik eben diese Erkenntnis maßgeblich vor.

9) Mit der lapidaren und zugleich vieles umstürzenden Diagnose »Gott ist tot« gab sich Friedrich Nietzsche (1844–1900) nicht nur bezüglich des Stils als »Schüler« Schopenhauers zu erkennen. Ähnlich wie bei diesem (sowie anders als bei vielen anderen Agnostikern und Religionsskeptikern) spürt man bei Nietzsche ebenfalls mächtige Leidenschaften und Affekte, die er in seine Attacken gegen die Religion, vorrangig gegen das Christentum, investierte.

Bei aller Heftigkeit, mit der Nietzsche christliche Glaubensinhalte zertrümmern und der Religiosität der Menschen zu Leibe rücken wollte, war er selbstkritisch genug zu registrieren, wie sehr sich religiöse Denk-, Fühl- und Handlungsmuster selbst in nüchternen wissenschaftlichen und philosophischen Debatten und bei deren Protagonisten wiederfinden:

Dass auch wir Erkennenden von heute, wir Gottlosen und Anti-Metaphysiker, auch *unser* Feuer noch von dem Brand nehmen, den ein jahrtausendealter Glaube entzündet hat, jener Christenglaube, der auch der Glaube Platons war, dass Gott die Wahrheit ist, dass die Wahrheit göttlich ist. (Nietzsche 1988 [1882], S. 577)

Nietzsche gehört neben Arthur Schopenhauer zu den ersten Denkern, die sich ausführlich mit den kulturellen Verästelungen von Religionen, also mit deren Einflüssen auf Kunst, Wissenschaft, Philosophie, Gesellschaft und Politik befassten. Außerdem war ihm bewusst, wie sehr sich Religiosität in den Charakteren und Person-Kernen selbst jener Menschen wiederfindet, die von sich sagen, sie seien agnostisch oder atheistisch, und die zugleich in religiös tingierten Traditionen und Kulturen (wie etwa dem christlichen Abendland) aufgewachsen sind und sozialisiert wurden.

In mehreren seiner Schriften bedachte Nietzsche die Effekte für den Einzelnen, die aus einer religiösen Jenseits-Orientierung erwachsen. Wer sein Hoffen, Wünschen, Imaginieren auf das Transzendente hin ausrichtet und sich von dort Erlösung, Trost, ausgleichende Gerechtigkeit sowie ein ewigdauerndes Glück nach dem irdischen Dasein verspricht, unterminiert damit massiv die eigene Existenzgrundlage. Mit einer derartigen Haltung ist eine Reduktion von Lebensenergie und Weltbezug verbunden, die sich als Defizit bei der Daseinsgestaltung schmerzhaft bemerkbar macht:

> Wenn man das Schwergewicht des Lebens *nicht* ins Leben, sondern ins »Jenseits« verlegt – ins *Nichts* –, so hat man dem Leben überhaupt das Schwergewicht genommen. So zu leben, dass es keinen *Sinn* mehr hat zu leben, das wird jetzt zum »Sinn« des Lebens. (Nietzsche 1988 [1888], S. 217)

Anders als von vielen Religionen proklamiert, die von sich behaupten, ein tragfähiges Sinn-Angebot für all jene zu bieten, die sich um derlei Aspekte ihrer Existenz bemühen, wies Nietzsche wiederholt darauf hin, dass alle Formen des Liebäugelns mit dem Jenseits zu Nihilismus-Ergebnissen im Diesseits beitragen. »Es ist nicht genug Liebe und Güte in der Welt, um noch davon an eingebildete Wesen wegschenken zu dürfen« – heißt es unter der Überschrift *Verbotene Freigebigkeit* in Nietzsches *Menschliches, Allzumenschliches* (1878). Damit spielte der Philosoph auf die in vielen Religionen (nicht nur im Christentum) von den Gläubigen eingeforderten Emotionen der Ehrfurcht, Verehrung und regelrechten Liebe ihren Göttern gegenüber an, die letztlich ebenso wie die Verlagerung von Lebens- und Sinn-Partikeln ins Jenseits zu einer Verarmung der diesseitigen Menschen und ihrer Personalität führt.

Nietzsche träumte von einer Entwicklung einzelner oder von vielen Menschen, die einer solchen Verarmung ihres Person-Seins widerstehen und sich alles Blinzeln und Hoffen auf ein paradiesisches Jenseits oder auf göttliche Erlösungsszenarien versagen. Wie selbstbewusst, souverän und kraftvoll Einzelne, Gruppen oder die Menschheit insgesamt agieren können, wenn sie sich auf sich selbst besinnen, metaphysische Größen als irrelevant deklarieren und sich radikal den eigenen Möglichkeiten und Tugenden zuwenden, wurde bis anhin in der Menschheitsgeschichte auch nicht annäherungsweise ausgelotet:

> Es gibt einen See, der es sich eines Tages versagte, abzufließen, und einen Damm dort aufwarf, wo er bisher abfloss: Seitdem steigt dieser See immer höher ... Vielleicht wird der Mensch von da an immer höher steigen, wo er nicht mehr in einen Gott *ausfließt*. (Nietzsche 1988 [1882], S. 528)

Gerät der Einzelne aber aufgrund seiner Erziehung und Sozialisation auf eine religiöse Bahn, bedeutet dies in der Regel eine Verkleinerung seines autonomen Selbstwerts, zugleich jedoch eine Steigerung des imaginären, aus dem identifizierenden Kontakt mit einer Gottheit abgeleiteten Wertes seiner Person. Wie allzu brüchig allerdings diese Variante der Selbstwert-Regulation ist, wird überdeutlich, sobald die Gottheit und ihre Existenz mit kritisch-skeptischen Fragen versehen wird: Nicht nur ein Gott, sondern vor allem auch der Gläubige beginnt nun zu wanken; und weil wankend-schwankende Selbstwert-Empfindungen in den meisten Fällen ängstigen, wehrt sich der Betreffende verständlicherweise energisch gegen jegliche Religionskritik:

> Wie viel einer Glauben nötig hat, um zu gedeihen, wie viel »Festes«, an dem er nicht gerüttelt haben will, weil er sich daran hält, – ist ein Gradmesser seiner Kraft (oder deutlicher geredet, seiner Schwäche). (Nietzsche 1988 [1882], S. 347)

Als ein wesentliches Thema und Problem eines Lebens ohne die Götter beschrieb Nietzsche die dringliche Notwendigkeit, Normen, Werte und ethische Prämissen neu austarieren und gewichten zu müssen. Die Götter und vornehmlich die eine Gottheit in monotheistischen Religionen boten sich als Wertmaßstab nicht nur an – sie waren (so die feste Überzeugung und Gewissheit diverser Religionen) der Ursprung und die Verfasser von Werte- und Gebotstafeln und stellten die Letztbegründung aller ethisch-moralischen Konzepte für die Gläubigen dar. Im Bogen des menschlichen Sollens und Dürfens bedeuteten sie den Schluss-Stein, der alle anderen Elemente überwölbte und zusammenhielt.

Was aber, so fragt Nietzsche sich und seine Leser, geschieht, wenn dieser Schluss-Stein nicht mehr vorhanden und der höchste, heiligste und sakrosankte Wert in seiner Wirkung hinfällig geworden ist? Wer ersetzt Gott nach seinem Ableben auf der Spitze der Wertepyramide, und welche unangefochtene Autorität sagt uns zukünftig, was wir zu tun und zu lassen haben, wer wir sind oder werden können und wo Ziel und Orientierung des Daseins verborgen sind:

> Was taten wir, als wir diese Erde von ihrer Sonne losketteten? Wohin bewegt sie sich nun? Wohin bewegen wir uns? Fort von allen Sonnen? Stürzen wir nicht fortwährend? Und rückwärts, seitwärts, vorwärts, nach allen Seiten? Gibt es noch ein Oben und ein Unten? Irren wir nicht durch ein unendliches Nichts? Haucht uns nicht der leere Raum an? Ist es nicht kälter geworden? Kommt nicht immerfort die Nacht und mehr Nacht? Müssen nicht Laternen am Vormittag angezündet werden? Hören wir noch nichts von dem Lärm der Totengräber, welche Gott begraben? Riechen wir noch nichts von der göttlichen Verwesung? auch Götter verwesen! Gott ist tot! Gott bleibt tot! Und wir haben ihn getötet! (Nietzsche 1988 [1882], S. 481)

Häufig hat man Nietzsche aufgrund solcher Formulierungen als einen nihilistischen Philosophen gescholten – der er nicht war. Zwar sah er sehr wohl die Erschütterungen im Wert- und Normgefüge der Menschen als Konsequenz eines Lebens ohne die Götter richtig voraus und begrüßte sie ausdrücklich. Doch anstatt sich im axiologischen Nirwana zu verlieren, plädierte er für eine Umwertung aller Werte und machte sich daran, selbst entsprechende Beiträge für eine gottlose und religionsferne und zugleich humane Ethik zu liefern. Zu den Werten, die Nietzsche zufolge ein Dasein ohne transzendente Beimischungen ermöglichen können, zählen etwa die schenkende Tugend (Generosität), die Fernsten-Liebe (als Ergänzung zur Nächstenliebe), Vornehmheit und das Pathos der Distanz (sich nicht mit Wertwidrigkeiten in allen ihren Spielarten gemein machen) sowie die intellektuelle Redlichkeit. Insbesondere den letzteren Wert sah Nietzsche sträflich als außer Acht gelassen, wenn Intellektuelle sich und andere mit religiösem Aberglauben abspeisen ließen:

Der unbedingte redliche Atheismus (– und seine Luft allein atmen wir, wir geistigeren Menschen dieses Zeitalters!) ist die Ehrfurcht gebietende Katastrophe einer zweitausendjährigen Zucht zur Wahrheit, welche am Schluss sich die *Lüge im Glauben an Gott* verbietet. (Nietzsche 1988 [1887], S. 409)

10) Viel eher der Religionspsychologie als der Religionskritik zuzurechnen sind die Auseinandersetzungen und Vorlesungen von William James über *Die Vielfalt religiöser Erfahrungen* (1901/02). James (1842–1910) lehrte drei Jahrzehnte lang an der Harvard University die Fächer Psychologie und Philosophie. Während dieser Zeit wurde er zum Begründer sowohl der US-amerikanischen Psychologie als auch des philosophischen Pragmatismus; Letzteren hatte er zusammen mit seinem Freund Charles Sanders Peirce (1839–1914) aus der Taufe gehoben.

Bei seinen religionswissenschaftlichen Untersuchungen war James vorrangig an subjektiven Erfahrungen einzelner Personen und keineswegs an den institutionalisierten oder dogmatisierten Aspekten von Religionen interessiert. Ähnlich wie Schleiermacher war er überzeugt, das Wesen von Religion und religiösen Empfindungen im Bereich der Emotionalität (und nicht der Rationalität) von Gläubigen verorten zu müssen:

Ich glaube in der Tat, dass das Gefühl die tiefere Quelle der Religion ist, und dass philosophische und theologische Formeln sekundäre Produkte sind, Übersetzungen eines Textes in eine andere Sprache vergleichbar ... Ich zweifle daran, dass die leidenschaftslose intellektuelle Betrachtung des Universums, ohne seelisches Unglück und Erlösungsbedürfnis auf der einen Seite und mystische Emotionen auf der anderen, jemals zu religiösen Philosophien geführt hätten, wie wir sie jetzt besitzen. (James 1997, S. 426)

James war bereits auf dem Weg zu einer tiefenpsychologischen Form der Religions-Analyse, ohne dass er die wenige Jahre später von Sigmund Freud und Alfred Adler ins Auge gefasste Religionskritik verwirklicht hätte. Seine religionspsychologischen Überlegungen ließen ihn die Religiosität von Menschen als eine (wie er es benannte) »unterbewusste Fortsetzung unseres bewussten Lebens« (ebd., S. 491) verstehen, die durchaus einer empirischen wissenschaftlichen Erforschung (der Psychologie und Tiefenpsychologie) zugänglich sei und damit über bloß theologische Beschreibungen von religiösen Erfahrungen weit hinausreiche.

11) Auf einen ebenfalls religionspsychologischen Ansatz treffen wir in dem religionswissenschaftlichen Werk von Rudolf Otto (1869–1937). Otto war evangelischer Theologe und hatte einen Lehrstuhl für Systematische Theologie in Breslau und später in Marburg inne. Sein wichtigstes und oft zitiertes Werk trägt den Titel *Das Heilige – Über das Irrationale in der Idee des Göttlichen und sein Verhältnis zum Rationalen* (1917). Obwohl dieser Text über einhundert Jahre alt ist, enthält er interessante Hinweise für eine funktionalistische und personale Religionskritik.

Ähnlich wie Friedrich Schleiermacher ging auch Otto von Gefühlen, Affekten und Stimmungen aus, die religiösen Erlebnissen zugrunde liegen, und die für ihn den Kern der individuellen wie auch kollektiven Religiosität bedeuteten. Nicht das intellektuelle und rationale Erschließen eines Gottes oder sonstiger transzendenter Wesenheiten, sondern das affektiv getönte Erleben sakraler Phänomene interessierten Otto und waren für ihn quasi ein Nachweis für die Existenz des Göttlichen.

In *Das Heilige* bezeichnete Otto das Göttliche und Transzendente aufgrund seiner Unsichtbarkeit und empirischen Nichtbeweisbarkeit als das Numinose – ein Begriff, der sich vom lateinischen *numen* (Wink, Kraft, Geheiß) ableitet. Diese gestaltlos-göttliche Macht und Energie beeinflusst und prägt das menschliche Dasein ebenso wie die gesamte Natur und den Kosmos und repräsentiert die Sphäre des Heiligen.

Dem Numinosen gegenüber erleben sich die Menschen schon seit Jahrtausenden als hilflos und ausgeliefert; Schleiermacher hatte dafür die Formel der schlechthinnigen Abhängigkeit gebraucht. Otto verfeinerte die Beschreibung des emotional-irrationalen Empfindens angesichts einer als in jeglicher Hinsicht überlegen erlebten Macht und teilte die verschiedenen Emotionen in zwei Gruppen ein: *tremendum* sowie *fascinans*.

Weil Gottheiten und ihr Wirken als total übermächtig, potentiell alles zerstörend und unberechenbar erlebt werden (man denke nur an diverse Unwetter- und Klimaphänomene, die schon seit jeher als göttliche Strafen und Interventionen gedeutet wurden), entwickelt sich dem Numinosen gegenüber häufig ein Empfinden des Geheimnisvoll-Schauderhaften – oder in den Worten Ottos: das *Mysterium tremendum:* »Grauen ist nicht natürliche, gewöhnliche Furcht, sondern selber schon ein erstes Sich-Erregen und Wittern des Mysteriösen, wenn auch zunächst in der noch rohen Form des Unheimlichen ...« (Otto 2004, S. 17)

Als Mysterium, also als das Geheimnisvolle bezeichnete Otto das Göttliche, weil es sich seiner Ansicht nach um das »ganz Andere« handelt, das keinem geläufigen Terminus oder Bild entsprechen kann. Zustimmend zitierte er einen Gedanken des niederdeutschen Schriftstellers Gerhard Tersteegen (1697–1769): »Ein begriffener Gott ist kein Gott.« (ebd., S. 28) Max Weber verwies im 20. Jahrhundert dazu passend auf die von den Wissenschaften induzierte Emanzipation von mysteriös-göttlichen Vorstellungen sowie auf die damit verbundene Entzauberung der Welt – eine Entzauberung, der manche im 21. Jahrhundert noch nachweinen, und die sie mit neuerlicher Verzauberung der Welt durch Esoterik oder bestimmte Spielarten der Kunst (respektive des Kitsches) kompensieren wollen.

Das Göttlich-Mysteriöse lädt demnach nicht nur zum Schaudern, sondern auch zu einer sehnsuchtsvollen Identifikation ein; dementsprechend nannte Otto dieses Phänomen *Mysterium fascinans*. Dabei bezog er sich auf tausendfache Schilderungen von Gläubigen, die im Hinblick auf ihre religiösen Erlebnisse von enormer Begeisterung berichteten:

Neben das Sinn-Verwirrende tritt das Sinn-Berückende, Hinreißende, seltsam Entzückende, das oft genug sich zum Taumel und Rausch sich Steigernde, das Dionysische der Wirkungen des *numen*. Wir wollen dieses Moment »das Fascinans« des *numen* nennen. (Otto 2004, S. 42)

Das *Mysterium fascinans* mache sich etwa in der Feierlichkeit bemerkbar, mit der oft Gottesdienste jeglicher Couleur vorbereitet und durchgeführt werden. In gesteigerter Form lässt sich das Faszinosum in den ekstatisch-entrückten Zuständen Einzelner oder ganzer Gruppen beobachten, denen sich ihre Gottheit zu nähern und zu öffnen scheint, und die in ihrer trance-artigen Welt davon als Helligkeit, Licht und Sphärenmusik berichten.

Analoge Effekte der Verzückung erzielten im 20. Jahrhundert die psychologisch bestens arrangierten nationalsozialistischen Aufmärsche und Massenveranstaltungen, wobei man die quasi-religiösen Erlebnisse des affektiv stimulierten Publikums wohl als eine Mischung aus *Mysterium fascinans* wie auch *tremendum* bezeichnen durfte.

12) Beinahe zeitgleich mit Rudolf Ottos *Das Heilige* (1917) publizierte der französische Soziologe Émile Durkheim (1858–1917) *Die elementaren Formen des religiösen Lebens* (1912). Durkheim, der als Begründer und zugleich Klassiker der modernen Soziologie gilt, ging ähnlich wie Otto vom Phänomen des Heiligen und hier besonders von den Phänomenen der religiösen Riten aus, um einen wissenschaftlich-soziologischen Zugang zu Religion und Religiosität zu finden. Nach seinen ausführlichen Studien des Totemismus eines Stammes der australischen Aborigines übertrug er die dabei erworbenen Erkenntnisse auf die Religionen allgemein und kam zu folgender Definition:

Eine Religion ist ein solidarisches System von Überzeugungen und Praktiken, die sich auf heilige, das heißt abgesonderte und verbotene Dinge, Überzeugungen und Praktiken beziehen, die in einer und derselben moralischen Gemeinschaft, die man Kirche nennt, alle vereinen, die ihr angehören. (Durkheim 2007, S. 300)

Durkheims soziologische Untersuchungen von Religiosität und Religionen bedeuten ein Paradebeispiel für eine funktionalistische Betrachtungsart. Für ihn charakterisierte nicht der Glaube an eine Gottheit, sondern der Bezug der Gläubigen zu etwas Heiligem deren Religion – wobei diese Bezugnahme mit Selbstverlust (Unterwerfung) oder mit Selbststeigerung (Ekstase) einhergehen konnte. Die (göttliche, transzendente, heilige) Kraft und Energie, die den Selbstverlust respektive die Selbststeigerung von gläubigen Individuen induziert und sie aus dem Status des Profanen in denjenigen des Sakralen verbringt, wird von ihnen gemeinhin als Wirken von etwas Übermächtigem interpretiert.

Der Soziologe Durkheim jedoch sah im Wechsel vom Profanen zum Sakralen eine Gruppen- oder Massendynamik am Werk. Einzelne Riten und religiöse Praktiken entwickeln und ereignen sich ihm zufolge nur im Kollektiv – ohne diesen kollektiven Hintergrund gäbe es keine Religiosität einzelner Individuen. Das Resultat seiner religionssoziologischen Studien war, dass »Religion eine im Wesentlichen kollektive Angelegenheit« (Durkheim 2007, S. 75) ist.

13) Im 20. Jahrhundert trat neben philosophischer, psychologischer und soziologischer auch eine tiefenpsychologische Einordnung der Religiosität auf den Plan. Vor allem Sigmund Freud (1856–1939) und Alfred Adler (1870–1937) wirkten diesbezüglich modellbildend.

Der Begründer der Psychoanalyse hat in seinem Werk mehrfach zu Fragen der Religion, des Aberglaubens und der Mythologie ausführlich Stellung genommen. In seinem frühen Text *Zwangshandlungen und Religionsübungen* (1907) vertrat er die Ansicht, dass es Ähnlichkeiten und Parallelen zwischen neurotischen Symptomen bei Zwangskranken sowie religiösen Ritualen und Handlungsmaximen gebe. Insbesondere die Zeremonien von zwangsgestörten Menschen, mit denen sie Freud zufolge versuchen, ihre sexuellen Triebimpulse in Schach zu halten, erinnerten ihn an manche zeremoniellen Handlungen von Gläubigen:

Nach diesen Übereinstimmungen und Analogien könnte man sich getrauen, die Zwangsneurose als pathologisches Gegenstück zur Religionsbildung aufzufassen, die Neurose als eine individuelle Religiosität, die Religion als eine universelle Zwangsneurose zu bezeichnen. (Freud 1988 [1907], S. 138 f.)

Eine weitere Schrift, in der sich Freud Fragen der Religion zuwandte, war *Totem und Tabu* (1913). Er entwarf darin eine Art Völkerpsychologie, in deren Rahmen auch das Wesen und die Entstehung von Religionen und Monotheismus in grauer Vorzeit rekonstruiert werden sollte. Schon vor Jahrzehntausenden sollen junge Männer ihre Mütter und Schwestern sexuell begehrt und ihre Väter gedanklich oder sogar real eliminiert haben. So habe die Ur-Horde den Horden-Vater getötet – eine Tat, die massive Schuldgefühle ausgelöst habe. In der Folge entstanden aus Reue diverse Tabus, die sich auf den sexuellen Kontakt mit den nächsten Familien-Angehörigen bezogen. Außerdem wurde der verhasste und getötete Vater nachträglich als Totem verehrt; dies mache verständlich, warum Totems oft eine irrational anmutende Wertschätzung erfahren.

In den monotheistischen Religionen erkannte Freud Spuren und Parallelen zu seinem Urzeit-Roman, den er in *Totem und Tabu* entworfen hatte. Gottvater repräsentierte für ihn den getöteten Horden-Führer, dem man Gehorsam und Unterwürfigkeit entgegenbringe; der Ablauf dieser von ihm entworfenen Ur- und Vorgeschichte mache daher auch das Schuldgefühl verständlich, das in vielen Religionen von den Gläubigen erlebt wird:

Die Gesellschaft ruht jetzt auf der Mitschuld an dem gemeinsam verübten Verbrechen, die Religion auf dem Schuldbewusstsein und der Reue darüber, die Sittlichkeit teils auf den Notwendigkeiten dieser Gesellschaft, zum andern Teil auf den vom Schuldbewusstsein geforderten Bußen. (Freud 1988 [1913], S 176)

Wenngleich die Thesen von *Totem und Tabu* gewagt klingen, wurde durch sie das Religionsthema in den Rahmen der allgemeinen Kulturentwicklung eingestellt und die Gottesvorstellung mit Vater-Kind-Konflikten verknüpft. Diese Ideen führte Freud in *Massenpsychologie und Ich-Analyse* (1921) weiter aus; an Institutionen der Kirchen zeigte er kollektivpsychologische Mechanismen auf: Die Gemeinschaft der Gläubigen bildet ihm zu Folge eine stabile Masse, die sich durch gemeinsame Ich-Ideale auszeichnet. Die Kirchenmitglieder streben einer Zielsetzung zu und verbinden sich im kollektiven Bemühen, ihr Ich-Ideal zu verwirklichen.

Auf Gott oder seinen Stellvertreter auf Erden werden dabei infantile Wünsche ebenso wie libidinöse Triebneigungen übertragen. Wie ein Kind seinen Vater, so lieben die Gläubigen ihren göttlichen Herrn, mit dem sie sich geschlossen identifizieren. Die gemeinsamen Zielsetzungen, Ideale und Identifikationsmöglichkeiten wirken für die Mitglieder angstmindernd, weil für beinahe alle Lebenssituationen verbindliche Handlungsmaximen vorhanden sind. Außerdem erhöht es das Souveränitätserleben, da der Einzelne sich nicht alleine fühlen muss und sich mit den anderen (den Vielen) gegen Anders- oder Nichtgläubige abgrenzen kann:

Darum muss eine Religion, auch wenn sie sich die Religion der Liebe heißt, hart und lieblos gegen diejenigen sein, die ihr nicht angehören. Im Grunde ist ja jede Religion eine solche Religion der Liebe für alle, die sie umfasst, und jeder liegt Grausamkeit und Intoleranz gegen die nicht Dazugehörigen nahe. (Freud 1988 [1921], S. 107)

In *Die Zukunft einer Illusion* (1927) beschrieb Freud darüber hinaus, wie Religionen ihren Gläubigen ein hohes Maß an Tröstung angesichts eines oftmals tristen Daseins zukommen lassen. Kummer, Leid, Ungerechtigkeit aller Art bis hin zum Faktum des Todes werden von Religionen in ihrer Tragik entschärft, indem sie den Menschen ausgleichende Gerechtigkeit vorgaukeln, die im Jenseits für das Glück derjenigen Sorge trägt, die im Diesseits zu kurz gekommen sind. Auch wiegen sie die Gläubigen in der Illusion eines ewigen Lebens und widersprechen damit jeglicher Erfahrung sowie wissenschaftlichen Erkenntnis.

Wie Karl Marx, der Religionen als Opium des Volkes (vgl. Marx 1967, S. 71) bezeichnete, wies Freud auf deren einlullenden und betäubenden Charakter hin. Wenn die Realität für Menschen unerträgliche Härten mit sich bringt, greifen sie oft zu Alkohol, Drogen oder aber zu weltanschaulichen Tranquilizern wie Religionen. In sie investieren sie viele ihrer Wünsche und Bedürfnisse und erhoffen sich diffus-irrational eine umfassende Befriedigung und Lösung ihrer vitalen, emotionalen und sozialen Spannungen und Konflikte.

Relevant für eine religiöse Einstellung sei die Vatersehnsucht der Gläubigen. Freud meinte, dass ich-schwache und kindliche Individuen ein starkes Bedürfnis haben, sich an einen allmächtigen Gottvater im Himmel anzulehnen, der ihnen Halt und Orientierung garantiert und sie in ihrem schwankenden Selbstwerterleben stabilisiert. Der Glaube via Identifikation mit höheren Wesen ermöglicht es den Betreffenden, sich als bedeutsam zu empfinden – immerhin sorgt sich ein Gott um sie.

Religiöse Weltanschauungen sind tief im Gemüt der Betreffenden verankert und werden von irrationalen und affektiven Faktoren gestützt. Ähnlich wie die Urteile von Wahnkranken einer rationalen Betrachtung und Kritik nicht zugänglich sind, zeigen auch die illusionären Überzeugungen der Religiösen eine strikte Immunität gegenüber wissenschaftlichen und vernünftig-logischen Einwänden. *Credo, quia absurdum est* – ich glaube, weil es absurd ist! Diesem Motto des Kirchenvaters Tertullian (150–222 n. Chr.) hängen Gläubige immer noch an.

Die enge Verwandtschaft von Wahn und illusionärer Verkennung rückte die Religion für Freud in die Nähe der Psychopathologie. Dazu passt, dass man bei gläubigen Menschen oft eine religiöse Denkhemmung beobachten kann, die mit autoritären und sexuellen Denkhemmungen vergesellschaftet ist. Diese Trias wurde von Freud herangezogen, um die Nachteile, die eine religiöse Sozialisation mit sich bringt, zu umreißen. Hat man als Kind das Wünschen, Hoffen, Glauben statt des realitätsgerechten Wahrnehmens und Urteilens gelernt, läuft man Gefahr, ein Illusionist und Träumer zu bleiben und kaum je zur Wirklichkeit zu erwachen.

In *Die Zukunft einer Illusion* plädierte Freud für die Abschaffung der alten Götter und die Etablierung eines neuen Gottes Logos. An die Stelle der süßen und betäubenden Intoxikationen mit religiösen Hirngespinsten sollen vernunftgeleitete Wissenschaften und Philosophien treten, welche die Menschen zwar nicht unbedingt glücklicher, aber realitätstauglicher und weniger neurotisch werden lassen:

> Gewiss wird der Mensch sich dann in einer schwierigen Situation befinden, er wird sich seine ganze Hilflosigkeit, seine Geringfügigkeit im Getriebe der Welt eingestehen müssen, nicht mehr der Mittelpunkt der Schöpfung, nicht mehr das Objekt zärtlicher Fürsorge einer gütigen Vorsehung. Er wird in derselben Lage sein wie das Kind, welches das Vaterhaus verlassen hat, in dem es ihm so warm und behaglich

war. Aber nicht wahr, der Infantilismus ist dazu bestimmt, überwunden zu werden? Der Mensch kann nicht ewig Kind bleiben, er muss endlich hinaus ins »feindliche Leben«. Man darf das die *Erziehung zur Realität* heißen. (Freud 1988 [1927], S. 373)

Der Gedankengang von *Die Zukunft einer Illusion* wurde von Freud in *Das Unbehagen in der Kultur* (1930) fortgeführt. Darin nahm er Bezug auf eine Formulierung Romain Rollands, mit dem er in Briefwechsel stand, und der als wesentliches emotionales Erleben der Religion ein ozeanisches Gefühl benannt hatte. Zu diesem Empfinden bezog Freud Stellung, wobei er es nicht mit religiösen Phänomenen, sondern mit dem innigen Einssein des Kleinkindes mit seinen Bezugspersonen in Einklang brachte. Die Ich-Entwicklung und der Individuationsprozess machen eine Loslösung aus diesen symbiotischen Zuständen notwendig, was bei nicht wenigen Erwachsenen Sehnsüchte auslöst, in frühkindliche Verhältnisse zurückfinden zu wollen:

Ich kann mir vorstellen, dass das ozeanische Gefühl nachträglich in Beziehung zur Religion geraten ist. Dies Eins-Sein mit dem All, was als Gedankeninhalt ihm zugehört, spricht uns ja an wie ein erster Versuch einer religiösen Tröstung, wie ein anderer Weg zur Ableugnung der Gefahr, die das Ich als von der Außenwelt drohend erlebt. (Freud 1988 [1930], S. 430)

Einen Ausweg aus der Heimatlosigkeit des Menschen könnte die Kultur bieten, die nach Freud entstanden ist, um Individuen gegen die Mächte der Natur zu schützen und ihre Beziehungen untereinander zu regeln. Mit Kulturleistungen haben sich die Menschen beinahe göttliche Verhältnisse geschaffen, indem sie ihr Wissen und ihre Macht enorm gesteigert haben.

Freud zufolge sind die Errungenschaften der Kultur jedoch nur vor dem Hintergrund eines massiven Triebverzichts und der Einschränkung von Freiheitsgraden entstanden. Deshalb verspüren viele Menschen der Kultur gegenüber Zurückhaltung und Unbehagen und fühlen sich nicht heimisch in ihr. Nur wenige verfügen über die Bereitschaft und Fähigkeit zum Triebaufschub und zur Sublimierung, welche die Voraussetzungen für umfängliche Kulturassimilation sowie Kulturschöpfung bedeuten. Erst aber wenn das Gros der Menschheit Kultur-affiner geworden ist, werden die Religionen als heimat- und sinnstiftende Surrogate ausgedient haben:

Versucht man, die Religion in den Entwicklungsgang der Menschheit einzureihen, so erscheint sie nicht als Dauer-Erwerb, sondern als ein Gegenstück zur Neurose, die der einzelne Mensch auf seinem Weg von der Kindheit zur Reife durchzumachen hat. (Freud 1988 [1933], S. 181)

14) Im Gegensatz zu Freud hat sich Alfred Adler nur einmal dezidiert zur Religion und Religiosität in einem Buch geäußert: 1933 erschien *Religion und Individualpsychologie*, eine Schrift, die er zusammen mit dem Pastor Ernst Jahn verfasst hatte. Darin schlug er einen konziliant-kritischen und versöhnlichen Ton der Religion gegenüber an. Nach allem, was sonst von Adler bekannt ist, war er entschieden agnostisch-atheistisch eingestellt.

Da die Stellungnahmen Adlers zur Religion und seine Ideologiekritik über seine sonstigen Bücher lose verstreut sind, fasse ich die Gedanken aus mehreren seiner Schriften zusammen und kondensiere sie im Hinblick auf ihre religionskritischen Inhalte. In Ergänzung zur psychoanalytischen Religionskritik hob Adler vor allem auf die Begriffe Minderwertigkeit und Machtstreben ab, um verständlich zu machen, was Menschen zur Religion treibt und sie dort hält. Ihm zufolge werden wir alle in eine Situation der Ohnmacht und des Nicht-Könnens hineingeboren. Dies provoziert bei uns einen anhaltenden Stimulus der Kompensation und Überwindung, woraus der Charakter, unsere Fähigkeiten und Fertigkeiten und zuletzt alle unsere Daseinsbewegungen entspringen.

Religionen greifen die ursprüngliche Minderwertigkeitssituation des Menschen auf und bauen sie auf geschickte Art und Weise in ihre Lehre ein. Das Christentum etwa kennt den Gedanken der Erbschuld, von der man angeblich niemals loskommt, und die nur durch einen Gnadenakt Gottes abgemildert werden kann. Mittels langer Listen möglicher Sünden und Vergehen werden Gläubige mit ihrer Bedeutungslosigkeit konfrontiert; kein Wunder, dass viele von ihnen starkes Minderwertigkeitserleben und gesteigerte Lebensangst empfinden, die sie für Erlösungsstrategien der Religion empfänglich machen. Adler charakterisierte in *Über den nervösen Charakter* (1912) die Religion deshalb als Instanz, die verängstigten und unsicheren Menschen Orientierung und Schutz bietet.

Je ohnmächtiger sich Individuen erleben, umso mehr sind sie für die kompensatorische Idee der Allmacht zu begeistern. Weil Götter als das Nonplusultra der Allmacht gelten, haben theistische Religionen bei eingeschüchterten und klein gehaltenen Menschen leichtes Spiel: Indem sie Gottheiten anbeten und verehren, haben sie imaginär selbst Anteil an deren unermesslicher Größe und Potenz. Die Unterwerfung unter Götter und religiöse Vorschriften subsumierte Adler unter Ich-Schwäche. Er ging davon aus, dass dies immer auch mit enormen Machtphantasien bei den Betreffenden verknüpft ist. Auf diese fixe Verbindung hatte schon Friedrich Nietzsche in einem seiner Aphorismen hingewiesen: »Wer sich erniedrigt, *will* erhöht werden!«

Die oftmals vorhandenen Selbstverkleinerungstendenzen religiös gläubiger Menschen interpretierte Adler daher als verkappte Größenideen und Gottähnlichkeitswünsche; in ihren Selbstanklagen, Askese-Übungen, Verzichtserklärungen, Selbstkasteiungen klang für sein Ohr unüberhörbar die Melodie der Macht und des Überlegenheitsstrebens mit. Zu den diversen religiösen Verkleinerungsexerzitien zählen Buße, Sühne, Sündenregister, Unterwerfungsgesten und Demutsgebärden, Schuld- und Schamaffekte, die Vorstellung von der angeborenen Schlechtigkeit des Menschen sowie die Notwendigkeit der Erlösung (Beichte, Ablassregelungen). In *Heilen und Bilden*, das Adler zusammen mit Carl Furtmüller 1914 herausgegeben hat, stellte er die Religiosität deshalb in eine Reihe mit dem Masochismus und machte als Quelle dafür ein verstärktes Minderwertigkeitsgefühl namhaft:

Alle Züge des erwachsenen Menschen von Unterwürfigkeit, Demut, Religiosität, Autoritätsglauben und Masochismus stammen aus diesem ursprünglichen Gefühl der Schwäche. (Adler 1973, S. 346)

Noch ein weiterer Begriff der Individualpsychologie soll erwähnt werden, der für religiös orientierte Menschen relevant sein kann: die Verwöhnung. Adler diagnostizierte derlei bei einem reduzierten Aktivitätsgrad sowie einer passiven Erwartungshaltung (z. B. im Hinblick auf göttliche Eingriffe in das Leben). Gläubige haben nicht selten unzureichend gelernt, für ihr Dasein vollumfänglich Verantwortung zu übernehmen; stattdessen lassen sie Priester für sich entscheiden, warten auf göttliche Erlösung und leben damit in einem Zustand der verlängerten Kindheit:

Dabei haben sie (die Gläubigen) meist das Bewusstsein, dieser so außerordentlich verehrte und angebetete Gott stehe eigentlich in ihrem Dienst, habe für sie die ganze Verantwortung und sei außerdem noch durch künstliche Mittel heranzulocken, wie etwa durch ein besonders eifrig verbrachtes Gebet oder durch eine sonstige religiöse Hingebung. Kurz, der liebe Gott weiß gar nicht, was er sonst zu tun hätte, sondern muss erst durch sie besonders aufmerksam gemacht werden. (Adler 1987 [1927], S. 231)

Ein anderer Aspekt religiöser Weltanschauung und Lebensgestaltung besteht in der Verschiebung von vitalen Interessen und Energien weg vom Diesseits hin zum Jenseits. Anstatt sich mit den Mängeln und Defiziten des irdischen Lebens auseinanderzusetzen und im Hinblick auf Armut, Ungerechtigkeiten, Krankheiten, Naturkatastrophen, Krieg, Obdachlosigkeit, Hunger und andere Übel kraftvolle Veränderungen herbeizuführen, leisten sich nicht wenige Gläubige den Luxus, betend auf Hilfe von oben zu hoffen oder ihre Phantasien bezüglich eines besseren Lebens auf einen Zeitraum nach ihrem Tod zu verschieben.

Für billige Verheißungen der Religionen verraten manche religiös Orientierte eine der wichtigsten Aufgaben, die wir als Menschen haben: uns selbst, den Mitmenschen und der Erde treu zu bleiben. In Anlehnung an das Diktum Nietzsches, der meinte, es sei nicht genug Liebe in der Welt, um sie an ein Jenseits zu vergeuden, können wir feststellen, dass auch zuwenig Solidarität, Tatkraft und Humanität in der Welt vorhanden ist, um auch nur ein Quäntchen davon an eine fragwürdige transzendente Stelle abfließen zu lassen – ein Gedanke, auf den Adler in *Über den nervösen Charakter* abzielte:

Viele flüchten in die Religion, geben ihr gegenwärtiges Leben preis, peitschen ihre moralischen und asketischen Regungen auf, um des Glücks ... »dort drüben« teilhaftig zu werden. (Adler 1998, S. 328 f.)

Die Tendenz vieler Menschen, immer und um jeden Preis überlegen und oben sein zu wollen, bezeichnete Adler mit dem Begriff des männlichen Protests. Er verwendete diesen Begriff, weil in patriarchalischen Kulturen normalerweise den Männern die Attribute der Stärke, Überlegenheit und Macht zugeschrieben werden – Attribute, die sowohl Frauen als auch Männer als attraktiv erleben. Der männliche Protest kommt daher bei beiden Geschlechtern vor.

Obwohl viele Religionen vorgeben, in ihren Normen und Werten auf eine Überwindung von männlich protestierenden Haltungen ausgerichtet zu sein, züchten und pflegen sie solche Einstellungen. Einerseits liegt dies an der gelebten Praxis sowie an der geschichtlichen Tradition, die viele Religionen aufzuweisen haben. Wer sich als weltanschauliche Gruppe im Besitz der absoluten Wahrheit wähnt, gerät leicht in die Rolle dessen, der diese Wahrheit mit Feuer und Schwert verteidigt und die Anders- oder Ungläubigen zum religiösen Glück zwingen will; solche Nächstenliebe gibt ein Modell ab für puren männlichen Protest. Andererseits repräsentiert jede Gottesidee *per se* bereits den männlichen Protest. Die Vorstellung von Allmacht und Allwissen Gottes sowie der permanenten Unterlegenheit des Menschen zementiert seit Jahrtausenden das Erleben von Oben und Unten und eines autoritären Gefälles in den Gemütern der Gattung Homo. Dieses Empfinden hat auf zwischenmenschliche Beziehungen abgefärbt und stimuliert die Tendenz vieler Personen, stets überlegen sein zu wollen.

Religiöse Menschen befriedigen ihre Macht- und Ehrgeizziele sowie ihre Größenphantasien auch insofern, als sie aufgrund des Glaubens über ein anscheinendes Wissen verfügen, um das sie Nichtgläubige bisweilen beneiden. Die Entstehung des Kosmos, die Entwicklung des Lebens, der tiefere Sinn von Geschichte und menschlichem Dasein sowie die Zukunft der Erde und die individuelle Weiterexistenz nach dem Tode – es gibt kaum eine Frage, auf die Religionen nicht passende Antworten wüssten.

Insbesondere der Sinn der Geschichte und die Bedeutung unseres Daseins werden von verschiedenen Weltreligionen als beantwortet und gelöst behandelt. Adler war diesbezüglich bescheidener und hat in seinem 1933 publizierten Buch *Der Sinn des Lebens* lediglich einige Möglichkeiten angedeutet, wie man sich diesem komplexen Thema wissenschaftlich und philosophisch nähern kann. Als wichtiges Entwicklungs- und Bewegungs-Gesetz sowohl des Kosmos als auch des Lebens und der menschlichen Gattung benannte er die Tendenz nach Ganzheit und Vervollkommnung; ein derartiger Grundzug wohne sowohl der Materie und Lebewelt als auch der gesamten Kultur inne. Menschen haben seit Jahrtausenden versucht, sich in Sagen, Mythen, Religionen Bilder und Entwürfe für vollkommenere Formen des Daseins und der Welt zu schaffen. An diesen Erzählungen kann man nach Adler erahnen, wie sich unsere Vorfahren die kollektive Entwicklung der Gattung und ihr individuelles Wachstum ausmalten:

Die beste Vorstellung, die man bisher von dieser idealen Erhebung der Menschheit gewonnen hat, ist der Gottesbegriff. Es ist gar keine Frage, dass der Gottesbegriff eigentlich jene Bewegung nach Vollkommenheit in sich schließt als ein Ziel, und dass er dem dunklen Sehnen des Menschen, Vollkommenheit zu erreichen, als konkretes Ziel der Vollkommenheit am besten entspricht. (Adler 1987 [1933], S. 165)

In gewisser Weise hat Adler damit den Grundgedanken von Feuerbachs anthropologischer Reduktion wiederholt. Wendet man sie (die Reduktion) auf den Gottesbegriff etwa des Christentums an, zeichnen sich Attribute als charakteristisch für die Menschen ab, die Adler in *Der Sinn des Lebens* als Vollkommenheitsideal, als *Common sense* oder Gemeinschaftsgefühl beschrieben hat. Darunter subsumierte er Qualitäten wie Güte, Solidarität und gegenseitige Unterstützung, die »göttlichen« Fähigkeiten zu Sprach- und Kulturentwicklung, Vernunft, Logos, Eros und Mitgefühl sowie eine weitreichende Verantwortung für den gesamten Globus.

15) Bertrand Russells (1872–1970) Religionskritik mutet wie eine Fort- und Umsetzung Adlerscher Gedanken auf dem Gebiet der Philosophie und der Politik an. Obwohl er hauptsächlich von seiner tiefreligiösen Großmutter erzogen wurde, entwickelte sich Russell zu einem nüchtern-agnostisch-atheistischen Denker, der in mehreren Büchern zu Themen der Religion und des Gottesglaubens Stellung nahm.

Besonders bekannt geworden ist seine Publikation *Warum ich kein Christ bin?* (1927). Darin untersuchte Russell einerseits diverse Gottes-Beweise, wobei er zu dem für ihn nicht überraschenden Schluss kommt, dass es sich bei diesen Beweisen um bloße Annahmen, Meinungen und Wunschvorstellungen, mitnichten aber um tatsächliche Beweise handelt. Diesen Ausführungen merkt man an, dass Russell ursprünglich von der Mathematik und analytischen Philosophie herkam und eine entsprechend nüchtern-skeptische Denkweise verinnerlicht hatte, die ihn gegen alle Spielarten der intellektuellen Flunkerei immun werden ließ.

Fragt man sich nun andererseits, warum viele Menschen wider alle Vernunft und ohne empirisch gesicherte Nach- oder Beweise dennoch an Götter, Jenseits und ein Weiterleben nach ihrem Tode glauben, stößt man nach Russell auf einen fundamentalen Affekt, der im menschlichen Dasein weit verbreitet ist und Einzelne dazu verleitet, sich nicht in der Sphäre des klaren Denkens und Erkennens (wie günstigenfalls in den Wissenschaften und der Philosophie realisiert), sondern in derjenigen des diffusen Hoffens und Glaubens heimisch einzurichten:

Die Religion stützt sich vor allem und hauptsächlich auf die Angst. Teils ist es die Angst vor dem Unbekannten und teils ... der Wunsch zu fühlen, dass man eine Art großen Bruder hat, der einem in allen Schwierigkeiten und Kämpfen beisteht. Angst ist die Grundlage ..., – Angst vor dem Geheimnisvollen, Angst vor Niederlagen, Angst vor dem Tod. Die Angst ist die Mutter der Grausamkeit, und es ist deshalb kein Wunder, dass Grausamkeit und Religion Hand in Hand gehen, weil beide aus der Angst entspringen. (Russell 1963, S. 35)

Wenn sich Angst tatsächlich als Haupttriebfeder bei der Entstehung und Weitergabe von Religionen erweisen sollte, braucht es als Antidot gegen ihre Ausbreitung Mut, Mut und nochmals Mut. Mehrfach plädierte Russell für einen furchtlosen, vernunftgesteuerten Blick auf die Realitäten sowie für einen freien und mutigen Gebrauch des Verstandes. In der Nachfolge von Immanuel Kant (*Sapere aude* – habe Mut, dich deines eigenen Verstandes zu bedienen!) erwies sich Russell als konsequent liberaler und der Aufklärung verpflichteter Denker, der offen und aufgeschlossen der Welt in allen ihren Facetten entgegentreten wollte.

Diese autonome, keiner kirchlichen oder auch weltlichen Autorität unterworfene Denkungsart bewies Russell auch hinsichtlich der ethischen Implikationen, die sich aus den diversen Religionen und ihren Dogmen seit Jahrtausenden ergeben. In *Unpopuläre Betrachtungen* (1950) vertrat er die Ansicht, dass man ethisch-moralische Begriffe und Standards der Religionen – Sünde, Erbsünde, Gottgefälligkeit, schlechtes Gewissen, Vergehen, Schuld, Hölle, Fegefeuer, Ketzerei, Blasphemie – mit derselben Skepsis und wissenschaftlichen Nüchternheit sezieren dürfe wie diverse Gottesbeweise – eine Haltung, die den Einzelnen von den *Zehn Geboten* ebenso emanzipiert wie von anderen Tugendtafeln:

Unsere moderne Moral ist ein Gemisch aus vernunftbedingten Regeln für ein friedliches Zusammenleben der Menschen in einer festen Gemeinschaft und aus traditionellen Verboten, die ursprünglich von irgendeinem alten Aberglauben herrühren und schließlich durch heilige Bücher der verschiedenen Religionen – die Bibel der Christen, den Koran der Mohammedaner, die heiligen Schriften der Hindus und der Buddhisten – zu Moral-Gesetzen erhoben wurden. (Russell 2005, S. 89)

Statt der *Zehn Gebote*, die den Erzählungen des *Alten Testaments* gemäß Moses am Berg Sinai von Gott Jahwe höchstpersönlich überreicht erhielt, und die seither den jüdischen ebenso wie den christlichen Religions- und Tugendkanon dominieren, formulierte Russell Mitte des 20. Jahrhunderts *Die Zehn Gebote eines Liberalen* (Russell 1951), die mit dem eines Skeptikers würdigen Satz anheben: »Fühle dich keiner Sache völlig gewiss!« Russell war viel zu sehr Wissenschaftler und Philosoph, um sich irgendwelchen religiösen Glaubens-Gewissheiten auszuliefern; er war aber auch viel zu sehr ein selbstkritisch eingestellter Denker, um nicht zuzugeben, wie sehr ihn die christliche Religion bis in die letzten Fasern seines Wesens hinein geprägt hatte. Im hohen Alter bemerkte er, dass er sich in einem Dom oder einer Kathedrale bedeutend heimischer fühlte als in griechischen Tempeln, und dass der christliche Sünden-Topos auch in seinem Gemüt (wenngleich nur sehr zarte) Wurzeln geschlagen hatte. Ohne ein Christ zu sein, war er doch von der christlich tingierten Kultur nachhaltig beeinflusst – ein Effekt, den der eingangs zitierte MacGregor als Hauptthese seines Buches breit und nachvollziehbar ausgerollt und bestätigt hat.

16) Einen im Vergleich zu Russell merklich dezenteren, leise-energischen Skeptizismus vertrat Karl Löwith (1897–1973), der damit allerdings eine ausgesprochen fundierte philosophische Analyse und Einordnung von (christlichen) Religionen zuwege brachte. In *Wissen, Glaube und Skepsis* (1956) gelang es ihm, eine souverän-klärende Grenzziehung zwischen religiösem Glauben und Philosophie herbeizuführen: Religionen vermitteln Glaubensinhalte; Wissenschaften zielen auf die Mehrung von Wissen und Erkenntnissen ab; der Philosophie fällt die Aufgabe zu, agnostisch und kritisch auf religiöse und wissenschaftliche Aussagen zu reagieren. Diese Einordnung realisierte Löwith vor dem Hintergrund der letzten 2 500 Jahre europäischer Kulturgeschichte, die er mit stupender Eleganz zu entfalten vermochte.

In der griechischen Antike herrschte ein kosmo-theologisches Weltbild vor, das von Löwith wohlwollender beurteilt wird als das christlich-religiöse. Die vorsokratischen Denker ebenso wie Platon und Aristoteles waren davon überzeugt, dass es das Universum immer schon gegeben hat, von keinem Gott erschaffen wurde und als solches göttlich ist. Das griechische Wort Kosmos bedeutet Ordnung; als geordnete Welt erschien das Universum den Griechen als gut, richtig und schön. Die kosmischen Gesetze reichten vom Himmel bis auf die Erde und von den Göttern bis in das Alltagsleben der Menschen hinein. Man stellte sich die Götter nicht als transzendente, sondern immanente Wesen vor, die sich zum Beispiel als Naturgewalten zu erkennen gaben und wie die Menschen ins große Ganze des Alls eingebunden waren.

Mit dem Aufkommen des Christentums änderte sich dieses Erleben fundamental. Nun griff die im *Alten Testament* beschriebene Überzeugung um sich, es gäbe einen Gott jenseits des Universums, der ewig existiert und in einem Schöpfungsakt das Weltall bis hin zum Menschen erschaffen hat. Homo sapiens soll dabei den Gipfelpunkt der Schöpfung darstellen; dementsprechend wird er in der Bibel aufgefordert, sich die übrige Welt untertan zu machen.

Aufgrund solcher Überzeugungen geriet die Beziehung zwischen Menschen, Gott und Welt in eine prekäre Schieflage. Aus der griechisch-antiken Gäo- und Kosmo-Philie erwuchs nach und nach eine Entwertung von Natur, Erde und Universum, bis das irdische Leben zum Schluss als Jammertal erscheinen musste, das man möglichst bald wieder verlassen wollte, um vergeistigte Formen der Existenz zu erreichen. Die Menschen verwendeten einen Großteil ihrer Vitalität darauf, ein gottgefälliges Leben zu führen, und sehnten sich nach einem jenseitigen Paradies, das ihnen Schutz, Geborgenheit, himmlischen Frieden auf ewige Zeiten versprach.

Welt-Entsagung und -Überwindung galten als hohe Werte und bewirkten, dass viele Christen Kosmos, Leib, Materie zu verachten gewillt waren.

Die Situation änderte sich nochmals, als in der Neuzeit im Rahmen der Aufklärung durch Wissenschaften, Philosophie und Ideologiekritik die Menschen ihren Glauben an Schöpfergott, Himmel und ewiges Leben zu verlieren begannen. Nun fanden sich die derart von allem Aberglauben Emanzipierten in doppelter Heimatlosigkeit wieder: Die Kosmo-Philie der Antike war für sie längst schon kein Thema mehr, und ebenso hatte der Gott des *Alten* und *Neuen Testaments* für sie abgedankt. Die Menschen der Moderne sind demnach aus dem Seins-Gefüge der kosmischen wie himmlischen Ordnungen herausgefallen und bewegen sich einem Bild Nietzsches gemäß »aus dem Zentrum weg hin zu einem X«; sie haben den Schlüssel zur Natur ebenso wie zum Paradies verloren.

Diese Entwicklung wurde von Löwith im Detail erläutert. Sie habe dazu beigetragen, dass sich die Menschen im 19. und 20. Jahrhundert zunehmend als Spielbälle eines blinden Zufalls erlebten, dem es gefallen hat, sie für eine Weile in die Unbehaustheit ihres Daseins auszusetzen. Die philosophische Reflexion dieser Aspekte der *Conditio humana* sei zum Hauptthema des Existentialismus geworden:

Wenn das Universum weder göttlich und ewig ist, wie es für Aristoteles war, noch vergänglich und geschaffen, wenn der Mensch überhaupt keinen bestimmten Ort mehr innerhalb einer natürlichen oder übernatürlichen Ordnung hat, fängt er an, »inmitten« dieser ihm nicht mehr zugeordneten Welt ohne Bezugsmitte, ekstatisch, zu »existieren«. (Löwith 1985 [1956], S. 262)

In *Gott, Mensch und Welt* (1967) verwies Löwith auf zwei Denker, deren Lehren er als Ausweg aus jener neuzeitlichen Situation verstand, die den Menschen auf seine nackte Existenz geworfen und ihm die Heimat der Erde ebenso wie des Himmels geraubt hat. Im Kapitel *Nietzsches Versuch zur Wiedergewinnung der Welt* erläuterte Löwith, inwiefern dessen Ideen der ewigen Wiederkehr des Gleichen, von *amor fati,* der Umwertung aller Werte und der bedingungslosen Bejahung des irdischen Lebens sowie des eigenen Leibes einen weltimmanenten Sinn schaffen, auf den sich zukünftige Menschen ähnlich sicher stützen können, wie es die Griechen der Antike im Hinblick auf den Kosmos getan haben.

Neben Nietzsche gab es für Löwith einen zweiten Denker, der eine großartige Immanenz-Philosophie entworfen hat, um die Welt als Heimat und Orientierung wiederzugewinnen, die im Gefolge des Christentums für die Menschen verloren gegangen ist: Baruch de Spinoza. Der Weise aus Amsterdam stellte sich außerhalb der theologischen Tradition der Bibel und eröffnete mit der Formel *Deus sive natura* (Gott und Natur sind eins) die Möglichkeit pantheistischen Erlebens von Kosmos und Natur. Damit wurde Spinoza zu einem wichtigen Vordenker atheistischer Weltbilder, die sich jede Hoffnung auf Sinngebung und Erlösung durch transzendente Mächte verbieten. Spinoza war klug genug, nicht wie Nietzsche den Tod Gottes zu verkünden; derlei wäre einem Todesurteil für ihn gleichgekommen:

Vielleicht hat Spinoza nicht nur nicht alles *gesagt,* was er dachte, sondern auch gar nicht alles *denken* können, was für uns, die Erben der durch ihn eröffneten Religionskritik, kaum noch des Denkens und Sagens wert ist: dass überhaupt kein Gott ist – weder ein glaubwürdiger, noch ein denkwürdiger, weder ein anwesender noch ein abwesender ... Spinozas *Deus sive natura* steht genau an der Grenze, an der das Vertrauen in Gott erlischt und der kritische Überschritt zur Anerkennung eines gottlosen Weltalls geschieht, das ohne Zweck und also ohne »Sinn« oder »Wert« ist. (Löwith 1985 [1967], S. 192 f.)

Löwith war ein Philosoph, der aus der Diagnose eines gottlosen Weltalls für sich die Konsequenz einer stoisch-skeptischen Daseinsform abgeleitet hat. Er anerkannte die Notwendigkeit, Sinn, Wert und Bedeutung der menschlichen Existenz selber suchen und schaffen zu müssen, wobei er nicht gewillt war, dafür auf gängige Geschichtstheorien oder historische Heilserwartungen zurückzugreifen, die er als fragwürdige Kopien eines religiös-eschatologischen Denkens demaskierte. Auch war er nicht bereit, die Philosophie (oder andere kulturelle Phänomene, seien es Literatur und Kunst oder – wie im 21. Jahrhundert – Sport- und Konsum-Events) als religiöses Surrogat gelten zu lassen:

Es gehört zur Signatur unserer Zeit, dass diejenigen, die der Skepsis des Wissens nicht standhalten können, für alle Spielarten des Religiösen empfänglich sind und die Philosophie als Religionsersatz bemühen. (Löwith 1985 [1956], S. 202)

Löwith entwickelte einen konsequent agnostischen Standpunkt, dem zwar kämpferische Züge ebenso wie der Hang zur histrionischen Darstellung fehlen – der sich stattdessen aber durch eine fast unzeitgemäß wirkende, hartnäckig-unaufgeregte Humanität, Liberalität und Toleranz sowie durch seine absolute intellektuelle Redlichkeit und Seriosität auszeichnet.

17) Ähnlich wohltemperiert und vornehm im Ton wie Karl Löwith sprach und schrieb Ernst Cassirer (1874–1945), und dementsprechend dezent fiel seine funktionalistische Religionsbetrachtung aus. Wie Löwith wies auch Cassirer jüdische Abstammung auf und hatte sich wie sein Kollege völlig von den religiösen Wurzeln des Judentums gelöst; er war Agnostiker.

Bekannt geworden ist Cassirer vor allem durch seine *Philosophie der symbolischen Formen*, die er in drei Bänden in den Jahren zwischen 1923 und 1929 publizierte. Darin fasste er die Kultur als Gesamtheit von Symbolbereichen auf (z. B. von Kunst, Wissenschaften, Philosophie, Sitte, Recht, Mythos, Religion). Anders als bloße Zeichen dürfen und müssen Symbole von Individuen wie auch von Sozietäten jeweils neu interpretiert werden – sie bilden ein unermesslich großes Reservoir von Sinn und Bedeutung, das laufend erweitert wird, da Menschen nicht nur stets neue Interpretationsmöglichkeiten für altbekannte Symbole entwickeln, sondern auch immer wieder neue Symbole schaffen und damit ihren Sinn- und Werthorizont ausweiten. Aufgrund dieser Merkmale bezeichnete Cassirer den Menschen als *Animal symbolicum*.

Cassirer untersuchte aktuelle ebenso wie in der Menschheits- und Kulturgeschichte weit zurückliegende Symbolbereiche. Dabei stieß er auf Mythen, die er als früheste Formen einer organisierten Welt- und Lebens-Anschauung auffasste; Cassirer formulierte die These, dass der Mythos den Mutterboden aller symbolischen Formen darstelle, an dem man daher Entstehung, Wesen und Dynamik des Symbolischen besonders eingängig demonstrieren könne.

Im mythologischen Erleben spielen nach Cassirer die Beziehungen der Einzelnen, eines Clans oder einer Sippe zum Heiligen und zu den Göttern eine maßgebliche Rolle. Das Heilige galt in sehr frühen Formen des Mythos als das Dämonische, dessen bunte Mannigfaltigkeit nur wenig Organisation aufwies. Je weniger das Dämonische organisiert war, umso hilfloser und ohnmächtiger erlebten sich die ihm ausgelieferten Menschen, und umso größer musste die magische Gewalt sein, welche Gruppen oder einzelne Individuen aufzubringen hatten, um die Dämonen in ihrem Sinne zu beeinflussen. Ängstigende Phänomene und Ereignisse, für deren Ursprung man Dämonen verantwortlich machte, waren etwa der Tod sowie Krankheiten aller Art. Ihnen gegenüber fühlten sich die Menschen ausgesprochen unterlegen:

Das Ich sucht kraft der magischen Allgewalt des Willens die Dinge zu ergreifen und sie sich gefügig zu machen; aber eben in diesem Versuch zeigt es sich von ihnen noch völlig beherrscht, noch völlig besessen. (Cassirer 1987, S. 188)

Die mythologische Welt- und Lebens-Anschauung bildete für Cassirer eine erste und frühe kulturelle Organisationsform. Unter der Überschrift *Die Dialektik des mythischen Bewusstseins* erörterte der Autor im Band II der *Philosophie der symbolischen Formen* einen nächsten Entwicklungsschritt des symbolischen Organisationsmodus, den weite Teile der Menschheit in ihrer Zivilisations- und Kulturgeschichte durchlebten: die Religion. Wiewohl Religionen noch Elemente mythologischen Denkens und Erlebens in sich tragen, zeichnet sie Cassirer zufolge auch ein mythenkritischer Zug aus. Statt der *Ausdrucksfunktion* von Dingen, Bildern und Metaphern (wie in den Mythen) trifft man bei Religionen auf die *Darstellungsfunktion* von Begriffen (heilige Schriften). Mythologische Bilder und rituelle Handlungen werden in den Religionen abgelöst durch sprachliche Erfassung sakraler Phänomene, und eng damit verbunden sei eine partielle Emanzipation der Gläubigen, die nun nicht mehr völlig im Bann eines Dämons oder Gottes stehen, sondern diese Wesenheiten beginnend distanziert beschreiben.

Religionen stellen demnach eine Stufe der Kulturentwicklung dar, die nach Cassirer unumgänglich scheint, wiewohl sie bei weitem nicht das Nonplusultra der kulturellen Evolution bedeutet. Der Prozess weg von der Ausdrucks- hin zur Darstellungsfunktion kann um die *Bedeutungsfunktion* ergänzt werden, welche die nächste Stufe der Kulturentwicklung markiert. Cassirer verstand darunter symbolische Formen mit einem hohen Grad an Abstraktion, Freiheit, Differenzier-, Veränderbarkeit wie bei Wissenschaft und Philosophie, die auf Symbole mit fast losgelöster Beziehung zu den bezeichneten Sachverhalten zurückgreifen (z. B. in der Mathematik). Der Bedeutungs- und Wahrheitsgehalt, der den einzelnen Symbolen zukommt, wird dabei permanent neu verhandelt und unterliegt dauerndem Wandel.

Die Kulturgeschichte beschrieb Cassirer demnach als Prozess der fortschreitenden Selbstaufklärung sowie der Emanzipation von Menschen. Sprache, Kunst, Mythos, Religion, Wissenschaft, Philosophie bedeuten ihm zu Folge unterschiedliche Phasen dieses Prozesses. In allen diesen Symbolbereichen entdecken Menschen ihre Fähigkeit, eine ideelle Welt zu errichten und damit die Bedrängnisse und Begrenzungen der Wirklichkeit zumindest gedanklich, manchmal aber auch real zu überschreiten.

Nun weist die Kulturgeschichte leider immer wieder Phasen auf, in denen sie auf merklich frühere Phasen ihrer Entwicklung zurückfällt. So interpretierte Cassirer den europäischen Totalitarismus im 20. Jahrhundert als unheilvolle Fusion der Symbolbereiche Mythos und Technik. Dass sich der Mensch, dieses *Animal symbolicum*, im Laufe seiner Geschichte nicht auf einem geradlinigen Weg hin zum immer höheren Niveau von Vernunft, Geistigkeit, Humanität, Freiheit bewegt, demonstrierte Cassirer in *Mythus des Staates – Philosophische Grundlagen politischen Verhaltens* (1946). Darin unternahm er den Versuch, die Gräueltaten des Nationalsozialismus ebenso wie die für viele Deutsche von ihm ausgehende Faszination mit Hilfe der *Philosophie der symbolischen Formen* verstehend einzuordnen.

Einzelne wie auch ganze Kollektive greifen bevorzugt in Zeiten von Krisen sowie in historisch-gesellschaftlichen Notlagen auf mythologische Welt- und Lebensanschauungen zurück. Wenn entsprechende Abwehr- und Kompensationsmöglichkeiten der Betreffenden so gut wie erschöpft und rationale Kalküle an ihre Grenzen gekommen sind, suchen Menschen in Magie, Riten, Beschwörungs- und Erlösungsformeln billige Lösungen:

In verzweifelten Lagen will der Mensch immer Zuflucht zu verzweifelten Mitteln nehmen – und die politischen Mythen unserer Tage sind solche verzweifelten Mittel gewesen. Wenn die Vernunft uns im Stich gelassen hat, bleibt immer die *ultima ratio*, die Macht des Wunderbaren und Mysteriösen. (Cassirer 1985, S. 363)

Vergegenwärtigt man sich die Merkmale von Religionen, handeln sie trotz aller relativen Qualitäten und Weiterentwicklungen (in Cassirers Worten die Darstellungsfunktion) bevorzugt mit dem Wunderbaren und Mysteriösen (in Rudolf Ottos Worten das *Mysterium tremendum et fascinans*). Es wäre zu kurz gesprungen, Cassirers kritische Überlegungen nur auf den Mythos zu beziehen und den Symbolbereich von Religionen außen vor zu lassen; auch sie (die meisten Religionen) eignen sich im Notfall, zusammen mit politischen Machthabern am großen Rad der Unvernunft zu drehen.

18) *Dieu n'existe pas!* – Mit diesem seinerzeit provokanten Satz eröffnete Jean-Paul Sartre (1905–1980) vor vielen Jahrzehnten einen Vortrag über Existentialismus, Humanismus und Atheismus. Gott gibt es nicht – so also lautete seine schlichte Diagnose, die ein umfängliches therapeutisches wie auch anthropologisches Programm nach sich zog:

Der atheistische Existentialismus … erklärt: wenn Gott nicht existiert, so gibt es zumindest ein Wesen, bei dem die Existenz der Essenz vorausgeht, ein Wesen, das existiert, bevor es durch irgendeinen Begriff definiert werden kann, und dieses Wesen ist der Mensch oder, wie Heidegger sagt, das Dasein. Was bedeutet hier, dass die Existenz der Essenz vorausgeht? Es bedeutet, dass der Mensch erst existiert, auf sich trifft, in die Welt eintritt, und sich erst dann definiert … Der Mensch ist nichts anderes als das, wozu er sich macht … Wenn tatsächlich die Existenz dem Wesen vorausgeht, ist nichts durch Verweis auf eine gegebene und unwandelbare Natur erklärbar; anders gesagt, es gibt keinen Determinismus, der Mensch ist frei, der Mensch ist die Freiheit. (Sartre 2000, S. 149 f. und S. 155)

Menschen dürfen und müssen sich wählen, entscheiden, schaffen, ihrem Wesen und Dasein Inhalt und Kontur geben. Sartre zufolge bedeutet diese Freiheit des Einzelnen zugleich seine Verantwortung: Indem er sich wählt und entwirft, wählt und entwirft er *nolens volens* ein potentielles Modell für alle seine Zeitgenossen und Nachgeborenen – selbst wenn die wenigsten von ihm Notiz nehmen. Wer sich wählt (dieser Gedanke tauchte das erste Mal bereits bei Platon auf), wählt stets die gesamte Menschheit.

Diesem anthropologischen Credo Sartres stünde ein Schöpfergott diametral entgegen. Der Philosoph verglich die Rolle eines solchen Gottes mit derjenigen eines Handwerkers, dem man zu Recht die Produktion von Werkzeugen, Möbeln, Gebrauchsgegenständen aller Art zurechnet. Wenn es einen Schöpfergott gäbe, würde dies die eben beschriebene Freiheit des Menschen in Bezug auf seine Wahlmöglichkeiten radikal reduzieren und in Frage stellen:

Wenn wir einen Schöpfer-Gott annehmen, ist dieser Gott meistens einem höheren Handwerker vergleichbar ... So ist der Begriff des Menschen im Geiste Gottes dem Begriff des Brieföffners im Geiste des Produzenten vergleichbar; und Gott schafft den Menschen ... genauso wie der Handwerker einen Brieföffner ... herstellt. (Sartre 2000, S. 148 f.)

Sartres Überzeugung, dass die nackte, bloße Existenz unserer Essenz, also unserem Wesen, das wir durch die von uns verantwortete Wahl und Entscheidung geworden sind, vorausgeht, lässt sich nur aufrechterhalten, wenn es keinen Gott gibt. In vielen seiner Texte, vor allem auch in seinen Dramen und Erzählungen, schilderte Sartre diverse Möglichkeiten, wie Einzelne versuchen, sich ihrer Verantwortung von Wahl und Entscheidung zu entledigen – und wie derlei eine Mogelpackung, Unwahrhaftigkeit oder eine Form von *mauvaise foi* (Unaufrichtigkeit) bedeutet.

Menschen greifen zu vielerlei Begründungen, warum sie angeblich keine oder nur geringe Wahl- und Gestaltungsmöglichkeiten ihrer Existenz realisieren konnten: ihre Abstammung, die familiären Verhältnisse, ihre genetische Ausstattung, wirtschaftliche Rahmenbedingungen, die Politik, die Vorgesetzten, die eigene Partnerschaft oder die fehlende Partnerschaft, die defizitäre Förderung in Kindheit und Jugend, zeitgeistbedingte Ideologien – und nicht zuletzt die Religion mitsamt ihrem Gottesglauben, den Sartre als Spielart von *mauvaise foi* bezeichnet hätte. So gering die Wahl-

und Entscheidungsmöglichkeiten auch immer sein mögen: Wer sich auf einen Gott hinausredet, der im Jenseits für die diesseitigen Unterlassungen und Defizite Kompensationen anbietet, macht sich der intellektuellen wie auch der existentiellen Unredlichkeit schuldig:

Der Existentialismus ist nichts anderes als das Bemühen, alle Konsequenzen aus einer kohärenten atheistischen Position zu ziehen ... Nicht, dass wir glauben, Gott existiere, doch wir meinen, das Problem ist nicht seine Existenz; der Mensch muss sich selber wiederfinden und sich davon überzeugen, dass nichts ihn vor sich selbst retten kann. (Sartre 2000, S. 176)

19) Eine ebenfalls vorwiegend funktionalistisch orientierte Religionskritik aus einer erweiterten tiefenpsychologischen Perspektive unternahm Josef Rattner (geboren 1928). In mehreren Abhandlungen sowie in den Büchern *Tiefenpsychologie und Religion* (1987) sowie *Religion und Psychoanalyse* (2009) erläuterte er die Positionen von Sigmund Freud, Alfred Adler und C. G. Jung (als den drei maßgeblichen Begründern der Tiefenpsychologie) zur Religiosität und zum Gottesglauben – wobei C. G. Jung aufgrund der ihm eigenen religiösen, zum Obskurantismus neigenden Überzeugungen von Rattner kritisch beurteilt wurde. Außerdem wurden als Vorläufer einer psychoanalytischen Religionskritik von Rattner entsprechende Werke von Karl Marx, Ludwig Feuerbach und Friedrich Nietzsche gewürdigt.

Eine Erweiterung der tiefenpsychologischen Religionsbetrachtung realisierte Rattner in Kapiteln wie *Psychoanalyse Gottes und des Teufels, Hermeneutik der Religiosität* und *Religion, Wissenschaft und Philosophie*. Vor allem das erstere Kapitel verdeutlicht prägnant die enorme Bedeutung der Gottesidee für gläubige Menschen; zugleich erahnt man, wie komplex und schwierig sich für sie ein Leben ohne die Götter erweisen würde. Als Funktionen der Gottesvorstellungen benannte Rattner folgende Facetten:

Das Ich-Ideal: Gott als Inbegriff aller Ziel- und Wert-Vorstellungen; das absolute Du: Gott als stets präsentes, alles sehendes, verstehendes Gegenüber (eine Vorstellung, die in der dialogischen Philosophie Martin Bubers keine geringe Rolle spielt: das Ideal einer Ich-Du-Beziehung); der unendliche Sinn-Garant: angesichts der weit verbreiteten Absurdität des Daseins beruhigt und tröstet die Vorstellung einer nie versiegenden Sinn-Quelle die Menschen; die Legitimation aller Herrschaft: Gott als die totale und unangefochtene Autorität figuriert als Modell für die säkularen Formen von Hierarchien und Herrschaftsformen und legitimiert sie im Notfall (z. B. Kaiser oder Könige von Gottes Gnaden). Bedeutend mehr Sympathien als die Gottes-Vorstellungen erhält von Rattner das Konzept des

Teufels, dem er tiefenpsychologisch und anthropologisch relevante Qualitäten attestiert:

Wir nehmen den Teufel als »geistiges Gebilde« ernst, ohne an seine reale Existenz zu glauben ... Die Hirngespinste, die der Mensch ausbrütet, sind Merkmale der Gemütsbeschaffenheit, so dass sie studiert und gedeutet werden müssen. (Rattner 1987, S. 202)

So wie Ludwig Feuerbach mit seiner anthropologischen Reduktion der Gottes-Idee interessante Gesichtspunkte der *Conditio humana* entlockte, verfuhr Josef Rattner analog mit der Teufels-Idee. Untersucht man die Schilderungen des Satans der letzten Jahrhunderte, gelangt man Rattner zufolge zu überraschenden Ergebnissen, die über die Verdrängungs- und Verleugnungsmechanismen von Menschen Aufschluss geben.

Satan, Luzifer, Teufel: Sie repräsentieren Analität (Schmutz, Kot, Dreck, Gestank, Ungeziefer); sie sind Repräsentanten der Sexualität und ungezügelter Triebhaftigkeit (Verführungen, Blocksberg-Orgien, perverse Sexualpraktiken); im Teufel verkörpert sich der pure, autonome Machtwille (rebellischer Ketzer, revoltierender Nonkonformist); und schließlich findet auch die sich nicht begrenzen lassende Intelligenz im satanischen Wesen ihren Ausdruck (z. B. Frau Klüglin, des Teufels Hure):

Mithin finden wir im Phänomen des Teufels projizierte Analität, Sexualität, Autonomie und Intelligenz; der Teufel enthält also die natürlichen Wesensbestandteile des Menschen, gegen die man von Seiten der geistlichen wie der weltlichen Obrigkeit verzweifelt ankämpfte ... Den Teufel soll man weder fürchten noch negieren, da er ein Teil unser selbst ist. (Rattner 1987, S. 204 f.)

Es gehört nach Rattner zu den essentiellen Aufgaben von Menschen, die diabolisierten Seiten ihres Wesens (Analität, mithin Eigensinn, Sexualität, Triebhaftigkeit, Impulse der Autonomie, Intelligenz und Denkvermögen) zu registrieren und als menschlich, allzumenschlich in die eigene Person zu integrieren. Eine Verteufelung dieser leiblichen und autonomen Regungen führt zu Selbstentfremdung, reduzierter Vitalität und Dichotomisierung des Menschen in eine gute, heilige und in eine schlechte, sündige, diabolische Hälfte. Eine derartige Dissoziation der eigenen Person kann niemand über längere Zeit bei sich tolerieren, ohne in Zustände der psychosozialen und somatischen Anspannung, Krise oder Krankheit zu geraten. Ein unguter Ausweg aus dieser Situation besteht in der Projektion eigener angeblich teuflischer Anteile auf die Mitmenschen, bei denen man diese projizierten diabolischen Qualitäten bekämpft, um mittels dieser Strategie die eigene Heiligkeit zu retten.

20) In den letzten zwei Jahrzehnten trat eine Reihe von religionskritischen Autoren auf den Plan, die als Neue Atheisten bezeichnet werden. Zu ihnen zählen Richard Dawkins, Daniel Dennett, Christopher Hitchens und Sam Harris; in Anspielung auf die vier apokalyptischen Reiter werden sie auch *The four Horsemen* genannt. Diesen vier *Horsemen* ist gemein, dass sie eine naturalistische und naturwissenschaftliche Sicht auf Menschen und ihre Existenz haben respektive hatten (Christopher Hitchens ist 2011 gestorben), und dass ihre Texte wider die Religionen einen polemischen, bissigen und partiell aggressiven Tonfall aufweisen. Im weiteren Sinne zu den Neuen Atheisten rechnet man den französischen Philosophen Michel Onfray (geboren 1959) und den deutschen Philosophen Michael Schmidt-Salomon (geboren 1967). Letzterer versuchte 2009 in einem Impulsreferat bei der Evangelischen Stadt-Akademie München, Positionen des Neuen Atheismus zu umreißen:

Die neuen Atheisten sprechen Klartext – auch und gerade dann, wenn es um religiöse Themen geht. Religiöse Aussagen können und müssen nach ihrer Auffassung ebenso kritisiert werden wie nicht-religiöse Aussagen. Für die neuen Atheisten gibt es keine »Sphäre des Heiligen«, die ... von Kritik verschont werden sollte ... Mit dieser kritischen Grundausrichtung begehen die neuen Atheisten aus *streng religiöser Sicht* einen Tabubruch: Sie tasten das angeblich »Unantastbare« an, »entheiligen« das sog. »Heilige«. (Schmidt-Salomon 2009, S. 2)

Durchblättert man Bücher der Neuen Atheisten – z.B. Richard Dawkins: *Der Gotteswahn* (2006), Christopher Hitchens: *Der Herr ist kein Hirte – Wie Religion die Welt vergiftet* (2007), Daniel Dennett: *Den Bann brechen – Religion als natürliches Phänomen* (2006), Sam Harris: *Das Ende des Glaubens* (2004) –, stößt man auf nicht wenige religionskritische Argumente und Denkfiguren, die bereits Jahrzehnte oder teilweise sogar Jahrhunderte alt sind, schon in der Epoche der Aufklärung zirkulierten und nunmehr im 21. Jahrhundert in klarerer, bisweilen zugespitzter Manier vorgetragen werden.

Werden die Vertreter des Neuen Atheismus befragt, aus welchen Motiven heraus sie ihre durchaus substantielle und nicht nur funktionelle Religionskritik betreiben, verweisen die meisten auf die fundamentalistisch geprägten, mit religiösen Inhalten versehenen politisch-gesellschaftlichen Entwicklung der vergangenen Jahrzehnte, denen sie unzweideutige und offensive atheistische Positionierungen entgegenhalten. Fundamentalisten werden von ihnen bei den US-amerikanischen Kreationisten (welche die biblische Schöpfungsgeschichte für den Schulunterricht im Vergleich mit der Evolutionslehre Darwins als viel relevanter erachten) ebenso gesehen wie in der republikanischen Tea-Party, von gewaltbereiten islamistischen Gruppierungen ganz zu schweigen:

Der neue Atheismus ist nicht militant, er versucht vielmehr, die »Streitkultur der Aufklärung« gegen die neue Militanz religiöser Fundamentalisten zu verteidigen. Hätte es die Anschläge islamistischer Terrorgruppen, Bushs »Kreuzzug gegen die Achse des Bösen«, die Schüsse Evangelikaler auf Abtreibungs-Ärzte, die vielen Opfer des Karikaturenstreits, all die Steinigungen, Ehrenmorde und so vieles andere mehr in den letzten Jahren nicht gegeben, so hätte sich der neue Atheismus mit allergrößter Wahrscheinlichkeit gar nicht erst entwickelt. (Schmidt-Salomon 2009, S. 3)

Gegen das Erstarken irrationaler und destruktiver fundamentalistischer Sekten und religiöser Gruppierungen muss – so der Neue Atheismus – mit aller gebotenen Schärfe und Klarheit argumentiert werden, selbst wenn es dabei nicht immer philologisch exakt-einwandfreie Fußnoten zu bestaunen gibt. Es sei falsch, sich diesbezüglich einer vornehm-zurückweichenden Toleranz zu befleißigen; vielmehr müsse man die Errungenschaften von Humanismus und Aufklärung energisch verteidigen. Trotz dieser hehren und nachvollziehbaren Motive darf man kritische Anmerkungen etwa von Michael Kahl, einem Vertreter der »Alten Atheisten«, zu den manchmal nassforschen Formulierungen der »Neuen Atheisten« ernst nehmen (vgl. Kahl 2009, S. 5–8).

21) Welche Konsequenzen haben diese religionskritischen, agnostisch-atheistischen, skeptischen Ansichten und Überlegungen von Philosophen, Psychologen und Religionswissenschaftlern für uns Menschen, die im 21. Jahrhundert irgendwo in der Welt heimisch sind und sich den Luxus erlauben, über Gott und die Welt nachzudenken? Und welche Bedeutung kann man angesichts dieser Ausführungen den Religionen und allgemein der Religiosität zukünftig attestieren?

Vergegenwärtigt man sich noch einmal die zu Beginn angegebenen Zahlen bezüglich der Konfessionszugehörigkeit in verschiedenen Ländern Europas, könnte man bei oberflächlicher Betrachtung vermuten, von einer abnehmenden Relevanz der konfessionsgebundenen Religiosität sowie umgekehrt proportional dazu von einer zunehmenden Säkularisierung in Westeuropa ausgehen zu dürfen. Führt man sich allerdings vor Augen, als wie umfassend und einzelne Personen zutiefst prägend und bewegend die verschiedenen Funktionen von Religionen auf den vorhergehenden Seiten geschildert wurden, werden berechtigte Zweifel geweckt, dass es sich bei den beispielsweise etwa fünfzig Prozent konfessionslosen Niederländern oder Briten tatsächlich mehrheitlich um zutiefst areligiöse und agnostische Menschen handelt, denen aufgrund ihrer personalen Autonomie und Ich-Stärke ein Leben ohne jegliche Götter leichtfällt.

Bedenkt man, wie groß das menschliche Bedürfnis nach Sinn- und Wert-Orientierung ist und wie schwer es den meisten fällt, entsprechende Antworten auf derlei Fragen autonom und ohne raschen Zugriff auf Sinn- und Wert-Angebote »von der Stange« zu formulieren, geht man wohl nicht fehl in der Annahme, dass nicht wenige Konfessionslose sich Lösungen dieser Aufgabe zwar nicht mehr bei etablierten Kirchen und Religionen, eventuell jedoch bei quasi-religiösen Institutionen (Parteien, Verbände, Vereine, Clubs) oder Weltanschauungen, Ideologien und ideologischen Versatzstücken (Nation, Rasse, Geschlecht, sexuelle Orientierung etc.) erhoffen und versprechen. So sind die anwachsenden Zustimmungswerte der letzten Jahre für chauvinistisch-national gesinnte Bewegungen und Parteien wohl auch als reziprokes Phänomen auf den Bedeutungsverlust konventioneller Kirchen und Religionen zu interpretieren. Ähnliches mag für xenophobe, homophobe, antisemitische Einstellungen gelten: Das Wir-Gefühl früherer Kirchen- und Religionsgemeinden feiert in Abschottungen gegen und Entwertung von offenkundig andersartigen Menschen als man selbst fröhliche Urstände.

Die Religiosität der Vielen ist aus den angestammten Kirchen und Konfessionen ausgewandert und sucht sich ihre Befriedigung anderswo. Fündig werden Menschen mit religiösen Bedürfnissen nicht nur allein bei aggressiv agierenden Parteien und Bewegungen. Für nicht wenige bieten sich diesbezüglich kulturell vermittelte Alternativen an. So lassen sich diverse Heils-, Erlösungs- und Unsterblichkeits-Versprechen, die als konstante Programmpunkte bei fast keiner Religion fehlen, im 21. Jahrhundert mit scheinbar überzeugenden Argumenten etwa in Bereichen von Ernährung, Bewegung und Wellness finden. Neben die Götter in Weiß (Ärzte) sind längst schon die Ernährungspäpste und Sterne-Köche, die Bewegungs-Gurus und die Orthorektiker-Coaches sowie die Wellness-, Fitness- und Achtsamkeits-Exerzitien getreten, die nicht nur hinsichtlich der Kosten, sondern auch im Hinblick auf die Rituale und Zeremonien sowie bezüglich der Booster-Effekte ihrer Handlungen und Ansichten bis hin zum Sakralen und Spirituellen manchen früheren Klöstern und strengen Ordensregeln den Rang abgelaufen haben.

Zwei zutiefst säkulare Kulturbereiche der westlichen Welt bieten sich thropologische Tatsache begriffen wissen wollte, und ohne den Gesellschaften nicht existieren könnten.

Joas greift diesen Gedankengang Durkheims auf und überträgt ihn auf gesellschaftliche Situationen in der westlichen Welt im 20. sowie im ersten Viertel des 21. Jahrhunderts. Dabei war und ist zu beobachten, dass im politisch-gesellschaftlichen Raum Werte und Ideale wie Nation, Volk, Rasse, Klasse, Wissenschaft, Kunst, Ware, Markt, Herrscher, Land, Konfession, Information, Person usw. zu unterschiedlichen Zeiten und in unterschiedlichen Konstellationen eine kollektive Sakralisierung erfuhren – oberflächlich betrachtet wurde dergleichen jedoch nicht selten als Spielart der Säkularisierung benannt und als Emanzipationsbewegung weg vom Religiösen hin zu Wissenschaft oder Erkenntnisfortschritt der Menschheit bewertet und missinterpretiert:

Was wir als Säkularisierung bezeichnen, ... kann unter dem Gesichtspunkt von Sakralisierungsprozessen ganz Verschiedenes sein: Die affektive Intensität der Bindung an ein Heiliges kann von einem Vorstellungsgehalt und einer Institution auf andere übertragen werden; das war zum Beispiel häufig dort der Fall, wo an die Stelle der Bindung an Christentum und Kirche die an Sozialismus und Partei trat. (Joas 2019, S. 444)

In Deutschland war besonders in der ersten Hälfte des 20. Jahrhunderts eine Sakralisierung des Herrschers (Führer), der Nation sowie der Rasse zu konstatieren. Joas betont zu Recht, dass eine Heiligung des Führers als »unser Herrscher« stets eine kollektive Selbstsakralisierung (und damit, psychologisch gesprochen, eine enorme narzisstische Aufwertung für die Einzelnen) bedeutet. Zusammen mit den sakral aufgeladenen Qualitäten »deutsch« und »arisch« ergab dies für den Großteil des deutschen Volkes ein gigantisch anmutendes Ideal- oder Größen-Selbst, von dem man sich leicht vorstellen mag, welchen Absturz es 1945 erleben musste.

In der zweiten Hälfte des 20. und zu Beginn des 21. Jahrhunderts erfolgte eine Umorientierung hinsichtlich der Idealisierungstendenzen. Nun galten (in der westlichen Welt) nicht mehr Staat, Herrscher, Nation und Rasse als die maßgeblichen, höchsten Werte und Ideale. An ihre Stelle schoben sich das Individuum und die Person und übernahmen damit auch die Rolle und Funktion eventueller Sakralisierungs-Platzhalter. Eine solche soziologische Beschreibung der Ideal-Bildung der letzten Jahrzehnte ist zumindest gut vereinbar mit sozialpsychologischen Thesen über den in den letzten Jahrzehnten dominierenden narzisstischen Sozialisationstypus (NST), wie ihn etwa Christopher Lasch (1932–1994) in *The Culture of*

Narcissism – American Life in an age of diminishing expectations (1979) eindrücklich dargelegt hat.

Überträgt man die soziologischen Überlegungen von Hans Joas zu den kollektiven Sakralisierungs- und Idealisierungstendenzen auf die Ebene der Individualpsychologie, ergeben sich analoge Möglichkeiten der Heiligung und Vergötterung von Idealen auch für die einzelnen Individuen. Die psychoanalytische Strukturtheorie kennt den Begriff des Über-Ich – eine »Stufe im Ich« (wie Sigmund Freud sich ausdrückte), welche neben dem Gewissen vor allem das Ich-Ideal (Normen, Werte, Idealbildungen) eines Menschen beinhaltet. Diese Normen, Werte und Ideale werden uns in unserer Kindheit und Jugend von Erziehern, Lehrern und Mentoren, aber auch von der Peergroup, der Öffentlichkeit und dem Zeitgeist ins Gemüt gelegt und entfalten daraufhin ihre konstruktive oder aber auch ihre destruktive Wirkung.

Ähnlich wie im kollektiven Maßstab unterliegen diese Ideale beim Einzelnen nun ebenfalls nicht selten einer Sakralisierungstendenz. Sie, die Ideale, wirken dann nicht mehr lediglich im Sinne von erstrebenswerten Zielvorgaben und Orientierungsmarken (konstruktiv), sondern nehmen die Funktion kleinerer oder größerer Gottheiten ein (destruktiv), denen sich der Betreffende oftmals nur zu willig unterwirft (Kleinheits-Idee) oder mit denen er sich eins wähnt (Größen-Idee), und von denen er sich so oder so nur schwer zu emanzipieren weiß.

Wie den individuell-persönlichen Herrgottswinkel (so werden in den Alpenländern jene Ecken der Wohnstuben bezeichnet, in denen Heiligen- und Götter-Abbildungen zu hängen kommen) tragen viele Menschen ihre sakralisierten Über-Ich- und Ich-Ideal-Anteile in sich, unter denen sie selbst aufgrund der Unerreichbarkeit des Heiligen und Göttlichen (Ideal-Ich) und des zugleich Unheilig-Allzumenschlichen ihrer Person (Real-Ich) häufig zu leiden haben (Variante der Kleinheits-Idee); oder unter der die Umwelt der Betreffenden zu leiden hat (Variante der Größen-Idee).

23) Die Überschrift dieses Kapitels stellt eine Frage im Konjunktiv: Wie wäre es, Agnostiker und Skeptiker zu sein und ohne die Götter zu leben? Dieser Konjunktiv mag und soll den Schwierigkeitsgrad andeuten, der mit der Aufgabe einer gottlosen Daseinsgestaltung assoziiert ist. So wenig die Sprengung der Leipziger Universitätskirche die Religiosität der Menschen zu eliminieren vermochte, so wenig ist in dieser Hinsicht mit der bloßen Rückgabe eines Taufscheins an die ausstellende Behörde gewonnen.

Wer tatsächlich agnostisch, atheistisch, skeptisch leben möchte, darf die kollektiven, zeitgeistbedingten, kulturell vermittelten Gottheiten bei sich und den Mitmenschen ebenso registrieren (und wenn möglich deren Einfluss minimieren) wie die sehr persönlichen Götter und Heiligen, die ein jeder von uns in Form seines Ich-Ideals in sich trägt und kultiviert, obwohl sie (die individuellen Götter und Heiligen) uns oder unsere Mitmenschen nicht selten immense Opfer und Unterwerfungsgesten abverlangen.

Diesen unseren privaten Herrgottswinkel in seiner Wirkmächtigkeit realitätsgerecht einzuschätzen und wenn nötig auch zu begrenzen, gehört mindestens ebenso zu einem agnostisch-atheistischen Lebensstil wie das verstehende Einordnen von quasi-religiösen und sakralisierten kulturellen Heils- und Erlösungsversprechen.

Friedrich Nietzsche, ein Skeptiker *par excellence* vor allem auch im Hinblick auf alle Spielarten von Idealisierung – ganz gleichgültig, ob diese die eigene Person oder andere Personen, Institutionen, Denksysteme zum Ziel hat –, meinte zur Aufgabe sowie zu den vielen Schwierigkeiten und Hindernissen eines umfassend areligiösen Lebens:

Metaphysik haben einige noch nötig; aber auch jenes ungestüme *Verlangen nach Gewissheit*, welches sich heute in breiten Massen wissenschaftlich-positivistisch entladet, ... ist noch das Verlangen nach Halt, Stütze, kurz, jener *Instinkt der Schwäche*, welcher Religionen, Metaphysiken, Überzeugungen aller Art zwar nicht schafft, aber – konserviert. (Nietzsche 1988 [1882], S. 581 f.)

Und Thomas Mann, der lange genug in die agnostische Schule Arthur Schopenhauers gegangen war und sich deshalb als mit tiefster Skepsis im Hinblick auf den Glauben wie auf den Unglauben versehen bezeichnete, verortete die Themen von Mythos, Religion und Götterwelt schlussendlich und ganz im Sinne von Feuerbachs anthropologischer Reduktion mitten in der *Conditio humana*:

Die Stellung des Menschen im Kosmos, sein Anfang, seine Herkunft, sein Ziel, das ist das große Geheimnis, und das religiöse Problem ist das humane Problem, die Frage des Menschen nach sich selbst. (Mann 1994, S. 297)

Wie es wäre, Agnostiker und Skeptiker zu sein und ohne die Götter zu leben? Nun, als wichtigste Voraussetzung dafür empfinde ich es, sich bei und mit den Menschen heimisch einzurichten – dann kann man den lieben Gott am ehesten einen guten Mann sein lassen.

LITERATUR

Adler, A.: Über den nervösen Charakter (1912), Frankfurt am Main 1998
Adler, A.: Heilen und Bilden (1914), Frankfurt am Main 1973
Adler, A.: Menschenkenntnis (1927), Frankfurt am Main 1987
Adler, A.: Der Sinn des Lebens (1933), Frankfurt am Main 1987
Cassirer, E.: Philosophie der symbolischen Formen Band II (1925), Darmstadt 1987
Cassirer, E.: Der Mythus des Staates – Philosophische Grundlagen politischen Handelns (1946), Frankfurt am Main 1985
Durkheim, É.: Die elementaren Formen des religiösen Lebens (1912), Frankfurt am Main 2007
Eliade, M.: Das Heilige und das Profane (1956), Frankfurt am Main 1998
Feuerbach, L.: Das Wesen des Christentums (1841), Berlin 1956
Feuerbach, L.: Das Wesen der Religion (1845), Heidelberg 1983
Freud, S.: Zwangshandlungen und Religionsübungen (1907), in: GW VII, Frankfurt am Main 1988
Freud, S.: Totem und Tabu (1913), in: GW IX, Frankfurt am Main 1988
Freud, S.: Massenpsychologie und Ich-Analyse (1920), in: GW XIII, Frankfurt am Main 1988
Freud, S.: Die Zukunft einer Illusion (1927), in: GW XIV, Frankfurt am Main 1988
Freud, S.: Das Unbehagen in der Kultur (1930), in: GW XIV, Frankfurt am Main 1988
Freud, S.: Neue Folge der Vorlesungen zur Einführung in die Psychoanalyse (1933), in: GW XV, Frankfurt am Main 1988
Geertz, G.: Dichte Beschreibung – Beiträge zum Verstehen kultureller Systeme (1973), Frankfurt am Main 2002
James, W.: Die Vielfalt religiöser Erfahrung (1901/02); Frankfurt am Main 1997
Joas, H.: Die Macht des Heiligen – Eine Alternative zur Geschichte von der Entzauberung, Frankfurt am Main 2019
Kahl, J.: Weder Gotteswahn noch Atheismus-Wahn. Eine Kritik des »Neuen Atheismus« aus der Sicht des »Alten Atheismus«, in: EZW-Texte Nr. 204 (2009)
Löwith, K.: Wissen, Glaube und Skepsis (1956), in: Sämtliche Schriften 3, Stuttgart 1985
Löwith, K.: Gott, Mensch und Welt in der Metaphysik von Descartes bis zu Nietzsche (1967), in: Sämtliche Schriften 9, Stuttgart 1985
MacGregor, N.: Leben mit den Göttern (2018), München 2018

Mann, Th.: Fragment über das Religiöse (1931), in: Ein Appell an die Vernunft – Essays 1926–1933, Frankfurt am Main 1994

Marx, K.: Zur Kritik der Hegelschen Rechtsphilosophie (1844), in: Ruge, A. & Marx, K. (Hrsg.): Deutsch-Französische Jahrbücher (1844), Darmstadt 1967

Nietzsche, F.: Die fröhliche Wissenschaft (1882), in: KSA 3, München 1988

Nietzsche, F.: Zur Genealogie der Moral (1887), in: KSA 5, München 1988

Nietzsche, F.: Der Antichrist (1888), in: KSA 6, München 1988

Otto, R.: Das Heilige (1917), München 2004

Rattner, J.: Tiefenpsychologie und Religion, Ismaning bei München 1987

Russell, B.: Warum ich kein Christ bin? (1927), München 1963

Russell, B.: Unpopuläre Betrachtungen (1950), Zürich 2005

Russell, B.: Die Zehn Gebote eines Liberalen, erstmals veröffentlicht in *The New York Times Magazine* vom 16. Dezember 1951

Sartre, J.-P.: Der Existentialismus ist ein Humanismus (1946), in: Gesammelte Werke in Einzelausgaben, Philosophische Schriften 4, Reinbek bei Hamburg 2000

Schmidt-Salomon, M.: Der sog. »neue Atheismus« – Sinn und Unsinn eines Modeworts, Impulsreferat in der Evangelischen Stadt-Akademie München (29.10.09), S. 2, (www.schmidt-salomon.de/stadtak_muenchen09.pdf)

Schopenhauer, A.: Parerga und Paralipomena II (1851), Zürich 1988

Weber, M.: Wirtschaft und Gesellschaft – Grundriss der verstehenden Soziologie (1922), Tübingen 2009

Whitehouse, H. et al.: Complex societies precede moralizing gods throughout world history, in: Nature (2019), https://doi.org/10.1038/s41586-019-1043-4

LEBEN OHNE KRIEG:
WIE WÄRE ES, EIN PAZIFIST ZU SEIN?

Es führen viele fest ihr Pferd am Zügel. / Der Ruhm der tausend Schlachten ist verweht. / Was bleibt vom Heldentum? Ein morscher Hügel, / Auf dem das Unkraut rot wie Feuer steht.

Diese Strophen von Konfuzius (551–479 v. Chr.) aus einem Gedicht, betitelt mit *Epitaph auf einen Krieger*, dürften meiner Meinung nach auf Seite eins jeglicher soldatisch-militärischer Anweisung und Ausbildung weltweit zu finden sein. Wer freiwillig oder gezwungenermaßen zum Krieger wird, darf sich vergegenwärtigen, in welche Jahrtausende alte Tradition er damit gerät und welche weltanschauliche Positionierung er damit eventuell einnimmt. Schon von alters her kennt die Menschheit das Ideal des kämpfenden Helden, der siegreich aus Schlachten und Scharmützeln hervorgeht oder aber – ebenso heldenhaft – im Kampf und Krieg sein Leben einem hehren Ziel und Wert opfert (Volk, Nation, Rasse, Religion, Gerechtigkeit, Rache etc.). Aber ähnlich alt wie die großartig-horribel imponierenden Heldensagen sind die nachdenklichen Stimmen von Einzelnen wie etwa Konfuzius, die das Getümmel aus Schweiß, Blut und unendlichem Leid, das Kämpfe, Schlachten, Kriege recht eigentlich bedeuten, distanziert oder mit Abscheu oder mit großem Mitleid mit den Opfern und Überlebenden betrachten. Das Hin und Her von einerseits wehrhaft-kriegerischen und andererseits friedlich-pazifistischen Haltungen und Überzeugungen währt schon Jahrtausende lang.

Dieses Kapitel wäre heillos überfordert, wollte es die Geschichte des Krieges oder – um vieles interessanter – diejenige des Pazifismus umfassend erläutern. Ich werde mich auf das 20. und beginnende 21. Jahrhundert beschränken, wobei wichtige pazifistische Impulse von Personen stammen, die im 19. Jahrhundert ihren Geburtstag feierten (z. B. Bertha von

Suttner oder Leo Tolstoi). Bevorzugt wird es jedoch um Autoren und Texte der Moderne gehen.

Das 20. Jahrhundert wurde von Historikern, Politikwissenschaftlern, Soziologen mit unterschiedlichen Attributen und Schlagworten versehen: *Das Zeitalter der Extreme* (Hobsbawm, 1994); das kurze 20. Jahrhundert (Iván Tibor Berend: vom Ersten Weltkrieg 1914 bis zur Überwindung des Eisernen Vorhangs 1989); das Jahrhundert der Urkatastrophe (George F. Kennan: er bezeichnete den Ersten Weltkrieg als Urkatastrophe); *Das Jahrhundert der Kriege* (Gabriel Kolko, 1994).

Natürlich gab und gibt es auch andere Charakteristika dieses 20. Jahrhunderts, begonnen beim Jahrhundert der Psychoanalyse bis hin zum Jahrhundert, in dem das Atomzeitalter startete. Im Zusammenhang dieses Kapitels interessieren jedoch kulturelle und technische Errungenschaften nur insofern, als sie (wie beispielsweise die Entdeckung der Kernspaltung durch Lise Meitner und Otto Hahn) kriegerische Auseinandersetzung noch um Potenzen destruktiver als in früheren Epochen werden ließen (Abwurf von Atombomben über Hiroshima und Nagasaki) – oder aber zur Doktrin der gegenseitigen Abschreckung im Ost-West-Konflikt und Kalten Krieg und damit zu einem waffenstarrenden »Frieden« beitrugen.

1) Als 1989 der Eiserne Vorhang durchlässig wurde und 1991 der Zerfall der Sowjetunion besiegelt war, besangen einige Politikwissenschaftler und Historiker (so Francis Fukuyama in seiner Publikation *The End of History and the last Man,* 1992) das Ende der weltanschaulichen Kontroversen (z.B. Kapitalismus versus Kommunismus) und damit im Hegelschen Sinne das Ende der Geschichte. G. W. F. Hegel war aufgrund seiner dialektischen Geschichtstheorie überzeugt davon, dass bei der Aufhebung von These und Antithese und damit beim Erreichen einer allerletzten Synthese der Geschichtsprozess sein finales (friedliches?) Stadium erreicht habe.

Es dauerte keine zehn Jahre, und neu-alte, überaus fundamentale Gegensätze machten als extrem destruktive und verheerende Phänomene von sich reden: der Terror-Anschlag *nine/eleven* auf die Twin-Towers des World Trade Center in New York am 11. September 2001 eröffnete das neue Jahrtausend mit einer unvorstellbar inhuman-brutalen Attacke, der in den letzten zwei Jahrzehnten Hunderte von kleineren und größeren Terror-Anschlägen folgten. Als ein Motiv unter anderen für viele dieser Terrorakte werden von den Tätern wie auch von Beobachtern extrem gegensätzliche weltanschauliche Standpunkte zwischen der westlichen Welt (Liberalismus, Demokratie) und islamistisch-extremistisch orientierten

Gruppierungen (Islamischer Staat, al-Quaida, Taliban) benannt (siehe hierzu Schöllgen 2017, S. 241–264).

Daneben musste die Weltgemeinschaft im 21. Jahrhundert neue, im Vergleich zum 20. Jahrhundert nicht minder Abscheu erregende Formen der kriegerischen Auseinandersetzung zur Kenntnis nehmen: begonnen bei Völkermorden über eine große Zahl von Bürgerkriegen (oft mit fundamentalistisch-religiösem Hintergrund) bis hin zu *frozen conflicts* (z. B. in Moldawien, Georgien, in der Ukraine und in anderen ehemaligen Sowjet-Republiken) und bis zu den Cyber-Angriffen reicht das Arsenal der modernen Kriegsführung. Daniel Goldhagen, der mit seinem Buch über *Hitlers willige Vollstrecker* (1996) für große Unruhe unter den Historikern und Journalisten gesorgt hatte, bezeichnete in einer 2009 erschienenen Publikation eine dieser Destruktionsvarianten *Schlimmer als Krieg – Wie Völkermord entsteht und wie er zu verhindern ist* (vgl. Goldhagen 2009).

Angesichts der Liste von Kriegen im 20. Jahrhundert (mehr als 130, darunter zwei Weltkriege) und im bisherigen 21. Jahrhundert (mindestens 30 Kriege – je nachdem, wie die Definition von Krieg im Detail erfolgt) und angesichts der Opferzahlen dieser Kriege (im 20. Jahrhundert geht man von einer kriegsbedingten Opferzahl zwischen 100 und 185 Millionen Toten aus) ist die Versicherung des US-amerikanischen Psychologen und Autors Steven Pinker in *Gewalt – Eine neue Geschichte der Menschheit* (Pinker 2011) zwar tröstlich, dass in den letzten Jahrzehnten die Zahl der durch Kriege gewaltsam zu Tode Gekommenen im Vergleich zu früheren Zeiten im Rückgang begriffen ist.

Das Tröstliche an dieser Mitteilung relativiert sich aber entschieden, sobald man jeden einzelnen dieser Toten sowie jede einzelne kriegerische Handlung als Skandalon und Katastrophe begreift, der es gilt, kraftvoll entgegenzutreten und sie als dasjenige zu bezeichnen, was sie seit ihrer »Entdeckung« vor Jahrtausenden war und geblieben ist: ein wahnwitziger, grotesker, psychotischer, autodestruktiver Irrtum der Menschheit. In der Ur- und Frühgeschichte unserer Gattung wurde eine fatale Richtung und Form der Auseinandersetzung und »Konfliktlösung« eingeschlagen, von der alle Welt seither – leider jeweils erst im Nachhinein – feststellt, wie sehr sie irrsinnig war und ist, und von der die Menschheit bemerkt, dass sie bisher keineswegs die kollektive Kraft und die Vernunft aufzubringen imstande war, diesen fundamentalen Irrtum radikal zu korrigieren.

Für diesen Irrtum, für die Vorbereitungen zukünftiger kriegerischer Auseinandersetzungen und für die angeblich alternativlose Notwendigkeit, sich aus Verteidigungserwägungen heraus gegen die potentiellen Angriffe der jeweiligen Feinde und Aggressoren (die Aggressoren sind in der

Regel stets die anderen und nie der eigene Staat oder die eigene Regierung) zu wappnen, geben die Staaten der Erde unfassbar viel Geld aus. Eine Graphik des *Stockholm International Peace Research Institute* (SIPRI) zeigt eindrücklich, dass in den letzten Jahrzehnten seit 1988 jährlich mindestens jeweils eine Billion US-Dollar für Militär und Rüstung weltweit verschleudert wurde.

1988 lag die Zahl bei etwa 1,5 Billionen. Nach der Implosion der Sowjetunion und des Warschauer Paktes sanken die Rüstungsausgaben weltweit auf etwa eine Billion US-Dollar jährlich. Diese Friedens-Dividende hielt jedoch nicht lange vor; bereits Ende der 90er Jahre nahmen die Ausgaben wieder stetig zu, um derzeit (2019) mit einem neuen Rekord von über 1,9 Billionen US-Dollar aufzuwarten. Es überrascht nicht, dass die USA mit etwa 730 Milliarden US-Dollar ihrer Militärausgaben an der Spitze aller Staaten weltweit rangieren; Deutschland nimmt mit etwa 50 Milliarden in diesem Ranking einen »bescheidenen« siebten Platz ein.

Die Zunahme der weltweiten Rüstungsausgaben korreliert mit einer Verschlechterung des sogenannten *Global Peace Index* (GPI), einem Maß für die Friedfertigkeit einzelner Staaten. Dieser Index wird seit 2007 vom *Institute for Economics and Peace* (IEP) mit seinem Hauptsitz in Sidney (und Zweigstellen in New York und Den Haag) erhoben, wobei mehr als zwanzig Kriterien bei der Beurteilung des GPI hinsichtlich einzelner Staaten Berücksichtigung finden; neben den Militärausgaben (bezogen auf das Bruttoinlandsprodukt) sind dies Angaben über Waffenimporte und -exporte, die Zahl von kriegerischen Auseinandersetzungen sowie von gewaltsam zu Tode Gekommenen, die Bewaffnung eines Landes, die politische Stabilität oder Instabilität eines Staates und weitere Merkmale.

Auf Platz eins dieser Friedfertigkeits-Skala rangiert seit Jahren das kleine Island, das über keine eigene Armee verfügt, und dessen Ausgaben für die Landesverteidigung daher gegen Null gehen. Außerdem hat Island seit Menschengedenken keine Kriege geführt und kennt keinen relevanten Waffenhandel. Unter den über 160 Staaten, die für den Friedfertigkeits-Index jährlich untersucht werden, schneiden die USA und Russland 2020 denkbar schlecht ab: USA Platz 121; Russland Platz 154; Deutschland rangiert auf Platz 16.

Neben diesen beiden Friedens-Institutionen, dem SIPRI und dem IEP, gibt es mittlerweile weltweit Dutzende von Konflikt- und Friedens-Forschungs-Instituten, die sich auf intellektuell, sozial und emotional hohem Niveau mit den Fragen nach Ursachen und Prävention von kriegerischen Handlungen sowie mit Modellen einer friedlichen Koexistenz beschäftigen. Bedenke ich deren Kompetenz und zugleich deren weiterhin beschränkte Wirkung bei vielen Herrschern und Militärs, möchte ich im Hinblick auf dieses Kapitel beinahe kapitulieren; dennoch: Das Thema ist zu ernst und zu gewichtig, um zu »desertieren«.

2) Ein frühes Zeugnis einer kritischen Beurteilung des Krieges findet sich bei Pindar (518-446 v. Chr.). Dieser antik-griechische Dichter zählte neben Anakreon, Sappho und anderen Lyrikern zu den kanonischen Größen von Hellas. Die Humanisten der Renaissance (z. B. Erasmus von Rotterdam) sowie die deutsche Klassik (z. B. Friedrich Hölderlin) schätzten Pindar hoch und wert. Von ihm stammt der realitätsgetränkte Satz: »Süß ist der Krieg nur dem Unerfahrenen, der Erfahrene aber fürchtet im Herzen sehr sein Nahen« (Fragment 110).

Pindar wurde wie viele andere Dichter und Philosophen der Antike in der Renaissance wiederentdeckt, und so überrascht der Titel eines Traktats von Erasmus (1466-1536) nicht, der einen Kriegs-kritischen Text mit *Dulce Bellum Inexpertis* überschrieb (Süß erscheint der Krieg dem Unerfahrenen). Seinen antikriegerischen Standpunkt unterstrich Erasmus wenig später im Buch *Die Klage des Friedens* (1516). Ebenso wie in dem Text *Süß scheint der Krieg dem Unerfahrenen* aus seinen *Adagia* wies er unmissverständlich auf die Gräuel und Schrecken kriegerischer Aktionen hin und räumte gründlich mit der Illusion auf, es gäbe hinreichende Motive für einen sogenannten gerechten Krieg: Der Verlust des Friedens ist durch nichts zu rechtfertigen.

Sowohl in *Süß scheint der Krieg dem Unerfahrenen* als auch in *Die Klage des Friedens* geißelte Erasmus alle Formen von gewaltsamen Auseinandersetzungen. Die von der katholischen Kirche lange, bis in die Neuzeit hinein vertretene Lehre vom gerechten Krieg entlarvte er ebenso als unhaltbar und inhuman wie andere, angeblich nachvollziehbare Motive für kriegerisch-aggressive Handlungen. Ausgehend von seiner Frage, wie denn die Mitra zum Helm passe, empörte er sich besonders über jene (z. B. Julius II.), welche Kirche, Religion und Militarismus als miteinander vereinbar beschrieben. Darüber hinaus lehnte Erasmus auch alle innerstaatliche Gewalt ab. So verglich er die Todesstrafe mit dem Wahn des Krieges; beide Fälle seien im Grunde staatlich legitimierter Mord.

Wenngleich Erasmus ein Mensch war, der Prinzipien kannte und ihnen treu blieb, hätte er nie den Gedanken gehabt, den Grundsätzen seiner Weltanschauung zuliebe irgendwelche Kreuzzüge zu veranstalten. Er war ein Gelehrter, der von sich sagte, er werde niemals aufhören, sich gleich zu bleiben, und der in seinem Petschaft (Siegelring) den Satz *Ich weiche keinem* eingraviert hatte – ohne dafür je zu den Waffen zu greifen.

3) Ein ähnlich friedfertiger und prinzipientreuer Gelehrter wie Erasmus war Immanuel Kant (1724–1804). Von ihm stammt die staatsphilosophische Abhandlung *Zum ewigen Frieden* (1795), die sich im Gegensatz zu manch anderen solchen Texten nicht in fade-langweiligem Theoretisieren ergeht, sondern konkret anhand des Phänomens Krieg zeigt, wie Kant sich eine zukünftige Weltordnung vorstellt, die ein humanes Zusammenleben der Menschen ermöglichen und Kriege überflüssig machen soll. In *Zum ewigen Frieden* fragte sich der Autor, warum seit Jahrtausenden Kriege geführt werden; als Antwort gab er Beispiele von Staatsoberhäuptern, die »des Krieges nie satt werden können«; die ihn »wie eine Art Lustpartie aus unbedeutenden Ursachen beschließen«.

Bei seinem geschichtlichen Überblick kritisierte Kant vor allem das britische Empire, das aus bloßem Imperialismus und kolonialen Gelüsten Kriege vom Zaune brach, wann und wo immer diese für Großbritannien opportun erschienen. Um Ausreden oder elegante Formulierungen, die den eigenen Waffengang begründen und den jeweiligen Feind entwerten und diffamieren sollten, waren die Briten ebenso wie die Herrschenden der meisten Staaten dieser Welt – so der Philosoph – dabei nie verlegen.

Als gangbaren Ausweg aus der Misere des Krieges hin zu einem ewigen Frieden sah Kant die Entwicklung eines Rechtszustandes, den er als Form des Völkerrechts bezeichnete, und wofür es eine Art Völkerbund als Legislative bräuchte. Der Philosoph besaß Menschenkenntnis und Wissen um die Sphäre von Politik und Macht genug, um genau zu sehen, dass Ermahnungen oder Friedensappelle an Herrscher und Generäle das »unnützeste Ding unter allen« sind. Statt an den nicht vorhandenen Edelsinn von Machthabern zu rühren sei es sinnvoller, einen stabilen und robusten Staatenbund ins Leben zu rufen, der den Frieden auf der Basis des Rechts einklagen könne; Letzterer (der Frieden) sei nicht ursprünglich und auch kein einmal erworbenes Verhältnis, sondern müsse immer wieder neu gesichert und verteidigt werden:

Der Friedenszustand unter Menschen, die nebeneinander leben, ist kein Naturzustand (*status naturalis*), ... Er muss also *gestiftet* werden. (Kant 1977, S. 203)

4) Als entschieden realistischen und skeptischen Künstler, der dem Krieg auf seine Weise entgegentrat, erwähne ich Francisco de Goya (1746–1828). Dieser Anwalt der Wirklichkeit sah sich aufgrund historischer Ereignisse um 1808 gezwungen, sich mit den schrecklichsten Facetten der Realität, dem Krieg, künstlerisch auseinanderzusetzen. Damals kam es zur Invasion von französischen Truppen auf der iberischen Halbinsel und zum

spanischen Volksaufstand, der in einen mehrjährigen erbitterten Krieg zwischen Frankreich, Spanien und schließlich England umschlug.

Als Kommentar zu diesen Ereignissen schuf Goya zwischen 1810 und 1820 einen Zyklus von 82 Radierungen, dem er den Namen *Desastres de la Guerra* (Schrecken des Krieges) gab, und den er zu seinen Lebzeiten nicht veröffentlichte. Neben der Vorsicht in Bezug auf die Inquisition mag dazu auch eine Verunsicherung des Künstlers im Hinblick auf seine eigene gesellschaftliche Haltung und Rolle beigetragen haben: Schließlich war er einerseits spanischer Patriot und andererseits überzeugter Kriegsgegner sowie Anhänger freiheitlicher Ideen, für welche die Französische Revolution und in ihrem Gefolge die napoleonischen Feldzüge standen.

Mit den *Desastres* berichtete Goya als Augenzeuge des spanisch-französischen Krieges (1808–1814) von Verrücktheit und Grausamkeiten, die sein Fassungsvermögen immer wieder überstiegen haben. Dennoch hat er authentisch festgehalten, was ihm begegnete, und wurde so zu einem erschütternden Ankläger gegen den Krieg. Auf seinen *Desastres* hat Goya weder Partei für die Franzosen noch für die Spanier ergriffen; wenn man ihn als parteiisch titulieren will, dann für die Sache der Menschlichkeit. Seine Radierungen scheint er aus dem Impuls heraus geschaffen zu haben, nachfolgenden Generationen vom größten Irrtum der Gattung Homo Bericht erstatten zu wollen, damit sie eventuell in die Lage versetzt werden, nicht in denselben Wahnsinn wie seine eigenen Zeitgenossen verfallen zu müssen.

Die *Desastres* sind mit Untertiteln versehen, die die dargestellten Szenen zusammenfassen und nicht selten sarkastisch kommentieren. Als leitmotivische Radierung dieses Zyklus kann man das Blatt 44 mit der Überschrift *Ich selbst sah es* auffassen. Der Künstler wollte damit wohl betonen, dass es sich bei den *Desastres* anders als bei manch anderen seiner Kunstwerke nicht um bloße Vorstellungen und Hirngespinste, sondern um tatsächlich Erlebtes handelte. Der Krieg als Wirklichkeit gewordener Fluch und Alp, die Goya mit eigenen Augen ansehen und ins Gemüt aufnehmen musste – dies ist das Thema der *Desastres*. Mit unbestechlichem Blick, der sich auch vor noch so ekligen, grauenhaften Szenen des kollektiven Gemetzels nicht abwandte, sah der Künstler tief in den Abgrund menschlichen Irrtums, Perversions- und Destruktionswahns.

Blatt 5 der *Desastres*, betitelt mit *Und sie sind wie Raubtiere*, zeigt ein Menschenknäuel, das auf sich einsticht und schlägt, würgt, schneidet, schießt; einige der Menschen liegen bereits tot zuunterst, wohingegen die Noch-Lebenden weiter metzeln. Auf Blatt 11 hat Goya Vergewaltigungen in Szene gesetzt. Mehrere Soldaten nehmen sich brutal Frauen, die sich wirkungslos zur Wehr setzen; ein Säugling liegt daneben, allem Anschein nach zertreten von der Soldateska.

Hart ist der Weg – so lautet der Titel von Blatt 14. Darauf sieht man einen Mann, wohl ein Deserteur, der von drei anderen gerade zum Galgen gebracht wird. Ein Priester spendet göttlichen Trost und Segen. Blatt 27 trägt die dem Inhalt Hohn sprechende Überschrift *Nächstenliebe*. Mehrere gepfählte nackte Leichen werden zusammen mit noch Lebenden in eine Grube geworfen. Auf Blatt 26 (*Man kann es nicht ansehen*) knien mehrere Menschen und bitten flehentlich um Gnade. Vom rechten Bildrand her ragen einige Gewehrläufe ins Bild, durch die wahrscheinlich im nächsten Moment die Exekution erfolgt. Die Schießenden sieht man nicht – der Krieg schickt anonyme Henker.

Goya ächtete zu Beginn des 19. Jahrhunderts den Krieg und entriss ihm jeden Glorienschein, indem er viele seiner Details konkret zeigte und in ihrer grausigen Wirkung demonstrierte. Helden? Sieger? Triumphe? – Goyas *Desastres* kennen nur Opfer und unsägliches Leid. Sie variieren eindrücklich die Steigerungsform des Widermenschlichen: Es ist der Krieg. Wer diese zeitlos-gültige Darstellung des Krieges studiert, wird sich erleben wie die Figur auf Blatt 1 der *Desastres*. Dieses Blatt (*Traurige Vorahnung kommender Ereignisse*) zeigt einen entblößten Menschen mit ratlos ausgebreiteten Armen. Er scheint auf sumpfigem Grund zu stehen, und sein Blick schweift fragend über ein dunkles Nichts. Goya hat auf seinen Radierungen nur wenige Hinweise darauf gegeben, wie es zum Krieg kommt und welche sozialen, gesellschaftlichen und politischen Faktoren ihn unterhalten. Am ehesten finden wir seine verschlüsselten Antworten auf diese Fragen in einigen seiner Ölgemälde aus jener Zeit.

5) Als überaus kriegskritischer literarischer Zeitgenosse Goyas erwies sich Jean Paul (1763–1825). Dieser kauzig-unkonventionelle Schriftsteller aus dem Fränkischen – er wurde in Wunsiedel geboren und starb in Bayreuth – hatte sich um 1800 mit Romanen wie *Siebenkäs* (1796/97), *Das Leben des Quintus Fixlein* (1796), *Titan* (1800/03) und *Flegeljahre* (1803/04) einen Namen gemacht. Neben den erzählerischen Texten wurde 1826 (postum) seine *Selberlebensbeschreibung* publiziert, eine Autobiographie Jean Pauls, die ihn als eigenwilligen Kopf jenseits damals dominierender Kunst- und Kultur-Richtungen (Klassik, Romantik) erscheinen lässt.

Jean Paul war nicht nur Romancier und Autobiograph. In *Levana oder Erziehlehre* (1807) beschäftigte er sich mit Fragen der Pädagogik; in *Vorschule der Ästhetik* (1804) veröffentlichte er Gedanken zu Fragen des Humors; und in *Dämmerungen für Deutschland* (1809) findet sich ein Kapitel, das mit *Kriegs-*

erklärung gegen den Krieg überschrieben ist. Darin setzte er sich sarkastisch mit dieser Menschheitsgeißel auseinander:

Das Unglück der Erde war bisher, dass zwei den Krieg beschlossen und Millionen ihn ausführten und ausstanden, indes es besser, wenn auch nicht gut gewesen wäre, dass Millionen beschlossen hätten, und zwei gestritten. Denn da das Volk fast allein die ganze Kriegs-Fracht auf Quetschwunden zu tragen bekommt, und nur wenig von dem schönen Frucht-Korbe des Friedens, und oft die Lorbeerkränze mit Pechkränzen erkauft; – da es in die Mord-Lotterie Leiber und Güter einsetzt und bei der letzten Ziehung (der des Friedens) oft selber gezogen oder als Niete herauskommt: so wird seine verlierende Mehrheit viel seltener als die erbeutende Minder-Zahl ausgedehntes Opfern und Bluten beschließen. (Jean Paul 2000, S. 962 f.)

Betrachtet man die Folgen kriegerischer Handlungen und vergleicht sie mit denjenigen von Friedenszeiten und friedlichen Staaten – Jean Paul verwies diesbezüglich mehrfach auf die Schweiz –, könne man sich über die große Bereitschaft von Herrschern in der europäischen Geschichte, Menschen zu den kriegerisch-unmenschlichsten Taten anzustiften, nur kopfschüttelnd wundern.

6) Ein pazifistisches Engagement im heutigen Sinne haben jedoch weder Erasmus noch Kant, Goya oder Jean Paul an den Tag gelegt; als einer der Ersten, denen man eine solche Haltung attestieren darf, gilt Leo Tolstoi (1828–1910). Nicht nur mit seinem Epos *Krieg und Frieden* (1869), in dem er anhand der kriegerischen Auseinandersetzungen Russlands mit der Armee Napoleons in den Jahren von 1805 bis 1812 militärstrategische Darstellungen mit einem grandiosen Historienbild der damaligen Epoche verband und dabei seine eigenen philosophisch-weltanschaulichen Ideen und Überzeugungen mit einfließen ließ, erwies sich der Dichter als eisern pazifistisch eingestellter Denker. In vielen weiteren Verlautbarungen und kleineren Texten machte Tolstoi aus seinem Herzen keine Mördergrube und nutzte seine Popularität, um dem russischen Zaren ebenso wie den Kirchenfürsten und Militärs seine humanistisch-anarchisch-antiklerikale und pazifistische Weltsicht entgegenzuschleudern: »Die Liberalen halten mich für verrückt, die Radikalen für einen plappernden Mystiker, die Regierung hält mich für einen gefährlichen Revolutionär und die Kirche glaubt, ich sei der Teufel in Person«, meinte Tolstoi im Hinblick auf seine von vielen als unkonventionell und provozierend erlebte Weltanschauung über sich selbst.

Tolstoi stammte aus dem russischen Hochadel. Ein wesentliches Ziel seines Lebens war es, ein Heiliger zu werden, wozu er als junger Mann noch nicht so recht disponiert schien. Er liebte Jagden, Spiele, sinnliche Exzesse und so manche Abenteuer und Zerstreuungen. Dass er im Alter dennoch zum Gewissen Russlands wurde, von dem Gorki sagte, solange Tolstoi lebe, habe man als Mensch in Russland das Gefühl, nicht verloren gehen zu können, lag nicht nur an seinen nachlassenden körperlichen Kräften und reduzierten Triebimpulsen. Vielmehr ließen die Kontakte mit den Ideen Rousseaus und die Gespräche mit Proudhon, Herzen oder Turgenjew aus dem Offizier des Krimkriegs, der Tolstoi war, nach und nach einen überzeugten Humanisten und Pazifisten werden, der zum unerschrockenen Kämpfer gegen Feudalismus, Militarismus, Krieg, Herrschaft und Sklaverei sowie gegen Kirche und Staat avancierte.

Schon die Kriegsberichte *Sewastopol im Dezember*, *Sewastopol im Mai* und *Sewastopol im August*, die Tolstoi 1855/56 verfasste, schildern den Krieg sehr ergreifend in seiner banalen Grausamkeit und Hässlichkeit. Diese Kriegsberichterstattung soll dazu geführt haben, dass der Zar, der davon Kenntnis bekam, befahl, Tolstoi vom Frontdienst abzuziehen, um ihn zu schützen und zu schonen.

Ein Jahrzehnt später veröffentlichte Tolstoi sein Epos *Krieg und Frieden* (1864–69). Tolstoi ging es darum, das Phänomen Krieg in einen größeren geschichtlichen und gesellschaftlichen Rahmen einzustellen. Er schilderte Dutzende kultureller Missstände, die allesamt berücksichtigt und überwunden werden müssen, wollte man den Krieg als menschheitliche Geißel eliminieren. Des Weiteren vertrat Tolstoi eine anti-individualistische Geschichtsphilosophie. Nicht Feldherren, Könige oder Staatsmänner, sondern die anonyme Dynamik von Massen und Völkern schreiben Geschichte, weshalb es notwendig ist, auch diese Dynamik zu begreifen, um zu verstehen, warum es immer wieder Kriege gibt. In einem längeren Passus aus *Krieg und Frieden,* in dem Andrej, Sohn des eigensinnigen Fürsten Bolkonski, über das Wesen des Krieges nachdenkt, kommen einige von Tolstois Einschätzungen und Urteile beredt zum Ausdruck:

Doch was ist der Krieg? Was braucht es zum Erfolg bei militärischen Aktionen? Wie sind im Militärstand die Sitten? Das Ziel des Krieges ist der Mord, das Handwerkszeug des Krieges: Spionage, Verrat und Anstiftung dazu, Ruin der Einwohner, ihre Beraubung oder Diebstahl, um die Armee zu versorgen, und Lüge und Betrug, was man Kriegslist nennt. Die Sitten des Militärstandes aber sind: völliger Mangel an Freiheit, was man als Disziplin bezeichnet, Müßiggang, Rohheit, Grausamkeit, Unzucht und Unmäßigkeit. Und trotz alledem ist dies der höchste Stand, der von allen geachtet wird. Alle Kaiser, außer dem von China, tragen Militäruniformen, und dem, der die meisten Menschen totgeschlagen hat, werden die größten Auszeichnungen zuteil. (Tolstoi 1956, S. 1077)

Dieser Charakteristik des Krieges aus der Mitte des 19. Jahrhunderts ist aus heutiger Sicht nur wenig hinzuzufügen. Tolstois Überzeugungen und Gedanken muten modern und zeitgemäß an und bestätigen, dass ihr Autor mit seinen Schriften weit in die Zukunft vorausgegriffen hat; sein Anarcho-Pazifismus war modellbildend für nachfolgende Kriegs-Gegner.

7) Zu ihnen zählte im 19. und zu Beginn des 20. Jahrhunderts Bertha von Suttner (1843–1914). Zusammen mit ihrem Gatten, dem Baron von Suttner, lebte sie einige Jahre im Kaukasus, wo beide Eheleute begannen, sich literarisch zu betätigen. Über die dabei entstandenen Novellen geriet sie in Kontakt mit der literarischen Elite Europas sowie mit fortschrittlichen Ideen. Als die Suttners aus Südrussland zurückgekehrt waren, lebten sie einige Zeit in Paris. Dort hörte Bertha von Suttner erstmals von der Existenz einer organisierten Friedensbewegung – eine Information, die elektrisierend auf die Autorin wirkte, und die dazu führte, dass von Suttner in der Folge einen Großteil ihrer Zeit und Energie darauf verwendete, Verbündete für eine literarisch und politisch groß angelegte Initiative gegen Aufrüstung, Militarismus und Krieg zu suchen.

Aus Bertha von Suttners Studien über das Phänomen Krieg und aus ihrer festen Überzeugung, dass die Menschheit nicht auf Dauer zu bestialisch-destruktiven Formen der Auseinandersetzung wie den Kriegen verurteilt ist, entstand ihr Manuskript *Die Waffen nieder!* (1889). Viele Verlage waren allerdings zurückhaltend, dieses Buch zu edieren, und einige Verleger rieten der Autorin, den Titel wie den Inhalt abzumildern – ein Ratschlag, der auf Bertha von Suttner wie ein Stimulus wirkte, jetzt erst recht die Schärfe des Textes beizubehalten.

Schließlich setzte sie sich mit ihrer Einstellung durch, und das Buch wurde zu einem der größten literarischen Erfolge des 19. Jahrhunderts, durchaus vergleichbar mit *Onkel Toms Hütte* (1852) von Harriet Beecher-Stowe (1811–1896). So wie Letztere mit ihrer Schrift gegen die Sklaverei innerhalb weniger Jahre ein Millionenpublikum erreicht hatte, wurde auch Bertha von Suttner mit *Die Waffen nieder!* zu einer Bestsellerautorin – vor allem, als die ersten zustimmenden Rezensionen (etwa von Alfred Nobel) erschienen. Eine Reaktion auf ihr Buch, die Bertha von Suttner besonders stolz machte, war ein Brief von Leo Tolstoi:

Ich schätze Ihr Werk sehr und denke, dass die Publikation Ihres Romans ein glückliches Vorzeichen ist. Der Abschaffung der Sklaverei ist das berühmte Buch einer Frau, Frau Beecher-Stowe, vorausgegangen; Gott gebe es, dass die Abschaffung des Krieges Ihrem Buch folge. (Tolstoi, L.: Brief an Bertha von Suttner [1891], zit. n. Hamann 1996, S. 139)

Nach der Veröffentlichung von *Die Waffen nieder!* ging Bertha von Suttner daran, eine Österreichische Friedensgesellschaft ins Leben zu rufen. Sie übernahm die Präsidentschaft dieser Vereinigung, die sich inhaltlich an analogen Gesellschaften in England, Italien, Deutschland, Frankreich und den USA orientierte. Außerdem kam es 1891 zum Internationalen Friedens-Kongress in Rom, an dem auch prominente Politiker teilnahmen; Bertha von Suttner und ihr Gatte waren als Ehrengäste geladen.

Das letzte Jahrzehnt des 19. sowie das erste Jahrzehnt des 20. Jahrhunderts sahen Bertha von Suttner als eine nimmermüde Agitatorin für die Idee des Friedens. Mit *Die Waffen nieder!* war sie zu *dem* Namen der Friedensbewegung geworden. Unter Vernachlässigung persönlicher Interessen stellte sie den größten Teil ihrer Lebensenergie und -zeit in den Dienst der politischen Propagierung und der versuchten Durchsetzung der Friedensidee. So empfand es auch Stefan Zweig, als er sie 1913 erregt auf der Straße traf. Damals war im Zuge der Spionageaffäre um den Oberst Redl ganz offenkundig geworden, dass Österreich an Kriegsplänen gegen Russland arbeitete. Zweig schrieb im Erinnerungsbuch *Die Welt von gestern* über diese Aufmarschpläne und Suttners Reaktion:

Das war das erste Mal, dass ich das Grauen an der Kehle spürte. Zufällig traf ich am nächsten Tag Bertha von Suttner, die großartige und großmütige Kassandra unserer Zeit ... Sie kam ganz erregt auf mich zu. »Die Menschen begreifen nicht, was vorgeht«, schrie sie ganz laut auf der Straße, so still, so gütig gelassen sie sonst sprach. »Das war schon der Krieg, und sie haben wieder einmal alles vor uns versteckt und geheim gehalten. Warum tut ihr nichts, ihr jungen Leute? Euch geht es vor allem an! Wehrt euch doch, schließt euch zusammen! Lasst nicht immer alles uns paar alten Frauen tun ... Es steht schlimmer als je, die Maschine ist doch schon im Gang.« (Zweig o. J., S. 245 f.)

Den tatsächlichen Gang der Maschine musste Bertha Suttner nicht mehr erleben. Sie starb am 21. Juni 1914, wenige Wochen vor dem Ausbruch des Ersten Weltkriegs.

8) Wie sehr Bertha von Suttner im 20. Jahrhundert zu einem Vorbild pazifistischer Schriftsteller wurde, lässt sich jenen Schriften entnehmen, in denen die Friedens-Bertha wiederholt als Modell und Gewährsfrau für die Ächtung von Krieg und eine gewaltfreiere Welt zitiert wird. Exemplarisch dafür kann in diesem Zusammenhang etwa *Das Feuer* (1916) von Henri Barbusse, *Die Biologie des Krieges* (1917) von G. F. Nicolai, *Krieg dem Kriege* (1924) von Ernst Friedrich, *Muss Krieg sein?* (1967) von Jerome D. Frank sowie *Frauen gegen den Krieg* (1989) von Sybil Oldfield genannt werden. Ähnlich wie die Suttner hätten sie in das von Matthias Claudius vor über zwei Jahrhunderten intonierte *Kriegslied* (1782) mit einstimmen können:

's ist Krieg! 's ist Krieg! Oh Gottes Engel wehre / Und rede Du darein! / 's ist leider Krieg – und ich begehre / Nicht schuld daran zu sein!

Was sollt' ich machen, wenn im Schlaf mit Grämen / Und blutig, bleich und blass, / Die Geister der Erschlag'nen zu mir kämen, / Und vor mir weinten, was? ...

Wenn tausend tausend Väter, Mütter, Bräute, / So glücklich vor dem Krieg, / Nun alle elend, alle arme Leute, / Wehklagten über mich? ...

Was hülf' mir Kron' und Land und Gold und Ehre? / Die könnten mich nicht freun! / 's ist leider Krieg – und ich begehre / Nicht schuld daran zu sein! (Claudius 1993, S. 5)

Mit Henri Barbusse (1873–1935) kommen wir zu jener Gruppe von Pazifisten, die den Krieg an vorderster Front erleben mussten und in ihre Texte daher eine Authentizität einfließen ließen, die zutiefst erschütternd wirkt und jede Form von Widerrede im Keim erstickt. Barbusse hatte sich als Schriftsteller freiwillig zum Kriegsdienst gemeldet und war elf Monate während des Ersten Weltkriegs in Kampfhandlungen verstrickt. In diesen Monaten führte er ein Tagebuch, das später zum Manuskript des Buches *Le Feu* (1916), zu deutsch: *Das Feuer,* wurde.

Der Untertitel *Tagebuch einer Korporalschaft* deutet bereits an, was den Inhalt des Buches ausmacht. Barbusse schildert darin die Erlebnisse und Schicksale einer soldatischen 15-Mann-Gruppe (Korporalschaft) im Ersten Weltkrieg ungeschönt und oft in brutaler Offenheit und Direktheit. Romain Rolland, selbst ein entschiedener Pazifist, war von diesem Buch tief beeindruckt und nannte es einen unerbittlichen Spiegel des Krieges; Maxim Gorki verfasste eine Rezension über diesen Text, der man seine Erschütterung über die Lektüre deutlich anmerkt; Stefan Zweig nannte es ein leidenschaftliches Friedensbuch; Kurt Tucholsky bezeichnete es als ein ausgezeichnetes Tendenzwerk; und Ernst Toller beschrieb später, wie er mit *Le Feu* in Kontakt kam, wie dieser schonungslose Text sein Herz ergriff und wie teuer ihm seit jener Zeit der Name Barbusse geworden ist.

Neben vielen erschütternden Situationen von Kampf, Verwundung, Schmutz und Tod gelang es Barbusse, auch jene Momente in Worte zu fassen, denen etwas Absurd-Komisches innewohnten. Dazu gehört seine Schilderung zweier parallel stattfindender Feld-Gottesdienste, bei denen die deutschen Soldaten »Gott mit uns!« riefen, die französischen Soldaten hingegen *Dieu est avec nous!* (also ebenfalls: Gott ist mit uns). Barbusse lässt einen Kameraden darüber räsonieren:

Wie denkt sich das dieser Gott, uns einfach so glauben zu lassen, er stehe jedem bei. Warum lässt er uns alle, alle, Seite an Seite, wie Verrückte brüllen: »Gott ist mit uns!« – »Nein, nicht doch, ihr irrt euch, Gott ist mit *uns*!« Ein Stöhnen steigt von einer Tragbahre auf und geistert einen Augenblick lang ganz allein durch die Stille, als wäre es eine Antwort. (Barbusse 1986, S. 357)

9) Wenige Monate nach dem Ausbruch des Ersten Weltkriegs publizierte Romain Rolland eine Schrift mit dem Titel *Über dem Getümmel* (1914), worin er sich mit dem kriegerischen Massenwahn auseinandersetzte, der in Europa Platz gegriffen hatte. Dabei nahm er eine Position jenseits der Parteien und Nationen ein und verurteilte im Namen der Menschlichkeit und des Friedens den Krieg. Diese Einstellung behielt der Schriftsteller auch später bei: Er wuchs zum gesellschaftlichen Mahner über dem Getümmel, dessen politisch-kulturelle Urteile man heute noch bewundert.

Rolland (1866–1944) lehrte ab 1897 Kunstgeschichte an der *École Normale Supérieure* (ENS). Dort lernte er Charles Péguy kennen, mit dem er sich befreundete. 1903 wurde er an die Sorbonne auf den Lehrstuhl für Musikgeschichte berufen, den er bis 1912 innehatte. In jenem Jahr beendete er seinen Roman *Jean-Christophe,* und von da an war er als freier Schriftsteller und Dichter tätig; zuvor hatte er Biographien über *Beethoven* (1903), *Michelangelo* (1905), *Tolstoi* (1911) veröffentlicht. Als 1914 der Erste Weltkrieg ausbrach, veränderte dies grundlegend die Existenz und Rolle, die Rolland als Intellektueller einnahm:

Es ist entsetzlich, inmitten einer wahnwitzigen Menschheit zu leben und ohnmächtig dem Zusammenbruch der Zivilisation zuzusehen. Dieser europäische Krieg ist die größte Katastrophe seit Jahrhunderten, der Einsturz unserer teuersten Hoffnungen auf eine menschliche Brüderschaft. (Rolland, R.: Tagebucheintragung vom 3. August 1914, zit. n. Riley 1979, S. 39)

Kurz entschlossen blieb Rolland in der Schweiz, engagierte sich beim Roten Kreuz und begann, im *Journal de Genève* kriegskritische Artikel zu veröffentlichen. Ein Teil dieser Abhandlungen wurde 1915 unter dem Titel *Über dem Getümmel* publiziert und bald in europäische Sprachen, nicht aber ins Deutsche übersetzt. Rolland wurde aufgrund seiner Haltung zu Krieg, Militär und autoritärer Staatsgläubigkeit in seinem Vaterland wie auch in Deutschland strikt abgelehnt. Schon die Überschriften seiner Aufsätze waren Programm: *Zwischen den Waffen Barmherzigkeit* (1914); *Die Idole* (1914); *Unser Nächster, der Feind* (1915); oder auch *Der Mord an den Eliten* (1915). Er vertrat darin die Position eines über den Armeen und Völkern stehenden Intellektuellen, der mahnende, anklagende und demaskierende Worte fand, um sein Anliegen – die Verbreitung einer pazifistischen Grundstimmung in Europa – unter die Leser zu bringen:

Zwischen uns Völkern des Abendlandes gab es keinen Grund zum Kriege. Abgesehen von einer Minderheit vergifteter Presse, die ein Interesse an der Aufzüchtung dieses Hasses hat, hassen wir Brüder in Frankreich, England und Deutschland einander nicht. Unsere Völker verlangen nichts als den Frieden und die Freiheit. (Rolland, R.: Über dem Getümmel [1914], zit. n. Zweig 1987, S. 284)

Unmissverständlich rechnete Rolland den wahnwitzigen Kriegstreibern vor, dass es Jahrhunderte brauchen wird, um das wiederaufzubauen, was Armeen auf Befehl ihrer Vorgesetzten innerhalb eines Tages zerstören. Die Soldaten werden durch Drill, Verängstigung, Euphorisierung und nicht zuletzt durch Androhung standesrechtlicher Erschießung dazu gebracht, beim Morden und Brandschatzen mitzumachen. Verantwortung dafür tragen Herrscher, führende Militärs, Großkapitalisten und Intellektuelle, die Hass, Lüge, Zwietracht säen. Vor allem den geistigen Eliten warf Rolland massives moralisches Versagen vor:

Die Vernunft, die Religion, die Dichtung, die Wissenschaft, alle Formen des Geistes haben sich mobilisiert und folgen in jedem Staate den Armeen. Ohne Ausnahme verkündet mit voller Überzeugung die Elite jedes Landes, dass die Sache gerade ihres Volkes die Gottes, die der Freiheit und des menschlichen Fortschritts sei. (Rolland, R.: Über dem Getümmel [1914], zit. n. Zweig 1987, S. 284)

In offenen Briefen versuchte Rolland, damals tonangebende Künstler, Wissenschaftler und Schriftsteller gegen den Krieg zu mobilisieren; große Unterstützung hat er dabei nicht erfahren. Auf Thomas Mann, Rilke, Hauptmann oder Hofmannsthal konnte er ebenso wenig bauen wie auf französische Autoren. Einzig Heinrich Mann und Stefan Zweig standen als prominente deutschsprachige Dichter an der Seite Rollands.

Unverhoffte Unterstützung erfuhr der Dichter allerdings 1916, als ihn die schwedische Akademie in Stockholm überraschend mit dem Nobelpreis für Literatur ehrte. In der Begründung für die Preisvergabe hieß es, man wolle mit der Ehrung den großen Idealismus seiner Werke anerkennen, die sich durch Wahrheitsliebe und exakt geschilderte menschliche Charaktere auszeichnen. Für Rolland bedeutete dieser Preis einen Ansporn, den von ihm eingeschlagenen Weg weiterzugehen. Nach dem Weltkrieg gründete er zusammen mit Henri Barbusse die Gruppierung *Clarté* – eine Vereinigung von Intellektuellen, welche dem Gedanken einer europa- und weltweiten Friedensbewegung verpflichtet waren. Parallel dazu wurde eine Zeitschrift gleichen Namens initiiert, die ein antimilitaristisches Programm vertrat.

Im August 1932 fand in Amsterdam ein Weltkongress gegen Krieg und Faschismus statt, den Rolland als Präsident (*in absentia*) leitete. Prominente Teilnehmer dieser Zusammenkunft waren Maxim Gorki, Albert Einstein, Heinrich Mann, Martin Andersen Nexö sowie Bertrand Russell. Rolland, der krank war, ließ eine Grußbotschaft verlesen, in der er auf die drohende Kriegsgefahr hinwies, die von faschistischen Regimen ausging. Gegen diesen Feind müssten fortschrittliche, pazifistische, demokratische Kräfte vereint ihr Haupt erheben.

1934 trat Rolland mit einer Kampfschrift auf den Plan, welche die seinerzeitigen politischen Ereignisse in Europa an den Pranger stellte. Der Autor war alarmiert über die gesellschaftlichen Prozesse, die sich in Italien und Deutschland abzeichneten, und dementsprechend griff er zu einer mehr als deutlichen Sprache.

In Rollands Fragment gebliebener Autobiographie *Die Reise nach innen*, die 1942 in Teilen publiziert wurde, blickte der Autor nachdenklich auf sein Leben zurück. Zwei Mottos seien für ihn wesentlich gewesen, die die Handlungen seines Daseins verständlich machten: »Ich füge mich nicht« sowie »Über dem Getümmel«. Mit nie ermüdender Widerstandskraft habe er gegen die Widrigkeiten seines Körpers ebenso wie gegen die gesellschaftlichen Irrtümer und den politischen Wahnwitz seiner Zeit angekämpft. Darüber hinaus verfügte Rolland über jene Qualitäten, die Goethe einst als »das obere Leitende« bezeichnete. Damit ist jener Bereich der weltumspannenden Kultur gemeint, der für Auseinandersetzungen mit Fragen von Lebenssinn, Humanität und Weltanschauung wesentlich ist.

10) Einen gänzlich anderen Ausdruck seiner Antikriegs-Haltung realisierte Ernst Friedrich (1894–1967). Friedrich stammte aus kleinen Verhältnissen und musste sich mit verschiedenen Gelegenheitsarbeiten durchschlagen. Früh trat er in die SPD ein, entdeckte seine politischen Interessen und versuchte sich darüber hinaus als Schauspieler; er war unter anderem am Schauspielhaus in Potsdam engagiert.

Als er zum Ersten Weltkrieg einberufen wurde, verweigerte er den Wehrdienst. Dies führte vorerst nicht zu einer Bestrafung, wohl aber zur Einweisung in eine psychiatrische Einrichtung. Da Friedrich jegliche Nähe zu militärischen Institutionen und Themen mied, konnte man sich dies nur als Ausdruck einer psychiatrischen Krankheit verständlich machen. 1917 allerdings wurde er, nachdem er sich weiter standhaft weigerte, Uniform zu tragen, inhaftiert und erst Ende 1918 wieder freigelassen.

Nach dem Ersten Weltkrieg kontaktierte Friedrich Karl Liebknecht und die KPD, ohne dass er sich in dieser Partei wirklich wohl gefühlt hätte; die autoritären Gepflogenheiten innerhalb der KPD liefen der anarcho-pazifistischen Welt- und Lebensanschauung von Friedrich zuwider. Er versuchte sich Anfang der 20er Jahre als Kinderbuchautor, wobei er in seine Texte antimilitaristische Kapitel einflocht. 1923 eröffnete er in einem kleinen Haus im Zentrum Berlins ein erstes Antikriegs-Museum, dessen Ausstellungsstücke (z.B. abschreckende Fotografien aus dem Ersten Weltkrieg) als Basis für sein Buch *Krieg dem Kriege* (1924) dienten.

Das Buch, 2004 in der Deutschen Verlagsanstalt nachgedruckt, enthält wenige Textpassagen, dafür umso bedrückendere Fotografien, die vom Autor mit sparsamen, partiell sarkastischen, partiell lapidar-traurigen Kommentaren versehen wurden. Ähnlich wie Goya mit seinen Radierungen gelang es Friedrich mit seinen von ihm ausgewählten Fotografien, das Wesen des Krieges in seiner Inhumanität, Verlogenheit und abgrundtiefen Destruktivität zu illustrieren. Als einleitende Erläuterung zu seinem Buch schrieb er:

Die Bilder dieses Buches von Seite 50 bis zum Schluss zeigen Aufnahmen, von der unerbittlich, unbestechlich fotografischen Linse erfasst, von Schützengräben bis zum Massengrab, von dem »Etappenleben«, von dem »Feld der Ehre« und von anderen »Idyllen« aus der »Großen Zeit« ... Dies Buch sei allen Kriegs-Gewinnlern, Schiebern und Hetzern freundlichst zugeeignet, und nicht zuletzt gewidmet auch den Königen, Generälen, den Präsidenten und Ministern *aller* Länder. Den Priestern aber, die die Waffen segneten im Namen Gottes, denen sei dies Buch als Kriegs-Bibel gewidmet! (Friedrich 2004, S. 6)

Mit diesem Buch hat Ernst Friedrich dem Kriege den Krieg erklärt. Die abgedruckten Fotos zeigen verzweifelte Soldaten im Kot und Schlamm, angeschossen, verletzt, verkrüppelt, zerfetzt, im Todeskampf begriffen, tot. Schützengräben, Gefechtsstellungen werden zu Massengräbern; das Feld der Ehre ist ein Acker mit aufgedunsenen, verrenkten Leibern; die Helden von einst sind zerschundene Kreaturen, deren Aussehen nur noch entfernt an Menschen erinnert. Besonders erschütternd sind jene Fotos, auf denen man die zermalmten Gesichter von Soldaten sieht: Ehemalige Personen und Individualitäten, die dieser Krieg namen- und gesichtslos werden ließ, und von deren Physiognomie lediglich Hautfetzen, grotesk wirkende postoperative Zustandsbilder übrigblieben. Der Krieg ist nicht der Vater aller Dinge – der Krieg ist Vater jeder nur denkbaren und ebenso undenkbaren Monstrosität. Friedrich empfahl, den Kriegsdienst auf alle möglichen Arten und Weisen zu verweigern – kein Wunder, dass er nach der Machtergreifung der Nationalsozialisten ins Exil nach Frankreich ging und gehen musste, wo er (beinahe vergessen) 1967 gestorben ist. Die Hauptaussage seines Buches lautet nicht nur, dass der Krieg Wahnsinn bedeutet und dass es keine gerechten Kriege gibt; darüber hinaus rief der Autor zur flächenhaften Kriegsdienstverweigerung auf:

Weigert den Dienst! Erzieht die Kinder so, dass sie sich später weigern, Soldaten- und Kriegsdienste zu tun ... Der Generalstreik sei die erste Waffe! Die Männer werden Dienst verweigern! Das wahre Heldentum liegt nicht im Morden, sondern in der Weigerung, den Mord zu tun! Füllt lieber alle Gefängnisse und Zuchthäuser, ... als zu morden und zu sterben! (Friedrich 2004, S. 10f.)

11) Ein weiterer entschiedener Pazifist war Leonhard Frank (1882–1961), der während des Ersten Weltkriegs zur Stammkundschaft des Café Odeon in Zürich zählte. Im dortigen Exil publizierte er eine Sammlung pazifistischer Geschichten, die unter dem Titel *Der Mensch ist gut* 1917 erschienen sind und für mächtige Resonanz sorgten.

Ursprünglich hatte Frank in München eine Kunstmaler-Ausbildung absolviert und hielt sich entsprechend häufig in der Schwabinger Boheme-Szene auf. 1910 siedelte er nach Berlin über und begann, erste Texte zu verfassen. Für den Roman *Die Räuberbande* (1914) erhielt er den damals gut dotierten Fontane-Preis. Ein Jahr später allerdings wurde die Karriere des Schriftstellers Frank jählings unterbrochen: Weil er einen Journalisten im Café des Westens in Berlin wortlos geohrfeigt hatte (dieser hatte damit geprahlt, dass die deutsche Marine ein britisches Passagierschiff mit etwa 1 200 Passagieren versenkt hatte), floh Frank nach Zürich, um einer Strafverfolgung in Deutschland zu entgehen.

Das Zürcher Café Odeon war damals Treffpunkt für viele Exilanten, und

Leonhard Frank gesellte sich gerne zu ihnen. In der Limmat-Stadt verfasste er jene Erzählungen, die 1917 gesammelt als *Der Mensch ist gut* beim Zürcher Max Rascher Verlag erschienen sind. Diese Erzählungen variieren den üblichen Satz, mit dem seit langem umschrieben wird, dass jemand im Krieg den Tod gefunden hat: Er ist auf dem Felde der Ehre gefallen. Frank hat ergreifend gezeigt, dass das Feld der Ehre eine ekelhafte Schlachtbank ist, zu der Soldaten oftmals gezwungenermaßen geführt werden; dort verrecken sie wie das Vieh. Und weiter beschrieb Frank die Identitäten der Schlächter und Massenmörder, die in ihrem bürgerlichen Beruf als Großindustrielle, Manager, Banker, Politiker imponieren, um sich in Krisenzeiten flugs mit dem Gewand von Generälen und Militärs zu kleiden und damit ihre eigenen Interessen von Machterhalt und unbegrenzter Großmannssucht zu verfolgen.

In seiner Autobiographie *Links, wo das Herz ist* (1952) erläuterte Leonhard Frank, wie er zum Pazifisten und libertären Sozialisten wurde. Sein Engagement speiste sich aus der Erkenntnis, dass durch Krieg, Armut, Bildungsnotstand und Unterdrückung jeglicher Art Tausende von kulturellen Talenten verkümmern und ihre Fähigkeiten entweder gar nicht entwickelt oder früh zunichte gemacht werden – von der Tatsache, dass oftmals auch ihr Leben verkürzt oder verkrüppelt wird, ganz zu schweigen.

12) Nicht mit literarischen, sondern vielmehr mit wissenschaftlichen Mitteln der Darstellung pazifistischer Positionen arbeitete Georg Friedrich Nicolai (1874–1964). Nicolai wurde in eine rebellische Familie hineingeboren, die ihm das Opponieren in die Wiege, wenn nicht gar in die Gene gelegt hatte. Der Vater, Dozent für Chemie, stichelte als Journalist gegen den eisernen Kanzler Bismarck, und die Mutter war Sozialistin, die enge Kontakte zu Gustav Landauer und August Bebel unterhielt.

Der Sohn absolvierte eine Ausbildung als Physiologe und Mediziner und wurde für diese Fächer habilitiert. Darüber hinaus legte er sich eine profunde philosophische, geisteswissenschaftliche und literarische Bildung zu, die ihn in die Lage versetzte, als Reaktion auf das *Manifest der 93* eine pazifistische Gegenschrift, *Aufruf an die Europäer* (1914), zu verfassen. Im *Manifest der 93* hatten 93 deutsche Wissenschaftler und Intellektuelle mit teilweise schäbig-chauvinistischen Argumenten und unter Berufung auf Goethe, Beethoven und Kant den Kriegseintritt Deutschlands im Sommer 1914 verteidigt (»Ohne den deutschen Militarismus wäre die deutsche Kultur längst vom Erdboden getilgt.«) Liest man die Liste der Unterzeichner (Paul Ehrlich, Rudolph Eucken, Ernst Haeckel, Max Planck, Gerhart Hauptmann, Max Liebermann, Ulrich von Wilamowitz-Moellendorf,

Wilhelm Windelband, Wilhelm Wundt), versteht man, warum wenige Jahre später Julien Benda (1867–1956) den *Verrat der Intellektuellen* (1927) so bitter zu beklagen hatte.

Nicolais *Aufruf an die Europäer*, per Post an zahlreiche Politiker, Wissenschaftler und Künstler versandt, enthielt den eindringlichen Appell an die Adressaten, sich *für* die Einigung Europas und *gegen* kriegerische Auseinandersetzungen zwischen den europäischen Staaten einzusetzen. Krieg in Europa bedeute Brudermord; wer Europa, seine Bewohner und Kultur schützen wolle, müsse alles tun, um den Frieden zu erhalten. Dieses Plädoyer unterzeichneten beschämenderweise lediglich drei der angeschriebenen Personen, unter ihnen Albert Einstein.

Nicolai, der damals als Privatdozent an der Charité lehrte, ließ sich von diesem kargen Echo nicht beeindrucken. Er startete eine Vorlesungs-Reihe zum Thema *Der Krieg als biologischer Faktor in der Entwicklung der Menschheit*, mit der er bald das Missfallen seiner Vorgesetzten erweckte. Da er sich einer Einberufung zum Wehrdienst verweigerte, wurde er ins Seuchenlazarett der Festung Graudenz versetzt, wo er seine Vorlesung ebenso wie später in Danzig fortsetzte.

Die Inhalte dieser Vorlesungen fasste Nicolai zu einem Manuskript zusammen, das in die Schweiz geschmuggelt und über den Kontakt zu Leonhard Frank im renommierten Zürcher Verlag Orell Füssli veröffentlicht wurde; der Titel des Buches lautete: *Die Biologie des Krieges* (1917). Diese Publikation provozierte unter humanistisch-progressiv orientierten Intellektuellen Europas große Zustimmung und Begeisterung. Romain Rolland, Georg Brandes, Ellen Key, Fridtjof Nansen und andere bekannten sich öffentlich zu den Thesen und Argumenten Nicolais. Sein Buch war derart umfassend und enzyklopädisch konzipiert, dass diese positiven Reaktionen nur zu verständlich schienen. Soziologie, Biologie, Geschichte, Philosophie, Literatur, Medizin, Psychologie, Mythologie und Politik sowie weitere Kulturbereiche wurden vom Autor bemüht und zitiert, um den Irrsinn des Krieges und die vielgestaltigen Voraussetzungen dafür beschreibend zu kritisieren. Sein Text stellt einen der vollständigsten Versuche dar, die vielen Köpfe der Hydra Krieg detailliert zu erfassen und wenn möglich abzuschlagen.

Einer dieser Köpfe der Hydra war und ist die *Trahison des clercs* (Julien Benda), also der Verrat der Schreiberlinge und Intellektuellen, die sich auf ihre Art in den vergangenen Jahrhunderten bis in unsere Zeit hinein fast immer allzu willig an der Massenpsychose Krieg beteiligten und ihre intellektuellen Kapazitäten nicht oder nur selten in den Dienst des Pazifismus stellten. Diese opportunistische und anpasslerische Haltung zeichnete Nicolai ebenso schonungslos nach wie die eklige Propaganda, die von Politik und Massenmedien (Zeitungen) zu verantworten war:

> Die geschändete Volkspsyche wird sich forterben auch auf die Zukunft unserer Völker. Dies umso mehr, als neuerdings auch in den Schulen Fremdenhass gepredigt werden soll ... Man erstrebt offenbar nicht nur einen geschlossenen Handelsstaat, sondern auch einen geschlossenen Geistesstaat ... Jedenfalls hat auch die Presse, so viel sie konnte, dazu beigetragen, Hass und Rache zu verbreiten. (Nicolai 1917, S. 110)

Eines der eindrücklichsten Kapitel in Nicolais Buch trägt den Titel *Stimmen der Völker* – womit die Stimmen der Mäßigung, Friedfertigkeit, Vernunft gemeint waren. Hier vereinigte der Autor Zitate von allen großen Dichtern und Denkern, die den Krieg demaskiert und bekämpft haben. Es gibt eine bewundernswerte Tradition des Pazifismus, begonnen bei Schilderungen des Dreißigjährigen Krieges (Grimmelshausen) bis hin zu französischen Aufklärern (Holbach, Montesquieu), die den Krieg schlicht als Unglück oder, wie Voltaire, als einen Wahnsinn bezeichneten. Nicolai zitierte auch ausführlich Leo Tolstoi und Bertha von Suttner, und selbst Friedrich Nietzsche kommt bei ihm zu Wort, von dem doch alle Welt meinte, dass er ein kriegerischer Denker *par excellence* gewesen sei:

> Er – der Kriegsphilosoph katexochen, war überhaupt nie kriegerisch. Ihm haben die gewonnenen Schlachten den Sinn nicht getrübt, und er hat vielleicht als erster erkannt, welche Folgen diese beispiellosen Erfolge eines Kriegsglücks ... für das deutsche Empfinden haben müsste ... Abgesehen von allem Speziellen hat er den Krieg überall aufs Energischste bekämpft ... Er predigte zwar den Krieg, aber den Krieg ohne Pulver und Dampf, ohne kriegerische Attitüden, ohne Pathos und ohne verrenkte Gliedmaßen. Sein Krieg ist der, den Voltaire geführt hat, der Krieg der freien Geister gegen unwahren Idealismus. (Nicolai 1917, S. 405 f.)

Zu einer solchen Tradition des Pazifismus zählten nur selten Politiker (wie Mahatma Gandhi) oder Naturwissenschaftler (wie Albert Einstein), etwas häufiger hingegen Literaten und Künstler wie etwa Romain Rolland, Kurt Tucholsky, Klabund, Karl Kraus, Arnold Zweig, Ludwig Renn, Erich Maria Remarque, Erich Mühsam, Ernst Toller oder Bertolt Brecht. Vom Letzteren stammen die Strophen des *Muschik-Lieds* (1917):

> Der Prolet wird in den Krieg verladen, / Dass er tapfer und selbstlos ficht. / Warum und für wen wird ihm nicht verraten, / Für ihn selber ist es nicht. / Dreck euer Krieg!

So macht ihn doch allein! / Wir drehen die Gewehre um / Und machen einen anderen Krieg – / Das wird der richtige sein. (Brecht 1981, S. 651)

Es bleibt noch nachzutragen, dass Nicolai aufgrund seiner *Biologie des Krieges* 1920 seine Lehrerlaubnis (*Venia legendi*) entzogen bekam. 1922 ging er deshalb nach Südamerika, wo er in Buenos Aires und Santiago de Chile lehrte und 1964 hochbetagt starb.

13) In den Jahren nach dem Ersten Weltkrieg schien man geneigt, den pazifistischen Ansichten im öffentlichen Raum mehr Gewicht beimessen zu wollen. Die immensen Opferzahlen der völlig sinnwidrigen Schlachten und Gemetzel, in die die Herrschenden Europas ihre Völker im Zustand des Schlafwandelns* hineinmanövriert hatten, sorgten kurzzeitig für Innehalten und Nachdenklichkeit in manchen Bereichen der europäischen Staaten und Gesellschaften.

Aber nur kurzzeitig. Bald schon meldeten sich die Ersten zu Wort, die sich revanchistischer Argumente bedienten und nicht nur den Vertrag von Versailles rückgängig machen, sondern auch die Schmach von Niederlage und Reparationsleistungen tilgen wollten. Der wilhelminische Geist lebte nicht nur in den Gemütern von Offizieren weiter, und Pazifisten waren in deren Augen Vaterlandsverräter, die man günstigenfalls mit Nichtachtung, besser aber noch mit Inhaftierung bis hin zum kurzen Prozess bestrafen und mundtot machen sollte.

Hinzu trat in den 20er und 30er Jahren in Europa das Phänomen des Totalitarismus – im westlichen Europa in Form des Faschismus, im östlichen in Form des Bolschewismus. Beide Totalitarismen zeigten offene Gewaltbereitschaft; vor allem dem Faschismus war anzumerken, dass er nicht nur kriegsbereit, sondern ziemlich kriegslüstern war. Kurt Tucholsky (1890 – 1935), der sich nach dem Ersten Weltkrieg als antimilitaristischer Journalist engagiert hatte, und der als Reaktion auf den aufziehenden Nationalsozialismus bereits 1929 seinen Wohnsitz nach Schweden verlegt hatte, schrieb wenige Monate vor seinem Tod an Hedwig Müller, seine Zürcher

---

* Der Historiker Christopher Clark hat in seinem Buch *Die Schlafwandler – Wie Europa in den Ersten Weltkrieg zog* (2012) die Herrschenden, Militärs und Intellektuellen vor und zu Beginn des Ersten Weltkriegs mit Schlafwandlern verglichen, die zu keinen wachen, vernünftigen, nüchternen Urteilen und Entscheidungen hinsichtlich dieses Waffengangs in der Lage waren.

Freundin, er habe kein Verständnis für die nachgiebige Haltung der Westmächte Hitler gegenüber:

> Nichts als Pazifist zu sein – das ist ungefähr so, wie wenn ein Hautarzt sagt: »Ich bin gegen Pickel.« Damit heilt man nicht ... Ich habe einen Interventionskrieg stets für wahnsinnig gehalten ... Zwischen diesem Krieg und einer energischen und klaren Haltung aller Mächte Europas ist noch ein großer Unterschied. (Tucholsky 1978, S. 182 f.)

14) Tendenziell in die gleiche politische Richtung wie Tucholsky dachte Bertrand Russell (1872–1970). Auch Russell hatte sich während und nach dem Ersten Weltkrieg als ein überzeugter Pazifist erwiesen, der sich für Kriegsdienstverweigerer eingesetzt hatte, und der für diese Haltung sogar mit einer Freiheitsstrafe und der Kündigung seiner Dozentenstelle an der Universität Cambridge belegt wurde. Den Ersten Weltkrieg kann man als entscheidenden Einschnitt im Leben Russells begreifen. Von da an war er nie mehr nur ein Philosoph im Elfenbeinturm. Nach dem katastrophalen Verlauf des Weltkriegs war für Russell klar, dass seine Existenz als Intellektueller gleichbedeutend sein würde mit gesellschaftlichem Engagement:

> Der Krieg von 1914–1918 änderte alles für mich. Ich hörte auf, theoretisch zu sein, und begann, eine neue Art von Büchern zu schreiben. Ich änderte meine Ansichten über die menschliche Natur. (Russell 1970, S. 43)

In den folgenden Jahren publizierte Russell Texte wie *Gerechtigkeit in Kriegszeiten* (1916), *Politische Ideale* (1917) oder *Wege zur Freiheit* (1918). Vom politischen Establishment wurde er dafür scheel angesehen; liberale und fortschrittliche Kreise hingegen empfanden ihn als einen Denker von Freiheit und Vernunft. Während der Jahre des aufziehenden Faschismus und des Zweiten Weltkriegs sah sich der Philosoph genötigt, seinen grundsätzlich pazifistischen Standpunkt um einen antifaschistisch-kämpferischen zu erweitern. Für ihn war klar, dass Hitler-Deutschland und seine Verbündeten militärisch niedergerungen werden mussten, wollte man einen Rest von Zukunft und die Hoffnung auf ein menschenwürdiges Erdenleben retten. Eine ähnliche Revision ihrer Ansichten zeigten viele Pazifisten jener Zeit, die bei einem Sieg der Achsenmächte den Verlust der europäischen Kultur befürchteten.

Nach dem Sieg der Alliierten blieb Russell skeptisch in Bezug auf einen zukünftigen Weltfrieden. Noch während der Kampfhandlungen hatte er immer wieder auf den Antagonismus zwischen den westlichen Ländern Frankreich, Großbritannien und Nordamerika einerseits, der Sowjetunion andererseits als Quelle neuer Konflikte hingewiesen. Des Weiteren war er tief besorgt über die politischen Verhältnisse in der UdSSR, die er trotz aller Sympathien für eine sozialistische Weltanschauung illusionslos als totalitär und verbrecherisch einstufte.

Nachdem der Zweite Weltkrieg mit dem Atombombenabwurf über Hiroshima und Nagasaki geendet hatte, musste man gewärtigen, dass die Entwicklung der Kernwaffen vor dem Hintergrund des sich anbahnenden Kalten Krieges eine neuerliche Bedrohung der Menschheit *in globo* bedeuten würde. Angesichts dieser Dimension der Gefährdung reifte der über 70-jährige Russell zu einem sozialen Mahner und nachdenklichen Weisen. Er hielt es nunmehr für seine Aufgabe, die Menschheit über ihre höchst prekäre Situation aufzuklären.

Ende der 40er Jahre kam es weltweit zu einer Bewegung unter der Zivilbevölkerung vieler Staaten, die sich die Verhinderung eines neuen großen Kriegs sowie die Abschaffung der Atomwaffen zum Ziel gesetzt hatte. 1949 unterzeichneten Millionen den Stockholmer Appell, in dem die Forderungen gebündelt an die Regierenden der Großmächte übermittelt wurden. An der Spitze dieser Bewegung standen Wissenschaftler wie Linus Pauling und Frédéric Joliot-Curie.

Auch Russell engagierte sich auf der Seite der Atomwaffengegner. Er korrespondierte in den 50er Jahren wiederholt mit Chruschtschow, Eisenhower und John Foster Dulles. Daneben hielt er zahlreiche Reden und publizierte Abhandlungen sowie Flugblätter, in denen er die Themen der atomaren Aufrüstung und des Kalten Krieges erläuterte. 1955 kam es zum Einstein-Russell-Manifest. Dieses enthielt einen Vorschlag an die Staaten der Erde, wie man jenseits des Ost-West-Konflikts die immens große Gefahr für die Menschheit – einen atomaren Krieg – bannen könne:

Je weiter die wissenschaftliche Technik fortschreitet, desto tödlicher werden die Bomben ... Wenn genug davon da sind, werden sie radioaktive Wolken erzeugen, die ohne Rücksicht auf politische Grenzen mit dem Winde dahintreiben und ein Gebiet nach dem anderen dem Tode ausliefern ... Jeder Zuwachs an Technik bedingt, wenn damit ein Zuwachs und nicht eine Schmälerung des menschlichen Glücks verbunden sein soll, einen entsprechenden Zuwachs an Weisheit. In den letzten 150 Jahren hat die Technik einen noch nicht dagewesenen Zuwachs erfahren, und es macht sich kein Anzeichen dafür bemerkbar, dass sich das Tempo dieses Wachstums verlangsamt. Die Weisheit indessen hat nicht den geringsten Zuwachs erlebt. Die Grundsätze der Staatsführung sind noch immer die gleichen, die im 18. Jahrhundert im Schwange waren ... Technisches Können ohne Weisheit ist die Ursache unserer Nöte. (Russell 1988, S. 182 ff.)

1957 gründeten Pazifisten die Pugwash-Bewegung, benannt nach einem Ort in Kanada, wo ihre erste Konferenz stattfand, die von Bertrand Russell eröffnet wurde. An den *Pugwash-Conferences* nahmen Wissenschaftler aus über 30 Staaten teil, die sich für einen Stopp der Atomwaffenversuche sowie für Abrüstungsverhandlungen einsetzten. Die Pugwash-Bewegung tagte bis in die 70er Jahre mehr als zwanzig Mal und hat Schritte für die spätere Ost-West-Entspannung vorbereitet. Zusammen mit Edith Finch, seiner vierten Gattin, beteiligte sich Russell an den pazifistisch orientierten Ostermärschen und an Protestaktionen gegen die Kuba-Politik der USA. Des Weiteren initiierte er die Gründung von Stiftungen namens *Bertrand Russell Peace Foundation* sowie *Atlantic Peace Foundation*.

Mitte der 60er Jahre kam es, nachdem die Kuba-Krise gerade noch glücklich überstanden war, zu einer neuerlichen massiven Bedrohung des Weltfriedens. Die Vereinigten Staaten engagierten sich im Vietnamkrieg, der als ideologisch relevant hingestellt wurde. Als die britische Labour-Regierung den Krieg Amerikas in Vietnam unterstützte, trat Russell demonstrativ aus der Labour-Party aus, der er viele Jahre lang angehört hatte. Ein Jahr später gründete er zusammen mit Jean-Paul Sartre das Russell-Tribunal, das es sich zur Aufgabe machte, Kriegsverbrechen der Amerikaner in Vietnam (z. B. rücksichtslose Flächenbombardements) zu belegen und anzuklagen. Das Tribunal tagte mehrmals in Stockholm, Paris und Roskilde (Dänemark) und sorgte aufgrund seiner Verurteilung von US-amerikanischen Kriegsgräueln weltweit für Aufsehen. Neben den öffentlichen Aktionen blieb Russell als philosophisch-politischer Autor rege. 1950 veröffentlichte er *Unpopuläre Betrachtungen* und 1954 *Moral und Politik*. Es folgten Bücher über *Vernunft und Atomkrieg* (1959) und *Hat der Mensch noch eine Zukunft?* (1961), in denen er als wehrhafter Pazifist zu gesellschaftlichen Problemen Stellung bezog.

15) Mehrfach schon wurde in diesem Kapitel Albert Einstein erwähnt, der sich als Naturwissenschaftler einen entschieden pazifistischen Standpunkt erarbeitet hatte. Einstein (1879–1955) war Anfang des 20. Jahrhunderts mit seinen Publikationen zur Speziellen Relativitätstheorie zum *Shooting Star* der Physik aufgestiegen; 1907 habilitierte man ihn aufgrund seiner Arbeiten, und 1909 erhielt er eine Professur für theoretische Physik an der Universität Zürich. Zwei Jahre später wurde er an die Universität in Prag berufen, und nach einem kurzen Zwischenspiel an der ETH Zürich kam er an die Preußische Akademie der Wissenschaften nach Berlin, wo er völlige Forschungsfreiheit ohne Lehrverpflichtungen genoss.

Seine geistige Unabhängigkeit stellte Einstein beim Ausbruch des Ersten Weltkriegs unter Beweis. Der Großteil der Wissenschaftler stimmte damals in den nationalistischen und militaristischen Überschwang ein; Einstein hingegen gründete mit Kollegen eine Organisation, die sich gegen den Krieg und für die Schaffung eines geeinten Europas einsetzte. In aller Öffentlichkeit nannte er den Krieg einen Massenwahn.

In den 20er Jahren engagierte sich der Physiker bei verschiedenen Bewegungen mit dem Ziel, Toleranz zwischen den Völkern und Religionen wachsen zu lassen. Aus der pazifistischen Gruppierung von 1914 war die Liga für Menschenrechte geworden, und nach 1918 hatte man den Völkerbund gegründet, in dem Einstein ebenfalls aktiv war. Er verfasste eindringliche Appelle, die in *Die Menschenrechte* veröffentlicht wurden:

Die politische Apathie der Völker in Friedenszeiten weist darauf hin, dass sie sich später bereitwillig zum Hinschlachten führen lassen werden. Weil ihnen heutzutage sogar der Mut fehlt, ihre Unterschrift zur Unterstützung der Abrüstung zu geben, werden sie morgen gezwungen sein, ihr Blut zu vergießen. (Einstein, A.: zit. n. Leithäuser 1965, S. 70)

Wie schnell dieses Morgen bereits Realität wurde, war auch für Einstein überraschend. Im Winter 1932 brach der Physiker zu einer Vortragsreise nach Pasadena in Kalifornien auf – eine Reise, die ein Abschied für immer von Europa wurde. Nach der Machtergreifung Hitlers siedelte Einstein nach Princeton über, wo er für die nächsten Jahrzehnte am *Institute for Advanced Studies* eine Professur erhielt. Im Sommer 1932 hatte er einen Brief an Sigmund Freud geschrieben, in dem er ihn um Hinweise auf Erziehungsmaßnahmen bat, um Menschen friedfertiger werden zu lassen. Dieser Brief zusammen mit dem Antwortschreiben Freuds aus dem Herbst 1932 wurde 1933 unter dem Titel *Warum Krieg* publiziert, wobei die Überlegungen des Psychoanalytikers bezüglich der aggressiven Natur des Menschen die pazifistischen Neigungen und Aktivitäten des Physikers nur bedingt befriedigt haben dürften:

Ich habe Bedenken, Ihr Interesse zu missbrauchen, das ja der Kriegsverhütung gilt ... Doch möchte ich noch einen Augenblick bei unserem Destruktionstrieb verweilen ... Mit etwas Aufwand von Spekulation sind wir zu der Auffassung gelangt, dass dieser Trieb innerhalb jedes lebenden Wesens arbeitet und dann das Bestreben hat, es zum Zerfall zu bringen ... Er verdiente in allem Ernst den Namen eines Todestriebes ... Der Todestrieb wird zum Destruktionstrieb, indem er mit Hilfe besonderer Organe nach außen, gegen Objekte, gewendet wird. Das Lebewesen bewahrt ... sein eigenes Leben dadurch, dass es fremdes zerstört ... Sie merken, (dass) die Wendung dieser Triebkräfte zur Destruktion in der Außenwelt das Lebewesen entlastet, wohltuend wirken muss. Das diene zur biologischen Entschuldigung all der hässlichen und gefährlichen Strebungen, gegen die wir ankämpfen. Man muss zugeben, sie sind der Natur näher als unser Widerstand dagegen. (Freud 1999, S. 22)

Wenngleich die menschliche Biologie in Form des Aggressionstriebes den Einzelnen zu kriegerischem Handeln prädestiniere, gibt es nach Freud in Form der Kulturentwicklung ein Gegengewicht zum Phänomen Krieg – ein Gegengewicht freilich, das bei nicht wenigen wie eine dünne, fragile Firnisschicht auf dem Untergrund ihrer Triebhaftigkeit wirkt. Ende der 30er Jahre wandelte sich Einsteins Einstellung vom ursprünglich radikalen zum wehrhaften Pazifismus. Er erkannte, dass man dem Militarismus der Achsenmächte nur mit entschiedener Aufrüstung begegnen konnte. Dies macht verständlich, warum er sich in einem Brief an Präsident Roosevelt für den Bau einer Atombombe aussprach – eine Empfehlung, die bei Einstein nach dem Abwurf der Bomben auf Hiroshima und Nagasaki bitterste Schuldgefühle auslöste. Vor dem Ende des Zweiten Weltkriegs aber befand sich Einstein in einer Situation, in der er fast alle Mittel als gerechtfertigt ansah, um dem Faschismus die Stirn zu bieten.

Nach dem Zweiten Weltkrieg blieb Einstein als gesellschaftlich und politisch engagierter Wissenschaftler aktiv. Nun setzte er sich für die Etablierung der Vereinten Nationen sowie für die Schaffung einer Art Weltregierung ein, da seines Erachtens nur übernationale Organisationen die Macht aufbringen würden, Pazifismus global zu realisieren.

Zunehmend beschäftigte sich Einstein damals auch mit Fragen der Erziehung, Ethik, Menschenwürde, Wirtschaft, Gewissensbildung, Kultur sowie einer sozialistisch und humanistisch geprägten Gesellschaft. In einem Essay mit dem Titel *Warum Sozialismus?* (1949) plädierte er für die Schaffung eines sozialistischen Weltstaates, der allerdings anders als das bolschewistische Experiment in der Sowjetunion die Individuen in ihrem unantastbaren Wert schützen sollte.

Einstein war sich im Klaren darüber, dass eine Planwirtschaft oft mit Entrechtung des Einzelnen einhergeht. Ihm schwebten stattdessen Staatsformen vor, die unter anderem folgende Probleme lösen: Wie ist es angesichts weitreichender Zentralisierung politischer und ökonomischer Kräfte möglich, Bürokratien zu hindern, allmächtig und maßlos zu werden? Wie kann man Rechte des Einzelnen schützen und ein demokratisches Gegengewicht zur Bürokratie schaffen? Ein gemäßigter Pazifismus war und blieb dabei die Grundlage seiner Gesinnungen:

Ich bin tatsächlich Pazifist, aber nicht Pazifist um jeden Preis. Meine Ansichten stimmen mit denen Gandhis überein. Aber ich würde, einzeln und in Gemeinschaft, mich heftig jedem Versuch widersetzen, mich zu töten oder mir oder meinem Volk die Existenzgrundlage zu nehmen. Daher bin ich der Überzeugung gewesen, dass es richtig war, gegen Hitler zu kämpfen. (Einstein, A.: Brief aus dem Jahre 1952, zit. n. Leithäuser 1965, S. 90)

16) Es ist nicht verwunderlich, dass in diesem Zitat Einsteins die Rede auf Gandhi kam. Der Physiker hatte eine ausgesprochen hohe Meinung von dem indischen Politiker, den er anlässlich seines 70. Geburtstag mit den Worten würdigte: »Künftige Generationen werden es kaum glaubhaft finden, dass ein Mensch wie dieser jemals in Fleisch und Blut auf dieser Erde einherwandelte.« (Einstein, A.: Würdigung Gandhis (1939), zit. n. Dharampal-Frick 2014, S. 99)

Mahatma Gandhi (1869–1948) gilt aufgrund seiner gewaltfreien Art von Widerstand, Protest und Revolte für viele als Beispiel einer zutiefst pazifistischen Grundeinstellung, die auf die Durchsetzung eigener vitaler Interessen und Bedürfnisse dennoch nicht verzichtete. Begonnen mit der gewaltfreien Kampagne zu Beginn des 20. Jahrhundert für die Rechte seiner indischen Mitbürger in Südafrika bis hin zum erfolgreichen Kampf um die Unabhängigkeit Indiens von den britischen Kolonialherren zeigte der »halbnackte Fakir« (Winston Churchill) wiederholt, wie große politische und gesellschaftliche Veränderungen ohne jede Gewaltanwendung induziert werden können. Auch massive zwischenstaatliche Konflikte, die in der Vergangenheit häufig mit militärischen Mitteln ausgefochten wurden, sind – so die Überzeugung Gandhis – zukünftig ohne Anwendung von Gewalt, Krieg und Terrorakten lösbar:

Die Welt von morgen wird, nein muss eine auf Gewaltfreiheit gegründete Gesellschaft sein. Das ist das erste Gesetz; aus ihm werden sich alle anderen Segnungen ergeben. Das mag als ein fernes Ziel, ein unpraktikables Utopia erscheinen. Es ist aber durchaus erreichbar, denn dafür kann hier und jetzt gearbeitet werden ... Die Menschen zögern häufig, einen Anfang zu machen, weil sie spüren, das Ziel kann nicht in seiner Gänze erreicht werden. Genau diese Geisteshaltung ist unser größtes Hindernis für den Fortschritt – ein Hindernis, das jeder Mensch, wenn er nur will, beseitigen kann. (Mahatma Gandhi: Eine auf Gewaltfreiheit gegründete Gesellschaft [1946], zit. n. Dharampal-Frick 2014, S. 85)

17) Wer für sich eine pazifistische Anschauung und Position formulieren möchte, ist gut beraten, jener Frage nachzugehen, die Einstein und Freud als Titel ihres Briefwechsels gewählt haben: Warum Krieg? Wer hier mit unangebrachten, falschen Begründungszusammenhängen argumentiert, muss sich nicht wundern, wenn seine gutgemeinten Friedensbemühungen ins Leere laufen. Insofern waren die Überlegungen Freuds wie auch anderer Psychologen, Soziologen, Ethnologen, Anthropologen, Historiker, Philosophen und Politologen sinnvoll, wenngleich ihre verschiedenen Erklärungsmuster (zum Beispiel Freuds These des biologisch verankerten Aggressionstriebes) durchaus diskussionswürdig waren und weiterhin sind.

Die Aufzählung vieler wissenschaftlicher Disziplinen, die gefordert sind, um den Fragen nach Kriegsursachen sowie nach den Möglichkeiten friedfertiger Koexistenz von Staaten, Sozietäten, Gruppierungen auf den Grund zu gehen, verdeutlicht, dass es beileibe nicht den einen, einzigen Kausalfaktor gibt, der als Antwort darauf in Betracht zu ziehen ist. Wer Krieg verhindern oder beenden und Frieden sichern will, tut gut daran, ein Geflecht von Ursachen und Bedingungsfaktoren in Betracht zu ziehen und nicht monokausale und damit simplifizierende Antwortmuster zu bedienen.

Als Tiefenpsychologe, der mit den Ansichten Freuds im Hinblick auf einen angeblich angeborenen Aggressions- und Destruktionstrieb nicht *d'accord* ging, ist Josef Rattner (geboren 1928) in vielen seiner Schriften sowohl den Fragen nach der Gewaltbereitschaft von Menschen als auch nach möglichen Kriegsursachen nachgegangen. Ohne auf lediglich *ein* psychologisches Motivationsgeflecht abzuheben, führte Rattner in einem Text mit der Überschrift *Warum Krieg?* folgende Kausalfaktoren an, die bei der Entstehung und der Perpetuierung von kriegerischen Handlungen eine Rolle spielen:

Als einen Faktor (neben vielen anderen), der zur Bereitschaft von Menschen beiträgt, den eigenen Antrieb zum Leben hintanzustellen und sich (freiwillig!?) im Krieg eventuell hinschlachten zu lassen, benannte Rattner in seiner Abhandlung die autoritäre und religiöse Denkhemmung. Diese Denkhemmungen treten häufig in Kombination auf, stützen sich gegenseitig und führen dazu, dass die von ihnen betroffenen Individuen zu mehr oder minder willfährigen Werkzeugen ihrer Vorgesetzten oder eben auch von Generälen werden. Wer pazifistisch denken und handeln lernen will, muss daher diesen Denkhemmungen bei sich und in der Gesellschaft Paroli bieten.

Daneben zählte Rattner weitere mögliche Kriegs-Ursachen – und damit potentielle Felder für antimilitaristische und präventive Maßnahmen – auf: Männer machen Geschichte (Diktatoren, Heerführer und Herrscher aller Couleur); anonyme Mächte des Geschichtsverlaufs (ökonomische Aspekte; Rohstoff-Interessen, Kapitalmärkte; politische Einfluss-Sphären; geostrategische Überlegungen); Klassenherrschaft (meist befehligen die Vertreter der Upperclass Kriege, »Proleten« haben dieselben auszubaden); Erziehung von Kindern, Jugendlichen, zukünftigen Soldaten (Reduktion/Elimination von Empathie und Solidaritätsempfindungen); kriegstreibende aggressive Ideologien (z. B. Nationalismus, Chauvinismus, Rassismus, Imperialismus); Propaganda, propagandistische Massen-Medien (Verlust des Wahrheits-Ethos); Verrat der Intellektuellen (Mangel an autonomer Urteilskraft geistiger Eliten); militärisch-technisch-industrielle Interessen (Waffenlobby, Arbeitsplatzbeschaffung); Traditions-verhaftet-Sein (Krieg gab es seit eh und je und wird es auch immer geben):

Die von uns geschilderten Faktoren sind alle interdependent; kein Faktor ist Hauptursache, sondern das Insgesamt aller Elemente konstelliert die schreckliche Ganzheit Krieg. Daher sind alle Bemühungen, den Frieden durch Überbetonung eines einzelnen Strukturelementes zu sichern, kaum mit Erfolg gesegnet. Man muss schon das Totum der Kriegsbedingungen und -konstellationen ins Auge fassen, um irgendwann diese Menschheitsgeißel ins Museum der Unmenschlichkeiten abstellen zu können. (Rattner 1996, S. 23)

18) Das Kriegshandwerk war und ist seit Jahrtausenden eine Domäne von Männern, und daher überrascht es nicht, unter den pazifistischen Stimmen mehrheitlich männliche zu vernehmen. Daneben gibt es jedoch seit Bertha von Suttners *Die Waffen nieder!* eine zunehmend auch von Frauen geführte Debatte gegen den Krieg.

Als eine gewichtige antimilitaristische Frauenstimme war im 20. Jahrhundert Virginia Woolf (1882–1941) zu vernehmen. Woolf war bereits in den 20er Jahren mit feministischen Texten wie etwa *Ein Zimmer für sich allein* (1929) sowie mit Erzählungen und Romanen bekannt geworden. Im Essay *Drei Guineen* (1938) setzte sie sich dezidiert mit der Assoziation von Militarismus und Patriarchat auseinander. Mit Verve schrieb sie gegen »die Unmenschlichkeit, die Bestialität, den Schrecken, den Wahnsinn des Krieges« an, wobei sie für das Phänomen Krieg vor allem die heroischen Männlichkeits-Ideale sowie die dazu passenden Größenphantasien von Herrschern, Generälen, aber auch von einfachen Soldaten verantwortlich machte, die seit Generationen in der Erziehung von Knaben eine Rolle spielen; Kinder sollten stattdessen unter anderem lernen:

Nicht die Kunst, andere Menschen zu dominieren; nicht die Kunst zu herrschen, zu töten, Land und Kapital zu erwerben ... sondern Medizin, Mathematik, Musik, Malerei und Literatur; die Kunst der menschlichen Beziehungen; ... die Kunst, das Leben und Denken anderer Menschen zu verstehen. (Woolf, V.: Drei Guineen [1938], zit. n. Oldfield 1992, S. 129)

In *Drei Guineen* diagnostizierte Woolf noch ausführlich die Pathologie des Maskulinismus und zog Parallelen zu den Strukturen und den Usancen des Militarismus. Zwei Jahre später, in ihrem Essay *Gedanken über den Frieden während eines Luftangriffs* (1940), relativierte sie insofern ihre Position, als sie nun auch die Rolle der Frauen bei der Aufrechterhaltung von patriarchalischen Einstellungen und Vorurteilen gebührend betonte. Die Hitlerei – also Aggressivität, Tyrannei, Destruktivität, irrsinnige Liebe zu Herrschaft und Macht – war Woolf zufolge weder ein alleiniges Thema der Deutschen noch alleiniges Thema von Männern; derlei kennen auch Frauen, die ihre Kinder dementsprechend kriegerisch erziehen.

19) Als eine entschieden antimilitaristisch gesinnte Historikerin darf die US-Amerikanerin Barbara Tuchman Erwähnung finden. Tuchman (1912– 1989) wurde mit ihrem Buch *August 1914* (1962) bekannt, worin sie verschiedene Fehleinschätzungen und Irrtümer zusammenfasste, welche die damaligen Staatenlenker Europas dazu bewog, den Ersten Weltkrieg vom Zaun zu brechen. Für diese Publikation erhielt Tuchman den Pulitzer-Preis; dieses Buch soll dazu beigetragen haben, dass John F. Kennedy im Rahmen der Kuba-Krise im Herbst 1962 besonnen reagierte – er hatte das Buch gelesen und war von der politischen Naivität und Dummheit der Regierenden von 1914 zutiefst erschüttert.

Ein ähnlich gewichtiges Buch gelang Tuchman mit *Die Torheit der Regierenden – Von Troja bis Vietnam* (1984). Darin demonstrierte sie anhand ausgewählter Beispiele, inwiefern die beschränkte Fassungskraft von Herrschern zu desaströsen politischen Ergebnissen bis hin zu Kriegen und Zerstörungen riesigen Ausmaßes beiträgt. Begonnen beim Mythos des trojanischen Pferdes bis zu den katastrophalen Fehleinschätzungen der amerikanischen Regierung während des Vietnam-Kriegs reicht die Palette der Exempel, die den Titel des Tuchman-Buches als gerechtfertigt erscheinen lassen: *The March of Folly* – Die Torheit der Regierenden.

Dummheit, Verrücktheit (*folly*), Aberwitz, Torheit kommt bei vielen Menschen vor und beeinträchtigt nicht selten deren persönliches Leben. Dieselben Attribute bei Herrschern induzieren womöglich gänzlich andere Effekte: Eventuell verlieren aufgrund der Beschränktheit von Regierenden

Abertausende ihr Leben, und Überlebende der wahnwitzigen Größenideen von Herrschern dürfen sich während oder nach verlustreichen Kriegen noch anhören, dass sie (die Herrscher) die von ihnen angestoßene Katastrophe »so nicht gewollt« haben (so lautete jedenfalls der Kommentar des österreichischen Kaisers Franz Joseph zum Verlauf des Ersten Weltkriegs). Antimilitarismus (so lässt sich Barbara Tuchmans Buch lesen) und Pazifismus beginnen mit der Wahl oder Abwahl (!) von Herrschern und Regierungen – so denn dazu die Chance besteht, die man dann verantwortungsvoll beim Schopfe packen soll.

20) Ebenfalls entschieden pazifistisch gesinnt, wenngleich mit einer völlig anderen Herangehensweise versehen, war Astrid Lindgren (1907-2002). Fast jedermann denkt bei ihrem Namen an Kinderbücher wie *Ferien auf Saltkrokan, Rasmus, Pontus und der Schwertschlucker, Kalle Blomquist* oder *Pippi Langstrumpf,* kaum aber an eine nachhaltige Kämpferin für Abrüstung und Frieden.

Dabei engagierte sich Lindgren seit dem Zweiten Weltkrieg für die Beantwortung der Frage, wie Gewalt, zwischenmenschliche Aggression und kriegerische Auseinandersetzungen reduziert und eingedämmt werden können. Bei der Lektüre von Erich Maria Remarques Antikriegs-Buch *Im Westen nichts Neues* (1929) hatte sie emotional überaus aufgewühlt reagiert:

Als ich Remarques *Im Westen nichts Neues* las, habe ich vor Verzweiflung geweint, und ich erinnere mich, dass ich dachte, wenn es noch einmal einen Krieg geben und Schweden sich einmischen würde, ich auf Knien zur Regierung kriechen und sie beschwören würde, die Hölle nicht losbrechen zu lassen. (Lindgren 2000, S. 71)

Der Kampf gegen Aggression, Gewalt und Krieg, der bereits die junge Astrid Lindgren bewegte, zog sich wie ein roter Faden durch ihr Autoren-Dasein. Als sie 1978 in Frankfurt am Main mit dem Friedenspreis des Deutschen Buchhandels geehrt wurde, entwarf sie für den Festakt der Preisverleihung eine Dankesrede, die sie vorneweg dem Preiskomitee zusandte. Dieses reagierte darauf mit dem Vorschlag, die Schriftstellerin solle den Preis entgegennehmen und keine Rede halten – was Lindgren entrüstet zurückwies. Schließlich setzte sie sich durch, und das Publikum konnte ihre damals von vielen als provokant empfundenen Gedanken über *Niemals Gewalt* hören; hier ein Ausschnitt aus Lindgrens Rede:

Jenen aber, die jetzt so vernehmlich nach härterer Zucht und strafferen Zügeln rufen, möchte ich das erzählen, was mir einmal eine alte Dame berichtet hat. Sie war eine junge Mutter zu der Zeit, als man noch an diesen Bibelspruch glaubte, dieses »Wer die Rute schont, verdirbt den Knaben«. Im Grunde ihres Herzens glaubte sie wohl gar nicht daran, aber eines Tages hatte ihr kleiner Sohn etwas getan, wofür er ihrer Meinung nach eine Tracht Prügel verdient hatte, die erste in seinem Leben. Sie trug ihm auf, in den Garten zu gehen und selber nach einem Stock zu suchen, den er ihr dann bringen sollte. Der kleine Junge ging und blieb lange fort. Schließlich kam er weinend zurück und sagte: »Ich habe keinen Stock finden können, aber hier hast du einen Stein, den kannst du ja nach mir werfen!« Da aber fing auch die Mutter an zu weinen, denn plötzlich sah sie alles mit den Augen des Kindes. Das Kind musste gedacht haben, meine Mutter will mir wirklich wehtun, und das kann sie ja auch mit einem Stein. Sie nahm ihren kleinen Sohn in die Arme, und beide weinten eine Weile gemeinsam. Dann legte sie den Stein auf ein Bord in der Küche, und dort blieb er liegen als ständige Mahnung an das Versprechen, das sie sich in dieser Stunde selber gegeben hatte: Niemals Gewalt! (Lindgren, A.: Niemals Gewalt [1978], zit. n. Strömstedt 2011, S. 335)

In ihrem Text hatte die Autorin nicht nur die Geschichte über den Stein auf dem Küchenbord eingefügt, sondern auch auf gesellschaftlich-kulturelle Entstehungsmechanismen von Aggressionen aller Art verwiesen. Lindgren ließ in ihrer Ansprache keine Zweifel aufkommen, dass die Ursachen für Aggression, Gewalt und Krieg nicht in genetisch-biologischer Ausstattung des Menschen, sondern in gesellschaftlich-kulturell vermittelten unguten Verhaltensweisen zu suchen sind, die eine Vielzahl der Menschen in ihrer Kindheit eintrainiert. Der maßgebliche Entstehungsmechanismus hierfür sei die auf Aggression angelegte Erziehung, die das Problem von Krieg und Gewaltbereitschaft seit frühen Zeiten der Menschheitsgeschichte auf nicht-biologischem Wege weitervererbe.

21) Eingangs habe ich bereits darauf hingewiesen, dass es angesichts der vielen differenzierten Bemühungen von unterschiedlichen Organisationen und Personen tollkühn und verwegen wäre, hier auf wenigen Seiten die Geschichte des Pazifismus umfänglich nachzuzeichnen. Neben den eben erläuterten Ursachen für kriegerische Auseinandersetzungen gibt es eine Reihe weiterer Motive, die bei antimilitaristischen Einstellungen wie auch Aktivitäten zu berücksichtigen sind.

Militaristisch gesinnte Menschen zitieren als eine Art Verständnis heischende Rechtfertigung für das Vorhandensein von Kriegen nicht selten den alten Satz von Heraklit (den dieser gänzlich anders als die Militaristen verstanden wissen wollte): Der Krieg ist der Vater aller Dinge. Oberflächlich betrachtet könnte man diesen Satz so interpretieren, dass kriegerische

Auseinandersetzungen in der Lage sind, Altes zu beseitigen, Innovationen zu befördern und so neben destruktiven auch konstruktive Konsequenzen zu zeitigen. Alle hier erwähnten Autoren verweisen jedoch auf einen völlig entgegengesetzten Zusammenhang: Nicht der Krieg ist Verursacher aller Dinge, sondern umgekehrt ermöglichen und bedingen diverse Faktoren (Väter) den Krieg.

Neben den auf den vorhergehenden Seiten dargestellten Einflussgrößen und Voraussetzungen mache ich ohne Anspruch auf Vollständigkeit in der Folge einige psychosoziale Faktoren namhaft, die man individuell wie auch im kollektiven Maßstab diagnostizieren und entschieden therapieren muss, wenn man ein Leben ohne Krieg ermöglichen will. Weil Bertha von Suttner etliche dieser Aspekte bereits vor über einhundert Jahren in ihren pazifistischen Texten ausgeführt hat, kommt diese Großmeisterin einer antimilitaristisch-friedliebenden Lebens- und Weltanschauung mit einigen Passagen daraus zu Wort.

a) Vorurteile. – In *Die Waffen nieder!* hat Bertha von Suttner ihren Figuren diverse hanebüchene Vorurteile in den Mund und ins Gemüt gelegt, die sich im Laufe des Romans wiederholt als aggressionsfördernd und damit auch als kriegsbedingend erweisen. So wettern und schnöden manche Gestalten über »die Italiener« (Sardinischer Krieg), »die Dänen« (Deutsch-Dänischer Krieg), »die Preußen« (Deutscher Krieg) oder »die Franzosen« (Französisch-Deutscher Krieg). Dabei schrecken sie vor keiner noch so entwertenden Formulierung (z. B. Katzelmacher für Italiener) zurück.

Vorurteile schaffen Feindbilder und zementieren diese durch sich-selbst-erfüllende Prophezeiungen. Wer im Gegenüber den Katzelmacher vermutet und erwartet, nimmt an ihm bevorzugt jene Gesichtspunkte wahr, die dieser Erwartung entsprechen. Schließlich verunmöglichen Vorurteile eine realistische Einschätzung und Behandlung der Mitmenschen. Hans-Georg Gadamer (1900–2002) betont in *Wahrheit und Methode* (1960) zwar, dass es ein vorurteilsfreies zwischenmenschliches Verstehen nicht gibt, da wir uns immer schon im sozialen Nexus mit Vormeinungen und -urteilen bewegen, den wir nie vollständig abzustreifen vermögen. Es wäre jedoch viel gewonnen, wenn wir dieses Verhaftet-Sein in Vormeinungen und -urteilen immerhin zu reflektieren und einzuordnen imstande sind.

Wer aber Vorurteile für bare Münze nimmt und dementsprechend distanziert und aggressiv agiert, erwartet von seinen Mitmenschen und (staatlichen) Nachbarn kaum anderes als ebenfalls Attacken. Damit geraten Einzelne wie Sozietäten in eine Spirale der Aggressionen, die als präventive Haltungen und Aktionen vor anderen und vor sich selbst gerechtfertigt werden. Wie viele Kriege wurden nicht aus einer paranoiden Überzeugung heraus begonnen und geführt, der angeblichen oder wirklichen Destruktivität des jeweiligen Gegenübers zuvorzukommen! Und für wie viele Kriege wurden große Teile des Volkes mobilisiert, weil diese nicht autonom, kritisch und aufgeklärt genug waren, um das perfide Spiel ihrer demagogischen Herrscher und Heerführer, das sie mit Vorurteilen und passenden Feindbildern spielten, zu durchschauen!

Wie sehr sich Menschen im ersten Viertel des 21. Jahrhunderts mit ihrem Vorurteilsdenken auf ähnlichen Niveaus bewegen wie manche von Bertha von Suttner geschilderten Personen im 19. Jahrhundert, spiegelt die Studie *Verlorene Mitte – Feindselige Zustände. Rechtsextreme Einstellungen in Deutschland 2018/19* wider, die unlängst (2019) publiziert wurde. Als Autoren zeichnen Andreas Zick, Beate Küpper und Wilhelm Berghan verantwortlich. Die Grundlage der Studie bildete eine quantitative Bevölkerungsbefragung, die im Herbst und Winter von 2018 auf 2019 durch das Sozialwissenschaftliche Umfragezentrum durchgeführt wurde. Befragt wurden 1890 repräsentativ ausgewählte Personen mit deutscher Staatsangehörigkeit im Alter zwischen 18 und 97 Jahren.

In unserem Zusammenhang relevante Ergebnisse waren unter anderem: 20 % Muslimfeindlichkeit; 25 % Abwertung von Sinti und Roma; 53 % Abwertung asylsuchender Menschen; 9 % Abwertung homosexueller Menschen; 8 % Sexismus; 12 % Abwertung wohnungsloser Menschen; 51 % Abwertung langzeitarbeitsloser Menschen.

Ein neben diesen Vorurteilen und Stereotypien seit Jahrhunderten immer wieder neu evoziertes Vorurteil ist jenes über die angeblich fixen Eigenschaften und Einstellungen von jüdisch-stämmigen Menschen. Wofür wurden Juden im Laufe der Historie nicht verantwortlich gemacht, und welche Schicksals-Schläge wurden nicht mit ihrem Dasein in Verbindung gebracht! Von der Kreuzigung Jesu Christi über Epidemien (Corona) bis hin zu diversen Finanzkrisen – alles fiel und fällt in den angeblichen Verantwortungsbereich von Juden:

(Als) ... sicheres Mittel zur Hebung des Notstands schlägt einer von den Freunden unseres Bürgermeisters vor: 3000 Juden aufhängen. Oder noch besser: alle Juden zu Kunstdünger vermahlen. Letzteres war ja nur humoristisch gemeint – die Herren können eben auch witzig sein. (Suttner, B. von: Tagebucheintragung Mai 1898, zit. n. Götz 1996, S. 119)

An dieser Tagebucheintragung wird die seit Jahrhunderten nachweisbare Tendenz offenkundig, aus Vorurteilen heraus grausamste Konsequenzen erwachsen zu lassen: die Eliminierung. »Der Jude« als Inbegriff des Bösen, Geldgierigen, Expansiven, Triebhaften, Verschlagenen gab immer schon das Opfer ab für alle jene, die ihre eigenen problematischen Seiten auf ihn projizierten und ihn als Fokus missbrauchten. Schafft man »den Juden« aus der Welt, minimiert man mit ihm das eigene, auf ihn projizierte Böse und wäscht sich selber quasi rein. Einer derartigen Weltanschauung sind in Deutschland der *Mitte-Studie* (2019) zufolge etwa fünf Prozent der Befragten zugeneigt (klassischer Antisemitismus); einen Israel-bezogenen Antisemitismus befürworten hingegen deutlich mehr Personen, nämlich knapp 24 Prozent der Befragten.

Stereotypien und Vorurteile hinsichtlich Rasse, Ethnie und Religion kamen in der Vergangenheit als kriegsvorbereitende wie auch -treibende Faktoren bei vielen zwischenstaatlichen, ethnischen, religiösen Konflikten zur Geltung. Die andere Hautfarbe, das fremde Benehmen, die falsche religiöse Überzeugung waren nicht selten Anstoß wie auch *agens movens* von Kriegen – die Kreuzzüge des Mittelalters, die Gemetzel zwischen Protestanten und Katholiken während des Dreißigjährigen Krieges oder das barbarische Abschlachten von Sunniten, Schiiten, Christen, Alawiten, Kurden im Syrien-Krieg der letzten Jahre legen davon ein zutiefst trauriges Zeugnis ab.

b) Paranoia. – Wie enorm aufgeheizt, von misstrauischer Feindseligkeit durchsetzt die Stimmung zwischen den Brudernationen Frankreich und Deutschland im Sommer 1870 war, verdeutlichte Bertha von Suttner in *Die Waffen nieder!*, indem sie einen Brief abdruckte, den Gustave Flaubert damals an seine Vertraute George Sand schickte:

Ich bin verzweifelt über die Dummheit meiner Landsleute. Die unverbesserliche Barbarei der Menschheit erfüllt mich mit tiefer Trauer. Dieser Enthusiasmus, der von keiner Idee beseelt ist, macht, dass ich sterben möchte, um ihn nicht mehr zu sehen. Der gute Franzose will sich schlagen: 1) weil er sich durch Preußen herausgefordert glaubt; 2) weil der natürliche Zustand des Menschen die Wildheit ist; 3) weil der Krieg ein mystisches Element in sich hat, das die Menschen fortreißt. Sind wir wieder zu den Rassenkämpfen gekommen? Ich fürchte es ... (Suttner 1990, S. 362)

Das mystisch-irrationale Element, von dem Flaubert hier schrieb, reißt in *Die Waffen nieder!* ebenso wie in den realen Kriegen die Menschen mit sich fort. Angst, Paranoia und Aggression gehen als Atmosphären vor Kriegen wie auch im Krieg eine unheilige Allianz ein, und diese verschlingt die Einzelnen zu Hunderttausenden, gleichgültig, ob sie feindselige oder friedfertige Einstellungen in sich tragen. Paranoia oder Verfolgungswahn zählt in der Medizin zu den psychiatrischen Krankheitsbildern. Sie ist wie andere Wahnerkrankungen dadurch charakterisiert, dass es sich bei ihr um nicht korrigierbare Urteile handelt – die Überzeugung von Kranken, z. B. verfolgt und attackiert zu werden, imponiert als unumstößlich.

Liest oder hört man die Begründungen, warum sich Gruppen oder Staaten und Nationen und ihre Herrschenden zu unerbittlicher Aufrüstung und ebensolchen Kriegshandlungen veranlasst sehen, begegnet man exakt denselben paranoiden, nicht korrigierbaren Überzeugungen wie bei den an Verfolgungswahn leidenden Patienten. Im Unterschied allerdings zu den Letzteren suchen Regenten und Militärs kaum je psychiatrische Anstalten auf, um dort Schutz im Hinblick auf ihre paranoiden Ängste zu suchen. Im Gegenteil: Sie verwenden ihre Überzeugungen als Argumente, um sich und ihre Völker für den nächsten Waffengang zu präparieren. Da Paranoia über hohes Ansteckungspotential verfügt, fällt es Machthabern – vor allem auch mit einem bestens funktionierenden Propaganda-Apparat – nicht schwer, weitumfängliche Teile der Bevölkerung von den angeblich unumgänglichen Aufrüstungsmaßnahmen und auch von den gigantischen Opfern an Menschen und Material zu überzeugen, die der nächste Krieg mit Sicherheit kosten wird.

Vor allem die paranoiden Phänomene und Mechanismen lassen es gerechtfertigt erscheinen, Kriege als Psychose-Äquivalent zu bezeichnen. Es gibt bisher kein Lehrbuch der kollektiv-psychiatrischen Erkrankungen, zu denen neben der Kriegsführung auch »harmlosere« Erscheinungen wie Chauvinismus, Patriarchat oder Nationalismus zählen. Das wichtigste und größte Kapitel dieses Lehrbuchs dürfte allerdings der Krieg mit allen seinen Varianten einnehmen – eine Krankheit, die sich ziemlich leicht diagnostizieren, aber nur schwer therapieren lässt.

Ein wesentlicher Gedanke, der in diesem Lehrbuch der Kollektiv-Psychosen als ein seit Menschengedenken tradierter Irrtum und Wahnwitz benannt werden müsste, ist die kulturell und gesellschaftlich wie auch bei vielen Einzelnen tief verwurzelte Überzeugung von der Notwendigkeit von Kriegen. Kriege, so heißt es, hat es immer gegeben und wird es deshalb auch immer geben – sie seien (beinahe) in der Biologie und Genetik der Gattung Homo angelegt.

c) Fanatismus und Aberglauben. – Den Roman *Die Waffen nieder!* begleiten wie ein *Basso continuo* der Aberglaube und die Religiosität. Da der Roman hauptsächlich in Österreich spielt, stehen das Christentum und der

Katholizismus in dieser Hinsicht im Vordergrund. Wie die meisten Religionen verspricht auch der Katholizismus den Gläubigen ein ewiges Leben nach dem Tode sowie eine ausgleichende Gerechtigkeit für jene Opfer und Defizite, die sie auf Erden zu gewärtigen haben.

Dies betrifft in *Die Waffen nieder!* unter anderem die Aufopferung im Krieg. Wer sein Leben in Schlachten für das Vaterland, die gerechte Sache, den Kaiser oder das Volk hingibt, wird wahrscheinlich »drüben« mit Gottesnähe und paradiesischen Verhältnissen belohnt. Diese fragwürdige Rechnungslegung wurde so ähnlich schon Jahrhunderte vor Bertha von Suttners Roman praktiziert; und aktuell wird sie in islamistisch orientierten Staaten den dortigen Kriegern (die oftmals dem Kinder- und Jugendalter kaum oder noch gar nicht entwachsen sind) als Trost und Lockangebot unterbreitet.

Bertha von Suttner war eine entschiedene Agnostikerin, und die Aufklärung über religiöse Glaubens- und Aberglaubens-Artikel hielt sie für eine wesentliche Aufgabe, um ihr pazifistisches Anliegen voranzubringen. Ähnlich wie einige Jahre später Sigmund Freud mit seiner Theorie von der autoritären, sexuellen und religiösen Denkhemmung durchschaute sie die Verflechtung von Religion, staatlicher Hierarchie und eventuellem Krieg:

Dass Kirche und Thron, sich gegenseitig stützend, zueinander gehören; dass der politische Autoritätsglauben durch den Dogmenglauben befestigt wird; dass Unterwerfung unter die Priesterherrschaft die Unterwerfung unter Klassenherrschaft fördert; das war den Konservativen und Feudalen klar – und wo nicht klar, so doch instinktiv bewusst ... Schwert und Krummstab waren stets die besten Freunde. Die sogenannte Religion des Friedens und der Liebe war stets bereit, über die Unternehmungen des Krieges und der Feindschaft ihren Segen zu sprechen. (Suttner, B. von: zit. n. Götz 1996, S. 94)

Religionskritik bedeutete für Bertha von Suttner ein wesentliches Element der Friedensbewegung. Wer sich gegen den Krieg stellen und etwa den Kriegsdienst verweigern will, kann dies häufig nur, wenn er sich auch gegen Autoritäten und deren Normen und Gesetze zu behaupten weiß; wer gelernt hat, sich blindlings einem Gott und seiner Priesterschaft zu unterwerfen, ist dazu kaum je in der Lage. Im Gegenteil: Er wird zu einem Leichtgläubigen, der den Befehlen und Versprechungen von Herrschern und militaristischen Rattenfängern mehr oder minder hilflos ausgeliefert ist und im Ernstfall dafür mit seinem Leben bezahlt.

d) Frauenfeindlichkeit und Patriarchat. – Seit dem Aufkommen sowohl der bürgerlichen als auch der proletarischen Frauenbewegung Mitte des 19. Jahrhunderts ist das Phänomen zu beobachten, dass die Initiativen zur Gleichberechtigung von Frauen nur selten zu Fragen der Kriegsverhütung und Friedenssicherung Stellung nahmen. In August Bebels Buch *Die Frau und der Sozialismus* (1878) fehlt dieser Gesichtspunkt völlig; am ehesten haben sich Clara Zetkin und Rosa Luxemburg mit den historisch-politisch-gesellschaftlichen Aspekten der Friedensthematik beschäftigt.

Doch auch umgekehrt war das Engagement der Friedensbewegung in Bezug auf die Frauenfrage überschaubar. Bertha von Suttner bildete eine Ausnahme, als sie sich mit Frauenthemen literarisch befasste. Dazu zählten Ehe, Erotik, Sexualität, Jungfräulichkeit, Prostitution sowie die von ihr als problematisch angesehenen Normen und Verhaltensvorschriften, die von christlichen Kirchen zu diesen Themen formuliert worden waren.

Das uralte Problem mangelnder Gleichberechtigung von Frauen in patriarchalischen Gesellschaften muss jedoch auf einer grundsätzlichen Ebene mit den Phänomenen Krieg und Frieden in Verbindung gebracht werden. Die Tatsache, dass es zwei Geschlechter gibt, von denen das männliche seit den Frühzeiten der Menschheit als gut, überlegen, richtig und stark und das weibliche antagonistisch dazu als schlecht, unterlegen, falsch und schwach definiert wurde, hat im Denken, Fühlen, Handeln von Individuen und Kollektiven immer wieder dazu geführt, dass die einen (oft die Männer) als *Ingroup* und die anderen (meist die Frauen) als *Outgroup* behandelt wurden.

Die seit Jahrtausenden praktizierte Unterscheidung in aufgewertete Männer und abgewertete Frauen wirkt wie ein Muster, das sich bei der Vorbereitung und Durchführung von Kriegen zumindest im übertragenen Sinne wiederholt. Der Kampf der Geschlechter sowie die damit assoziierte Wertfrage kehrt bei der Beurteilung von Kriegsgegnern wieder: Die einen (das eigene Volk) sind im Besitz aller honorigen und wertvollen Attribute (*Ingroup*, die männlichen Qualitäten), wohingegen die anderen (der Feind) den Ausbund von Schwäche, Schlechtigkeit und Unterlegenheit darstellen (*Outgroup*, die weiblichen oder weibischen Qualitäten).

Wenn Ethnien, Staaten, Konfessionen, Truppen, Gruppierungen, Verbände oder Kämpfer einander gewaltsam attackieren, perpetuieren sie im übertragenen Sinne patriarchalische Verhaltensweisen. Zwischen den Polen der Selbstvergottung (männlich) und der Dämonisierung (weiblich) entscheiden sie sich jeweils für die Erstere und schreiben dem Gegner die Letztere zu. Und diese Zuschreibung hält als Begründung dafür her, den

Dämon (in patriarchalischer Sicht und Begrifflichkeit: das Weibliche) zu bekämpfen und zu vernichten.

e) Mangelnde Aufklärung, Dummheit, fehlende Anleitung zum autonomen Denken. – Kriege vorzubereiten und zu führen gelingt Herrschenden und Militärs am ehesten mit jenen Menschen, deren Wert- und Sinnhorizont noch nicht voll entfaltet und deren Fähigkeit zum eigenständigen Denken und Urteilen noch entwicklungsbedürftig ist. Meist sind es Jugendliche und Adoleszente, die für Armeen oder als Freischärler angeworben oder in Heeresstrukturen gepresst werden, um für Kriegshandlungen ausgebildet und dressiert zu werden; mit ihnen hat man diesbezüglich leichtes Spiel.

Doch auch diejenigen, die als Erwachsene und Ältere über Krieg und Frieden abstimmen oder noch in Friedenszeiten freiwillig jene Politiker wählen, die ihnen wenig später den Krieg bescheren, verhalten sich in ihrem Denk- und Urteilsvermögen eigentümlich eingeschränkt. Statt für Vernunft, Humanität, Friedfertigkeit entscheidet sich (im 20. Jahrhundert mehrfach geschehen) die Majorität eines Volkes manchmal für das eigene Unglück in Form von Kampf und Krieg, indem es sich einer herrschenden Kaste unterwirft, die sich als kriegslüsterne Clique erweist.

Bertha von Suttner führte solche Verhaltensweisen auf mangelnde Aufklärung und Erziehung von Individuen und Kollektiven zurück. Sie war überzeugt, dass sich bei hinreichend intensiver pädagogischer Anleitung die meisten Menschen weigern, freiwillig in den Krieg zu ziehen; analog würden emotional und intellektuell gebildete Herrscher und Politiker stets versuchen, deeskalierende und konfliktlösende politische Maßnahmen zu ergreifen, um Kriege zu vermeiden. Wer den Frieden morgen ermöglichen will, muss heute beginnen, Menschen umfassend zu schulen, um sie gegen Versuchungen von Nationalismus, Patriarchat, Chauvinismus sowie Gewalt- und Vorurteilsdenken zu immunisieren:

Leute, die viel gereist sind, mehrere Sprachen kennen und in diesen Sprachen viel gelesen und auf diese Weise sich das Beste von dem Geiste und dem Wesen der verschiedenen Nationen angeeignet haben, streifen ihre nationalen Fehler auch in den äußeren Merkmalen ab. Sie sind als Engländer nicht steif, als Deutsche nicht schwerfällig, als Franzosen nicht oberflächlich und eitel, als Italiener nicht komödiantisch und als Amerikaner nicht vulgär. Sie bieten den nach allen Seiten hin veredelten Typus einer neu erstehenden Nation, die sich einst die Welt erobern muss: die Nation der Weltbürger. (Suttner, B. von: High Life [1886], zit. n. Götz 1996, S. 116)

Bertha von Suttner besaß mit ihrer Art des Denkens und Fühlens bereits einen Pass für jene Nation der Weltbürger. Sie plädierte lange schon vor unseren unbeholfenen Versuchen einer politischen Einigung Europas im 21. Jahrhundert für einen europäischen Staatenbund unter Achtung der Souveränität einzelner Völker und Staaten, und als »herrlich unbeirrbare Enthusiastin« (Walter Mehring) setzte sie sich unermüdlich für ihr Thema der Friedensentstehung und -erhaltung ein. Aufgewachsen in den höchst konservativen Verhältnissen altösterreichischer Aristokratie, entwickelte sie sich zur sozialen, intellektuellen, emotionalen Ausnahmeerscheinung, die mit politischen und schriftstellerischen Größen ihrer Zeit konferierte, um ihre Ziele – Frieden und Kriegsvermeidung – zu realisieren. Bei dieser Lebensaufgabe erwuchsen ihr neue, ungeahnte Organsysteme, von denen sie selbst in ihren *Memoiren* berichtete:

Seit ich mich aber in die Friedensfrage vertieft hatte, war mir die Seele zu einer Art Seismographen geworden, der auf noch so leise politische Fernbeben reagierte. (Suttner 1965, S. 323)

Wenn wir uns am Ende dieses Kapitels fragen, wie sich zukünftig noch mehr Menschen für Pazifismus und Antimilitarismus einsetzen können, um dem Ziel eines Lebens ohne Krieg näher zu kommen, darf man neben all den bereits genannten Aspekten auch auf diesen von Suttner erwähnten seelischen Seismographen verweisen. Erziehung, Aufklärung und Bildung sollte sich in den nächsten Jahren und Jahrzehnten vorrangig dem Thema von Gewaltfreiheit und den dazu erforderlichen personalen Qualitäten von Einzelnen wie ganzen Gruppen und Sozietäten widmen. Voraussetzungen dafür sind psychosoziale Sensorien bei möglichst vielen Menschen, die sich an nichts Geringerem als am Ziel des Weltbürgertums orientieren.

f) Das Wurzelgeflecht des Krieges. – Neben den eben aufgeführten fünf Faktoren, die beim Einzelnen wie in einer Sozietät indirekt dazu beitragen können, die Bereitschaft zu kriegerischen Auseinandersetzungen zu erhöhen, könnte man mindestens ein Dutzend weiterer Facetten anführen, die das persönliche und kollektive Gewaltpotential steigern und damit das Kriegs-Risiko in die Höhe schnellen lassen – begonnen bei ökonomischen Interessenskonflikten bis hin zu militaristisch-kulturellen Traditionen.

Die fünf erläuterten Gesichtspunkte habe ich ausgewählt, weil sie bereits bei Bertha von Suttner als Elemente einer Kriege ermöglichenden gesellschaftlichen Atmosphäre und Kultur Erwähnung finden. Bertha von

Suttner war hellsichtig genug zu erkennen, dass man der Hydra Krieg sehr viele Köpfe abzuschlagen hat, wenn man sie denn eliminieren möchte; und dass diese Köpfe nicht nur direkt mit Herrschaft und Gewalt, sondern auch indirekt mit den Phänomenen von Krieg und Frieden assoziiert sind.

Ein Friedensforscher, der sich diesbezüglich in der Tradition Bertha von Suttners bewegt, ist Johan Galtung (geboren 1930). Galtung arbeitet als Mathematiker und Soziologe seit Jahrzehnten im Bereich der Kriegs-Vermeidung und Konfliktlösung und hat dabei Begriffe geprägt, die für den Pazifismus wesentlich wurden. So unterscheidet Galtung einen positiven von einem negativen Frieden. Letzterer ist dadurch gekennzeichnet, dass es keine kriegerischen Handlungen und keine organisierte militärische Gewaltanwendung zwischen Konfliktparteien gibt; viele Friedens-Zustände und Friedens-Abkommen der letzten Jahrzehnte weltweit zielen auf einen derartigen negativen Frieden ab.

Als positiven Frieden bezeichnet Galtung hingegen gesellschaftlich-politische Rahmenbedingungen, die nicht nur durch Abwesenheit allfälliger Kampfhandlungen, sondern auch durch die Abwesenheit von Strukturen und Phänomenen geprägt sind, die von ihm als strukturelle und kulturelle Gewalt bezeichnet werden. Das bedeutet zum Beispiel die Abwesenheit von Diskriminierungen (in Bezug auf Geschlecht, sexuelle Orientierung, Rasse, ethnische Abstammung), aber auch die Abwesenheit von Hunger, Armut, Obdachlosigkeit etc. Bertolt Brecht hat in seinem Buch über den chinesischen Philosophen Me-Ti diesen Unterschied zwischen negativem und positivem Frieden respektive einige Elemente einer strukturellen und kulturellen Gewalt indirekt schon vorweggenommen:

Es gibt viele Arten zu töten. Man kann einem ein Messer in den Bauch stechen, einem das Brot entziehen, einen von einer Krankheit nicht heilen, einen in eine schlechte Wohnung stecken, einen durch Arbeit zu Tode schinden, einen zum Selbstmord treiben, einen in den Krieg führen usw. Nur weniges davon ist in unserem Staat verboten. (Brecht 1965, S. 59)

Johan Galtung hat derlei unter den Begriff der strukturellen und kulturellen Gewalt subsumiert. Zu Recht wurde er für diesen Terminus kritisiert, da er damit die Grenzen zwischen physischer und/oder psychischer Gewalt (zwischen einzelnen Personen) einerseits und strukturellen, kulturellen, gesellschaftlichen, historischen Verhältnissen andererseits allzu unscharf und durchlässig werden ließ. Schlussendlich müssten der Galtungschen Terminologie zufolge weite Bereiche unserer Gesellschaft und Kultur unter sein Gewalt-Verdikt fallen (siehe hierzu Galtung 1982).

Was Galtung, der sich im Laufe der Jahre zum Nestor der Friedens- und Konfliktforschung entwickelt hat, jedoch sehr richtig diagnostizierte, waren die gesellschaftlichen, kulturellen, epochalen Rahmenbedingungen und Motive, die bei kriegerischen Auseinandersetzungen eine gewichtige Rolle spielen, und die aber in den meisten Fällen als unsichtbare Faktoren nicht entsprechend benannt und als maßgebliche Ursachen des Krieges oftmals unterschätzt werden.

Will man als Pazifist – gleichgültig, ob als radikaler oder aber als wehrhafter Pazifist – verhindern, zur Gruppe der Naivlinge, Gutmenschen und romantischen Utopisten gerechnet zu werden, tut man gut daran, sich mit dem Wurzelgeflecht des Krieges und damit mit einer überaus komplex und bisweilen nur schwer zu durchdringenden psychologischen, sozialen, politischen, gesellschaftlichen, kulturellen, ökonomischen und historischen Wirklichkeit zu konfrontieren. Nur vor dem Hintergrund einer illusionsfreien und nüchternen Diagnose hinsichtlich der Ursachen und Ausgestaltungen kriegerischer Haltungen und Handlungen lassen sich effektive Schritte in eine friedfertigere Zukunft gehen. Ein Pazifismus ohne tiefgreifende und umfassende Kulturanalyse und Ideologiekritik bleibt bodenlos und damit ohne die erhofften Wirkungen.

LITERATUR

Barbusse, H.: Das Feuer – Tagebuch einer Korporalschaft (1916), Berlin 1986

Beyer, W.: Pazifismus und Antimilitarismus, Stuttgart 2012

Brecht, B.: Muschik-Lied (1917), in: Die Gedichte, Frankfurt am Main 1981

Brecht, B.: Me-Ti – Buch der Wendungen (postum), Frankfurt am Main 1965

Clark, Chr.: Die Schlafwandler – Wie Europa in den Ersten Weltkrieg zog (2012), München 2013

Dharampal-Frick, G. (Hrsg.): Mahatma Gandhi – Gewaltfreiheit, Stuttgart 2014

Freud, S.: Warum Krieg (1933), in: Gesammelte Werke XVI, Frankfurt am Main 1999

Friedrich, E.: Krieg dem Kriege (1924), München 2004

Galtung, J.: Strukturelle Gewalt – Beiträge zur Friedens- und Konfliktforschung, Reinbek bei Hamburg 1982

Götz, Chr.: Die Rebellin Bertha von Suttner, Elsdorf 1996

Goldhagen, D.: Schlimmer als Krieg – Wie Völkermord entsteht und wie er zu verhindern ist (2009), München 2009

Hamann, B.: Bertha von Suttner – Ein Leben für den Frieden (1986), München 1996

Jean Paul: Dämmerungen für Deutschland (1809), in: Sämtliche Werke, Abteilung I, Band 5, Darmstadt 2000

Kaiser, D.: Kriege in Europa – Machtpolitik von Philipp II. bis Hitler, Hamburg 1992

Kant, I.: Zum ewigen Frieden (1795), in: Werkausgabe Band XI, Frankfurt am Main 1977

Kehl, D. (Hrsg.): 's ist Krieg! – Geschichten von Honoré de Balzac bis Heinrich Böll, Zürich 1993

Leithäuser, J. G.: Albert Einstein, Berlin 1965

Lindgren, A.: Die Brüder Löwenherz (1973), Hamburg 1974

Lindgren, A.: Steine auf dem Küchenbord – Gedanken, Erinnerungen, Einfälle (1997), Hamburg 2000

Nicolai, F.: Die Biologie des Krieges, Zürich 1917

Oldfield, S.: Frauen gegen den Krieg – Alternativen zum Militarismus 1900–1990 (1989), Frankfurt am Main 1992

Pinker, S.: Gewalt – Eine neue Geschichte der Menschheit (2011), Frankfurt am Main 2011

Rattner, J.: Warum Krieg?, in: miteinander leben lernen, Heft 5 (1996)

Riley, H. M. K.: Romain Rolland, Berlin 1979

Russell, B.: Moral und Politik (1954), Frankfurt am Main 1988

Russell, B.: Autobiographie 1914–1944 (1968), Frankfurt am Main 1970

Schneider, Th. (Hrsg.): Erich Maria Remarque – Ein militanter Pazifist. Texte und Interviews, Köln 1994

Schöllgen, G.: Krieg – Hundert Jahre Weltgeschichte, München 2017

Sedmak, C. (Hrsg.): Frieden – Vom Wert der Koexistenz, Darmstadt 2016

Strömstedt, M.: Astrid Lindgren – Ein Lebensbild (1999), Hamburg 2011

Suttner, B. von: Die Waffen nieder! (1889), Berlin 1990

Suttner, B. von: Memoiren (1909), Bremen 1965

Tolstoi, L.: Krieg und Frieden (1869), München 1956

Tucholsky, K.: Beilage zum Brief an Hedwig Müller vom 16. März 1935, in: Die Q-Tagebücher, Reinbek bei Hamburg 1978

Zweig, St.: Romain Rolland (1925), Frankfurt am Main 1987

Zweig, St.: Die Welt von gestern (1948), Frankfurt am Main o. J.

HUMANISIERUNG DURCH WISSENSCHAFT, KUNST UND PHILOSOPHIE

WAS HABEN PHILOSOPHEN MIT DER HUMANISIERUNG UNSERER WELT ZU SCHAFFEN?

Unsere Generalüberschrift und Ausgangsfrage lauten: Wie wäre es, ein Mensch zu sein? Die Haupttendenz aller bisherigen Antworten zielt darauf ab, das personale Niveau von Einzelnen zu fördern sowie möglichst hoch und stabil zu halten; dies – so meine Hypothese – trägt am ehesten dazu bei, dass Menschen den ernsthaften Versuch wagen, das Ausmaß an Humanität für sich, ihre Mitmenschen und für die Kultur ihren jeweiligen Kräften und Talenten gemäß zu steigern.

Potentiell sind mit dieser Aufgabe alle gemeint, völlig gleichgültig, welches Geschlecht, welche Hautfarbe, welche sexuelle Orientierung oder welche berufliche Ausrichtung die jeweiligen Individuen aufweisen. Einige Berufsgruppen scheinen jedoch prädestiniert, in dieser Hinsicht besonders aktiv und kreativ Kärrnerarbeit verrichten zu können: die Philosophen, die Wissenschaftler und die Künstler.

Von *den* Philosophen, Künstlern und Wissenschaftlern zu sprechen und zu schreiben, bedeutet eine schlechterdings kaum zu rechtfertigende Verallgemeinerung. So viele Vertreter dieser jeweiligen Berufsstände es gibt, so viele Ausgestaltungen und Interpretationen ihrer Tätigkeitsfelder und privaten Existenzgestaltung sind vorhanden. Nichtsdestotrotz werde ich versuchen, kleinste gemeinsame Nenner dieser Berufe zu benennen, die Hinweise liefern, wie mittels beruflicher Sozialisation Voraussetzungen für Persönlichkeits-Entwicklung und Humanisierungsimpulse entstehen.

Natürlich hätten anstelle der drei genannten Gruppierungen auch Handwerker, Arbeiter, Beamte, Dienstleister in Bezug auf ein Steigerungs-Potential von Personalität und Humanisierung vorgestellt werden können. Da jedoch Künstler, Wissenschaftler, Philosophen nicht selten die explizite Zielsetzung verfolgen, sich und andere beim Prozess der Individuation zu ermutigen und zu unterstützen, habe ich die obige Auswahl getroffen. Dabei gehe ich nicht davon aus, dass sich jeder Leser nach der Lektüre für die Laufbahn eines Künstlers, Wissenschaftlers oder Philosophen entscheidet; vielmehr wäre schon viel erreicht, wenn sich geneigte Leser mit den Lebensläufen und -modellen der hier diskutierten Dichter, Denker und Wissenschaftler so auseinandersetzen, dass sie manches daraus als überlegenswert für ihre eigene Daseinsgestaltung akzeptieren.

1) Eine erste und wesentliche Einschränkung hinsichtlich der Philosophen darf und muss gemacht werden, die in den letzten zwei Jahrhunderten an Bedeutung gewonnen hat: Wir unterscheiden eine recht große Schar von Philosophie-Lehrerinnen und -Lehrern von einer deutlich kleineren Gruppe von philosophischen Denkern. Wenngleich sich die erstere Gruppierung in der Regel durch ein breites und solides historisches und systematisches Wissen bezüglich der Philosophie auszeichnet, zielen wir in unseren Zusammenhängen eher auf jene selteneren Exemplare ab, deren Existenz durch jeweils eigenständige und originelle philosophische Denk- und Reflexions-Wege charakterisiert ist.

An solchen paradigmatischen Philosophen lassen sich womöglich besser und leichter jene Qualitäten ablesen, die für Individuationsprozesse nötig und hilfreich sind, als an denjenigen, die Philosophie lehren, ohne sie selbst zu entwerfen. Außerdem kann man bei den Ersteren neben ihrer Person auch noch ihr Werk zu Rate ziehen, wenn es darum geht, diverse Persönlichkeitsmerkmale von ihnen in einen größeren Verstehens-Nexus einzustellen.

2) Trotz dieser Einschränkungen beginne ich mit Erinnerungen, die sich auf Philosophie-Lehrer beziehen. Als etwa 15-jähriger Gymnasiast aus der Provinz besuchte ich in München an der Ludwig-Maximilian-Universität eine Philosophie-Vorlesung über Friedrich Wilhelm Joseph Schelling, bei der ich nichts, aber auch rein gar nichts verstand. Meine Hochachtung vor Philosophie und ihren Dozenten wuchs dadurch mächtig an: Philosophen (so lautete damals mein vorläufiges Urteil) sind also Menschen, die sich mit dem Mysteriösen, Geheimnisvollen befassen, und das auf eine Art und Weise, die das Ausmaß des Geheimnisvollen eher noch vergrößert – Effekte, für die ich seinerzeit Schelling sowie den Dozenten verantwortlich machte.

Neben der Aura des Schwerzugänglichen strömte die Situation in München auch die Atmosphäre des außergewöhnlich Wertvollen aus. Wer wie die Philosophie-Lehrer in der bayerischen Hauptstadt in repräsentativen Gebäuden im Zentrum einer Metropole doziert und forscht, muss allein aufgrund dieser Auszeichnung etwas Wichtiges zu denken und zu sagen haben. Dass es daneben auch Philosophen gab und gibt, die buchstäblich in einer Tonne ihr Dasein fristen, bewegte mich als Jugendlicher nur am Rande meiner Urteilsfindung.

3) Viel deutlichere Erinnerungen an die Philosophie und ihre Dozenten beziehen sich bei mir auf die Zeit meines Studiums an der Christian-Albrechts-Universität in Kiel. Dort hörte ich Kurt Hübner (1921–2013), der Erkenntnis- und Wissenschaftstheorie lehrte und sich nicht nur mit Logik, sondern auch mit Mythen, Religion, mit Goethe und der Kunst beschäftigte (*Die Wahrheit des Mythos*, 1985). Daneben war Hübner lange Präsident der Allgemeinen Gesellschaft für Philosophie in Deutschland gewesen.

Was mir an ihm imponierte, war die außerordentliche Breite seiner Interessen und seine universelle Bildung. Meine Erwartung in Bezug auf Philosophen war und ist immer noch deren bildungsmäßige Generalisten-Existenz, die neben einem vertieften Spezialwissen stets auch die Weite der Kultur als ihr Curriculum begreift.

Neben Hübner lehrte am Philosophischen Institut der Universität Kiel ein zweiter Denker: Hermann Schmitz (geb. 1928). Er gilt als Begründer der sogenannten Neuen Phänomenologie, eine Richtung der Philosophie, die auf z. B. Edmund Husserl, Jean-Paul Sartre, Maurice Merleau-Ponty und andere Philosophen Bezug nimmt und deren Denken weiterentwickelt. Besonders der eigene Leib mit seinen wahrnehmbaren und empfindbaren Phänomenen bedeutete für Schmitz ein zentrales Thema, um das seine philosophische Reflexion häufig kreiste.

Daneben forderte Schmitz seine Studenten wiederholt auf, banale Gegenstände und Ereignisse nicht lediglich als Selbstverständlichkeiten geringzuschätzen, sondern mit philosophischer Optik und Aufmerksamkeit sowie der Terminologie seiner Neuen Phänomenologie zu erfassen. So ermutigte er uns, die Fußgängerampel vor dem Philosophischen Seminar-Gebäude nicht einfach nur zu benutzen, sondern uns in den Farbwechsel von Rot nach Grün (wie er es nannte) »einzuleiben«. Mit einem gewissen Schmunzeln erlebte ich beim nächsten Mal die besagte Ampel, als sie von Rot auf Grün umsprang, und von der ich nunmehr ahnte: Jetzt ereignet sich Philosophie!

Man mag von Hermann Schmitz und der Neuen Phänomenologie halten, was man will – zwei Merkmale eines Philosophen verkörperte er, die generell uns allen gut zu Gesicht stünden: Zum einen entsprang seine philosophische Reflexion oftmals scheinbar oder tatsächlich alltäglichen Situationen und Begebenheiten; und er verfügte über ein Sensorium, im Trivialen, Alltäglichen, Gemeinen das eventuell Erhabene, Besondere und Extraordinäre zu erspüren.

Diese Qualität, bei manchen Denkern ausgeprägt vorhanden, trägt mit dazu bei, dass sich philosophische Spekulationen das Eichmaß von Leben und Alltäglichkeit gefallen lassen. Die Probleme der menschlichen Existenz nutzen solche Philosophen als Inspirationsquelle, und wenn sie dann noch über eine schlichte Sprache verfügen (was bei Schmitz nicht immer gegeben war), spiegeln sie die Ergebnisse ihrer Überlegungen ins Dasein nicht nur von wenigen Spezialisten, sondern von uns allen zurück.

Des Weiteren konnte man bei Schmitz erleben, wie Philosophen versuchen, das bisher Ungedachte und Unausgesprochene in Worte zu fassen. Philosophie ist sprachlich-intellektuelle Landnahme vom Meer des beinahe Unaussprechlichen, vom vage und intuitiv Gespürten und von den Bereichen unserer Existenz, die wir – um Begriffe der Psychoanalyse zu verwenden – als Verdrängtes, Vergessenes, Unbewusstes bezeichnen. Ob die dabei verwendeten oder erfundenen Begriffe jeweils glücklich oder gar verständlich gewählt sind, sei dahingestellt. Dass aber der Impuls, die Grenzen der Sprache und damit die Grenzen unserer Welt rezidivierend nicht nur zu touchieren, sondern zu überschreiten und auszuweiten, den Philosophen als auszeichnendes Merkmal zukommt und attestiert werden darf, steht außer Zweifel. In dieser Hinsicht ähnelt ihre Tätigkeit der Dicht-Kunst sowie der psychoanalytischen Therapie, die unter dem Motto steht: Wo Es war (also das Exkommunizierte und Unbewusste), soll Ich werden (das Bewusste und in Symbolen Exprimierbare).

4) Anfang der 90er Jahre des letzten Jahrhunderts ergab sich für mich die Gelegenheit, Hans-Georg Gadamer (1900–2002) in Heidelberg für ein Interview aufzusuchen. Der bereits über 90-jährige Denker empfing mich in seiner Emeritus-Stube im Philosophischen Seminar und plauderte weit über eine Stunde über Gesundheit, Krankheit, Medizin und Psychologie – sowie natürlich über Verstehen und Nicht-Verstehen.

Der Nestor der deutschsprachigen Hermeneutik beeindruckte durch eine Respekt-heischende Ausstrahlung. Andererseits war er im Kontrast zu dieser *prima vista* Impression ein liebenswürdiger, offen-mitteilsamer und zugewandter Gesprächspartner. Er erzählte von seinen Krankheiten und von seiner Bibliothek, die er einige Jahre zuvor veräußert hatte, weil ihm sein Arzt aufgrund seiner Bluthochdruck-Erkrankung keine Aussichten auf ein sehr hohes Lebensalter eröffnet hatte. Zugleich war er damals damit beschäftigt, diverse Buchbestände seiner ehemaligen Bibliothek wieder zurückzukaufen, weil er nach dem 90. Geburtstag der ärztlichen

Prognose zum Trotz von der Möglichkeit, uralt zu werden, fest überzeugt war. Der weitere Verlauf seines Lebens hat ihm Recht gegeben.

Philosophen weisen manchmal die unschätzbare Souveränität auf, Fehler oder Irrtümer ihrer Lebensführung zu erkennen und zu korrigieren. Dass es sich dabei um eine Fähigkeit handelt, die nicht nur bei Denkern vom Fach, sondern bei möglichst vielen Menschen entwickelt sein sollte, versteht sich von selbst. Dass es jedoch nicht nur bei uns Durchschnitts-Zeitgenossen, sondern auch bei angeblichen Meister-Denkern in dieser Hinsicht zu massiven Defiziten kommen kann, die nicht nur Bibliotheks-An- und -Verkäufe, sondern existentiell-weltanschauliche Dimensionen zu ihrem Inhalt haben, macht die Tragik mancher philosophischen Biographie aus. Wenn diesbezüglich ein Mangel an Selbstkritik diagnostiziert werden muss, schmerzt dies bei Philosophen doppelt stark – schließlich gehört das (selbst-)kritische Denken zu ihrem eigentlichen Hauptgeschäft.

5) Philosophen irren sich im Hinblick auf das Verständnis ihres Daseins und die dabei auftretenden Probleme und Fragestellungen wahrscheinlich ähnlich häufig und fundamental wie alle anderen Menschen. Was sie im günstigen Falle also auszeichnet ist das Wissen, dass jeder Verstehens-Prozess (gleichgültig, ob er sich auf das Verstehen anderer Personen, der eigenen Person oder auf die Lebensverhältnisse und die gesellschaftlich-historischen Gegebenheiten bezieht) stets mit einem gehörigen Schuss an Nicht-Wissen, Irrtum und Miss-Verstehen versehen ist.

Diese hermeneutische Gesetzmäßigkeit betonte Gadamer damals in seinem Interview und wandte sie auch auf unser Gespräch an. Er war regelrecht erheitert bei der Feststellung, dass wir uns nach einer Stunde angeregten Plauderns wahrscheinlich in vielen Aspekten missverstanden hatten – was ihn und mich nicht daran hindern sollte, weiter zu plaudern, um aus einem hohen ein womöglich niedrigeres Maß an Missverstehen werden zu lassen. Philosophen sind Hermeneutiker des Seins, die ihre Bemühungen angesichts ihrer relativen Vergeblichkeit und Begrenztheiten ähnlich tapfer und unbeirrt fortsetzen wie Sisyphos im gleichnamigen Mythos. Ob sie dabei freilich immer zum selben Fazit gelangen, wie Albert Camus es in *Der Mythos des Sisyphos* (1942) formuliert hat, ist nicht sicher. Bei Camus heißt es zum Schluss: »Wir müssen uns Sisyphos als glücklichen Menschen vorstellen.«

Gleichgültig, ob Philosophen sich epistemologischen, ästhetischen, ontologischen, ethischen, anthropologischen oder sonstigen Problem- und Fragestellungen zuwenden – stets sind sie mit der Aufgabe konfrontiert, Elemente, Strukturen und Zusammenhänge von Kosmos, Menschen und

Kultur zu erkennen, dafür passende Begriffe zu finden oder zu erfinden und die Partikeln des Erkannten und Verstandenen auszudrücken. Das Spektrum einer Universalhermeneutik reicht dabei vom Kunstwerk bis zum historischen Ereignis, von der *Conditio humana* bis zu gesellschaftlichen und politischen Phänomenen, vom Tierreich und von der Natur bis zu den Symbolen und Verknüpfungszeichen von z. B. Mathematik und Musik.

Auch diese Charakterisierung des philosophischen Tätigkeitsprofils als eines hermeneutischen weist Ähnlichkeiten mit der Psychoanalyse auf. So wie Philosophen die Welt als Text begreifen, den sie immer wieder neu und verschieden interpretieren, so erleben Psychoanalytiker sich und ihre Patienten als eine hermeneutische Herausforderung – und dabei leider oft als *Lieder ohne Worte* (F. Mendelssohn-Bartholdy). In ihren Symptomen suchen Patienten zusammen mit Therapeuten nach Bedeutungsspuren, die sie im Rahmen ihrer Analyse zu versprachlichen unternehmen.

6) Zu den Haupttätigkeiten eines Philosophen zählen Lesen, Schreiben, Denken, Debattieren, Dozieren. Diese Begriffe klingen aufs erste Hören hin banal und trivial – das Gegenteil ist jedoch zumindest im Rahmen der Philosophie der Fall. Insbesondere das Denken in Form einer innovativen und eigenständigen Tätigkeit ist eine komplexe Aufgabe, die vielfältige Voraussetzungen benötigt, um erfolgreich betrieben zu werden.

Denken ist ein Prozess, der zu zweit sich ereignet – heißt es bei Jean-Paul Sartre; und: Im Denken bekundet sich Pluralität – heißt es bei Hannah Arendt. Denken als innerer Dialog, als einsames Zwiegespräch ermöglicht Weltreflexion, indem es wie der reale zwischenmenschliche Dialog eine enorme Vielfalt von gegen- und miteinander konkurrierenden Aussagen, Meinungen und Perspektiven aufeinandertreffen lässt. Denken als ein stummes Sprechen-Mit beweist, dass das Ich nicht im Singular existiert – das dialogische Mit-sich-selbst-Sein ist immer schon auf Andere bezogen. Wer also Mühe hat, die Anderen als andere wahrzunehmen und gelten zu lassen, wie es beispielsweise bei stark narzisstisch orientierten Menschen vorkommen kann, wird hinsichtlich seiner Denkbemühungen womöglich nur mäßige Erfolge vermelden können.

Was zeichnet philosophisches Denken darüber hinaus noch aus? Vom Gestalt- und Sozialpsychologen Kurt Lewin (1890–1947) stammt das Konzept des hodologischen Raums, also des persönlichen Wegeraums, der interindividuell überaus unterschiedlich beschrieben wird. Strukturen, Richtungen, Entfernungen und Bedeutungen in diesem hodologischen Raum sind keineswegs absolut, sondern relativ zu den maßgeblichen und subjektiven Auswahlkriterien der Betreffenden zu begreifen.

So sehr philosophisches Denken als ein dialogisches Geschehen beschrieben werden kann, so sehr darf es im übertragenen Sinne auch als ein hodologisches aufgefasst werden. Bei aller Bezugnahme auf die Pluralität von Meinungen und Perspektiven macht es die Attraktion von kreativen Philosophen aus, individuelle (nicht narzisstische!) Strukturen, Richtungen, Entfernungen und Bedeutungen ihres Denk- und Wegeraums zu erkennen und zu beschreiben und die dabei gemachten Erfahrungen als wesentliche Ergebnisse ihrer philosophischen Reflexion mitzuteilen.

7) Das leitet über zu der Frage, mit welchen Themen sich Philosophen überhaupt beschäftigen. Hierbei Vorschriften zu machen oder Ratschläge zu erteilen, widerspräche vollständig allen philosophischen ebenso wie allen wissenschaftlichen Grundüberzeugungen und Vorgehensweisen. Die Forschungsfelder von Philosophen sind in ihrer inhaltlichen Ausgestaltung völlig autonom wähl- und gestaltbar – Lesen, Schreiben, Dozieren und Denken auf Anweisung gebiert Denkautomaten, aber keine Denker. Und doch mag es manchem Philosophen in Bezug auf nächste Arbeitsthemen und intellektuelle Abenteuer ähnlich ergehen wie einst Bertolt Brecht, der im Gedicht *Schlechte Zeiten für Lyrik* (1939) meinte:

In mir streiten sich / Die Begeisterung über den blühenden Apfelbaum / Und das Entsetzen über die Reden des Anstreichers. / Aber nur das zweite / Drängt mich zum Schreibtisch. (Brecht 1981, S. 744)

Worüber also philosophieren, und was drängt zum Schreibtisch? Schon 1934 hatte Brecht im *Pariser Tagblatt* über die Mission des Dichters in der damaligen Zeit nachgedacht – ein Text, bei dem man den Begriff *Dichter* problemlos durch den Terminus *Philosoph* ersetzen kann. Der Dichter soll, so heißt es da, die Wahrheit schreiben – das sei doch selbstverständlich: »Weniger selbstverständlich ist ... die Schwierigkeit der Wahrheitsfindung. So ist es nicht unwahr, dass Stühle Sitzflächen haben und der Regen von oben nach unten fällt. Viele Dichter schreiben Wahrheiten dieser Art. Sie gleichen Malern, welche die Wände untergehender Schiffe mit Still-Leben bedecken ... Unbeirrbar durch die Mächtigen, aber auch durch die Schreie der Vergewaltigten nicht beirrt, pinseln sie ihre Bilder.«

Nochmals also die Frage: worüber philosophieren? Über die großen Fragen, die da wären: die Zukunft der Kultur; Krieg und Frieden und die Erziehung des Menschengeschlechts; Religion und Fundamentalismus; Politik und Gesellschaft; Ökologie; Digitalisierung und Personalisierung; die Ästhetik des Widerstands; das Handwerk der Freiheit; Menschen- und Tierrechte; über formale, deontologische oder teleologische Ethikansätze; über Lachen und Weinen; oder über eine Philosophie der Alltäglichkeit? Philosophen sollten weder sich noch ihre Denk-Aufgaben zu klein einschätzen – dementsprechend anspruchsvoll und komplex sind ihre Themen.

8) Die Frage »worüber philosophieren« impliziert auch die Frage »für wen philosophieren«. Für die wenigen Kollegen, die jeweils bei Spezialthemen vorgeben, diese zu verstehen? Für die Studierenden? Für das Volk, das letztlich Philosophen bezahlt? Für die Nachgeborenen? Für die direkten Geldgeber (Staat/Uni-Präsidenten), für die eigene Karriere, den nächsten DFG-Antrag, die erste Publikation bei de Gruyter oder für den nahenden Welt-Kongress für Philosophie?

Es wäre ein Leichtes, im Sinne von sozialer und gesellschaftlicher Verantwortung auf diese Fragen einzugehen und narzisstische Motive als niedere Beweggründe philosophischer Aktivitäten weit von sich zu weisen. Abgesehen davon, dass Philosophen ohne narzisstische Bedürftigkeiten ebenso selten auf den Plan treten wie Vertreter anderer Berufsgruppen, gehört es womöglich zu den Produktionsgeheimnissen von originellen und schaffenskräftigen Denkern, just ihre ureigensten Bedürfnisse sowie ihre sehr individuellen Existenzbedingungen als Fundament und Rahmen ihres Philosophierens nicht nur zu akzeptieren, sondern sie als Voraussetzung und unabdingbares Ingredienz eines authentischen Denkens regelrecht wertzuschätzen. In diese Richtung argumentierte jedenfalls Goethe, der in einem Gespräch mit Eckermann vom 20. Oktober 1830 anmerkte:

Ich habe in meinem Beruf als Schriftsteller nie gefragt: Was will die große Masse und wie nütze ich dem Ganzen? Sondern ich habe immer nur dahin getrachtet, mich selbst einsichtiger und besser zu machen, den Gehalt meiner eigenen Persönlichkeit zu steigern, und dann immer nur auszusprechen, was ich als gut und wahr erkannt hatte. (Eckermann 1992, S. 700)

Eine solche Haltung erlaubt es, die Stellung des Philosophen im Kosmos auf unterschiedliche Art und Weise zu beschreiben. Von der Empfehlung Epikurs (Lebe zurückgezogen!) bis zur Aufforderung Hannah Arendts an sich und ihre Kollegen, als Philosoph politisch zu sein und den Raum der Öffentlichkeit zu betreten, reicht das Spektrum der Variationen, sich als Denker zu positionieren. Entscheidend für die Qualität des Denk-Akts ist jedoch nicht der Ort, sondern die Authentizität seiner Entstehung.

9) Mit den Begriffen von Authentizität, Eigeninteresse und individuellen Lebensumständen sind wir bei persönlichkeitsimmanenten Aspekten des Philosophen-Berufs angelangt. Manche vertreten die Ansicht, dass am ehesten jene Menschen zu philosophischer Spekulation und Reflexion in der Lage sind, die dem *Typus melancholicus* entsprechen. Dieser wurde von Hubertus Tellenbach (1914–1994) beschrieben, wobei man den Typus nicht mit Depressionserkrankungen verwechseln darf. Vielmehr sind damit psychosoziale Qualitäten wie etwa Nachdenklichkeit, Introvertiertheit und Sensibilität gemeint – Merkmale, wie sie in Albrecht Dürers berühmtem Stich *Melancholia I* zum Ausdruck kommen.

Nun gibt es Philosophen, die sich kaum an die Vorgaben des *Typus melancholicus* halten und dennoch tüchtige Denker (was immer dies sein mag) geworden sind. Eine andere Temperamentsausprägung ist daher für solides und kreatives Philosophieren ebenfalls günstig: die Skepsis. Diese Tugend und Denkrichtung weist eine alte Tradition bis in die griechische Antike auf. Die Zeit der Renaissance (Erasmus von Rotterdam, Michel de Montaigne) wie auch der Aufklärung (Pierre Bayle, Voltaire, Denis Diderot, Immanuel Kant) kannte Verfechter eines skeptischen Standpunkts in der Philosophie, und in der Moderne reihen sich ebenfalls manche Denker (z. B. Neukantianer, Karl Löwith) in die Schar der Skeptiker ein.

Skepsis und Zweifel, Skeptizismus und Agnostizismus werden als philosophische Grundhaltungen häufig mit erkenntnistheoretischen Fragen und Problemen in Verbindung gebracht. Darüber hinaus sind sie nötig, um das Geschäft der Ideologiekritik, also der skeptischen Durchdringung von Weltanschauungen, erfolgreich zu betreiben. Für Edmund Husserl gehörte die Skepsis als Element zur phänomenologischen Methode (Epoché). In *Cartesianische Meditationen* (1931) plädierte er für einen radikalen Zweifel an den etablierten Schulmeinungen, Denkgewohnheiten und Vorurteilen: »Jeder, der ernstlich Philosoph werden will, muss sich einmal im Leben auf sich selbst zurückziehen und in sich den Umsturz aller ihm bisher geltenden Wissenschaften und ihren Neubau versuchen.« (Husserl 1992, S. 4)

10) Beinahe ein Jahrhundert nach diesem Plädoyer kann man die Ideen Husserls um einen Gedanken Sigmund Freuds ergänzen. Nicht nur dürfen und sollen alle bisher geltenden Wissenschaften einer kritischen Skepsis anheimgestellt werden; wer Philosoph werden will, könnte für sich auch jene Exerzitien ins Auge fassen, die Freud als Selbstanalyse bezeichnet hat und die mit der kritisch-skeptisch-urteilenden Betrachtung der eigenen Lebensgeschichte inklusive der dabei entstandenen Welt- und Lebens-Anschauung assoziiert ist.

Dabei geht es in keiner Weise um eine Pathologisierung zukünftiger oder zünftiger Philosophen. Vielmehr ist zu erwägen, ob nicht jene, die das Denken und Nachdenken zu ihrer beruflichen Haupttätigkeit erkoren haben, die Möglichkeiten und eventuellen Untiefen eben dieser Tätigkeit bei sich ausloten und somit vermeiden, ein Übermaß an Vergessenem, Verdrängtem, Tabus und Unbewusstem in ihrer philosophischen Reflexion mitzuschleppen.

Freud beschrieb in diesem Zusammenhang drei Denkhemmungen, die sich gegenseitig stützen und bedingen: die religiöse, die autoritäre und die sexuelle Denkhemmung. Sie entstehen in der Regel in den ersten zwei Lebensjahrzehnten und können sich dann als Hypothek beispielsweise im Studium oder in der Ausbildung zum Philosophen bemerkbar machen. Ein Problem von Denkhemmungen besteht darin, dass die Betreffenden sie häufig nicht selbst als solche erkennen und durchschauen, sondern diese erst in einem längerfristigen (psychoanalytischen) Dialog einzuordnen und womöglich auch zu überwinden vermögen. Dabei würde offenkundig, dass sich im 21. Jahrhundert in der westlichen Welt die religiösen wie sexuellen Denkinhalte und -hemmungen verändert haben: Die Gottesdienste finden an Börsenplätzen, Vernissagen und Sportarenen statt, und sexuelle Tabus betreffen längst nicht mehr gewagte paraphile Praktiken, sondern etwa die selten gewordene Assoziation von Sexus und emotionaler Intimität.

Ein solcher Dialog und das daraus resultierende Verständnis für die eigenen Denkhemmungen müssen durchaus nicht nur im Rahmen einer psychoanalytischen Kur stattfinden. Oftmals werden derartige Prozesse des Selbstverstehens und der Selbsterkenntnis von Lehrern und Mentoren angestoßen, die über ausreichend intellektuelle Redlichkeit, emanzipiert-aufgeklärtes Denkvermögen, liberale Weltoffenheit, kulturelle Gewandtheit und freiheitlich-humanistisches Ethos verfügen, um als diesbezügliches Modell für ihre Schüler und Adepten zu wirken.

11) Das Thema der skeptischen Selbsterkenntnis von Philosophen leitet zur Frage der philosophischen Selbstgestaltung über. Seit dem Buch von Diogenes Laërtius im dritten Jahrhundert nach Christus *Über Leben und Lehren berühmter Philosophen* sind wir über die Biographien vieler antiker Denker einigermaßen verlässlich informiert. Ausgehend davon kann man fragen, ob es neben dem Leben von Philosophen auch philosophisches Leben gibt – Aspekte der Lebensgestaltung also, die bei philosophischen Denkern häufiger als in der übrigen Population anzutreffen sind und deren Denken, Schreiben und Dozieren günstig beeinflussen? Oder nochmals anders ge-

Was haben Philosophen mit der Humanisierung unserer Welt zu schaffen? 253

fragt: Wie leben Philosophen? Frühstücken sie auf spezielle Weise? Verreisen sie, und wenn ja, wie? Gehen sie partnerschaftliche Beziehungen ein (etliche Philosophen waren überzeugte Einzelgänger), und wie integrieren sie Sexus, Sinnlichkeit und Leidenschaft in ihr Leben und in ihre philosophischen Exerzitien?

So wie bei anderen Intellektuellen steht auch bei Philosophen zu erwarten, dass sie ihr Geschäft des Denkens nicht tariflich ausgestanzten Arbeitszeiten unterwerfen. Und so wie bei Künstlern, Schriftstellern und ebenso bei Psychoanalytikern kann man auch bei den Denkern vom Fach annehmen, dass sie ihre Denkfiguren nicht nur von 8.00 Uhr bis 16.00 Uhr in sich auftauchen spüren – sie sind potentiell immer Philosophen, selbst wenn sie dösen, U-Bahn fahren, Fußball spielen, Pornos gucken (Leszek Kolakowski hat 1967 eine *Erkenntnistheorie des Striptease* publiziert).

Blättert man in den Biographien antiker oder auch zeitgenössischer Philosophen, wird man zugeben, dass deren Spektrum von Lebensstilen und Daseinsgestaltungen ähnlich weit und bunt wie dasjenige der anderen Menschen imponiert. Allenfalls einige wenige Facetten sind auffällig, die zusätzlich zu den üblichen Existenzvollzügen oftmals vorhanden sind, und welche die philosophische Arbeit – Lesen, Schreiben, Denken, Dozieren – zumindest nicht behindern und meist sogar erleichtern.

Eine erste Eigenart der philosophischen Lebensgestaltung besteht in der Fähigkeit der Betreffenden, alleine sein zu können. Dies ist beileibe keine Selbstverständlichkeit; nicht wenige Menschen erleben Situationen des Alleine-Seins bedrohlich und ängstigend. Es braucht ein gehöriges Maß an Ich-Stärke und sicherem Identitätsempfinden, um die Stunden und Tage des alleine Lesens, Schreibens und Denkens nicht nur zu ertragen, sondern zu nutzen und womöglich auch zu genießen. Ohne die Fertigkeit, für sich lesen, schreiben und denken zu können, ist jedoch philosophische Reflexion kaum vorstellbar.

Ich-Stärke ist auch nötig, um eine zweite notwendige Leistung des philosophischen Denkens zu realisieren. Philosophieren bedeutet, einen fundierten und abgewogenen gedanklichen oder verbalen Kommentar zu Phänomenen des Lebens abzugeben. Dies wird ermöglicht, wenn sich der Einzelne passager vom Daseinsgeschehen distanziert und eine Position neben oder über den kommentierten Ereignisketten einnimmt. Damit aber fällt er oder sie für gewisse Zeit aus den direkten, empirisch erfahrbaren Beziehungsgeflechten und wird auf sich selbst zurückverwiesen.

Es überrascht nicht, dass dabei auch das Problem auftaucht, wie Philosophen aus dem Raum der Reflexion und Spekulation wieder in den Raum der Empirie und des gelebten Lebens zurückkehren oder in diesen überhaupt hineingelangen. Vor allem für Denker mit zurückgezogenem Lebensstil ist es herausfordernd, sich in diesen Räumen abwechselnd aufzuhalten und sich nicht – wie im Kupferstich *Der heilige Hieronymus im Gehäus* (1514) von Dürer dargestellt – lediglich am eigenen Schreibtisch behaglich einzurichten. Die Frage allerdings, wie zwischen Denk-Raum und empirischem Raum eine intakte Drehtür platziert werden kann, betrifft nicht nur Philosophen, sondern uns alle.

12) Noch ein weiterer Aspekt sei erwähnt, der für Philosophen relevant werden kann: Dies betrifft ihr Zeit-Erleben. Normalerweise leben wir alle mehr oder minder intensiv im Augenblick; darüber hinaus erinnern wir manches aus unserer Vergangenheit und greifen imaginär-planend in die Zukunft voraus. Weil wir momentan leben, und weil uns der Augenblick als besonders wertvoll imponiert, sind wir von den jeweiligen augenblicklichen Stimmungen und vom dominierenden Zeitgeist beeinflusst. Der Soziologe Heinz Bude (geb. 1954) hat dies unlängst in *Das Gefühl der Welt – Über die Macht von Stimmungen* (2016) ausführlich beschrieben.

Philosophen stehen einerseits wie alle anderen Menschen auch unter dem chronologischen Joch des Augenblicks – sie sind zeitgemäß. Andererseits zeichnet es sie aus, wenn sie sich vom Augenblick soweit emanzipieren können, dass sie über ein weitdimensioniertes persönliches, kollektives und kulturelles Gedächtnis sowie über ein die Möglichkeiten des Zukünftigen ahnendes Vorausschauen verfügen – sie sind also auch unzeitgemäß. Philosophen können in dieser Hinsicht Franz Grillparzer zitieren, der einmal meinte: »Ich komme aus anderen Zeiten, und ich hoffe, in andre zu gehen.«

Unzeitgemäß zu leben und zu philosophieren würde also bedeuten, unsere momentan vorherrschende zeitliche und räumliche Erlebensweise zumindest teilweise zu konterkarieren. Bei unserer derzeit dominierenden Erlebensweise wird der Imperativ »beherrsche den Raum und beherrsche die Zeit« sehr radikal und dahingehend interpretiert, dass der Einzelne (in der westlichen Welt) in der Regel sein Zeiterleben zum augenblicklichen Punkt verdichten und sein Raumerleben zur Unendlichkeit weiten soll.

Zwei Phänomene leisten seit einigen Jahrzehnten dieser Dynamik Vorschub: die Möglichkeiten der Digitalisierung (*world wide web*) sowie der Globalisierung. Die Digitalisierung lässt uns *just in time* und *online* die Ereignisse und Geschehnisse potentiell der gesamten Welt momentan als Jetztpunkt erlebbar werden, und die Globalisierung verführt uns zu einem real weltweiten Raumerleben, das für Vermögende sogar Raumfahrten bis zum Mond umgreift. Daraus resultiert nicht selten ein quasi saltatorischer

Existenz-Modus, bei dem Individuen nur noch von Zeitpunkt zu Zeitpunkt hüpfen, ohne die Augenblicke ihres Daseins auf eine identitätsstiftende Schnur von *durée* (Dauer) fädeln zu können.

Philosophische Reflexion benötigt jedoch häufig einen entgegengesetzten Existenz-Modus: Denker leben oftmals zurückgezogen in überraschend kleinen Räumen (z. B. Hütten in Norwegen – Ludwig Wittgenstein; oder im Schwarzwald – Martin Heidegger; das Turmzimmer Montaignes; winzige Wohnräume in Sils Maria – Friedrich Nietzsche; oder in Den Haag – Spinoza); zugleich weitet sich ihr Zeiterleben nicht selten Jahrtausende zurück in vergangene Epochen oder gedanklich kühn experimentierend voraus ins Futurum der Menschheit.

Weil Vergangenes und/oder Zukünftiges bei ihnen einen anderen Stellenwert genießen als bei manchen Zeitgenossen, werden Philosophen im günstigen Fall von den Einflüssen der momentanen Stimmungen und Zeitgeistphänomene weniger stark dominiert. Bisweilen sind sie daher in die Lage versetzt, sich vom Faszinosum der Gegenwart zumindest partiell zu emanzipieren und das Zeitgeschehen nicht nur pathisch (erduldend), sondern auch gnostisch (erkennend) zu erleben.

Obwohl Hegel in der Vorrede zu *Grundlinien der Philosophie des Rechts* (1821) den Flug der Eule der Minerva erst mit der einbrechenden Dämmerung beginnen ließ (als Metapher für den historischen Abstand als Voraussetzung der philosophischen Reflexion und Erkenntnis), kann man auch die entgegengesetzte zeitliche Orientierung an der Zukunft als eine philosophisch relevante Denkbewegung begreifen – eine Orientierung, wie sie zum Beispiel Ernst Bloch in *Das Prinzip Hoffnung* (1959) eindrücklich dargelegt hat. Oder um es in den Begriffen der Literaturwissenschaft etwa von Emil Staiger (1908–1987) auszudrücken: Philosophen leben potentiell und im Idealfall sowohl lyrisch (also gegenwärtig im Augenblick) als auch dramatisch (zukünftig) und episch (vergangenheitsbezogen). Das Drama verhandelt das Noch-Nicht, wohingegen Romane und Erzählungen mit der klassischen Formulierung beginnen: Es war einmal.

13) Neben den drei Aspekten der Daseinsgestaltung (alleine sein können; wiederholter Wechsel von Empirie- und Reflexions-Raum; zeitgemäße wie auch unzeitgemäße Existenzweise) gesellen sich weitere Gesichtspunkte, die das philosophische Denken eventuell beeinflussen: Stimmungen und Verstimmungen; berufliche wie private Siege und Niederlagen; der soziale Nexus; die Zufälle persönlicher und gesellschaftlicher Ereignisketten; Charakter, Lebensstil und Temperament; aktuelle Erlebnisse und so fort. Man kann diese Dimensionen des Daseins in der Terminologie

Husserls als individuelles *lebensweltliches Apriori* bezeichnen, das jeder von uns immer nur teilweise zu durchschauen vermag. Dennoch lohnt es, dieses *Apriori* (soweit es dem Bewusstsein zugänglich ist) zu berücksichtigen, da es das philosophische Denken nachhaltig prägt – wobei Niederlagen und Wunden, die uns das Leben beschert, wahrscheinlich ähnlich häufig zur Reflexion Anlass geben wie das Staunen und Wundern angesichts von angenehmen Überraschungen.

Das Staunen ist die Einstellung eines Mannes, der die Weisheit wahrhaft liebt; es gibt keinen anderen Anfang der Philosophie als diesen – heißt es bei Platon. An dieser Stelle ergänzen wir Platon korrigierend und meinen: Das Staunen ist die Einstellung von Männern *und Frauen*, die die Weisheit wahrhaft lieben. So hielt die Freiburger Philosophin Ute Guzzoni (geb. 1934) eine Abschiedsvorlesung mit dem Titel *Das Erstaunliche und die Philosophie*, und Jeanne Hersch publizierte in den 80er Jahren eine Philosophiegeschichte über *Das philosophische Staunen* (1981).

Wenn Staunen und Wundern über existentielle Misslichkeiten und Schicksalsschläge ebenso wie über Schönes, Gelungenes und Glück zu den Grundtugenden von Philosophen zählt, dürfen wir uns fragen, was in staunend-wundernden Momenten mit uns geschieht. Der italienische Arzt und Psychologe Giuseppe Galli (1933–2016) beschrieb das Staunen und Wundern als Fähigkeit des Einzelnen, das eigene Ich zurückzunehmen und in den Hintergrund treten und stattdessen das Objekt, über das wir staunen, in seiner jeweiligen Individualität, Eigentümlichkeit, Bedeutung und Werthaltigkeit zur Geltung kommen zu lassen.

Wer staunt, erlebt sich, das Leben, die Mitmenschen, den Kosmos und die Kultur in keiner Weise selbstverständlich. Die Dissonanz zwischen den hergebrachten Meinungen und Vorannahmen und den tatsächlichen Gegebenheiten und Sachverhalten löst ein emotionales und intellektuelles Stolpern aus, das im günstigen Fall in ein Neugier-Verhalten bis hin zur wissenschaftlichen oder philosophischen Erkenntnisbemühung einmündet. Im ungünstigen Fall induziert dieses Stolpern jedoch Frustration und damit ein Inferioritäts- und Minderwertigkeits-Empfinden, das etwa Alfred Adler als Herausforderung beschrieben hat, die oftmals mit Ärger, Angst oder anderen Affekten beantwortet wird.

Philosophen, so kann man demnach mutmaßen, sind Menschen, die auf die rezidivierenden Zumutungen, dass die Welt anders ist, als wir meinen, und die sozialen und kulturellen Herausforderungen größer sind, als wir uns dünken, mit etwas weniger narzisstischer Kränkung reagieren als viele ihrer Zeitgenossen. Vielmehr begreifen sie das Dissonante des Lebens als eine Art überraschender, inkompletter oder lädierter Gestalt, die ähnlich wie in der Gestaltpsychologie ausgeführt Anlass gibt, imaginär zu einer runden und prägnanten Gestalt ergänzt zu werden. Dabei wissen Philosophen, dass ihre imaginär-denkerischen Bemühungen grundsätzlich fragmentarisch und vom Ideal der Rundung merklich entfernt bleiben.

14) Philosophen erleben nicht nur die Dissonanzen und das Inkomplette der Welt – sie empfinden oftmals auch sich selbst als dissonant mit ihrer Welt. Bei vielen bedeutenden Philosophen – begonnen bei Heraklit über Giordano Bruno, Baruch de Spinoza und Giambattista Vico bis hin zu Arthur Schopenhauer, Friedrich Nietzsche und Bertrand Russell – lässt sich eine solche Haltung und Einstellung ihrer jeweiligen Um- und Mitwelt gegenüber nachweisen.

Ein gewisses Maß an Outsidertum und Nicht-*d'accord*-Gehen mit ihrer Zeit zeichnet die Denker vom Fach aus; oder anders ausgedrückt: Wer sich als Philosoph mit der gegebenen Welt gemein macht und mit ihr zufrieden ist, läuft Gefahr, eine spezielle Form der Selbstentfremdung, den Konformismus, auszubrüten.

Den Philosophen kommt ähnlich wie anderen Intellektuellen oder wie den Künstlern schon seit Jahrtausenden die Aufgabe zu, das geistig-kulturelle Unzufriedenheits- und Veränderungspotential von Gruppen und Sozietäten hoch zu halten und wenn irgend möglich noch zu mehren. Die Widersprüchlichkeiten und Ungereimtheiten der eigenen Person wie auch der Mitmenschen und ihrer Kultur dürfen sie dabei immer wieder neu zum Ausdruck bringen und hinsichtlich ihrer Entstehung, ihrer Konsequenzen und ihrer möglichen Überwindung transparent machen.

Wer soziale und kulturelle Unebenheiten, Mangelerscheinungen und Defizite bis hin zu den massiven gesellschaftlichen Konflikten und menschheitlichen Notlagen geflissentlich übersieht oder mit intellektueller Unredlichkeit (*mauvaise foi* – Jean-Paul Sartre) zu überspielen versucht, wird in den harmloseren Fällen seinen Aufgaben und Möglichkeiten als Philosoph nicht gerecht. In weniger harmlosen, gesellschaftlich-politisch problematischen Fällen verweist dann die Nachwelt auf Julien Bendas Schrift *La trahison des clercs* (1927) und spricht zu Recht vom Verrat der Denker und der Intellektuellen.

Für nonkonformistische, freigeistige, mit humanem, sozialem und politischem Sensorium begabte und kaum selbstentfremdete Denker trifft wohl jener Satz zu, den Friedrich Nietzsche in *Jenseits von Gut und Böse* (1886) als Stendhal-Zitat angeführt hat: »Pour être bon philosophe, il faut être sec, claire, sans illusion« (Nietzsche 1988, S. 57) (Um ein guter Philosoph zu sein, muss man trocken, klar und illusionslos sein). Dieser Satz drückt mit anderen Worten aus, was weiter oben als die nüchtern-skeptisch-agnostische Grundeinstellung eines Philosophen beschrieben wurde.

In diesem Zitat steckt darüber hinaus ein Beurteilungsmaßstab und ein Hinweis, in welchem Verhältnis bei Denkern idealerweise jene drei Dimensionen ausgebildet sein können, die Aristoteles als wesentlich für einen Redner ansah: Logos, Pathos und Ethos. Philosophen (so können wir das Zitat Stendhals interpretieren) sollen möglichst klar, verständlich, transparent, illusionsfrei denken, schreiben, dozieren (Logos-Dimension), ohne dabei unnötige Emotionen (Pathos) zu induzieren. Und sie dürfen mit ihrem gelebten Leben (Ethos) die Grundaussagen ihrer Philosophie *cum grano salis* bestätigen oder sollen ihre Daseinsgestaltung zumindest nicht allzu konträr zu ihnen realisieren – wobei dieser Gedanke auch die Sorge um die Gesundheit des eigenen Organismus und um das eigene gelingende Dasein mit einschließt.

15) Unsere Ausgangsfrage lautete, wie es wäre, sich als Philosoph am Projekt der Humanisierung unserer Welt zu beteiligen. Die bisher darauf skizzierten Antworten münden meiner Ansicht nach in die Hauptaufgabe eines philosophischen Denkers: zu überlegen, was menschliches Dasein bedeutet, wer die Menschen sind und wie wir unser Leben dem Pol von Zufriedenheit und Glück annähern können. Aus der Fülle philosophischer Reflexionsergebnisse hierauf sollen zwei Gesichtspunkte hervorgehoben werden, die den philosophischen Denker selbst betreffen.

Zum einen imponieren mir Philosophen, deren Denken eine kreativ-spielerische Note aufweist, und die den zentralen Gedanken aus Schillers *Über die ästhetische Erziehung des Menschen* (1795) aufzugreifen und weiterzuführen versuchen: »Denn ... der Mensch spielt nur, wo er in voller Bedeutung des Wortes Mensch ist, und er ist nur da ganz Mensch, wo er spielt.« (Schiller 2004, S. 618) Der Philosoph als *Homo ludens* (siehe hierzu Huizinga 1989) begreift sich selbst wie seine Mitmenschen als potentiell lebende Gestalt und als Materie, die ihre Form und Bedeutung stets aufs Neue suchen und finden und wieder verwerfen darf und muss. Und darüber hinaus definiert ein Denker in der Rolle des *Homo ludens* das gelingende Dasein als jene bald nach unserer Zeugung begonnene Dynamik zwischen dem sinnlichen Trieb des Lebens und dem geistigen Formtrieb der Gestalt, die Friedrich Schiller in seinem zitierten Text Spieltrieb nannte, und die im günstigen Fall bis ans Ende unserer Tage währt.

Zum anderen bevorzuge ich Philosophen, denen man jenen großen Humor attestieren darf, den Harald Höffding (1843–1931) in *Humor als Lebensgefühl (Der große Humor) – Eine psychologische Studie* (1918) beschrieben hat.

Darin unterschied er den kleinen Humor in Form von Gutmütigkeit, Scherz und Ironie vom großen Humor, den er als eine Art Lebensanschauung oder Sinnesart gegenüber dem Leben betrachtete, als einen Gesamtzustand, zu dem alle Erlebnisse und Bestrebungen eines Daseins ihren Beitrag liefern.

Eine humorvolle Lebens- und Weltanschauung eines Philosophen bedeutet, dass er die Defizite und Unzulänglichkeiten des Daseins in ihrer Wertwidrigkeit durchschauen und das Niedrige, Banale, Sinnlose des Lebens wie auch seine Disharmonien und Widersprüche einzuordnen und zu begreifen vermag. Gleichzeitig relativiert er Empfindungen von Trauer, Wut, Empörung und Enttäuschung und mischt in sie tröstlich-innovative Sichtweisen auf die Fülle der Wertmöglichkeiten sowie gedankliche und phantasievolle Emanzipationen von den determinierenden Gegebenheiten des Seins. Den Zumutungen des Daseins zum Trotz halten Philosophen mit großem Humor den eigenen Wert und den ihrer Mitmenschen hoch und stabil und schützen damit sich und uns gegen die Entwertungen und nihilistischen Tendenzen um uns her.

Ein Philosoph, der die Haltung des großen Humors erworben hat, muss vieles erlebt und gründlich durchdacht haben. Das macht auch den Unterschied zwischen Heiterkeit und Lustig-Sein aus. Der lustige Mensch verdrängt den häufig traurigen Hintergrund des Daseins. Er will sich im Augenblick vergnügen und alles Schwere und Komplizierte vergessen. Das lässt das Lustig-Sein in den meisten Fällen bloß brüchig, boden- und geistlos erscheinen, indes der große Humor eine geistige Leistung *par excellence* darstellt.

Zu dieser geistigen Leistung gehört die Bereitschaft zu dauerndem Perspektivwechsel. Wer zu sehr in die Händel und Schicksalsschläge des Daseins verstrickt ist und Mühe hat, zu ihnen zumindest zeitweise Distanz und das Empfinden von Relativität aufzubringen, wird bei sich schwerlich die überlegene Haltung des großen Humors etablieren. Als humorvolle Menschen pflichten Philosophen mit einer Träne im Auge lächelnd dem Leben bei. Jean Paul hat dies einst in die Formeln gekleidet, Humor sei überwundenes Leiden an der Welt oder eine Melancholie des überlegenen Geistes. Und Sigmund Freud nannte dies in seiner kleinen Abhandlung *Der Humor* bewundernd eine Leistung des intakten Über-Ich:

Der Humor hat nicht nur etwas Befreiendes wie der Witz und die Komik, sondern auch etwas Großartiges und Erhebendes, welche Züge an den beiden anderen Arten des Lustgewinns aus intellektueller Tätigkeit nicht gefunden werden. Das Großartige liegt offenbar im Triumph des Narzissmus, in der siegreich behaupteten Unverletzlichkeit des Ich. Das Ich verweigert es, sich durch die Veranlassungen aus der Realität kränken, zum Leiden nötigen zu lassen, es beharrt dabei, dass ihm die Traumen der Außenwelt nicht nahe gehen können, ja es zeigt, dass sie ihm nur Anlässe zu Lustgewinn sind. Dieser letzte Zug ist für den Humor durchaus wesentlich. (Freud 1976, S. 385)

Freud vermerkte, dass man bei humorvollen Menschen ein verständiges Über-Ich und mildes Gewissen vorfindet. Sie verfügen offenbar über Wert- und Idealvorstellungen, die als Rückhalt angesichts der Frustrationen des Lebens dienen. Ihr Über-Ich reagiert tröstend und aufmunternd in den Wechselfällen des Daseins und scheint bei allen Belastungen zu sagen: »Nimm das nicht so tragisch, denn du hast eine Zuflucht in deinem Innern, das eine Art Weltüberlegenheit besitzt« – ein Satz, der philosophischen Denkern gut zu Gesicht stünde, und den so ähnlich auch Harald Höffding als charakteristisch für den großen Humor hätte gelten lassen:

Einen besonderen Charakter erhält der Humor, wenn ein Verstehen der großen Gesetze des Lebens und des Daseins den Hintergrund bildet ... Ein Mensch, der nachdenkt und umfassende Erfahrung hat, wird zu der Überzeugung gelangen, dass eine große Ordnung unter den Dingen herrscht ... (Höffding 1930, S. 59)

16) Gerne gebe ich zu, dass es im letzten Satz des Zitates statt Ordnung auch Unordnung heißen darf, und dass die Beschreibung von Philosophen und ihrer eventuellen Qualitäten von Idealisierungsnuancen meinerseits nicht ganz frei ist. Manche mögen dies bemängeln und als Hinweis dafür interpretieren, dass mein Blick auf die philosophische Zunft zu optimistisch respektive zu wenig realitätsadäquat ausgefallen ist.

Nun sind mir etliche charakterliche Unebenheiten bis hin zu massiv imponierenden zwischenmenschlichen und weltanschaulichen Problemen von manchen sogenannten Meister-Denkern nicht ganz unbekannt, und als Psychotherapeut gehe ich davon aus, dass es unter den Philosophen ähnlich viele und auch gravierende Konflikte, existentielle Erschütterungen und zugleich Rat- und Hilflosigkeit gibt wie bei uns allen anderen ebenso.

Doch trotz des krummen Holzes (Immanuel Kant), aus dem auch Philosophen geschnitzt sind, fällt der Berufsgruppe meiner Ansicht nach aufgrund ihrer Ausbildung und Übung im Denken, Schreiben, Dozieren, Kommentieren die Aufgabe zu, jene Seiten der menschlichen Existenz, des Kosmos und der Kultur im Hinblick auf Sinn-, Wert- und Bedeutungs-Partikel zu befragen, für die wir Nicht-Philosophen in der Regel über zu wenig an Sensorium und Ausdrucksmöglichkeiten verfügen.

In gewisser Weise werden Philosophen damit zu Bewohnern nicht eines Elfenbein-Turms, sondern eines Hetero-Topos. Mit diesem Begriff bezeichnete Michel Foucault (1926–1984) jene Regionen menschlichen Lebens, die durch grundlegend andersgeartete Bedingungen als das übliche Dasein geprägt sind, wobei diese Bedingungen positiv wie negativ eingefärbt sein können. Die Hetero-Topie (Hetero-Topos = der andere Ort) unterscheidet sich von der Utopie (U-Topos = der Nirgend-Ort) dadurch, dass es durchaus reale Möglichkeiten der Umsetzung und Verwirklichung dieser andersgearteten Existenz-Bedingungen gibt.

Sieht man Philosophen als potentielle Bewohner des Hetero-Topos, der für sie vorrangig die Möglichkeiten des Nachdenkens, Schreibens, Dozierens, Lesens bereithält, ohne dass sie deshalb Heilige zu sein hätten, relativiert sich meine eben angedeutete Idealisierungstendenz schon wieder. Was jedoch nicht wenige philosophische Denker in dieser Hinsicht von den Nicht-Philosophen unterscheidet, ist das Ausmaß und die Frequenz an Sehnsuchts- und Wunscherfüllung, diesen Hetero-Topos betreffend: Sie erreichen ihn merklich häufiger als unsereins.

LITERATUR

Brecht, B.: Die Gedichte, Frankfurt am Main 1981
Bude, H.: Das Gefühl der Welt – Über die Macht der Stimmungen, München 2016
Camus, A.: Der Mythos des Sisyphos (1942), Reinbek bei Hamburg 1999
Eckermann, J. P.: Gespräche mit Goethe in den letzten Jahren seines Lebens (1836/48), Frankfurt am Main und Leipzig 1992
Freud, S.: Der Humor (1928), in: GW Band XIV, Frankfurt am Main 1976
Höffding, H.: Humor als Lebensgefühl – Der große Humor (1918), Leipzig 1930
Hübner, K.: Die Wahrheit des Mythos, München 1985
Huizinga, J.: Homo ludens (1938), Reinbek bei Hamburg 1989
Husserl, E.: Cartesianische Meditationen (1931/50), in: Gesammelte Schriften 8, Hamburg 1992
Nietzsche, F.: Jenseits von Gut und Böse (1886), in: KSA 5, München 1988
Schiller, F.: Über die ästhetische Erziehung des Menschen (1795), in: Sämtliche Werke Band V, München 2004

KUNST, KÜNSTLER UND
DIE HUMANISIERUNG DER WELT

Angenommen, diese Überschrift hätten wir vor etwa zwei Jahrhunderten gelesen – wir hätten uns allesamt angesprochen gefühlt. Wieland, Goethe, Herder, Schiller, Hegel, Wilhelm und Alexander von Humboldt, Heinrich Heine, Rahel Varnhagen, Bettina von Arnim, Bertel Thorvaldsen und viele weitere Schriftsteller, Dichter, Maler und Bildhauer hätten bei dem Begriff Künstler einerseits an sich selbst sowie an ihre professionelle Ausbildung und Tätigkeit gedacht. Andererseits wäre für sie mit diesem Begriff eine Art Lebensstil und Weltanschauung assoziiert gewesen, die man am ehesten mit den Termini Lebenskunst und Lebenskünstler zum Ausdruck bringen kann. Das Künstler-Dasein umfasste um 1800 allgemein auch die Lebenskunst, so dass potentiell viele oder alle Menschen als Künstler in Betracht kamen.

Wenn wir uns fragen, welchen Beitrag Kunst und Künstler zu einer Humanisierung der Welt leisten, zielen wir auf beide Bedeutungsebenen ab. Da sind zum einen die konkreten Dichter, Komponisten, Kunstmaler, Theaterleute, Balletteusen etc., die mit ihren Biographien sowie mit ihrem Oeuvre Antworten darauf geben. Zum anderen aber geht es immer auch um uns und um die Frage, wie wir unser Dasein kunstvoller gestalten und damit unsere Existenz vermenschlichen – also um die Frage, wie jeder von uns Lebenskunst erobern oder steigern kann und damit direkt oder indirekt ebenfalls zur Humanisierung der Welt beiträgt.

1) Bevor wir uns der Lebenskunst zuwenden, will ich zumindest in kurzen Ansätzen beschreiben, was man unter Kunst und Künstler verstehen kann – wobei die Betonung auf dem *kann* liegt. Es gibt derart viele und partiell sich widersprechende Definitionen dieser Begriffe, dass es vermessen wäre, hier in wenigen Zeilen etwas leisten zu wollen, wofür die Kunst- und

Kulturwissenschaftler halbe Bibliotheken verfassen, ohne dass sie bisher zu einem abschließenden Ende gelangt wären.

Vieles an der Kunst und am Leben als Künstler speist sich meiner Ansicht nach aus zwei Quellen: dem Spiel und der Empörung; beginnen möchte ich mit dem letzteren Gesichtspunkt. Künstler weisen oftmals ein differenziertes und nicht selten auch überempfindliches Sensorium für all die Disharmonien und Inhumanitäten des Daseins auf, die unser Leben so kompliziert und manchmal auch so destruktiv erscheinen lassen. Hunger, Elend, Armut, Krankheit, Ausbeutung, Entwertung, Ungerechtigkeiten aller Art, das Absurde, Groteske, Schräge – es gibt kaum ein problematisches Phänomen der Menschenwelt, das den Künstlern der Vergangenheit und Gegenwart entgangen wäre und worauf sie nicht auf ihre Art hingewiesen und wogegen sie mit künstlerischen Mitteln rebelliert hätten.

Erst der Mensch, der revoltiert, der inhumanen Verhältnissen ein Nein entgegensetzt und damit seinem Glauben an mögliche bessere Welten Ausdruck verleiht, hat nach Albert Camus berechtigte Aussichten, tatsächlich ein Mensch zu werden. Er entwickelt und schärft damit seinen Sinn für das Wert- und Bedeutungsvolle des Humanen sowie für Leben, Kosmos und Kultur – und für dieses Humane, für Leben, Kosmos und Kultur engagiert er sich handelnd, emotional, gedanklich.

Ähnliches lässt sich idealerweise über Dichter, Literaten, Bildhauer, Komponisten, Maler, Schauspieler sagen. Bei vielen von ihnen kann man als Antrieb ihres Schaffens ein Revoltieren gegen unmenschliche, eklige, unschöne, entwürdigende oder niederdrückende Gegebenheiten entdecken. Gegen Autoritarismen und Ungerechtigkeit setzen sie die emanzipierende Wirkung der Aufklärung; gegen Krankheit, Elend oder Krieg die Würde und Selbstwert verleihende Kraft der Empörung; gegen die nihilistische Hässlichkeit das Schöne; und gegen das Absurde den Humor.

Künstler aller möglichen Couleur produzieren weit mehr als *l'art pour l'art* – vielmehr geben sie im gelingenden Fall ein Modell ab für jene Menschen, die den Mut und die Fähigkeit besitzen, eine freiere, humanere Welt zu imaginieren und zu entwickeln, und die die dabei auftretenden allfälligen Widrigkeiten und Niederlagen mit einer Träne im Auge lächelnd quittieren. Künstler sind günstigenfalls Menschen, die ...

den *Süden* in sich wiederentdecken und einen hell glänzenden, geheimnisvollen Himmel über sich aufspannen; die südliche Gesundheit und verborgene Mächtigkeit der Seele wieder erobern; Schritt für Schritt umfänglicher werden, übernationaler, europäischer, übereuropäischer, morgenländischer, endlich *griechischer* – denn das Griechische war die erste große Bindung und Synthese alles Morgenländischen und eben damit der *Anfang* der europäischen Seele, die Entdeckung *unserer »neuen Welt«*. (Nietzsche 1988 [1885], S. 681 f.)

2) Dabei greifen Künstler kaum oder nur wenig auf wissenschaftliche und philosophische Methoden zurück; vielmehr stehen bei ihnen technisch-handwerkliche und vor allem spielerisch-kreative Vorgehensweisen im Vordergrund ihres methodologischen Repertoires. Insbesondere das Spiel im Sinne von innovativ-überraschenden, alte Regeln transzendierenden und neue Regeln erfindenden Existenzvollzügen gelangt als Haltung und Einstellung dem Leben gegenüber bei vielen Künstlern zur Beobachtung.

Was aber bedeutet Spiel, und was hat Spiel mit Kunst zu tun? Der Terminus Spiel stand im Mittelhochdeutschen für Tanzbewegung, womit bereits etwas Relevantes von Kunst wie auch von spielerischer Daseins-Gestaltung zum Ausdruck gebracht wird: Beides hat mit Bewegung zu tun, und beides darf tänzerisch, also mit anmutiger Gestalt, Harmonie- und Rhythmusempfinden und Gesetzmäßigkeit erfolgen. Der niederländische Kulturhistoriker Johan Huizinga (1872–1945) hat in *Homo ludens* (1938) für das Spiel eine entsprechende Definition vorgeschlagen:

Spiel ist eine freiwillige Handlung oder Beschäftigung, die innerhalb gewisser festgesetzter Grenzen von Zeit und Raum nach freiwillig angenommenen, aber unbedingt bindenden Regeln verrichtet wird, ihr Ziel in sich selber hat und begleitet wird von einem Gefühl der Spannung und Freude und einem Bewusstsein des »Andersseins« als das »gewöhnliche Leben«. (Huizinga 1991, S. 37)

Das Spiel (der Künstler) gehorcht einer Sehnsucht in uns, die man in dem Satz und Daseinsmotto zusammenfassen kann: »Wir suchen immer nach dem Außergewöhnlichen!« Das gewöhnliche, ordinäre Leben befriedigt nie und niemand auf Dauer; allenfalls handelt es sich um Menschen, die für sich beschlossen haben, sich vollständig mit dem Ordinären anzufreunden – um diesbezüglich entweder als unauffällig-konventionell oder aber schon wieder als extraordinär, weil besonders und über alle Maßen mit dem Alltäglichen befreundet zu gelten.

Manchmal wirken Künstler zwar bezüglich ihrer Lebensführung und Daseinsgestaltung unauffällig, beinahe bieder, bürgerlich und bescheiden, nur bedingt bohemehaft, narzisstisch oder extravagant. Umso mehr fällt dann in ihrem Werk das Unerhörte, Überraschende, Staunen-Erweckende und Überragende ins Gewicht. Ihr Anderssein bezieht sich auf ihren Stil und Ausdruck, auf den gedanklichen und emotionalen Gehalt ihrer Kunst, die scheinbare Leichtigkeit und Grandezza ihrer Arbeitsergebnisse, die unergründliche Tiefe ihrer sprachlichen und nicht-sprachlichen Aussagen und Mitteilungen sowie das nicht enden wollende Spiel ihrer Kreativität, produktiven Impulsivität, Phantasie und Vorstellungskraft – und nicht auf Manierismen aller Art.

Antriebe und Anstöße für derart künstlerische Spiele sind durchaus nicht nur im euphorischen Jubel des jeweiligen Lebensglücks verortet. Wie Walter Muschg (1898–1965) in seiner *Tragischen Literaturgeschichte* (1948) eindrücklich geschildert hat, entspringen dichterische und schriftstellerische Kunstwerke oftmals dem bitteren Lebensschicksal ihrer Autoren. Analoges darf und muss man für viele oder die meisten künstlerischen Darbietungen und Werke vermuten: Nicht saturierte Selbstzufriedenheit oder verwöhnte Existenzverhältnisse bilden in der Regel das lebensweltliche Apriori (also den Daseinshintergrund) von kreativen Künstlern, sondern Nöte, Konflikte und existentielle Erschütterungen, die sie entweder persönlich betreffen oder aber hellhörig als Probleme ihrer Mitmenschen wahrnehmen.

3) Kunst entspringt dem Spiel – sie braucht den *Homo ludens;* und Kunst entspringt der Empörung – sie braucht den *Homme révolté*. Wer lediglich spielt, ohne sich zu empören, wird womöglich Artist – ein Seiltänzer oder Schaumschläger, dem es um Oberflächen, den schönen oder hässlichen Schein, die Effekthascherei, das Kunstgewerbe oder das Design, um *l'art pour l'art* oder um Ästhetizismus geht, kaum aber um Kunst. Und wer sich nur empört, ohne zu spielen, wird womöglich Propagandist oder Politiker oder tiefsinnig-melancholischer Philosoph – ihm geht es um den Ernst des Lebens, ohne dass derselbe mit innovativer Eleganz und individuellem Stil versehen und somit künstlerisch veredelt wäre.

In anderen Zusammenhängen und mit anderen Zielsetzungen hat bereits Sören Kierkegaard (1813–1855) diese beiden Lebenseinstellungen bedacht. In *Entweder – Oder* (1843) beschrieb der dänische Denker zwei existentielle Phasen respektive Haltungen, die er als das Ästhetische und das Ethische bezeichnete. Der Ästhet, so Kierkegaard, lebt im Augenblick und ergreift seine momentanen Möglichkeiten. Ohne sich groß um das Morgen und die Zukunft zu bekümmern, feiert er das Jetzt mit allen seinen Chancen der Selbstrealisation und des Lustgewinns.

Als paradigmatisches Beispiel einer ästhetischen Lebenseinstellung diente Kierkegaard die Figur des Don Juan aus Mozarts *Don Giovanni*. Don Juan liebt nicht nur die Frauen, sondern vor allem die Momente der Eroberung und des wunschlosen Glücks des Augenblicks. Kein Gestern, kein Morgen, nur das Jetzt und Jetzt und Jetzt glückseliger Befriedigung zählen für ihn, ohne dass ihn Skrupel oder Verantwortungsempfindungen im Hinblick auf die lange Reihe der von ihm eroberten und verlassenen Geliebten – *mille e tre* allein in Spanien – heimsuchen. Sein Wahlspruch lautet: Wer sich für die eine entscheidet, betrügt all die anderen! – und schon eilt er genießend zur nächsten Frau und Gelegenheit.

Sehr im Gegensatz zum ästhetischen präsentiert sich der ethische Lebensstil. Nicht die situativen Glücks- und Lustmomente, sondern die Orientierung an höchst soliden Werthorizonten wie etwa Verlässlichkeit, Ehrlichkeit, Treue, Wahrhaftigkeit, Liebe, Verbindlichkeit dominieren hier, und dementsprechend seriös gestalten sich die zwischenmenschlichen Beziehungen eines Ethikers. Ihn treibt die Frage nach Vergangenheit wie Zukunft seiner Handlungen um – eine konsequenzlose Liebelei käme für ihn ebenso wenig in Betracht wie ein völliges Sich-Vergessen und Gehen-Lassen im Augenblick.

Für Kierkegaard, den man in mancherlei Hinsicht als Hegelianer bezeichnen darf, rief dieses antagonistische und antithetische Verhältnis von ästhetischem und ethischem Lebensstil nach einer überwölbenden Synthese – eine Synthese, die er im religiösen Lebensstil zu formulieren und zu etablieren trachtete. Ohne auf diese seine Überlegungen näher einzugehen, verwenden wir die Denkfigur Kierkegaards und übertragen sie modifiziert auf unser Thema von Kunst und Lebenskunst.

Künstler und Künstlertum stellen in gewisser Weise eine Synthese aus dem ästhetischen und ethischen Lebensstil dar. Am ästhetischen Pol lässt sich das Spiel und am ethischen Pol die Empörung verorten; gehen beide Einstellungen eine günstige synthetische Mischung ein, resultieren daraus Künstlerinnen und Künstler mit hohem Kreativitätspotential und zugleich mit breitem Verantwortungsgefühl für die Belange von Menschen, Natur und Kultur. Die fundamentale, nicht aufhebbare Spannung zwischen den beiden Polen trägt wesentlich zur Lebendigkeit und Wandelbarkeit von Künstlern bei – die künstlerische Synthese-Leistung muss stets aufs Neue gewagt und verwirklicht werden.

4) Noch ein weiterer Philosoph soll zitiert werden, der zumindest in seiner frühen Phase des Denkens eine polar strukturierte Auffassung von Kunst und Künstlertum vertrat: Friedrich Nietzsche, der anfänglich apollinische und dionysische Kunst unterschied und erst in seiner späteren Philosophie einer monistischen, nur Dionysos gelten lassenden Kunsttheorie anhing. Seine Begriffe entnahm Nietzsche der griechischen Mythologie, bei der die Gottheit Apollon als Beschützerin der Künste und der Musik galt, dabei aber eine maßvolle, vernunftgesteuerte Lebenseinstellung und -gestaltung

repräsentierte und in der Begrifflichkeit Kierkegaards eher dem ethischen als dem ästhetischen Pol zuzuordnen ist.

Im Gegensatz dazu war bei den Griechen der Antike die Gottheit des Dionysos konzipiert. Dionysos stand für Ekstase und rauschhaften Daseinsvollzug, für die Verschmelzung des Einzelnen mit den Vielen und mit der Natur sowie für orgiastischen Sinnestaumel, der im Vergessen der Vernunft und mit der Dominanz von Antrieben und Leidenschaften jeweils das große Ja und Jetzt des Augenblicks findet oder sucht. Ihn darf man sich als am Pol des Ästhetischen beheimatet vorstellen:

> Wir werden viel für die ästhetische Wissenschaft gewonnen haben, wenn wir zur unmittelbaren Sicherheit der Anschauung gekommen sind, dass die Fortentwicklung der Kunst an die Duplizität des *Apollinischen* und des *Dionysischen* gebunden ist ... An die beiden Kunstgottheiten, Apollo und Dionysos, knüpft sich unsere Erkenntnis, dass in der griechischen Welt ein ungeheurer Gegensatz, nach Ursprung und Zielen, zwischen der Kunst des Bildners, der apollonischen, und der unbildlichen Kunst der Musik, als der des Dionysos, besteht. (Nietzsche 1988 [1871/72], S. 25 f.)

5) Die beiden Einstellungen (apollinisch/ethisch und dionysisch/ästhetisch) zeigen sich bei jedem Künstler in je individuellen Mischungsverhältnissen, und auch in den Kunstwerken selbst sind diese Pole mit ihren spezifischen Verhältnissen zu Zeit und Raum nachweisbar. Manche Kunstwerke sind bevorzugt dem Augenblick geweiht (Tanz und Musik), wohingegen andere Kunstwerke auf Dauer und auf kleine Ewigkeiten hin angelegt sind.

So ereignet sich etwa Theater im Augenblick – ihm (dem Theater) eignet etwas sehr Flüchtiges, Unwiederbringlich-Sternschnuppenartiges. Ähnlich dürfen z.B. Tanzaufführungen, Konzerte, Opern- und Schauspiel-Inszenierungen als wiederholt singuläre Ereignisse interpretiert werden; erst in den letzten Jahrzehnten haben sie sich aufgrund verschiedener Aufzeichnungsmöglichkeiten zu »Kunstwerken im Zeitalter der technischen Reproduzierbarkeit« (Walter Benjamin, 1936) gewandelt.

Die Magie von Theater- oder Musikaufführungen ist häufig nur im Live-Modus erlebbar. Der zeitliche Reiz des Jetzt, des Moments, und der räumliche Reiz des Hier, eines Orchestergrabens oder einer begrenzten Bühne, bedeuten für Schauspieler wie für alle weiteren, die am Theater, in der Oper, im Orchester oder Ballett arbeiten (Masken- und Bühnenbildner, Regisseure, Intendanten, Dramaturgen, Ton- und Lichttechniker etc.), eine Herausforderung: Hier und jetzt ist Rhodos; hier und jetzt wird getanzt;

hier und jetzt gilt es, punktgenau alles zu geben; hier und jetzt darf sich der Funken zwischen Schauspielern, Musikern, Sängern, Tänzern und Publikum entzünden; hier und jetzt erzählen das Theater oder die Oper vom Menschen und seiner Welt; hier und jetzt entstehen Sinn, Wert und Bedeutung; und hier und jetzt feiert sich diese Kunst nicht selten auf eine dionysische Art und Weise – wenn es gut geht.

Wie anders verhält es sich in dieser Hinsicht mit Kunstwerken wie Skulpturen, Bildern, Bauwerken oder auch mit literarischer Kunst. All diese Kunstwerke sind von ihrem Wesen her derart apollinisch konzipiert, dass sie der Vergänglichkeit (Zeit) und teilweise auch der Räumlichkeit ein Schnippchen schlagen; und von ihren Schöpfern steht zu vermuten, dass sie sich unter anderem aus diesem Dauer- und Ewigkeitserleben heraus solchen künstlerischen Ausdrucksformen zugewandt haben. Die Gedichte von Sappho, die Epen Homers, die Historiographie eines Thukydides, die Skulpturen Michelangelos oder die Kathedrale von Filippo Brunelleschi in Florenz zeugen seit Jahrtausenden oder zumindest seit Jahrhunderten von der epochenüberdauernden Wirkmächtigkeit dieser Kunstwerke. Sollten sie nicht Menschheits- (Kriege, Terror) oder Natur-Katastrophen (Erdbeben) zum Opfer fallen, werden sie unsere Nachfahren in vielen Jahrhunderten noch bewundern können.

6) Was aber macht das flüchtige, momentane oder aber dies Zeiten und Epochen überdauernde Faszinosum von Kunstwerken aus? Ist es, wie Theoretiker der Kunst schon sehr früh vermuteten, das Schöne, das uns begeistert? Der Künstler ist der Schöpfer schöner Dinge, heißt es bei Oscar Wilde in *Das Bildnis des Dorian Gray* (1891) – was aber, wenn sich Künstler des 21. Jahrhunderts nicht selten der Methode des Unschönen und der Ästhetik des Hässlichen bedienen, um ihre Anliegen, Impulse, Empfindungen und unbewussten Regungen in moderner künstlerischer Manier auszudrücken?

An dieser Stelle müsste geklärt werden, was unter Schönheit und dem Schönen zu verstehen ist – ein Unterfangen, das für sich genommen bereits buchfüllend wirkt. Immanuel Kant betonte als Indikator für Schönes das interesselose Wohlgefallen, das beim Betrachter von ihm ausgelöst wird. G. W. F. Hegel unterschied das Naturschöne vom Kunstschönen und erachtete das Letztere als das Wertvollere, da in ihm mehr Freiheitsgrade investiert seien als im Naturschönen. Schönheit ist nur ein Versprechen von Glück – meinte Stendhal in seiner Abhandlung *Über die Liebe* (1822). Ist Schönheit tatsächlich nur ein (leeres) Versprechen von Glück, oder trägt sie nicht doch zum Glück unseres Daseins bei?

In der Philosophie wird das Phänomen Schönheit normalerweise in der Ästhetik behandelt; dieses Wort bedeutet übersetzt Wahrnehmung und Empfindung. Obwohl bereits die Vorsokratiker (z. B. Pythagoras und Demokrit) ebenso wie später Sokrates, Platon und Aristoteles intensiv über Wahrnehmung und Empfindung philosophierten, wurde erst Mitte des 18. Jahrhunderts aus der Ästhetik eine philosophische Disziplin mit den drei wesentlichen inhaltlichen Richtungen: Theorie des Schönen; Theorie der Kunst; Theorie der Wahrnehmung und sinnlichen Erkenntnis.

Im 19. und vor allem im 20. Jahrhundert löste sich diese Definition der philosophischen Ästhetik zunehmend auf. Phänomene und Topoi wie Ästhetik des Hässlichen, revolutionäres Potential der Kunst, Authentizität des Künstlers, Reproduzierbarkeit von Kunstwerken (Walter Benjamin), Kunst als Symbolbereich (Ernst Cassirer), Ikonologie (Erwin Panofsky), Ästhetizismus (Oscar Wilde, Walter Pater, John Ruskin), Ästhetisierung des Alltags (im Design) oder auch neurowissenschaftliche Befunde beim Schönheitsempfinden (Neuro-Ästhetik) gehören heute mit zum Portfolio der Ästhetik.

Lange Zeit galt die Kunst als Heimstadt der Schönheit: »Das erste Kind der göttlichen Schönheit ist die Kunst.« – meinte Friedrich Hölderlin; und Carl Spitteler schloss sich dieser Ansicht an: »Die Kunst ist großherzig und menschenfreundlich wie die Schönheit, welcher sie entspringt.« In den letzten Jahrzehnten, so behaupten manche Soziologen, Philosophen und Kulturwissenschaftler, sei die Schönheit jedoch aus ihren angestammten Gefilden der Kunst ausgewandert und habe sich eine neue Bleibe gesucht und diese auch gefunden: der Alltag, der zumindest im westlichen Europa, in Nordamerika sowie in Kanada in Form des Designs einen immensen, beinahe alle Bereiche des Lebens betreffenden Verschönerungsschub erfahren hat. Was auf den Theaterbühnen und in den Museen der Welt als Abwesenheit und Mangel von Schönheit offenkundig wird, erfährt eine Kompensation in den alltäglichen Verrichtungen und Gegenständen, die sich – begonnen beim Design eines schlichten Kugelschreibers bis hin zu den raffinierten Düften und der Musikuntermalung in Luxuskaufhäusern – wie immerwährende Schönheitswettbewerbe benehmen.

7) Was all dies für die Gestaltung unseres Daseins bedeutet? Nun, wir können das Thema der Ästhetik ähnlich wie im 18. Jahrhundert als Lehre von der Verschönerung unserer Existenzbedingungen wie auch als Lehre von der Lebenskunst begreifen. Das erstere Thema wurde bereits von Friedrich Schiller in *Über die ästhetische Erziehung des Menschen* (1795) eingehend erörtert. Darin vertrat er die Ansicht, dass sich Einzelne nur durch

Schönheit (was immer sie im Detail bedeutet) zu Freiheit, Humanität und fortschrittlicher Weltanschauung entwickeln werden.

Durch häufigen und intensiven Kontakt mit Schönheit in allen ihren Abschattungen, nicht jedoch durch moralinsaure Vorhaltungen und Ethik-Seminare werden beim Menschen Harmonie, Energie, Vernunft, Würde sowie Veredelung seines Charakters induziert. Wenn sich bei ihm dessen Stofftrieb (das Lebendige, Vitale, Leidenschaftliche) mit seinem Formtrieb (Logos, das Geistige) arrangiere, resultiere daraus ein Spieltrieb, der die betreffende Person instand setzt, für sich selbst, die Mitmenschen und die Kultur kreativ und produktiv zu wirken. Die Sinne wie auch die Sinnlichkeit eines Menschen dürfen zu diesem Zweck erzogen und trainiert werden – wobei Schiller Ästhetik nicht nur als Theorie der Schönheit, sondern auch (wie in der Antike) als Theorie der sinnlichen Wahrnehmung verstanden wissen wollte.

Auf einen weiteren Aspekt der Ästhetik (als Ort von Schönheit und Kunst) hat Friedrich Nietzsche hingewiesen. Wenn Nietzsche von Kunst oder Schönheit sprach, bezog er sich häufig entweder auf die griechische Antike (Plastik, Architektur, Dichtung) oder aber auf Richard Wagner und andere zeitgenössische Komponisten (Konzerte, Opern, Musik). Obwohl Kunst und Künstler mit Hilfe schöner Bilder, Texte und Tonfolgen oftmals das Widersinnige, Hässliche und Absurde des Lebens nur sehr indirekt oder überhaupt nicht adäquat ausdrücken, war Nietzsche vom kulturellen Stellenwert der künstlerischen Gestaltung überzeugt.

Der schöne Schein der Kunst nämlich helfe uns Menschen über die ärgsten Untiefen und Enttäuschungen unseres Daseins hinweg und tröste uns angesichts der existentiellen Härten und Frustrationen, welche unser Leben zu keinem geringen Anteil dominieren: »Wir haben die Kunst,« so lesen wir im Nachlass von Nietzsche, »damit wir nicht an der Wahrheit zugrunde gehen.« (Nietzsche 1988 [1887–1889], S. 500) Nicht zu Erkenntniszwecken oder zur Detektion von Wahrheitspartikeln benötigen wir Schönheit und Kunst; vielmehr sollen sie unser Lebensgefühl steigern und uns bestenfalls in einen dionysischen, ekstatischen Existenzmodus versetzen, dessen schöne Scheinhaftigkeit uns zwar bewusst ist, und den wir dennoch benötigen, um unser Dasein erträglicher werden zu lassen. Paradebeispiel für derartige Kunst ist etwa die Musik Mozarts, der aus existentieller Tiefe und Melancholie perlende Melodien zu transformieren vermochte, die bei ungenauem Hinhören wie eine Folge harmloser Oberflächlichkeiten wirken.

Noch ein weiterer Vertreter einer Verschönerung des Daseins sei erwähnt: Rainer Maria Rilke (1875–1926). Dieser Lyriker verstand es, sein eigenes Leben nicht nur hinsichtlich der von ihm geschaffenen, teilweise betörend schönen Verse zu ästhetisieren; daneben versah er auch viele seiner Daseinsvollzüge mit dem Glanz der Schönheit.

Rilke-Kritiker haben zu Recht darauf hingewiesen, dass einiges von dem ästhetischen Daseinsvollzugs des Dichters von Gönnern, Mäzenen und aristokratischen Freundinnen finanziert wurde – von den Aufenthalten auf Schloss Duino am Adriatischen Meer bis zu seiner letzten Wohnstatt, dem Turm von Muzot. Manche bezeichneten Rilke deshalb sogar als Edel-Schnorrer – ein etwas despektierlicher Titel, der meiner Ansicht nach weder seine beruflich-künstlerische noch seine private Rolle und Funktion umfänglich widerspiegelt.

Rilke kannte in seinem Leben Phasen finanzieller Knappheit, in denen er gleichwohl von seinen Idealen einer Daseins-Verschönerung nicht Abstand nahm. Stets war er, um das lyrische Geschäft angemessen beginnen und verwirklichen zu können, tadellos gekleidet – wobei dies durchaus nicht immer teure Kleidung bedeutete. Und wenn er sich in ein Restaurant begab, ohne dass er Geld ausgeben mochte oder konnte, so bestellte er ein Glas Milch, die er formvollendet, mit einer Stoffserviette versehen, langsam Schluck für Schluck zu sich nahm.

8) Wir kommen noch einmal auf die weiter oben gestellte Frage zurück: Was fasziniert, enthusiasmiert, wirkt anrührend, bewegend, nachdenklich stimmend an Kunstwerken? Womöglich ist es nicht nur das Schöne, das uns anspricht, und es müssen andere, weitere Wirkfaktoren hinzutreten, die z.B. eine Leinwand, ein Stück Papier, einen Marmor- oder Holzblock, sich rhythmisch bewegende Menschen oder vor sich hin deklamierende Schauspieler zu Kunstwerken werden lassen.

Nicolai Hartmann in seiner *Ästhetik* (1953) beschrieb neben dem Natur- und Kunstschönen auch noch das menschlich Schöne, wobei er auf diverse Wertaspekte (vitale Werte, vor allem aber Tugenden, Einstellungen und Haltungen) abhob, die man an Personen jeweils wahrnehmen oder intuitiv empfinden kann, und die beim Wahrnehmenden damit den Eindruck von Schönheit induzieren. Goethes Schilderung einer schönen Seele in *Wilhelm Meisters Lehrjahre* (1795/96) liefert dafür ein eindrückliches Beispiel.

Damit wird bereits angedeutet, dass das ästhetische Erleben und Empfinden in einen Kontext von Werten eingebettet ist, die je nach Natur- oder Kunstwerk respektive je nach menschlichem Gegenüber verschieden ausgeprägt imponieren: Vollkommenheit, Echtheit, Wahrhaftigkeit, Anmut, Erhabenheit, Harmonie, Wahrheit, Fülle, schenkende Tugend (Nietzsche), Generosität etc. Diese Werte, so meinte Hartmann, sind bei Kunstwerken lediglich als Erscheinungswerte einzuordnen; die dargestellten, erörterten Figuren, Gegenstände, Sachverhalte (z. B. in der Dichtung, im Schauspiel, in der Malerei und Musik und Bildhauerei) sind nicht real. Wirklich sind nur die Materialien (Stein, Holz, Leinwand, Farbpartikel, Erz, Buchstaben oder Noten etc.), die als Träger des geistigen Gehalts und damit auch der Erscheinungswerte eines Kunstwerks fungieren.

In den Begrifflichkeiten Hartmanns sind Kunstwerke objektivierter, also Materie gewordener Geist, und die Aufgabe des Rezipienten besteht in nichts Geringerem, als die Vorstellungen, unbewussten Intentionen und Wertaspekte der jeweiligen Künstler in der toten Materie ihrer Kunstwerke aufzuspüren und wenn möglich zumindest partiell zu verlebendigen:

Das in die Materie Verschlossene und gleichsam in ihr Niedergelegte muss wieder herausgehoben, befreit, verflüssigt, lebendig gemacht werden; es muss in den lebenden Geist hineingenommen werden ... Der objektivierte Geist kann eben ohne ein real-geistiges Leben nicht bestehen. Es ist bei ihm nur nicht das eigene Leben, sondern ein anderes und gleichsam geliehenes Leben. Denn der lebende Geist, aus dem er entsprungen ist, kann längst vergangen sein; von ihm ist er abgelöst und zu ihm kann er nicht mehr zurückkehren. (Hartmann 1966, S. 84)

Ein nicht unerheblicher Teil des uns an Kunstwerken Faszinierenden und Begeisternden erklärt sich wohl aus dem Umstand, dass wir mit Hilfe der eigenen Intuition, Phantasie und Vorstellungskraft zum notwendig aktiven Mitgestalter und ermöglichenden Faktor eines Kunstwerks werden. Kunst und Kunstwerke ereignen sich in einem Dreieck, bestehend aus a) der realen, aber toten Materie; b) dem geistigen und objektivierten Gehalt, den Künstlerinnen und Künstler bewusst-unbewusst in Kunstwerke investieren; sowie c) dem lebendigen Betrachter und Interpreten, der der toten Materie des Kunstwerks einige Facetten seines geistigen Gehalts und der damit assoziierten Erscheinungswerte entlockt.

Unsere Fähigkeiten und Neigungen, uns Kunstwerken verstehend zuzuwenden, subsumierte Hartmann unter den Terminus des personalen (subjektiven) Geistes. Weil dabei jeder vom momentan vorherrschenden Zeitgeist (objektiver Geist in der Terminologie Hartmanns) beeinflusst ist, kommt dieser als indirekter Interpret von Kunstwerken auch in Betracht. Sowohl der Zeitgeist als auch der individuelle Kunst-Rezipient sind damit recht eigentlich bedacht Kunstschöpfer *en miniature* – je nachdem, welche emotional-geistige Verfassung sie aufweisen. Hartmann sprach in diesem Zusammenhang vom adäquaten Bewusstsein, das als Voraussetzung für die Verlebendigung und Verflüssigung von Kunstwerken unabdingbar ist.

9) Ein philosophischer Zeitgenosse Nicolai Hartmanns, Henri Bergson (1859–1941), beschäftigte sich ebenfalls mit Fragen von Künstlertum und Kunst. Obwohl Bergson keine eigene Ästhetik verfasst hat, finden sich in seinen Schriften verstreut überlegenswerte Gedanken zum Thema Kunst und Lebenskunst.

Bergson zählt zu den Lebensphilosophen, und als solcher bedachte er in seiner Philosophie wiederholt das Phänomen und die Auswirkungen von Leben. In seinem Buch über *Das Lachen* (1900) interpretierte er die Komik als eine Situation, in der sich Lebendiges (z. B. Menschen) wie eine Maschine benimmt; er bezeichnete dies als Mechanisierung des Lebens. In *Materie und Gedächtnis* (1896) untersuchte Bergson das Zeiterleben von Menschen und postulierte, dass unsere Identität mit dem Empfinden von Dauer (*durée*) eng verbunden ist. Die gemessene oder physikalische Zeit können wir mittels unseres Intellekts erfassen – die erlebte Zeit oder unsere Dauer hingegen erahnen und begreifen wir mittels Intuition.

Die Intuition bedeutete für Bergson darüber hinaus die wichtigste methodische Haltung, das Leben ganz generell in seinen tausendfachen Verästelungen nachzuvollziehen. In ihnen wirke die Lebensschwungkraft (*élan vital*), die letztlich alle Phänomene der Natur wie auch der Kultur hervorgebracht hat und weiter hervorbringt. Mit Hilfe der instrumentellen Vernunft und des Intellekts lassen sich diese Phänomene kaum adäquat erfassen – wohl aber mit Hilfe der Intuition. Weil die meisten Menschen darin ungeübt sind und die Wirklichkeit oftmals nur über ihren Intellekt zu begreifen suchen, können sie im Zweifelsfall auf Kunstwerke und Künstler zurückgreifen, um anhand von Bildern, Skulpturen, Melodien, Rhythmen, literarisch-dichterischen Figuren oder von Architektur Auskünfte über den *élan vital* in seinen unzähligen, vielgestaltigen Ausprägungsformen zu erhalten und in intimeren Kontakt mit der Realität zu kommen:

So hat die Kunst, ob Malerei, Bildhauerei, Dichtung oder Musik, im Grunde keinen anderen Zweck, als die praktisch-nützlichen Symbole, die konventionellen Verallgemeinerungen, kurz, alles, was die Wirklichkeit verschleiert, aus dem Weg zu räumen und uns mit der nackten Wirklichkeit zu konfrontieren. (Bergson 1988, S. 102)

Künstler zeichnen sich für Bergson häufig durch eine bestimmte Art der Zerstreuung und des Losgelöst-Seins von der Alltagsrealität aus, so dass sie auf allfällige Reize und Herausforderungen des Daseins nicht immer und sofort handeln müssen. Neben den üblichen Reiz-Reaktions-Schemata eröffnen sich ihnen Möglichkeiten des intuitiven Erspürens von Phänomenen des Lebens – sie sehen die Welt in ihrem An-sich und nicht nur als

Beziehung zu sich selbst. Die Natur, so schrieb Bergson, habe bei solchen Künstlern schlicht vergessen, die Wahrnehmungsfähigkeit mit der Fähigkeit zum praktischen Handeln zu verknüpfen.

Künstler sind nicht nur die Schöpfer schöner Dinge – sie machen mit ihren Kunstwerken auch manche Stellen der Welt in ihrer Web-Art und Textur transparenter. Weil sie unmittelbarer bei den Dingen, Menschen und der Natur wohnen, ohne sich dauernd auf unproduktive Händel mit ihnen einlassen zu müssen, wird es ihnen möglich, diesen ungestörter ihre Melodien abzulauschen und davon zu erzählen. Diese künstlerischen Erzählungen bestehen freilich nicht nur aus einer Aneinanderreihung von Annehmlichkeiten – die Künstler treffen oftmals auf das nackte, bloße, schiere Sein, auf être brut, wie Maurice Merleau-Ponty (1908–1961) dies ungeschminkt-direkte Sein bezeichnete, das neben dem Anmutigen auch das Ungeheure kennt: Denn das Schöne ist nichts als des Schrecklichen Anfang – heißt es bei Rainer Maria Rilke in dessen erster *Duineser Elegie*.

Mit ihren Erzählungen vom *être brut*, mit ihrer Kunst kommen die Künstler Henri Bergson zufolge dem Auftrag des Menschseins nach, das Schöpferische als wesentliche Ingredienz unserer Existenz zu begreifen. Denn der *élan vital* sieht das dynamische Werden eigentlich für uns alle und nicht nur für einige wenige Künstler vor:

Als Schöpfer unseres Lebens, ja als Künstler sogar, wenn man will, arbeiten wir ununterbrochen daran, aus dem Stoff, den uns die Vergangenheit und Gegenwart, Vererbung und Umstände liefern, eine einzigartige, neue, originelle, unvorhersehbare Form zu kneten, wie diejenige, die der Bildhauer dem Ton verleiht. (Bergson 1993, S. 113)

10) Womit wir fast endgültig beim Thema der Lebenskunst angekommen sind. Doch bevor wir uns den Konsequenzen der zitierten Kunst-Theorien für uns Nicht-Künstler zuwenden, möchte ich noch einige Überlegungen Jean-Paul Sartres zur Kunst und zum Künstler referieren. Beim Menschen sind verschiedene Formen der Phantasietätigkeit bekannt – diese reicht vom Tag- und Nachttraum über die illusionäre Verkennung bis hin zum künstlerischen Schöpfertum. Sartre beschäftigte sich in *Das Imaginäre* (1940) mit dieser Einbildungskraft des Menschen, wobei sein Interesse auch einer Theorie von Kunstschaffen, Kunst und Ästhetik galt. Sartre meinte, dass diese Themen eng mit der menschlichen Phantasie und ihrem Freiheitsspielraum verknüpft sind. Seit jeher spricht man in diesem Zusammenhang vom Möglichkeitssinn des Menschen. Nur weil wir imaginieren können, eröffnen sich uns die Freiheitsgrade des Vorstellens und

entwerfenden Schaffens, die es in diesem Ausmaß und in diesen Formen in der Tierwelt nicht gibt.

Kunst bedeutete für Sartre eine produktive und originelle Antwort auf die Zufälligkeit (Kontingenz) und letztlich auch die Überflüssigkeit des Seins. Das Kunstwerk erschien ihm als etwas Freies und Notwendiges in einer unfreien und kontingenten (zufälligen) Umgebung, und die Substanz des Werkes spiegelt, wenn es echt und ursprünglich gelingt, die Freiheit und Selbstbestimmung des Künstlers wider.

Die Sartresche Kunsttheorie mündet in die Aufforderung ein, dass möglichst viele Menschen dem Authentizitätsmangel des Alltags entrinnen und sich Freiheit erobern sollen. Künstler kämpfen oft gegen Erstarrung und Kollektivismus an – sie wollen die Welt so sehen, hören, empfinden machen, wie es ihrer Individualität entspricht. Weil ihnen die Maßstäbe der Majorität nicht behagen, sind sie für Sartre Modelle für ein Menschsein, das sich in Freiheit selbst entwirft und neu schafft; dies wollte er in seinen Studien über Baudelaire, Flaubert oder Jean Genet ebenso wie in seiner Autobiographie *Die Wörter* (1963) aufzeigend nachweisen:

Ich habe *Die Wörter* geschrieben aus dem gleichen Grund, aus dem ich über Genet und Flaubert geschrieben habe: Wie wird ein Mensch zum Schriftsteller, zu einem, der von Imaginärem sprechen will? (Sartre 1977, S. 187)

11) Mit diesem Zitat sind wir bei unserer eigenen Lebenskunst angelangt. So dürfen wir uns nicht nur fragen, wie Schriftsteller oder andere Künstler dazu kommen, ins Imaginäre aufzubrechen – diese Frage kann man generalisieren und auf potentiell alle Menschen anwenden: Wie kommen wir dazu, neben der Realität auch das Imaginäre derart gelten zu lassen, dass es unsere Wirklichkeit positiv und in einem kreativen Sinne zu beeinflussen vermag und zur Verschönerung und zum Gelingen unseres Lebens beiträgt?

Doch wann lässt sich ein Dasein als gelungen bezeichnen, und unter welchen Umständen attestieren wir ihm Sinn, Wert und Bedeutung? Wieviel Klugheit, Vernunft, spielerischer Elan und Vitalität, Kreatürlichkeit und Spontaneität, Esprit, Humor und plastische Kapazität sind vonnöten, um aus unserer Existenz ein Leben werden zu lassen, das sich nicht nur in Notdurft, Tand und Haschen nach Events, im Alltäglichen, Banalen und im Konventionellen gefällt? Und wie viel existentielle Sicherheit, Solidität und Konstanz sind erforderlich, um sich überhaupt den Fragen nach einer wie auch immer gearteten Lebenskunst widmen zu können?

Welch ein Luxus unsererseits, in Zentraleuropa lebend Themen wie

Künstlertum, Kunst und Lebenskunst denkend, lesend, schreibend oder auch realisierend ins Visier nehmen zu können! Nur wenige Flugstunden von uns entfernt fristen Menschen ein Dasein, das aufgrund von Hunger, Armut, Flucht und Krieg, von epidemischen Krankheiten, Ausbeutung oder Naturkatastrophen für sie das alleinige Thema der *Überlebenskunst*, nicht aber der Lebenskunst bereithält. Es wäre schlechterdings zynisch und zutiefst inhuman, ihnen mit Begriffen wie Lebenskunst und nicht mit einer fundamentalen Solidarität und mit konkreter Hilfestellung zu begegnen.

Womit wir neuerlich bereits inhaltliche Aspekte von Lebenskunst berühren. Mit dieser ist kein Selbst-, Mitmenschen- und Welt-vergessenes sowie Champagner-getränktes *Savoir-vivre* gemeint, kein Luftikus-Dasein, das sich in der bloßen Auswahl von Kleidungs-Accessoires, Urlaubszielen und Schöner-Wohnen-Artikeln und im connaisseurhaften Schwenken des Rotweinglases gefällt. Die hier verhandelte Lebenskunst ist stattdessen eingebettet in eine humanistische Welt- und Lebensanschauung, für die das Mitgefühl mit möglichst vielen menschlichen Schicksalen (Nietzsches Begriff dafür: die Fernstenliebe) sowie das Verantwortungsempfinden für Natur und Kultur die wesentlichen Koordinaten des Denkens, Fühlens und Handelns bedeuten.

12) Wie aber kann unter solchen Prämissen unsere Lebenskunst konkret umgesetzt werden? Diese Frage bewegt Philosophen, Ärzte, Lehrer und Erzieher, Psychologen, Soziologen und natürlich auch die Lebenskünstler selbst schon seit Jahrtausenden. Von Epikur bis Nietzsche und von den Renaissance-Künstlern Raffael, Michelangelo und Leonardo da Vinci über Montaignes *Essais* (1580 ff.) und Hufelands *Makrobiotik oder die Kunst, das menschliche Leben zu verlängern* (1796) bis hin zu Goethes ausgedehnten Exerzitien der Daseinsgestaltung reicht die Palette der Möglichkeiten, sich und das eigene Leben so ernst zu nehmen, dass Letzteres nicht nur von den jeweiligen familiären, gesellschaftlichen und epochalen Verhältnissen geprägt, sondern von uns selbst auch kunstvoll mitgestaltet wird.

Gestatten wir uns einen kurzen Blick in die Vergangenheit, um der Frage nach Umrissen und Inhalten von Lebenskunst weiter nachzugehen. Epikur etwa hätte darauf mit seiner Philosophie der Freude sowie mit dem Plädoyer für ein schlichtes, zurückgezogenes und in vielerlei Hinsicht genügsames oder zumindest maßvolles Leben geantwortet. Anders als die Stoiker empfahl Epikur jedoch keine asketischen Ideale, sondern die Abwägung verschiedenster Lustempfindungen – eine Abwägung, die die Reduktion von Schmerz, Furcht und Unruhe zu ihrem Ziel haben sollte.

Da Schriftsteller, Dichter und Philosophen der griechischen Antike ähnlich wie später in der Renaissance die menschliche Individualität zu ahnen begannen, orientierten sich ihre Aussagen zur Lebenstechnik und Lebenskunst zunehmend weniger an allgemeinen Regeln und Vorgaben; vielmehr entdeckten sie das Allgemeine im Individuellen. Daraus leiteten sie eine *Ars vivendi* (Lebenskunst) ab, die in mancher Hinsicht modernen Ideen (z. B. bezüglich der Kunst des Individualisierens) nahekommt.

Die Epoche des europäischen Christentums, die auf die griechische und römische Antike folgte, entwickelte eine radikal veränderte Optik auf das Thema der Lebenskunst. Die Orte und die Möglichkeiten von Glück und Zufriedenheit wanderten ins Jenseits aus, und dementsprechend wandelten sich Vorstellungen und Empfehlungen in Bezug auf die Lebens-Praxis. Wie gelebt werden sollte, um in den Status der Gottgefälligkeit zu gelangen und die Chancen auf ein ewig-paradiesisches Existieren deutlich zu erhöhen, war in diversen Katechismen nachzulesen; die Menschen- und antriebsfreundlichen, säkularen Konzepte waren vorerst *perdu*.

Das Zeitalter der Renaissance jedoch erwies sich wieder reich an Lebenskünstlern wie auch an Ideen und Vorstellungen zur Lebenskunst. Wiederbelebt wurden damals die Schriften der antiken Autoren ebenso wie viele ihrer Modelle der konkreten Daseinsgestaltung. Insbesondere die Wertschätzung von Individualitäten ließ die Renaissance zu einer Epoche werden, in der die Formulierung und Realisierung von unterschiedlichsten Lebens- und Existenz-Varianten weite Verbreitung fand.

Am bekanntesten und bis heute häufig zitiert sind diesbezüglich die *Essais* von Montaigne (1533–1592), der in seinen Abhandlungen mehrfach die Lebenskunst als Ziel seiner Überlegungen anvisierte. Er wollte darüber nicht nur kluge Sätze verfassen, sondern diese authentisch der eigenen Existenz entspringen lassen. So war er fest davon überzeugt, Glück und Zufriedenheit in jenen Bereichen des Lebens zu finden, die die Antike als *res non naturales* benannte. Zu diesen »nicht natürlichen Verhältnissen« zählten die Fragen nach der Ernährung, dem Ausmaß von Schlafen und Wachen, dem Wechsel von Arbeit und Entspannung oder auch der Akzentsetzung von Einsamkeit und Geselligkeit. An solchen Themen demonstrierte Montaigne jeweils das Motiv der Lebenskunst.

So findet sich in den *Essais* eine Abhandlung mit dem Titel *Über die Einsamkeit*. Montaigne plädierte dafür, bei Übernahmen von öffentlichen Ämtern oder Aufgaben den Aspekt des Rückzugs, der Beschäftigung mit dem eigenen Selbst nicht zu vergessen. Wer das Selbstwertgefühl zu sehr von anderen Menschen und deren Anerkennung abhängig mache, laufe Gefahr, sich zu verlieren und bei einer eventuellen Abwendung der Mitwelt emotionale Erschütterungen zu erleben. Günstiger sei es, Halt und Orientierung in sich selbst zu suchen:

> Entwinden wir uns den leidenschaftlichen Verstrickungen, die uns anderweitig fesseln und von uns selbst entfernen! ... Die größte Sache der Welt ist, dass man sich selbst zu gehören weiß. (Montaigne 1998, S. 126)

Ein wesentlicher Gedanke im Hinblick auf die Lebenskunst bestand für Montaigne auch im rechten Maß. Bekannt geworden ist Platons Gedanke, dass es das Maß nur zwischen den Menschen (und nicht beim Einzelnen allein) gibt. Montaigne rekapitulierte in den *Essais* solche Definitionen für das menschliche Maß und wies vielen davon nach, dass sie für konkrete Einzelfälle wenig tauglich sind. Wer Lebenskunst entwickeln wolle, müsse sich der Mühe unterziehen, individuelle Modelle und Maßeinheiten bei sich zu entdecken und festzulegen. So erwähnt er in *Über das Maßhalten* diverse Varianten im Hinblick auf sexuelle Aktivitäten und konstatiert:

> Dabei stellt sich die menschliche Weisheit bei dem Versuch, Anzahl und Annehmlichkeiten der uns eingefleischten Lüste zu beschneiden, ziemlich dummklug an ... Wäre ich das Haupt einer Philosophenschule gewesen, hätte ich einen anderen Weg eingeschlagen: einen natürlicheren. (Montaigne 1998, S. 106)

13) Das 19. Jahrhundert steuerte Beiträge sowohl aus medizinischer als auch aus philosophischer Sicht zum Thema der Lebenskunst bei. Neben der bereits erwähnten *Makrobiotik* von Christoph Wilhelm Hufeland (1762–1836) gehörten der Psychiater Johann Christian August Heinroth (1773–1843) mit seiner *Orthobiotik oder Die Lehre vom richtigen Leben* (1839), der Romantiker Carl Gustav Carus (1789–1869) mit *Die Lebenskunst nach den Inschriften des Tempels zu Delphi* (1863) sowie Ernst Freiherr von Feuchtersleben (1806–1849) mit *Zur Diätetik der Seele* (1838) und mit den *Beiträgen zur Literatur, Kunst- und Lebenstheorie* (1841) zur ärztlichen Fraktion der Lebenskunst-Protagonisten.

Interessant ist, dass diese Ärzte einigermaßen zeitgleich ihre Texte publizierten – zu einer Zeit, als die Naturwissenschaften (z. B. Anatomie) ihre ersten großen Erfolge in der Medizin feierten und zur Entzauberung des menschlichen Lebens und des Organismus beitrugen. Parallel dazu konnte man das Aufkommen romantischer Medizin-Konzepte beobachten (Mesmerismus, Brownismus, Hahnemanns Homöopathie), die Einiges der Entzauberung durch gewagte, zauberhafte Spekulationen kompensierten.

Der Historiker Reinhart Koselleck (1923–2006) bezeichnete diesen Zeitraum zwischen 1780 und 1840 als Sattelzeit, als Epochenschwelle zwischen Neuzeit und Moderne. In diesen wenigen Jahrzehnten kamen nicht nur die Naturwissenschaften obenauf; weit darüber hinaus hatten die Menschen gesellschaftlich-politische Umwälzungen mächtigen Ausmaßes zu gewärtigen (Französische Revolution, napoleonische Kriege, völlige staatliche Neuordnung Europas). Die damaligen Bücher zur Lebenskunst waren inhaltlich geprägt von dem Versuch, Anleitungen zum Ausgleich zwischen Entzauberung und Verzauberung, zwischen Revolution und Restauration, Versprechen einer zukünftigen Moderne und Sicherheiten der tradierten Vergangenheit zu formulieren. Stellvertretend für seine Kollegen schrieb C. G. Carus, ihm sei angesichts der Zeitläufte ...

der Begriff einer Kunst, das Leben überhaupt würdig zu führen – es nicht nur zu schützen gegen tausend Zufälligkeiten, Schwächen und Schädigungen, sondern überhaupt seinen inneren Gehalt schön und tüchtig herauszubilden, ... als die wichtigste Aufgabe des Menschen erschienen. (Carus 2014, S. 519)

Als mit Goethe befreundeter Arzt, der 1843 eine Monographie über den Dichter veröffentlicht hatte (*Goethe – Zu dessen näherem Verständnis*), lag es nahe, dass Carus mehrfach auf ihn als Vorbild und Modell für ein hohes Maß an Lebenskunst zu sprechen kam. Diese habe den Weimarer Dichter mehr beschäftigt als die allermeisten seiner Dramen, Romane und Gedichte und sei Thema seiner Autobiographie *Dichtung und Wahrheit*.

Bereits der Moderne (also der Zeit nach Beginn der industriellen Revolution) zugerechnet werden die Lebenskunst-Vorstellungen Arthur Schopenhauers (1788–1860) und Friedrich Nietzsches (1844–1900). Der Erstere wurde vor allem mit seinen *Aphorismen zur Lebensweisheit* (1851) als Philosoph bekannt, der sich sehr konkret und direkt dem Thema der Lebenskunst als befriedigende Daseinsgestaltung zugewandt hat.

Schopenhauer benannte drei Richtungen, in die Menschen sich und ihr Leben entwickeln, um glücklich und zufrieden zu werden: Personalität (was einer ist), Ansehen (was einer vorstellt) sowie Besitz (was einer hat). Diese drei Strebens-Richtungen untersuchte der Denker eingehend, wobei er eine eindeutige Priorisierung vornahm: Die Personalität ist und war für ihn bedeutend wertvoller als das Ansehen bei den lieben Mitmenschen oder der Besitz von materiellen Gütern:

Was einer in sich ist und an sich selber hat, kurz die Persönlichkeit und deren Wert, ist das allein Unmittelbare zu seinem Glück und Wohlsein. Allein die Beschaffenheit des Bewusstseins ist das Bleibende und die Individualität wirkt fortdauernd, anhaltend in jedem Augenblick. Alles andere wirkt hingegen nur vorübergehend und ist zudem auch noch selbst dem Wandel unterworfen. (Schopenhauer 1988, S. 322)

Als eigentlicher Philosoph der Lebenskunst aber gilt Friedrich Nietzsche. In kaum einer seiner Schriften fehlen Hinweise auf diese Thematik, und in allen seinen Texten finden sich Passagen, Aphorismen oder zumindest indirekte Querverweise, mit denen er die für ihn zentrale Fragestellung ins Visier nahm: Wie können die Menschen der Moderne (und nach dem Tod Gottes) ein authentisches, selbstbestimmtes, die Kultur und sich selbst steigerndes Leben führen, und welche Ethik, welche Werte sind geeignet, solche Entwicklungen beim Einzelnen in Gang zu setzen?

Nietzsche war ein Philosoph, der als Nachfolger der französischen Moralisten und als Vorläufer der Tiefenpsychologie um die vielen kleinen und größeren Mogeleien von Menschen wusste, sich ihr Dasein etwas zu erleichtern. Ohne zu moralisieren, benannte er manche dieser Mogeleien und überlegte, inwiefern sie Elemente einer Lebenskunst bedeuten und welche Beziehungen zwischen ihnen und der Kunst bestehen:

Ein Hauptmittel, um sich das Leben zu erleichtern, ist das Idealisieren aller Vorgänge desselben; man soll sich aber aus der Malerei recht deutlich machen, was idealisieren heißt. Der Maler verlangt, dass der Zuschauer nicht zu genau, zu scharf zusehe, er zwingt ihn in eine gewisse Ferne zurück, damit er von dort aus betrachte; er ist genötigt, eine ganz bestimmte Entfernung des Betrachters vom Bilde vorauszusetzen; ja er muss sogar ein ebenso bestimmtes Maß von Schärfe des Auges bei seinem Betrachter annehmen; in solchen Dingen darf er durchaus nicht schwanken. Jeder also, der sein Leben idealisieren will, muss es nicht zu genau sehen wollen und seinen Blick immer in eine gewisse Entfernung zurückbannen. Dieses Kunststück verstand zum Beispiel Goethe. (Nietzsche 1988 [1878], S. 229)

14) Man könnte noch Dutzende weitere Stellen aus Nietzsche-Texten zitieren, um seine funkelnd-tiefsinnigen und zugleich die seelisch-sozialen Verhältnisse vieler Menschen entlarvenden Gedanken zur Lebenskunst zu demonstrieren – allein: Das 20. Jahrhundert will ebenfalls berücksichtigt und hinsichtlich einiger Vorstellungen zur Lebenskunst entsprechend mit gewürdigt werden.

Zwei Namen erwähne ich, die beide für Lebenskunst als Fusion von Philosophie, Medizin und Tiefenpsychologie stehen: Sigmund Freud und Alfred Adler. Auch bei diesen Vertretern einer von der Psychoanalyse und der Therapeutik her verstandenen Lebenskunst gäbe es viele Aspekte zu bedenken, die einem Lebenskünstler gut zu Gesichte stünden – und auch bei Freud und Adler beschränke ich mich auf jeweils eine einzige Facette.

So ließe sich etwa bei Sigmund Freuds Konzept der Psychoanalyse die Aufhebung von Verdrängungen, die Rekonstruktion der Kindheit, das Überwinden allfälliger Hemmungen und Symptome und die befriedigende Integration sexueller und aggressiver Impulse als unbestreitbares Plus der Lebensqualität und Lebenskunst einordnen. Abheben möchte ich jedoch auf einen anderen psychoanalytischen Begriff, der für Freud als Indikator seelischer Gesundheit hoch im Kurs stand: die Sublimierung.

Den Gedanken der Sublimierung als Verfeinerung von Antrieben kannte bereits Nietzsche. So heißt es in *Menschliches, Allzumenschliches* dazu: »Gute Handlungen sind sublimierte böse; böse Handlungen sind vergröberte, verdummte gute.« (Nietzsche 1988 [1878], S. 104) Bei Freud finden sich über seine Texte verstreut diverse Anläufe, Sublimierung zu beschreiben und letztlich einer Definition zuzuführen – ein Unterfangen, das ihm nicht gelungen ist; bis zuletzt blieben für Freud wichtige Fragen der Sublimierung ungeklärt. Als wesentlich kann aber festgehalten werden, was Laplanche und Pontalis in *Das Vokabular der Psychoanalyse* sehr im Sinne Freuds zur Sublimierung formulierten:

Als Sublimierungen hat Freud hauptsächlich die künstlerische Betätigung und die intellektuelle Arbeit beschrieben. Der Trieb wird in dem Maße »sublimiert« genannt, in dem er auf ein neues, nicht sexuelles Ziel abgelenkt wird und sich auf ein neues nicht sexuelles Objekt richtet. (Laplanche/Pontalis 1973, S. 478 ff.)

Man mag von Freuds Triebtheorie halten, was man will – die Idee der Sublimierung, also der Verfeinerung, Veredelung von Antrieben, Impulsen, Affekten, Kraft und Energie eines Individuums hin zu einem kulturell oder sozial wertvollen Zustand hat etwas Bestechendes. Es ist gleichgültig, ob Freuds Annahme, dass alle Kulturphänomene auf Sublimierungsprozesse rückführbar seien, sich als haltbar erweist oder nicht – die Vorstellung der prinzipiellen Möglichkeit, das menschliche Dasein mithilfe von Veredelung und Verfeinerung humaner, weil auf einem ästhetisch wie auch ethisch höheren Niveau zu gestalten, enthält eine tröstlich-optimistische Note.

Eine ähnliche emotionale Tönung vermag ein zentraler Begriff aus der Individualpsychologie Alfred Adlers auszulösen: der Lebensstil. Adler ging davon aus, dass sich jeder Mensch durch eine individuelle Gangart respektive einen eigenen existentiellen Lebensstil auszeichnet. Dieser bildet sich Adler zufolge in der Kindheit als Resultat des Zusammenspiels von

Temperament, Charakter und Umgebungsvariablen des Betreffenden aus und bleibt mehr oder minder konstant bis ins hohe Alter erhalten.

Auch bezüglich dieses tiefenpsychologischen Konzepts lassen sich Fragen und Zweifel anführen, die hier nicht erörtert werden sollen. Adlers Konzept der stilistisch-existentiellen Eigenarten eines jeden von uns lässt sich jedoch jenseits aller Zweifel für das Thema der Lebenskunst einiges Gehaltvolles abgewinnen. Der Stil, das ist der Mensch selbst – lautete die alte Formel des französischen Naturforschers Georges-Louis Leclerc de Buffon (1707–1788). Wenn darin etwas Wahres ausgedrückt wird, wären Veränderung, Verschönerung, Verbesserung unseres Daseins und damit eine Aufweitung unserer Lebenskunst möglich, indem wir den Lebensstil (und sei es nur im Hinblick auf angebliche Bagatellen) modifizieren. Auf solche Zusammenhänge zielte die Individualpsychologie Adlers ab, der sich im Übrigen als in der Denktradition Nietzsches stehend sah – und das zu Recht. Von Letzterem stammt ein Aphorismus, in dem er den Begriff des Stils mit der Lebenskunst in Verbindung brachte:

Seinem Charakter »Stil geben« – eine große und seltene Kunst! Sie übt der, welcher alles übersieht, was seine Natur an Kräften und Schwächen bietet, und es dann einem künstlerischen Plane einfügt, bis ein jedes als Kunst und Vernunft erscheint und auch die Schwäche noch das Auge entzückt. (Nietzsche 1988 [1882], S. 530)

15) Unter den Philosophen des 21. Jahrhunderts haben sich einige der Thematik von Lebenskunst explizit zugewandt. Zu ihnen zählen Ferdinand Fellmann (geboren 1939) und Wilhelm Schmid (geboren 1953). Ersterer hat die beiden antiken Begriffe *ars vivendi* (Lebenskunst) und *ars amandi* (Liebeskunst) zur Liebeslebenskunst amalgamiert; seine *Philosophie der Lebenskunst* (Fellmann 2009) ist eine gut lesbare Einführung in dieses Thema.

Wilhelm Schmid hingegen gilt als regelrechter Hauptvertreter der Lebenskunstphilosophie im deutschsprachigen Raum. Im Rahmen einer Dissertation über Michel Foucault, der im Buch *Die Sorge um sich* (Foucault 1986) die in der Antike etablierte »Kultur seiner selbst« beschrieben hatte, kam Schmid mit dem Thema der Lebenskunst in Berührung. In vielen Büchern hat er hierauf die Tradition philosophisch inspirierter Lebenskunst aufgegriffen und mit Begriffen wie Glück, Liebe, Gelassenheit, Weisheit oder auch Sorge des Selbst um sich selbst (Selbstermächtigung, Autarkie) in Bezug gesetzt:

Die reflektierte Lebenskunst setzt an bei der Sorge des Selbst um sich, die zunächst ängstlicher Natur sein kann, unter philosophischer Anleitung jedoch zu einer klugen, vorausschauenden Sorge wird, die das Selbst nicht nur auf sich, sondern ebenso auf Andere und die Gesellschaft bezieht. (Schmid 1998, S. 51)

Ähnlich wie in der Philosophie (vgl. Ernst 2017) hat sich in den letzten zwei Jahrzehnten die Thematik der Lebenskunst auch in anderen Disziplinen (Psychologie, Soziologie) etabliert. Insbesondere unter Psychotherapeuten finden sich Verfechter eines Brückenschlags zwischen philosophischer Lebenskunst und den jeweiligen therapeutischen Konzepten. Wie sehr derlei zum bloß inflationären und meist oberflächlichen Hype mutieren kann, wird an zwei Begriffen deutlich, an denen die Lebenskunst oftmals exemplifiziert wird oder die mit ihr sogar in eins gesetzt werden: die oft zitierte Work-Life-Balance und die noch häufiger zitierte Achtsamkeit.

14) Nach diesem *Tour d'Horizon* über einige Stationen der europäischen Kunst- und Lebenskunst-Geschichte kehren wir zu unserer Ausgangsfrage zurück: Inwiefern tragen Kunst und Künstlertum zur Humanisierung der Welt bei, und wie können wir (nicht als Künstler im engeren Sinne) unser Dasein kunstvoller gestalten, Lebenskunst erobern und steigern. Eingangs wurden Kunst und Künstlertum als Synthesebewegungen charakterisiert, deren Dynamik von antagonistisch widerstreitenden Tendenzen gespeist wird: Spiel und Empörung; dem Dionysischen versus Apollinischen; dem ästhetischen und dem ethischen Daseinskonzept; der Revolte versus der Restauration; Glück des Augenblicks und Verantwortung für die Dauer.
Wenn wir uns die Inhalte einer Lebenskunst für das 21. Jahrhundert ausmalen, spricht wenig dagegen, die synthetischen Qualitäten, die man gemeinhin den Künstlern attestiert, auf potentiell viele oder alle Menschen zu übertragen. Jedem von uns stellt sich die Aufgabe, zwischen den eben aufgezählten Gegensätzen und Antagonismen vermittelnd einen Weg des konkreten Lebens zu finden, so sehr dieser auch von Disharmonien und Konflikten gesäumt sein mag. Je kreativer, phantasievoller, effektiver uns dies gelingt, desto differenzierter ist unsere Lebenskunst.
Analog lässt sich mit weiteren Gesichtspunkten verfahren, die den Künstlern oder der Kunst als sie auszeichnende Merkmale nachgesagt werden. So kommt nicht nur den Kunstwerken, sondern jedem Leben und Lebenswerk die Eigenart zu, in eine Welt von Werten eingebettet zu sein – Werte, die jedoch von den Einzelnen oftmals kaum wahrgenommen und entsprechend kaum zur Geltung gebracht werden.
Kunstwerken haben wir Werte wie Echtheit, Wahrhaftigkeit, Anmut, Erhabenheit, Harmonie, Vollkommenheit, Wahrheit, schenkende Tugend, Generosität zugesprochen und sie als (in der Terminologie Hartmanns) Er-

scheinungswerte tituliert. Was spricht dagegen, diesen und weiteren Wertaspekten nicht nur im Bereich der Kunst, sondern auch im Alltag nachzuspüren? Eventuell wird damit dies angeblich ach so Banale, Triviale, ordinär Alltägliche des gemeinen Daseins als um einige Wert-Nuancen reicher rezipiert und auf diese Weise zum Außergewöhnlichen, Besonderen, Extraordinären geadelt, zu einer Existenzform also, nach der wir uns doch alle sehnen.

Lebenskunst bedeutet daher auch, wertsichtiger und -sensibler zu werden. Wie derlei bewerkstelligt wird, hat unter anderem Henri Bergson wiederholt erläutert. Wertsichtigkeit und -Sensibilität leistet nicht oder nur sehr rudimentär unser Intellekt – dazu sind vielmehr Intuition, emotionale Differenziertheit, Lebendigkeit (*élan vital*), die Bereitschaft zum Werden und zur Entwicklung sowie die Fähigkeit zum Erleben von Zusammenhang und Dauer (*durée*) vonnöten.

Bergson hob außerdem darauf ab, dass sich Künstler durch eine besondere Art der Distanz zum Dasein auszeichnen, die es ihnen möglich macht, auf allfällige Reize nicht sofort zu reagieren und stattdessen etwas Relevantes an den Phänomenen und Prozessen des Lebens zu erkennen (*être brut*). Hannah Arendt hatte in ihrer Philosophie wohl Ähnliches im Sinn, als sie von der *Vita contemplativa* sprach, die sie der *Vita activa* an die Seite oder ihr gegenüberstellen wollte.

Auch diesbezüglich wäre es verfehlt, nur den Künstlern derartige Qualitäten zuzugestehen und uns Normalsterbliche auszuschließen. Wer das Ausmaß und die Wirkungsgrade seiner Lebenskunst steigern will, tut gut daran, sich in Bezug auf Rückzugs- und Abgrenzungskompetenz zu üben und das Ideal einer künstlerisch wertvoll-notwendigen Distanz zu den momentanen Händeln und Aufgeregtheiten der Welt auch auf sich und die eigene Existenz wirken zu lassen.

Noch ein letzter Gesichtspunkt sei erwähnt, der nicht nur der Kunst, sondern auch der Lebenskunst zugutekommt: unsere Freiheit, wiederholt in die Phantasie, den Tagtraum, das Noch-Nicht der Zukunft und also ins Imaginäre aufzubrechen. Jean-Paul Sartre hat dies als ein Anthropinon (eine Wesenseigentümlichkeit) des Menschen und nicht nur der Künstler bezeichnet – dementsprechend sollten wir von dieser Möglichkeit unserer Existenz Gebrauch machen, da sie uns auch (so Sartre) mit den Freiheits-Graden unseres Daseins und mit dem Möglichkeitssinn (Robert Musil) als Ergänzung zum Wirklichkeitssinn vertrauter macht.

Fasst man die hier erläuterten, partiell sehr verschiedenen Aspekte der Lebenskunst zusammen, lässt sich in ihnen ein roter Faden erkennen: der Versuch, die eigene Personalität zu entwickeln und als Persönlichkeit zur Reifung zu bringen. Künstler und Lebenskünstler sind Menschen, die derlei mit spielerischem Ernst, Entschiedenheit und Humor, handwerklich-technischer Raffinesse und zugleich mit dem Bewusstsein und dem Risiko des möglichen Scheiterns ein Leben lang stets aufs Neue versuchen.

Bei ihnen spielt ein kompensatorisches Motiv ein wichtige Rolle: Um der Hässlichkeit und den Sinnwidrigkeiten der Menschenwelt (als da wären Ungerechtigkeit, Armut, Unterdrückung, Unfreiheit, Terror, Krieg) zu begegnen und dabei dennoch sozial und kulturell aktiv bleiben zu können, greifen sie zur Kunst als Ausdruck der Empörung und als Antidot gegen die vergiftenden Affekte von Hass, Neid, Missgunst, Diskriminierung und Entwertung sowie destruktiver Aggression aller Art.

Jeder von uns darf und muss nun selbst entscheiden, wie viel an niederdrückenden, hässlichen Fakten er pur zu sich nehmen kann und will oder wie viel Schönheit (und damit auch Sinn, Wert und Bedeutung) er benötigt, um bei all den schreienden Misslichkeiten und Defiziten unserer Kultur und Menschenwelt noch zu autonomem Denken und Handeln fähig zu sein. Richtschnur dafür ist also die individuelle soziale und kulturelle Beitragsleistung, die – auf welchem Niveau und Komplexitätsgrad auch immer – gesichert sein darf, um die Sozietäten, ihre Kulturen wie auch den eigenen Selbstwert stabil und entwicklungsfähig zu erhalten.

LITERATUR

Bergson, H.: Denken und schöpferisches Werden – Aufsätze und Vorträge (1934), Hamburg 1993
Carus, C. G.: Lebenserinnerungen und Denkwürdigkeiten (1865/66), Berlin 2014
Ernst, G. (Hrsg.): Philosophie als Lebenskunst – Antike Vorbilder, moderne Perspektiven, Berlin 2017
Fellmann, F.: Philosophie der Lebenskunst, Hamburg 2009
Foucault, M.: Die Sorge um sich (1984), Frankfurt am Main 1986
Hartmann, N.: Ästhetik (1953), Berlin 1966
Huizinga, J.: Homo ludens (1938), Reinbek bei Hamburg 1991
Kierkegaard, S.: Entweder – Oder (1843), München 2005
Laplanche, J. & Pontalis, J.-B.: Das Vokabular der Psychoanalyse, Frankfurt am Main 1973
Montaigne, M. de: Essais (1580 ff.), Frankfurt am Main 1998
Nietzsche, F.: Die Geburt der Tragödie (1872), in: KSA 1, München 1988

Nietzsche, F.: Menschliches, Allzumenschliches (1878), in: KSA 2, München 1988
Nietzsche, F.: Die fröhliche Wissenschaft (1882), in: KSA 3, München 1988
Nietzsche, F.: Nachgelassene Fragmente (1887–1889), in: KSA 13, München 1988
Sartre, J.-P.: Sartre über Sartre (1940–76), Reinbek bei Hamburg 1977
Schmid, W.: Philosophie der Lebenskunst – Eine Grundlegung, Frankfurt am Main 1998
Schopenhauer, A.: Aphorismen zur Lebensweisheit (1851), in: Parerga und Paralipomena Band 1, Zürich 1988

WER UND WAS SIND WISSENSCHAFTLER, UND WIE HELFEN SIE BEI DER HUMANISIERUNG UNSERER WELT?

Bei dieser Fragestellung landet man unweigerlich bei Zigtausenden von Antwortmöglichkeiten. Schließlich gibt es seriösen Schätzungen zufolge weltweit inzwischen über 100 Millionen Menschen mit wissenschaftlicher und technischer Ausbildung – wobei die Prozentzahl derer, die von den Experten dabei als bedeutend eingeschätzt werden, eher im Sinken begriffen sein soll. Imposante oder auch nachdenklich stimmende Modelle von Wissenschaftlern des 20. und 21. Jahrhundert liegen jedoch auf alle Fälle genug vor, um die Überschrift-Frage zu beantworten.

Unsere Fragestellung kann uns aber auch aus der Gegenwart in die Vergangenheit, in die griechische Antike, verlocken. Die Philosophen und Naturforscher im antiken Hellas waren in der Kulturgeschichte die ersten, die wissenschaftliche Denkfiguren entwickelten, ohne dass sie deshalb bereits Wissenschaftler im modernen Sinne des Wortes gewesen wären. An ihnen lassen sich aber einige Qualitäten einer quasi wissenschaftlichen Haltung und Weltanschauung *in nuce* demonstrieren, so dass wir bei und mit ihnen beginnen und uns Schritt für Schritt der Gegenwart nähern.

1) So bedeutete die Tendenz einiger vorsokratischer Denker, natürliche, kosmische und menschliche Gegebenheiten als Verhältnisse von Zahlen auszudrücken, einen wesentlichen Schritt hin zu einer wissenschaftlichen Sicht auf die Welt. Für Pythagoras waren Zahlen etwas Heiliges, da sie die Harmonie des Kosmos und der Sphärenklänge am überzeugendsten widerzuspiegeln schienen. Wie sehr die Geometrie und die Mathematik generell hohes Ansehen genoss, wird am Eingang zu Platons Akademie deutlich, an dem zu lesen stand: Zutritt nur für Geometer! Raum, Zeit, Materie, Bewegung – allem Anschein nach gab es nur Weniges, das nicht in Maß und Zahl auszudrücken war.

Eine weitere für die späteren Wissenschaften grundlegende Idee bestand im Kausalitätsdenken. Den griechischen Naturphilosophen war aufgefallen, dass viele Phänomene in einer zeitlichen Abfolge auftraten und wieder verschwanden. Ausgehend davon postulierten sie Kausalitäten zwischen einzelnen Phänomenen und formulierten damit einen zentralen Verknüpfungsgedanken, der in der wissenschaftlichen Welt bis auf den heutigen Tag Bestand hat. Parallel zu diesen Entwicklungen leisteten sich die vorsokratischen Philosophen den Luxus, beginnend Wissenschafts- und Erkenntnis-kritische Überlegungen anzustellen. Zu ihnen zählte etwa Xenophanes (570–475 v. Chr.), der Begründer der Philosophenschule von Elea in Italien (Eleaten), der seine Suche nach Wahrheit in ein kurzes Lehrgedicht hat einfließen lassen:

Nicht von Beginn an enthüllen die Götter den Sterblichen alles;
Aber im Laufe der Zeit finden wir suchend das Bess're.
Sichere Wahrheit erkannte kein Mensch und wird keiner erkennen
Über die Götter und alle die Dinge, von denen ich spreche.
Sollte einer auch einst die vollkommenste Wahrheit verkünden,
Wüsste er selbst es doch nicht: Es ist alles durchwebt von Vermutung.

Nebenbei sei erwähnt, dass Karl Popper dieses Gedicht als Jugendlicher las und es bei ihm außerordentlichen Eindruck hinterließ. Die in seiner späteren Wissenschaftsphilosophie dominierende Skepsis und vorsichtige Haltung hinsichtlich des wissenschaftlichen Erkenntnisgewinns entspricht ziemlich genau dem Duktus der Xenophanes-Zeilen.

Eine ähnliche Einstellung wie Xenophanes nahm in der griechisch-antiken Philosophie hinsichtlich der Erkenntnistheorie Sokrates ein. Von ihm stammt der berühmte Satz: »Ich weiß, dass ich nichts weiß!« – wobei immer wieder betont wird, dass dieser Denker damit nicht tiefstapeln, sondern auf ein grundlegendes Problem der menschlichen Erkenntnis von Welt hinweisen wollte. Diese skeptische Haltung hinsichtlich des Wissens spielt als eine Haupt- und Kardinaltugend in der Wissenschaft bis auf den heutigen Tag eine gewichtige Rolle.

Die abendländische Wissenschaft lässt sich demnach als kulturelle Bewegung charakterisieren, die zur Zeit der griechischen Antike ihren Anfang nahm, und deren Richtung man mit Wilhelm Nestles Titel seines oft zitierten Buchs als *Vom Mythos zum Logos* (Nestle 1975) charakterisieren kann. Das Bestreben griechischer Naturforscher und Denker, das ungeordnete, vorrangig mythologische Wissen in sachlich geordnetes, begriffliches, von mehr oder minder wahren Urteilen, Theorien und Hypothesen sowie von systematischen Fragen geprägtes Wissen umzuwandeln, lässt sich als ein wesentliches Merkmal auch unserer heutigen Wissenschaft anführen: Ihr eignet ein aufklärerischer und mythenkritischer Zug.

Als weiteres Kennzeichen von Wissenschaftlichkeit, das in gewisser Weise schon in der griechischen Antike vorhanden war, kann der Versuch gewertet werden, aus dem subjektiven Wissen Einzelner intersubjektive Erkenntnisse zu gewinnen. Diese Qualität wurde vor allem in den diversen Philosophen-Schulen und Akademien umzusetzen versucht; eine Qualität, die als Intersubjektivität zur *Conditio sine qua non* einer jeden modernen Wissenschaft wurde. Forschung und Forschungsergebnisse sind keine privaten Phänomene; sowohl die konkrete wissenschaftliche Tätigkeit (im Labor wie am Schreibtisch) als auch die Diskussion und Einordnung ihrer Resultate erfolgt in der Regel in Gesellschaft (Teams), und die Publikation von wissenschaftlichen Ergebnissen für die *scientific community* und die Allgemeinheit gehört ins Register der Selbstverständlichkeiten.

2) Es verwundert nicht, dass die Epoche der Renaissance auch in Bezug auf ihre wissenschaftliche Ausrichtung an die griechische (und römische) Antike anzuschließen vermochte. Die Großtat von Nikolaus Kopernikus (1473–1543), mit dem Hauptwerk *Über die Umschwünge der himmlischen Kreise* (kurz vor seinem Tode publiziert) ein heliozentrisches Weltbild zu formulieren, gelang, weil er auf seine antiken Vorgänger Bezug nehmen konnte. Mit dem heliozentrischen Weltbild gab er den Anstoß zu einer wissenschaftlichen Astronomie und zur Etablierung wissenschaftlichen Denkens generell sowie zu einer umstürzenden Weltsicht für die damals lebenden Menschen, die nach und nach von dem tradierten, die Erde als Mittelpunkt des Kosmos wähnenden geozentrischen Weltbild Abschied nehmen mussten.

Wissenschaft verändert die Welt- und Lebens-Anschauung von vielen oder einer ganzen Menschheit – so lassen sich die Konsequenzen der Kopernikanischen Forschungsarbeit zusammenfassen. Und sie mutet dabei – wie Sigmund Freud dies später ausgedrückt hat – den Einzelnen eventuell mächtige Kränkungserlebnisse zu: Mit dem heliozentrischen Weltbild verloren neben der Erde auch die Menschen ihre subjektiv erlebte Mittelpunktstellung im Kosmos. Wissenschaftlich am Konzept Kopernikus' war unter anderem, dass er sich mit ihm über den bloßen Augenschein hinwegsetzte und stattdessen eine Theorie formulierte, die den alltäglich zu beobachtenden Phänomenen sogar widersprach: Der Augenschein lehrt, dass die Sonne sich um die Erde bewegt – die wissenschaftliche Erkenntnis jedoch legt die entgegengesetzten Verhältnisse nahe.

Noch über Kopernikus hinaus ging Johannes Kepler (1571-1630), der die Planetenbahnen, also naturwissenschaftliche Gesetzmäßigkeiten, errechnen und nachweisen konnte. Diese Art der Forschung wurde ab da paradigmatisch für viele Bereiche der Wissenschaften. Als dann Galileo Galilei (1564-1642) die Jupitermonde entdeckte, die Fallgesetze beschrieb und mathematische Bewegungsgesetze formulierte, war die Wissenschaft der Neuzeit sowohl hinsichtlich ihrer Inhalte (Naturgesetze) als auch in Bezug auf ihre Methoden (Empirie und Mathematisierung) begründet.

Isaac Newton (1643-1727) sorgte noch für eine Aufgipfelung dieser naturwissenschaftlichen Vorgehensweisen, indem er den mathematischen Zusammenhang zwischen Bewegungen der Gestirne und Anziehungskraft irdischer Körper aufeinander nachzuweisen imstande war. Die Natur und der gesamte Kosmos gehorchten ganz offensichtlich denselben Gesetzen, und die vornehme Aufgabe der Wissenschaftler bestand seither (und besteht immer noch) darin, diese Natur- und kosmischen Gesetze durch raffinierte Experimente und ebenso raffinierte mathematische Operationen aufzuspüren und in möglichst einfache Formeln zu kleiden.

Als wie elegant und überzeugend die naturwissenschaftliche Denk- und Arbeitsweise im 17. Jahrhundert auch von Nicht-Wissenschaftlern wahrgenommen wurde, spiegelt sich in zwei Philosophen-Meinungen der damaligen Zeit wider. René Descartes (1596-1650) formulierte, es sei das Ziel aller wissenschaftlichen Betätigung, den Menschen zum *maître et possesseur de la nature* (zum Herrn und Meister der Natur) zu machen. Und Baruch de Spinoza (1632-1677) war von der Mathematisierbarkeit der Welt derart angetan, dass er seine *Ethik* (postum 1677) mit dem stolzen Zusatz versah: *nach geometrischer Methode dargestellt.*

3) Das 18. Jahrhundert und die Epoche der Aufklärung waren mehrheitlich begeistert von der Aussicht, mittels naturwissenschaftlicher Erkenntnisse die Welt und den menschlichen Organismus einem vernunftgesteuerten Wissens- und Verstehens-Prozess anheimstellen und so zu einer Art Humanisierung beitragen zu können. Besonders in der Medizin ergaben sich anatomische und physiologische Forschungs-Ergebnisse, die partiell als überwältigend empfunden wurden – eröffneten sie doch zunehmend Einblicke in die Struktur und Dynamik des menschlichen Lebens.

Man kann nachvollziehen, dass Immanuel Kant die Wissenschaften nicht nur als Aggregate, sondern als Systeme von Erkenntnissen, ja als ein artikuliertes, organisches Ganzes und eine Zweckeinheit bezeichnete. Wissenschaftliche Aussagen, Urteile, Thesen, Erkenntnisse etc. kommen nicht unvermittelt neben- oder zueinander zu stehen, sondern stellen eine systematische Ordnung in einem bestimmten Phänomen-Bereich dar.

Darüber hinaus ließ sich eine Fortsetzbarkeit, stetige Erweiterung und Fortschreibung des Wissens erkennen. Die neuzeitliche Wissenschaft zeichnet sich durch einen anschlussfähigen Forschungsprozess aus, in dem Wissen akkumuliert wird. Zu den wichtigsten Voraussetzungen dieser Akkumulierbarkeit von Wissen gehören wohldefinierte Methoden (worüber die Methodologie wacht) sowie eine fein elaborierte Terminologie – ein Unterfangen, dem sich Wissenschaftler seit dem 18. Jahrhundert ernsthaft und mit großem Elan widmeten und noch immer widmen.

4) Neben die Begeisterung über die phantastischen Aussichten einer das Leben, den Kosmos und die Menschen erfassenden *Naturwissenschaft* sowie einer mit ihr Hand in Hand gehenden Technik, die die Ergebnisse der Naturforschung in konkret erfahrbare und das menschliche Dasein erleichternde Veränderungen der Welt umsetzte, mischten sich beginnend im 18. Jahrhundert erste nachdenkliche Stimmen und Ansichten. Oftmals wird auf Giambattista Vico (1668–1744) verwiesen, der in *Scienza Nuova* (1725/1730) einer neuen Art von Wissenschaft das Wort redete.

Für Vico sollte nicht nur das *Gewordene* (die Natur, der Kosmos, der menschliche Organismus etc.), sondern auch das von den Menschen *Gemachte* (kulturelle Phänomene, die Geschichte, Staatsformen etc.) zum Untersuchungsgegenstand von Wissenschaften werden. Dafür allerdings war es nötig, hinsichtlich der Forschungsmethoden wie auch in Bezug auf die Terminologie neue Wege – deshalb *Scienza Nuova* – zu beschreiten; damit war der Startschuss gefallen, neben den Natur- auch Geistes- und Kulturwissenschaften zu entwickeln.

Diese neuen Wissenschaften benötigten eine methodologische und terminologische Fundierung; dieser Aufgabe widmeten sich zu Beginn des 19. Jahrhunderts der Theologe Friedrich Schleiermacher (1768–1834) und gegen Ende des 19. sowie zu Beginn des 20. Jahrhunderts der Philosoph Wilhelm Dilthey (1833–1911). Beide verweisen als adäquate Methode für die wissenschaftliche Erforschung und Beschreibung von Kunst, Kultur und Geschichte und damit von Sinn, Wert und Bedeutung dieser Seins-Bezirke auf die seit dem Altertum praktizierte Hermeneutik.

Hermeneutik bedeutet Auslege- oder Interpretationskunde. Derlei wurde bereits in der Antike realisiert, wenn es etwa darum ging, Sprüche des Orakels von Delphi auszulegen. Analoges leisteten die griechischen Ärzte und Priester in der Antike, wenn sie Träume von Patienten, die diese im Tempel geträumt hatten, hinsichtlich der darin enthaltenen Hinweise auf

Krankheit und Gesundheit interpretierten. In allen diesen Situationen fand Hermeneutik statt, ohne dass darüber im Sinne einer Forschungs-Methode nachgedacht worden wäre.

Dies holten Schleiermacher, Dilthey und andere Vertreter einer die Hermeneutik als wissenschaftlich zu etablierenden Methode nach. Diese Technik des Auslegens und Verstehens verwendet Zirkelschlüsse, die nach und nach den Sinn und Gehalt eines Textes, eines Kunstwerks oder einer geschichtlichen Epoche ans Licht heben. Beim hermeneutischen Zirkel geht der Forscher von einem Detail des Untersuchungsgegenstands aus (z. B. die Zeile eines Gedichts; die Form oder Farbigkeit eines Bildes; ein Vorkommnis im Rahmen einer historischen Epoche) und wendet sich sodann der Totalität seines Untersuchungsfeldes zu – und *vice versa;* im günstigen Fall erhellen sich diese beiden Perspektiven wechselseitig. Des Weiteren lässt sich der hermeneutische Zirkel vom Text auf den Urheber, vom Urheber auf seine Epoche, von der Epoche zum Untersucher, vom Untersucher zum Autor und so weiter anwenden. Dabei sind formale wie inhaltliche Vorgaben einzuhalten, so dass gewährleistet ist, dass es sich um Hermeneutik (Forschungsmethode) und nicht um lediglich subjektive Einfälle und Impressionen eines einsamen Wissenschaftlers handelt.

So müssen die Ergebnisse einer hermeneutischen Untersuchung den Kriterien der Plausibilität gehorchen. Außerdem muss auch bei dieser Art der Wissenschaft die Anschlussfähigkeit mit anderen Wissenschaftlern und deren Forschungsergebnissen gegeben sein. Diese Fähigkeit bezieht sich sowohl auf die Gegenwart (zeitgenössische Forschungsergebnisse) als auch auf die Vergangenheit (Tradition der Forschungsergebnisse). Aus dem Rahmen der Plausibilität und Anschlussfähigkeit fallende Positionen von Forschern stehen im Verdacht, den Kriterien der Wissenschaftlichkeit nicht zu genügen.

5) Im 20. Jahrhundert entwickelte Hans-Georg Gadamer (1900–2002) mit *Wahrheit und Methode* (1960) die Hermeneutik Schleiermachers und Diltheys weiter zur sogenannten Universalhermeneutik. Damit ist nicht nur gemeint, dass weite Bereiche der Welt einem Interpretationsprozess anheimgestellt werden sollten; darüber hinaus zielte Gadamer vor allem auch auf das menschliche Dasein und dessen Existenzbedingungen ab, die ebenfalls und bevorzugt Gegenstand der Hermeneutik sind.

Dies bedeutet u.a., dass der hermeneutisch arbeitende Wissenschaftler selbst in den Fokus des Verstehens rückt. Das Selbstverstehen mit seinen Möglichkeiten und Limitierungen gerät neben dem Verstehen anderer Personen und dem Verstehen kultureller und historischer Objekte zum zentralen Topos der Hermeneutik. Weil das Subjekt des Forschers – anders als in den allermeisten naturwissenschaftlichen Untersuchungs-Ansätzen – aus dem geistes- und kulturwissenschaftlichen Geschehen nicht reduziert und ausgeklammert werden kann, sondern als wesentliche Größe in die Untersuchung mit eingeht, ist ein möglichst umfangreiches Wissen um die eigene Person des Forschers unerlässlich.

Redliche geistes- und kulturwissenschaftliche Forschungsarbeit zeichnet sich dadurch aus, dass sich der Wissenschaftler als Subjekt zu erkennen gibt oder zumindest seine Subjektivität bei der Präsentation der Forschungsergebnisse zu subtrahieren weiß. So kann verhindert werden, dass sich die Skotome der Subjektivität, die in jeder hermeneutischen Forschungsarbeit unweigerlich mit enthalten sind, völlig unreflektiert als objektive wissenschaftliche Erkenntnisse gerieren.

Wie ernsthaft die Thematik des Selbstverstehens realisiert werden kann, wird an der Hermeneutik des Daseins offenkundig – ein Terminus, den die Existenzphilosophen (Martin Heidegger) prägten. In ihren Texten werden Dimensionen der menschlichen Existenz vorgestellt, die dem Verstehen zugänglich gemacht werden sollten, bevor der Einzelne als hermeneutisch orientierter Forscher geistes- und kulturgeschichtliche Fragen zu bearbeiten unternimmt. Zu diesen Dimensionen zählen etwa Zeitlichkeit, Räumlichkeit, Stimmung, Gestimmtsein, Rede und Gerede, soziale Einbettung, Eigentlichkeit (Authentizität) oder Uneigentlichkeit der eigenen Existenz. Das Verstehen, ursprünglich als ein methodologisches Thema taxiert, hat sich demnach zu einem anthropologisch-existentiellen geweitet; und wegen des damit assoziierten hohen Komplexitätsniveaus lässt sich nachvollziehen, warum Gadamer jeden (Selbst-)Verstehens-Akt als initial grundsätzlichen Akt des Missverstehens bezeichnete – ein Missverstehen, das sich aber nach und nach in ein besseres Verstehen wandeln kann und soll.

6) Als Paradebeispiel eines universalhermeneutischen Wissenschaftlers erwähne ich Sigmund Freud. Freud war von der Aus- und Weiterbildung her (Arzt, Neuroanatom) ein in der Wolle gefärbter Naturwissenschaftler. Nach dem Medizinstudium hatte er sich seine wissenschaftlichen Sporen beim Physiologen Ernst Brücke (1819–1892) verdient, und er publizierte seriöse Arbeiten aus den Bereichen der Neuroanatomie und -physiologie, die ihm letztlich seinen Professoren-Titel einbrachten.

Freud blieb auch in seiner späteren Tätigkeit als Psychoanalytiker naturwissenschaftlich orientiert – eine Orientierung, die sich an manchen seiner psychoanalytischen Konstrukte ablesen lässt (Triebkonzept, Suche nach Libido-Quanten, Konversionsmodell seelischer in körperliche Energie etc.). Zugleich geriet er in der psychodiagnostischen und -therapeutischen Arbeit mit seinen Patienten zunehmend in die Rolle eines Hermeneutikers, der deren Symptome, Reminiszenzen, Biographien, Träume, Phantasien und Wünsche in einen verstehenden Kontext einzuordnen unternahm.

Bei der Formulierung seiner psychoanalytischen Begriffe, Konzepte und Modellvorstellungen mischten sich bei Freud natur- und geistes- bzw. kulturwissenschaftliche Perspektiven und Methoden. Bereits seine frühen *Studien über Hysterie* (1895) legen davon Zeugnis ab, und ihr Verfasser musste nach der Publikation feststellen, dass ihm die im Grunde in einem naturwissenschaftlich Duktus intendierten Fallvignetten zu Novellen, also poetischen Kunstwerken geraten waren, die man durchaus geistes- und kulturwissenschaftlich einordnen konnte.

Darüber hinaus veröffentlichte Freud 1900 seine *Traumdeutung*, in der er viele eigene Träume analysierte und damit eine Art Autobiographie und Selbst-Verstehens-Versuch vorlegte. Ohne es bewusst zu wollen und zu wissen, wurde Freud damit zu einem Universal-Hermeneutiker *avant la lettre*. Jahrzehnte vor Heideggers *Hermeneutik des Daseins* (1923) und Gadamers *Wahrheit und Methode* (1960) erfüllte Freud eine fundamentale universalhermeneutische Forderung: Als Forscher, der andere Personen und ihre Nöte verstehen wollte, unternahm er den Versuch, zuerst und vor allem sich selbst zu verstehen, um im hermeneutischen Zirkel nicht jeweils nur auf die eigenen Charakter- und Biographie-bedingten Themen und Problemlagen zu stoßen. Es spricht sehr für die Redlichkeit Freuds, diese Selbstanalyse auch noch publiziert zu haben.

7) Doch nicht alle Wissenschaftler des 20. und 21. Jahrhunderts erwiesen und erweisen sich so souverän im Hinblick auf die Beherrschung sowohl natur- als auch geistes- und kulturwissenschaftlicher Methoden sowie vor allem in Bezug auf die Bemühungen um ein selbstkritisches Verstehen der eigenen Person wie Sigmund Freud. In der Regel werden Forscher in den jeweiligen Methoden, Terminologien, wissenschaftlich relevanten Usancen nur einer Disziplin ausgebildet und sozialisiert. Von anderen Disziplinen und Wissenschaftsrichtungen erfahren sie wenig, sowohl was die Inhalte als auch was die Methoden anbelangt. Der britische Physiker Charles Percy Snow (1905–1980), der sich auch als Krimi-Autor und Romancier einen Namen machte, sprach sogar von zwei Kulturen, die von den Natur- und Geisteswissenschaften induziert würden. Die Vertreter von Technik und Naturwissenschaften einerseits und von Geisteswissenschaften und

Literatur andererseits sprächen derart unterschiedliche Sprachen, dass sie meistens nicht in der Lage sind, sich effektiv zu verständigen:

> Das Aufeinandertreffen ... zweier Disziplinen, zweier Kulturen ... sollte doch schöpferische Impulse auslösen. In der Geschichte geistiger Bemühungen waren das die Momente, in denen so mancher Durchbruch sich ereignete. Jetzt ist diese Chance ... gegeben, aber ... in einem Vakuum, weil die Angehörigen der zwei Kulturen nicht miteinander reden können. (Snow 1987, S. 31)

In den letzten Jahrzehnten wurde der These von den zwei Kulturen zum Teil widersprochen. Auch gab es Debatten, inwiefern Forschungsthemen und Phänomene wie Geist, Kultur, Historie, Wert, Sinn, Sozietät allein den geistes- und kulturwissenschaftlichen Terrains zuzurechnen sind. Es gibt Bemühungen, derlei z. B. den Naturwissenschaften als Forschungsthemen zuzuordnen, wie es andererseits Versuche gibt, eine Hermeneutik der Natur zu etablieren. Die vor Jahren von der südwestdeutschen Schule des Neukantianismus formulierte Scheidung in nomothetisch-gesetzmäßige Natur- und idiographisch-individualisierende Geisteswissenschaften wird damit partiell aufgeweicht, ohne dass dies jedoch im Gegenzug und im gleichen Maße die eben erwähnte Souveränität der Interdisziplinarität bei den einzelnen Wissenschaftlern jeweils nach sich zieht.

8) Eine Herausforderung noch ganz anderer Art sowohl für die Natur- als auch für die Geistes-, Sozial- und Kulturwissenschaften und die jeweiligen Vertreter stellt das sogenannte lebensweltliche Apriori dar. Dieser Begriff und das Konzept der Lebenswelt wurde von Edmund Husserl (1859–1938) in *Die Krisis der Europäischen Wissenschaften und die transzendentale Phänomenologie* (1936) ausführlich dargelegt. Angesichts der politischen Verhältnisse hätte man meinen können, dass er mit dem Wort Krise auf den damaligen Faschismus und dessen fatale Auswirkungen auf die Kultur anspielte. Doch Husserl zielte auf grundsätzlichere Klärungen der neuzeitlichen kulturellen Entwicklungen ab.

Die General-These der Krisis-Schrift lautet, dass es ein Leben und eine Welt jenseits der Zahlen und jenseits aller Wissenschaften gibt. Diese Welt ist enorm vielschichtig und komplex; sie bildet einen vorprädikativen Erfahrungsraum, in dem wir leben und den wir mittels der prädikativen Urteile von Wissenschaften und Weltanschauungen auf sektorenhafte Ausschnitte verkleinern und reduzieren.

Der Philosophie und speziell der Phänomenologie geht es nach Husserl um Erfassung und Beschreibung des vorprädikativen Erfahrungs- und Lebensraumes, eines Raumes, den er als Lebenswelt bezeichnet hat. Die kulturelle Krise, die Husserl in seinem Text beschrieb, sei als Resultat einer Entwicklung zu verstehen, die bei Galilei und Descartes begann und in deren Verlauf weite Bereiche der Wirklichkeit ausgeblendet wurden. Zuletzt galten nur noch jene Phänomene als wirklich und wahr, die den Methoden einer Wissenschaft zugänglich und bestenfalls in Maß und Zahl ausdrückbar waren.

Die Wissenschaften haben, so Husserl, der Lebenswelt ihr Ideen-Kleid übergeworfen, das aus physikalischen Idealisierungen, arithmetisch-mathematischen Formeln, geometrischen Mustern, methodenbedingten Konzepten und entsprechenden Begriffen besteht, und das die darunter verborgene Welt unzureichend abbildet. So werde als angeblich wahres Sein gehandelt, was Methoden-bedingte Artefakte oder Effekte darstelle.

Gegen die reduzierende Skotomisierung der Wirklichkeit – wirklich ist, was mathematisierbar, und nicht, was wahrnehmbar ist – lief Husserl in seiner Krisis-Schrift Sturm. Parallel zur Mathematisierung der Welt kann man eine Sinnentleerung und eine Entwertung weiter Bereiche unseres Daseins feststellen, das zwar in seinen Quantitäten, nicht jedoch in seinen Qualitäten und damit auch nicht in seinem Wert und seiner Bedeutung erfasst und verstanden wird. Wir stehen dann einer exakt vermessenen, aber bezogen auf Sinn, Wert und Bedeutung stummen Welt gegenüber:

In unserer Lebensnot – so hören wir – hat diese Wissenschaft uns nichts zu sagen. Gerade die Fragen schließt sie prinzipiell aus, die für den in unseren unseligen Zeiten den schicksalsvollsten Umwälzungen preisgegebenen Menschen die brennenden sind: die Fragen nach Sinn oder Sinnlosigkeit dieses ganzen menschlichen Daseins. (Husserl 1992, S. 4)

Einem Philosophen – ich ergänze: auch Künstlern und Wissenschaftlern – kommt nach Husserl die Aufgabe zu, eine stumme und zum Verstummen gebrachte Welt wieder reden zu machen. Die Suche und die Artikulation von Sinn-, Wert- und Bedeutungs-Partikeln der menschlichen Existenz und Lebenswelt gehört zum zentralen Aufgabenbereich eines philosophischen (oder künstlerischen und wissenschaftlichen) Daseins. Anhand solcher Leistungen könne man, so Husserl, die lediglich skeptischen Philosophen und Philosophien (er bezeichnete sie sogar als Un-Philosophien) von den lebendigen unterscheiden:

Deren Lebendigkeit aber besteht darin, dass sie um ihren echten und wahren Sinn ringen und damit um den Sinn eines echten Menschentums ... Philosophie, Wissenschaft wäre demnach *die historische Bewegung der Offenbarung der universalen, dem Menschentum als solchem »eingeborenen« Vernunft.* (Husserl 1992, S. 13 f.)

9) Aufgrund ihrer hohen Ansprüche und ihrer inhaltlich-formalen Strenge haben manche Husserl-Experten (z. B. der Husserl-Schüler Eugen Fink) die Krisis-Schrift mit den Intentionen eines ebenfalls sehr grundsätzlich angelegten Textes Immanuel Kants verglichen: den *Prolegomena zu einer jeden künftigen Metaphysik, die als Wissenschaft wird auftreten können.* In dieser 1783 publizierten Schrift vermerkte Kant im Vorwort:

Diese Prolegomena sind nicht zum Gebrauch für Lehrlinge, sondern für künftige Lehrer, und sollen auch diesen nicht dienen, um den Vortrag einer schon vorhandenen Wissenschaft anzuordnen, sondern um diese Wissenschaft allererst zu erfinden. (Kant 1977, S. 113)

Wenngleich sich Kant mit dem Vorwort an Philosophen wandte und sich auf das Thema der Metaphysik bezog, kann man den Tenor seiner Zeilen auch in Husserls Krisis-Schrift wiederfinden – ein Tenor, der ebenso für Wissenschaftler im 21. Jahrhundert relevant sein kann. Husserl ging es nicht bloß um eine möglichst exakte Diagnose der Krise der europäischen Wissenschaften; daneben unterbreitete er therapeutische Vorschläge, wie dieser Krise begegnet werden könnte.

Weil sich alle Menschen (auch Philosophen und Wissenschaftler) immer schon in jeweiligen Lebensverhältnissen vorfinden, lange bevor sie darangehen, Teilaspekte daraus philosophisch oder wissenschaftlich zu untersuchen, und weil ihnen dieses lebensweltliche Apriori nur teilweise transparent ist, lautet die Empfehlung Husserls, dass sich jeder Philosoph oder Wissenschaftler seiner individuellen Lebensverhältnisse so intensiv wie möglich bewusst werden soll. Dies bedeutet, die erwähnte existentielle Hermeneutik auf eigene individuelle wie kollektive Lebensverhältnisse anzuwenden und die biographischen, charakterlichen Voraussetzungen des Forschers ebenso wie kulturell-gesellschaftliche Rahmenbedingungen von Wissenschaft und Philosophie transparenter zu machen. Konkreter formuliert: Jeder, der Wissenschaft und Philosophie betreibt, dürfte ein Minimum an Selbsterkenntnisprozess und Kulturanalyse absolviert haben, bevor er daran geht, Menschheitsrätsel und -probleme lösen zu wollen:

Würden die Menschen danach streben, sich selbst zu vervollkommnen, statt die ganze Welt zu retten, selbst innerlich frei zu werden, statt die ganze Menschheit zu befreien – wieviel hätten sie getan zur Rettung der Welt, wieviel hätten sie getan zur wahrhaftigen Befreiung der ganzen Menschheit. (Östliche Weisheit, in: Langenbucher 1960, S. 124)

10) Die Überlegungen Husserls zur Lebenswelt hat auf philosophischer Ebene Jürgen Habermas weiterentwickelt. In *Theorie des kommunikativen Handelns* (1981) ergänzte er Husserls Konzept um interpersonelle und kommunikative Gesichtspunkte. Auch Habermas betonte wie Husserl den präreflexiven Charakter des lebensweltlichen Apriori, das sich weder dem einsamen Reflexionsprozess noch den kommunikativen Situationen von zwei oder mehreren Personen vollständig erschließt; es versteckt sich als »intuitiv gewusster, unproblematischer und unzerlegbarer holistischer Hintergrund im Rücken« der Gesprächspartner.

So sehr sich auch Einzelne oder Gruppen um eine Explikation ihrer Lebenswelt bemühen, so sehr verbleibt ein nicht unerheblicher Rest ihrer kulturellen, gesellschaftlichen, persönlichen Lebenswelt-Aspekte im Nebel des Empfundenen, Gespürten, Erahnten. Die Kultur als Gesamtheit von Wissen, Bedeutungen, Interpretationen ebenso wie die Gesellschaft als Gesamtheit der Ordnungen und Strukturen des Zusammenlebens und die Persönlichkeit als Gesamtheit individueller Ressourcen und Fähigkeiten stellen für Habermas die drei wichtigsten Dimensionen und Perspektiven der Lebenswelt dar – Dimensionen und Perspektiven, die sich gegenseitig beeinflussen und den lebensweltlichen Hintergrund nochmals komplexer und damit noch schwerer durchschaubar werden lassen:

Indem sich die Interaktionsteilnehmer miteinander über ihre Situation verständigen, stehen sie in einer kulturellen Überlieferung, die sie gleichzeitig benützen und erneuern; indem die Interaktionsteilnehmer ihre Handlungen über die intersubjektive Anerkennung kritisierbarer Geltungsansprüche koordinieren, stützen sie sich auf Zugehörigkeiten zu sozialen Gruppen und bekräftigen gleichzeitig deren Integration; indem die Heranwachsenden an Interaktionen mit kompetent handelnden Bezugspersonen teilnehmen, internalisieren sie die Wertorientierungen ihrer sozialen Gruppe und erwerben generalisierte Handlungsfähigkeiten. (Habermas 2019 S. 208)

11) Die Forderungen Husserls und Habermas' nach gradueller Aufhellung des lebensweltlichen Hintergrunds von Philosophen und Wissenschaftlern lässt sich psychologisch-soziologisch interpretieren: psychologisch, wenn die personale Identität und Biographie des Betreffenden, das individuelle lebensweltliche Apriori, gemeint sind; und soziologisch, wenn kulturelle und gesellschaftliche lebensweltliche Rahmenbedingungen zur

Diskussion stehen. Sieht man die Notwendigkeit gegeben, das persönliche wie das überpersönliche lebensweltliche Apriori transparenter werden zu lassen, sind also Psychologie und Soziologie aufgerufen, diesbezüglich fruchtbare Beiträge zu liefern.

Eine solche Haltung vertritt seit Jahrzehnten Josef Rattner (geboren 1928). Als naturwissenschaftlich ausgebildeter Arzt und als geistes- und kulturwissenschaftlich orientierter Tiefenpsychologe und Psychotherapeut verwies er in vielen Schriften auf die Aufgabe von Psychologie, Soziologie, Kulturwissenschaften, die Selbstaufklärung der Forschenden wie auch der Beforschten ernst zu nehmen. Damit können diese Wissenschaften dem impliziten und partiell expliziten Anspruch nach einer Humanisierung der Menschenwelt eventuell gerecht werden:

Die Geistes- und Humanwissenschaften bedeuten für uns den kommunikativen Aspekt in der menschlichen Natur. Sie dienen der Selbstverständigung und sollten immer emanzipatorisch sein. Sind sie das nicht, üben sie Verrat an ihrer Mission und entarten zu Pseudowissenschaften, wie wir das mit besonderer Deutlichkeit in autoritären politischen Systemen beobachten ... (Rattner 2000, S. 57)

12) Mit dem Verrat der Wissenschaftler spielte Rattner auf die oft zitierte Schrift Julien Bendas *La trahison des clercs* (Der Verrat der Intellektuellen – im französischen Original 1927 erschienen) an. Benda setzte sich darin mit dem Ideal und der Funktion von Intellektuellen auseinander, wobei er Wert darauf legte, dass diese sich jenseits der banalen weltanschaulichen Positionen wie Klassenkampf, Nationalismus, Chauvinismus, Rassismus für supranationale, humanistische Wertkonstellationen engagieren sollten.

Diesbezüglich musste Benda bereits in den 20er Jahren des letzten Jahrhunderts viele Beispiele von Intellektuellen zur Kenntnis nehmen, die seinen Maßstäben in keiner Weise nachkommen wollten. Wie wäre sein Text erst ausgefallen, wenn er zwanzig Jahre später verfasst worden wäre! Der Verrat der Intellektuellen in Deutschland und anderen Ländern Europas war in den 30er und 40er Jahren des 20. Jahrhunderts eklatant, und Journalisten, Wissenschaftler, Philosophen sowie Schriftsteller und Künstler, die Bendas Ansprüchen an einen Intellektuellen gerecht wurden, befanden sich damals in der absoluten Minderheit.

So musste man konstatieren, dass sich viele Naturwissenschaftler (Physiker, Chemiker, Ärzte) mit den totalitären Regimen in Europa nicht nur arrangierten, sondern ihnen entweder zuarbeiteten oder aber von den faschistischen respektive bolschewistischen Verhältnissen im Hinblick auf ihre jeweiligen Forschungsaktivitäten enorm profitierten. Aber auch viele

Geistes- und Kulturwissenschaftler (Historiker) oder Philosophen waren bemüht, den Herrschenden nach dem Munde zu reden; deutliche Kritik an ihnen oder entschiedener Widerstand gegen sie waren die Ausnahmen.

Inwiefern aber ist für die Haltung und Handlung vieler damaliger Wissenschaftler der Begriff des Verrats passend? Die Kollaboration mit verbrecherischen Regimen oder auch die stillschweigende Duldung von massivsten Inhumanitäten darf insofern als Verrat bezeichnet werden, als damit jene Wertgruppe, die meist mit wissenschaftlichem Ethos assoziiert wird, der Lächerlichkeit preisgegeben wurde: Wissenschaftler stehen in der Regel für Werte wie Wahrhaftigkeit; intellektuelle Redlichkeit; Freiheit von Forschung und Lehre; Skepsis und Kritikfähigkeit allen Forschungs-Voraussetzungen, -Methoden und -Ergebnissen gegenüber; Weltoffenheit; Toleranz; autonome Urteilskraft; Verantwortung für die Konsequenzen der Forschungsarbeit. All das wurde von nicht wenigen Wissenschaftlern im 20. Jahrhundert mit Füßen getreten.

13) Bis weit ins 19. Jahrhundert hinein gab es gute Gründe, von einer anwachsenden Humanisierung der (westlichen) Welt und der nördlichen Halbkugel unserer Erde durch die Wissenschaften überzeugt zu sein. Vor allem die zunehmend effektive Allianz aus den Naturwissenschaften und der Technik lieferte dafür gute Argumente, und ihre Erfolge – zum Beispiel in den Bereichen Medizin, Verkehr, Ingenieurswesen, Industrialisierung, Kommunikation – machten scheinbar spielend die mit ihnen assoziierten Probleme und Nachteile – zum Beispiel die sozialen Fragen in Folge des Manchester-Kapitalismus, der mit der Industrialisierungswelle möglich und real wurde – mehr als wett.

Im 20. Jahrhundert hingegen wurde offenkundig, wie sehr vorrangig naturwissenschaftliche Forschungsergebnisse auch Verwendung fanden, diametral entgegengesetzt zum Projekt der Humanisierung missbraucht zu werden. Mit diabolisch-brutaler Stringenz und Raffinesse wurden die progressivsten wissenschaftlichen Erkenntnisse aus Physik (Spaltung von Atomen), Biologie (Erforschung von Bakterien, Viren, Pilzen, Toxinen) und Chemie (Synthese von Giftstoffen) zur Herstellung und zum Einsatz von Massenvernichtungswaffen (ABC-Waffen) verwendet. Inwiefern sich dabei einzelne Wissenschaftler und Forschungslabore jeglicher Verantwortung für ihre Mitmenschen, die Nachgeborenen sowie das Leben auf der Erde entzogen haben, wird seit Jahrzehnten heftig und kontrovers diskutiert.

Als eine provokante künstlerisch-dramatische Auseinandersetzung mit dieser Thematik wurde in den 60er Jahren des letzten Jahrhunderts Friedrich Dürrenmatts *Die Physiker* (1962) aufgefasst. In dieser Groteske diskutiert der Physiker Möbius zusammen mit zwei Geheimdienst-Agenten (die drei sind als Patienten in einer psychiatrischen Anstalt untergebracht) seine wissenschaftlichen Erkenntnisse hinsichtlich der Weltformel. Weil Möbius um die potentielle Destruktivität seiner Entdeckung weiß, versucht er, deren Publikation zu verhindern:

Unsere Wissenschaft ist schrecklich geworden, unsere Forschung gefährlich, unsere Erkenntnis tödlich. Es gibt für uns Physiker nur noch die Kapitulation vor der Wirklichkeit. Sie ist uns nicht gewachsen. Sie geht an uns zugrunde. Wir müssen unser Wissen zurücknehmen ... (Dürrenmatt 1962, S. 64)

Doch die einmal gemachte Entdeckung lässt sich nicht revidieren, und in seinem Stück lässt Dürrenmatt zum Schluss die Weltformel von Möbius in die Hände der missgestalteten, machtbesessenen, verrückten Chefärztin des Irrenhauses (Mathilde von Zahnd) geraten, die von sich überzeugt ist, im Auftrag König Salomos zu handeln, und die zuletzt lakonisch feststellt: »Die Rechnung ist aufgegangen. Nicht zugunsten der Welt, aber zugunsten einer alten, buckligen Jungfrau.« (ebd., S. 72) Und Dürrenmatt selbst meint im Nachwort: »Eine Geschichte ist dann zu Ende gedacht, wenn sie ihre schlimmst-mögliche Wendung genommen hat.« (ebd., S. 77)

14) So sehr es eine sinnvolle und legitime wissenschaftsethische Strategie bedeutet, jede Geschichte zu Ende und bis zu ihrer schlimmst-möglichen Wendung zu bedenken, so sehr darf man manche Aussagen von Möbius (Dürrenmatt) aus *Die Physiker* mit einem Fragezeichen versehen. Denn: Nicht Wissenschaften sind schrecklich, nicht die Forschung ist gefährlich und nicht Erkenntnisse sind tödlich – und auch die Allianz von Technik und Naturwissenschaften ist nicht *per se* des Teufels. Es sind vielmehr konkrete Wissenschaftler, Geldgeber, Mittelsmänner, Politiker, Industrielle, Militärs, Bürokraten, die aufgrund von überschießendem Geltungsstreben, narzisstischen Bedürfnissen, Größenideen, hybriden Machtansprüchen, paranoiden Ängsten und misanthropischen Einstellungen sowie asozialen Ideologien und kriminellen Energien einzelne Forschungsergebnisse zu ihren destruktiven Zwecken missbrauchen.

Eine riesige wissenschaftsethische Herausforderung besteht darin, die enorme Kluft zwischen den wissenschaftlich-methodischen sowie den technischen Möglichkeiten einerseits sowie den emotionalen und sozialen Persönlichkeitsqualitäten (Tugenden, Einstellungen, Wertempfindungen, Ethos) von einzelnen Wissenschaftlern und Technikern andererseits zu verringern. Nur wenn sich das Ethos- und Verantwortungs-Niveau vieler und im günstigen Falle aller in Wissenschaft und Technik Tätigen merklich auf die Höhe von Humanität, Vernunft und *Common sense* hin bewegt, besteht berechtigte Aussicht, dass Forschungsergebnisse und technische Potentialitäten z. B. in den Bereichen von Digitalisierung, Genomkartierung oder Neuro-Science zukünftig im Dienste der Vermenschlichung und nicht als Inhumanitäts- und Destruktivitäts-Strategien eingesetzt werden. Schon vor sechs Jahrzehnten trieben Helmuth Plessner ähnliche Gedanken um, als er angesichts des damals aktuellen wissenschaftlich-technischen Umgangs mit der Atom- und Kernenergie beschwörend schrieb:

> Die steigende Machtkonzentration des Staates im Gefolge der Verwendung der Atomkraft und der Automation *fordert* also eine intensive Sorge um die individuelle Widerstandskraft jedes Menschen gegen die ... Gefahr seiner Beeinflussbarkeit durch die jeweils herrschenden Gruppen im Staate. (Plessner 1985, S. 246)

15) Für die Wissenschaftler des 21. Jahrhunderts bedeutet die Geschichte des 20. Jahrhunderts zweierlei: Zum einen fiel es den Vertretern diverser Disziplinen in den letzten Jahrzehnten schwer, sich der jeweiligen Historie ihres Faches und der Koryphäen nüchtern zuzuwenden – zumindest in der Medizin war flächendeckende Verdrängung lange die Hauptstrategie der Vergangenheitsbewältigung und der dabei zutage tretenden humanitären Verfehlungen und Verbrechen (man denke nur an Fächer wie Anatomie, Physiologie, Neurologie, Psychiatrie, Genetik). Ausgehend davon dürfen sich heutige Forscher fragen, in welcher Tradition ihr jeweiliges Fach steht und welche eventuell ungute, weil destruktive und verdrängende Erbschaft bis in die Gegenwart hinein eine Rolle spielt.

Zum anderen aber drängt sich die Frage auf, wie ein Verrat von Wissenschaftlern – gleichgültig, mit welchen fragwürdigen Herrschenden und Organisationen sie kollaborieren – zukünftig verhindert werden kann; wie wissenschaftliches Ethos (mit liberalen und humanistischen Werten verbunden) bei Forschern derart verankert wird, dass sie angesichts von Versuchungssituationen finanzieller wie Status- und Karriere-bezogener Natur einer autonom-verantwortungsvollen Denkungs-, Fühl-, Handlungs-Weise nicht verlustig gehen; und wie die Sozialisation von Forschern und Technikern derart gestaltet werden kann, dass sie die Humanisierung der Welt als eine, wenn nicht *die* wesentliche Zielmarke von Wissenschaft und Technik und damit ihres eigenen Tuns definieren.

Diese Fragen rühren an die Aus- und Weiterbildungs-Usancen an Hochschulen, Universitäten, Instituten, Akademien; an die Curricula der diversen Fächer und Disziplinen; an die Vorbild- und Modell-Funktion von

Lehrern, Mentoren und Professoren; an Ansprüche und Forderungen der Gesellschaft an ihre Wissenschaftler; an die finanziellen und sächlichen Ressourcen für Forscher und ihre Forschung. Peter André Alt, Präsident der Hochschulrektorenkonferenz im Jahr 2019, bezog dazu indirekt in einem Artikel für die *Frankfurter Allgemeine Zeitung* Stellung:

Universitäten ... demonstrieren, dass Toleranz eine Haltung der Wissenschaft und des sozialen Zusammenlebens ist. Sie sind offen für neue Ideen und kritisch-widerständig gegenüber jenen, die Freiheiten einschränken wollen. Sie leben aus der Kraft des Heterogenen, im Blick auf Menschen, Methoden und Denkhaltungen. Sie bilden Modelle für ein Miteinander, das durch kommunikative Rationalität geprägt ist. Und sie helfen dabei, Gegensätze produktiv zu machen, weil sie aus ihrer Geschichte wissen, dass das Richtige nicht durch das Verfolgen der immergleichen Richtung entsteht. (Alt 2019, S. N4)

16) Toleranz, Neugier, Liberalität, Wertschätzung von Diversität – diese Gesichtspunkte sind honorig, und dennoch reichen sie im Zweifelsfall nicht hin, humanistisch-humane statt autoritätshörig-inhumane Haltungen und Einstellungen bei Wissenschaftlern zu garantieren. Um die Chancen zu erhöhen, dass Forscher bevorzugt im Dienst von sozialer und emotionaler und nicht nur instrumenteller Vernunft tätig werden und über ausreichend humane Persönlichkeitsqualitäten verfügen, um jedwede Autorität kritisch zu beurteilen, sind weitere Entwicklungseinflüsse nötig und hilfreich.

So darf die Aus- und Weiterbildung zum Wissenschaftler über Jahre hinweg mit der impertinenten Fragestellung verknüpft sein, für wen und für welchen Zweck denn Forschung erfolgt. Naturwissenschaftler, aber auch Geistes- und Kulturwissenschaftler sind oftmals mit Themen befasst, die zu wenig mit den Bedürfnissen der Mehrheit der Menschheit zu schaffen haben oder eventuell sogar direkt oder indirekt gegen deren Interessen verstoßen (z. B. Forschung im Bereich von Waffentechnik, Weltraumfahrt, digitaler Kriegsführung). Unter Berufung auf ihre Freiheit der Forschung und auf die Suche nach Wahrheit verkennen manche Wissenschaftler ihre fundamentalen sozialen und kulturellen Aufgaben und Verantwortungen – Wissenschaftler, die Nietzsche diesbezüglich bereits vor einundeinhalb Jahrhunderten attackierte:

Es fehlt euch jenes strenge Gewissen für das, was wahr und wirklich ist. Ihr, gerade ihr würdet erbittert und fanatisch blicken, wenn die Wissenschaft euch einmal ins Gesicht leuchten wollte, mit *ihren* Augen! (Nietzsche 1988, S. 270)

Zu bemerken, was wahr und wirklich ist, und dementsprechend die eigene wissenschaftliche Karriere und Forschungsrichtung auf Themen zu lenken und sich mit ihnen zu befassen, die in irgendeiner Weise mit Mensch-Sein, Kultur und Natur und nicht mit deren potentieller Zerstörung oder aber mit völlig abwegigen oder enorm kostspieligen Projekten zu tun haben – dies wäre eine grundlegende, dringliche und zutiefst wünschenswerte Tugend zukünftiger Wissenschaftler. Damit würden Habilitationsthemen wie etwa *Die Form und Funktion von Latrinen in der römischen Spätantike* (an der Brandeis University in Massachusetts forscht seit über 25 Jahren eine Archäologin zu dieser Thematik (siehe hierzu Wald 2016, S. 456–458) – man nennt sie deshalb inzwischen die *Queen of Latrines*) oder Forschungsinvestitionen in Milliarden-Höhe (für den nächsten Teilchen-Beschleuniger oder die übernächste Mars-Mission: Peterchens Mondfahrt) zumindest mit einem Fragezeichen versehen.

17) Die Wirklichkeit in ihrer zerklüfteten und nicht selten sinnwidrigen Gestalt zur Kenntnis zu nehmen erfordert ein entsprechendes Sensorium – ein Sensorium, das nicht nur die Defizite registriert, sondern auch das Wert- und Sinnvolle imaginiert. Konkret bedeutet dies, die angehenden Forscher nicht nur für wenige Stunden, sondern ihr gesamtes Studium und ihre gesamte Weiterbildung über kontinuierlich in Ethik, Axiologie, Wert-Wahrnehmung zu schulen – und dies nicht als Appendix der »eigentlichen« Lehreinheiten, sondern als Basis, als permanentes Studium fundamentale, als jedes Semester neu auftauchendes Prüfungsfach, als Voraussetzung für Promotionen, Habilitationen, Berufungen auf Professorenstellen.

Was nützen uns exzellent aus- und weitergebildete Atom-Physiker, die ihr Wissen und Können der Waffenindustrie zur Verfügung stellen? Albert Einstein machte sich nach dem Atomwaffenabwurf über Hiroshima und Nagasaki bitterste Selbstvorwürfe, was nicht so sehr ihn persönlich, sondern die ganze Zunft der Teilchen-Physiker betraf, die schlussendlich mit ihren Forschungs-Ergebnissen dieses humanitäre Desaster ermöglicht hatten. Und was nützen uns ebenso exzellent aus- und weitergebildete Neurologen und Neuropathologen, die sich (wie in der Neuropathologie in Breslau während der letzten Weltkriegsjahre geschehen) über die enorm hohe Zahl von zu untersuchenden Kindergehirnen freuen, ohne zu fragen, woher und aus welcher verbrecherischen Quelle diese stammen?

Bei Berufungen von Professoren prüfen Berufungs-Kommissionen penibel die Forschungsleistungen, Impact-Faktoren und den Hirsch-Index, die Drittmittelakquise und neuerdings die Ergebnisse der jeweiligen Lehr-

Evaluationen der Bewerber. Ob diese im Hinblick auf ihr Wertempfinden einigermaßen differenziert sind oder axiologische Defizite und Leerstellen sondergleichen aufweisen, interessiert jedoch kaum und wird unter den weichen, sonstigen Kriterien subsumiert. Doch eben diese Neuberufenen bilden dann über Jahrzehnte hinweg den wissenschaftlichen Nachwuchs aus und weiter und dienen diesem als (unter Kriterien der Wert-Sensibilität eventuell fragwürdige) Modelle der Identifikation und Nachahmung.

Auf solche Kriterien dürfte auch bei der Auswahl jener Kandidaten geachtet werden, die in Gremien, Kommissionen, Auswahlzirkeln über die Vergabe von Forschungsmitteln entscheiden. In unserer Republik werden jährlich Milliarden von Anschub-Finanzierungen und Drittmitteln an diverse Wissenschaftler und Forscher-Gruppen verteilt. Hierbei die axiologische Exzellenz eines Forschungsvorhabens (zu erwartender Zuwachs an Güte, Milde, Humanität, Friedfertigkeit, Solidarität) als Entscheidungsfaktor mit gelten zu lassen, würde mittel- bis langfristig den Nutzen für diejenigen, die letztlich Forschung bezahlen (das Volk), wohl sinnvoll mehren.

18) Generell dürften sich jene, die über die Geldflüsse im Bereich von Wissenschaft, Forschung und Technik mitentscheiden (Politiker, Beamte, Verbandsleute, Gremienmitglieder, Leitungspersonen von Universitäten), mit dem Faktum auseinandersetzen, dass Naturwissenschaften, Technik und Medizin seit Jahrhunderten eine ziemlich großartige Erfolgs-Story zu verzeichnen haben, indes die Geistes- und Kulturwissenschaften dazu im Vergleich hinterherhinken. Dieser Erfolg hat viele Väter – einer davon war und ist immer noch die finanzielle Ausstattung der Erstgenannten, die sich um Zehnerpotenzen von derjenigen der Letztgenannten unterscheidet.

Diese Erfolgs-Story ist in vielerlei Hinsicht auch eine Geschichte der Humanisierung unserer Welt. Wer wollte die enormen Verbesserungen leugnen oder missen, die *a conto* z.B. medizinischer, pharmazeutischer, epidemiologischer, biochemischer, angewandt-physikalischer, biologischer Forschungsleistungen und damit assoziiert technischer Innovationen in den letzten Jahrzehnten zu verbuchen waren!

Zugleich wird jedoch allenthalben beklagt, dass die psychosoziale und emotionale Vernunft vieler Menschen mit den naturwissenschaftlich-technischen Entwicklungen kaum Schritt zu halten vermag. Wie wäre es daher, in den nächsten Jahrzehnten einen merklich größeren Anteil der zur Verfügung stehenden Geldmittel in jene Wissenschaftsdisziplinen zu investieren, die sich als Geistes-, Sozial- und Kulturwissenschaften erst in den letzten einhundert Jahren etablieren konnten?

Die Exzellenz, die partiell in manchen Naturwissenschaften, in der Medizin und Technik erfolgreich umgesetzt wird, auf Fächer auszudehnen, die für die Erforschung sogenannt weicher Skills (Erziehung und Bildung) sowie für die Aus- und Weiterbildung von Erziehern, Lehrern, Pädagogen, Psychologen, Soziologen, Psychotherapeuten, Journalisten, Medienleuten sowie von Politologen, Juristen und Politikern verantwortlich zeichnen – eine solche Exzellenz wäre unserer Gesellschaft und Kultur als Desiderat einer nicht mehr allzu fernen Zukunft dringlichst zu wünschen.

19) Doch selbst die schönste wissenschaftliche Exzellenz bedeutet keine Erlösung, kein Heil und keine Eschatologie. Anders als religiöse Bilder und Verheißungen erzählen uns die Wissenschaften seit jeher Geschichten ohne oder lediglich mit mäßigen *happy ends*. Durch ihre nüchterne, an Fakten und nicht an Fiktionen orientierte Denkungsart wirken sie oftmals desillusionierend und entzaubernd. Billiger Trost steht von ihnen nicht zu erwarten, und wer sich von ihnen rasche oder einfache Lösungen für die komplexen Probleme unseres Daseins erwartet, wird nicht selten bitter enttäuscht.

Ernst Cassirer (1874–1945), der sich in vielen seiner Schriften mit der Entwicklung und dem Wesen von Wissenschaften auseinandergesetzt hat, empfand sie deshalb als *eine*, beileibe aber nicht als letzte Stufe oder als das einzige erreich- und wünschbare Niveau im Kulturprozess. Zwar anerkannte er die Möglichkeiten der Wissenschaften, dem Menschen die Gewissheit einer relativ konstanten Welt zu vermitteln: Wahrnehmungen, Einordnungen, Beurteilungen der Welt erfahren durch sie eine nicht zu unterschätzende Konsolidierung und Stabilisierung; Wissenschaften sorgten dafür, dass die Menschheit neue Vorstellungen und brauchbare Ideen von Wahrheit entwickelte; mit der wissenschaftlichen Terminologie schuf sie sich darüber hinaus ein exquisites Instrumentarium der Ordnung und Übersicht, das seinesgleichen sucht.

So zitierte Cassirer mit Zustimmung den Botaniker Carl von Linné, der bereits im 18. Jahrhundert meinte: »Wenn man die Namen nicht kennt, misslingt auch die Erkenntnis der Dinge.« Nur mittels verlässlicher Terminologien und Theorien wird aus dem von uns Wahrgenommenen das Begreifbare und Verständliche.

Im Ganzen betrachtet, meinte Cassirer (vgl. Cassirer 1990), könne man die Kultur als Prozess der fortschreitenden Selbstbefreiung des Menschen beschreiben. Sprache, Kunst, Religion, Wissenschaft bilden unterschiedliche Phasen in diesem Prozess, der durchaus nicht als abgeschlossen zu betrachten ist. In jeder dieser Phasen entdeckt und erweist der Mensch sich eine neue Kraft – die Kraft, sich eine eigene, idealere Welt zu errichten. Alle diese Funktionen vervollständigen und ergänzen einander. Jede von ihnen – vor allem auch die Wissenschaften – eröffnet einen neuen Horizont und zeigt uns einen neuen Aspekt der Humanität, ohne freilich damit an ein Ende zu gelangen. Auch wissenschaftliche Weltanschauungen lassen Fragen offen und konfrontieren die Menschen wiederholt mit Phänomenen von Zufall, Sinnwidrigkeit, Unsicherheit und Angst.

Noch entschiedener und desillusionierender als Cassirer verwies Karl Popper (1902–1994) auf die Limitierungen von Wissenschaften. In der *Logik der Forschung* (1934) (Popper 1966) zeigte er, dass die Unterscheidungskriterien von wissenschaftlich gesicherten Erkenntnissen und unwissenschaftlichen Annahmen und Glaubenssätzen keine stets rechte Gültigkeit besitzen. Vor allem den Naturwissenschaften wies er nach, dass sie mit ihrer induktiven Vorgehensweise nicht sicher sein können, wirkliche Erkenntnisse zu Tage zu fördern. Die Induktion schreibt etwa vor, zahlreiche Beobachtungen und Experimente durchzuführen und davon ausgehend Naturgesetze oder Regeln abzuleiten, die allgemeine Gültigkeit beanspruchen dürfen. Popper jedoch gab zu bedenken, dass sich solche Schlussfolgerungen als falsch erweisen können: Noch so viele Beobachtungen von weißen Schwänen berechtigen nicht zu dem Satz, dass alle Schwäne weiß sind.

Wer ernsthafte Forschung betreibt, muss dem Philosophen zufolge Sätze und Hypothesen bilden, denen man prinzipiell nachweisen kann, dass sie falsch sind. Der Fortschritt in der Wissenschaft besteht demnach darin, kleinere oder auch größere Irrtümer und Fehler aufzudecken und zu beseitigen – nicht aber darin, irgendwie und irgendwann auf die alles umfassende und erklärende richtige Theorie oder Weltformel zu stoßen.

Wir sollten uns laut Popper von der Vorstellung verabschieden, es gäbe die einmal entdeckte Wahrheit, mit der wir uns behaglich einrichten und auf die wir uns ohne jeden Zweifel verlassen können. Nicht Sicherheit und Endgültigkeit, sondern Skepsis, Kritik, Offenheit für Überraschendes charakterisieren das wissenschaftliche Denken und Handeln, das dadurch aber in keiner Weise wert- oder sinnlos wird. Im Gegenteil: Jeder Forscher darf jubilieren, wenn er an einer wissenschaftlichen Fragestellung arbeitet, deren Hypothesen durch ihr eventuelles Scheitern (Falsifizieren) an der konkreten Erfahrung (Empirie) eine kaum zu überschätzende und durch nichts zu ersetzende Korrektur erfahren.

Wissenschaft übernimmt demnach nicht die Nachfolge von Religion und göttlicher Funktion – selbst wenn manche Naturwissenschaftler (z. B. Astrophysiker) davon sprechen, mit ihren Forschungsergebnissen den göttlichen Schöpfungsplan (beinahe) detektiert und verstanden zu haben;

oder wenn manche Stammzell-Forscher nicht nur das Schaf Dolly klonen, sondern auch dem Homunculus in der Petrischale und im Zell-Labor fast schon zur Quicklebendigkeit verhelfen.

Die Vakanz nach dem von Nietzsche verkündeten Tod Gottes füllen Wissenschaftler, Philosophen oder Künstler nur partiell. Klüger, sinnvoller als das Liebäugeln mit göttlichen Größenideen scheint wissenschaftliche Beharrlichkeit, Gründlichkeit, Solidität und Nüchternheit. Damit haben wir Menschen es, wie Wagner in Goethes *Faust* triumphierend bemerkt, »so herrlich weit gebracht« – um als Replik von Faust zu hören zu bekommen:

O ja, bis an die Sterne weit!
Mein Freund, die Zeiten der Vergangenheit
Sind uns ein Buch mit sieben Siegeln.
Was ihr den Geist der Zeiten heißt,
Das ist im Grund der Herren eigner Geist,
In dem die Zeiten sich bespiegeln. (Goethe 1986, S. 26)

Dass nach dem Bedeutungsverlust der Religionen (in der westlichen Welt) das Bedürfnis nach Ersatzreligionen groß ist und sich die Wissenschaften als solche anbieten, ist nachvollziehbar und verständlich. Für den Prozess der Humanisierung unserer Welt, zu dem die Wissenschaften ihren Teil beisteuern dürfen und sollen, wäre es jedoch merklich effektiver, wenn Forscher, Wissenschaftler, Techniker aller Couleur ihren Garten (wie es zum Schluss von Voltaires *Candide* empfohlen wird) hier auf Erden und nicht auf fernen Monden bestellen.

LITERATUR

Alt, P.-A.: Eine neue Idee der Universität, in: FAZ vom 06. März 2019, S. N4
Cassirer, E.: Versuch über den Menschen (1945), Frankfurt am Main 1990
Dürrenmatt, F.: Die Physiker (1962), Zürich 1962
Goethe: Faust I (1808), in: HA Band 3, München 1986
Habermas, J.: Theorie des kommunikativen Handelns (1981), Band 2, Frankfurt am Main 2019
Husserl, E.: Die Krisis der Europäischen Wissenschaften und die transzendentale Phänomenologie (1936), in: Gesammelte Schriften 8, Hamburg 1992

Kant, I.: Prolegomena zu einer jeden künftigen Metaphysik, die als Wissenschaft wird auftreten können (1783), in: Werkausgabe Band V, Frankfurt am Main 1977

Langenbucher, W. R. (Hrsg.): Gedanken sind frei – Ein Aphorismen-Brevier, Stuttgart – Zürich – Salzburg 1960

Nestle, W.: Vom Mythos zum Logos, Stuttgart 1975

Nietzsche, F.: Morgenröte – Gedanken über die moralischen Vorurteile (1873), in: KSA 3, München 1988

Plessner, H.: Wissenschaft und moderne Gesellschaft (1961), in: Gesammelte Schriften X, Frankfurt am Main 1985

Popper, K.: Logik der Forschung (1934), Tübingen 1966

Rattner, J. Anthropologie, Psychologie und Ontologie der Wissenschaft (2000), in: Rattner, J. (Hrsg.): miteinander leben lernen, Zeitschrift für Tiefenpsychologie, Persönlichkeitsbildung und Kulturforschung, Heft 2, Berlin 2000

Snow, C. P.: Die zwei Kulturen (1959), in: Kreuzer, H. (Hrsg.): Die zwei Kulturen – Literarische und naturwissenschaftliche Intelligenz, München 1987

Wald, Ch.: The secret history of ancient toilets (2016), in: Nature 533, S. 456–458

EPILOG

WIE WÄRE ES, EIN MENSCH ZU SEIN? – VERANTWORTUNG, PERSON UND PERSÖNLICHKEIT

»Es gibt Menschen im Zopfstil: viele hübsche Einzelheiten, das Ganze abgeschmackt.« – meinte einst Marie von Ebner-Eschenbach (1830–1916) in ihrer unnachahmlich lakonischen Art. Im 19. Jahrhundert verstand man unter Zopfstil etwas entschieden Verstaubtes, Altmodisches, Antiquiertes, das die Entwicklung hin zur Moderne verabsäumt hat und trotz mancher neckischer Aperçus (beispielsweise in der Baukunst oder im Hinblick auf eine Inneneinrichtung) den Sprung zur anmutigen, eleganten, kompletten Gestalt nicht realisieren konnte.

Wenn am Ende dieses Buches nochmals die Frage auftaucht, wie es wäre, ein Mensch zu sein, sollen die Antworten darauf abzielen, nicht im Zopfstil und im Abgeschmackten zu landen. Ein Begriff, der solcherlei jedoch nahelegt, ist derjenige der Verantwortung. Dieser Begriff ruft bei nicht wenigen oftmals Vorstellungen und Erinnerungen wach, bei denen es um Moral oder den erhobenen Zeigefinger geht. So sind Lehrer für ihre Schüler; Eltern für ihre Kinder; Ärzte für ihre Patienten; Polizisten für Recht und Ordnung; Chefs für ihre Firma und die Mitarbeiter; Piloten und Kapitäne für ihre Flugzeuge und Schiffe; Pastoren und Bischöfe für die Gläubigen; Politiker für das Gemeinwesen und wir Wähler in Demokratien alle vier oder fünf Jahre für die nächste, angeblich alles entscheidende Wahl verantwortlich.

Alle diese Verantwortungsbereiche gibt es zweifelsohne, und je nach unserer beruflichen oder privaten Situation und Funktion sind wir tatsächlich für die eine oder andere der genannten Dimensionen unseres Daseins verantwortlich. Um jedoch den Begriff wie auch den Inhalt der Verantwortung nicht von vornherein im Langweilig-Verzopften versacken zu lassen, beginnen wir mit einem Verantwortungs-Aspekt, den viele von uns außer Acht lassen: dem eigenen Ich.

Das Ich. – Bei den vielen eben erwähnten Verantwortungszuschreibungen erstaunt es, dass ein Bereich, für den wir am ehesten verantwortlich zeichnen könnten und sollten, eigenartigerweise oftmals unterbelichtet bleibt: die eigene Person mit ihren Entwicklungs-Chancen, Bedürfnissen und Talenten, die es auszuloten und zu realisieren gilt, und über die wir nicht selten wie über eine zu vernachlässigende Größe hinweggehen.

Meine erste These lautet daher: Wir können der Verantwortung in zwischenmenschlichen und gesellschaftlich-kulturellen Bereichen unseres Lebens nur gerecht werden, wenn wir zugleich unsere Person ernst nehmen und sie in der Rangfolge von Aufgaben und Verantwortlichkeiten gebührend berücksichtigen. Dies hat nichts mit überspitztem Narzissmus oder Rücksichtslosigkeit der Mitwelt gegenüber zu tun. Vielmehr geht es darum, das eigene Ich (bei der Fülle von zu lösenden Problemfeldern außerhalb der eigenen Person) nicht zu vergessen.

Das Faktum, dass wir für alle möglichen Bereiche unserer Existenz verantwortlich gemacht werden und zugleich die Personalität hintansteht, wird als Person-Vergessenheit bezeichnet. Dieses Phänomen betrifft nicht nur einige wenige Zeitgenossen – es war und ist weit verbreitet. In Europa wechselten Epochen, in denen die Individualität und Persönlichkeit von Menschen hochgeschätzt wurde, mit Zeiten, in denen diese fast völlig vergessen wurde, einander ab. Manche Historiker wie Jacob Burckhardt waren der Meinung, dass erst die Renaissance im größeren Umfang das Individuelle und Persönliche am Menschen entdeckt und gefördert hat.

Eine zweite Epoche, die der Person-Vergessenheit literarisch wie philosophisch zu Leibe rückte, war die Zeit der Aufklärung. John Locke und David Hume in England, Voltaire, Diderot, d'Alembert, Rousseau und Montesquieu in Frankreich, Gotthold Ephraim Lessing und Immanuel Kant in Deutschland betonten mit unterschiedlicher Vehemenz und differenten Schwerpunktsetzungen den Vorrang der je individuellen Entscheidungs- und Urteilskraft des Einzelnen vor den generelle Gültigkeit reklamierenden kirchlichen und staatlichen Vorgaben, Regeln, Werten und Normen.

Im 20. Jahrhundert gab es in Europa mehrere kulturelle Wellen und Bewegungen, die den Einzelnen und die Person ernst nahmen und in den Mittelpunkt ihrer wissenschaftlichen, künstlerischen und philosophischen Überlegungen stellten; zu ihnen zählten die Psychoanalyse mit ihren diversen Schulrichtungen, der Personalismus, die Phänomenologie sowie der Existentialismus. Daneben bewegte dieses Thema auch Literaten und Dichter, wie eine kurze Passage aus Franz Kafkas *Der Prozess* (1925) verdeutlicht:

Josef K. ist angeklagt, ohne dass er sich einer Schuld bewusst ist. Seine Versuche, von den Behörden Auskunft über sein Vergehen zu erhalten, sind von impertinenter Vergeblichkeit geprägt. Er kommt in den Dom der Stadt, wo er auf einen Geistlichen trifft, der ihn von der Kanzel herab anspricht und ihm zu verstehen gibt, dass seine Schuld darin besteht, bisher keine unverwechselbare Persönlichkeit geworden zu sein; als Josef K. blieb er unter personalen Aspekten betrachtet ein Nobody: »Ich bin aber nicht schuldig«, sagte K., »es ist ein Irrtum. Wie kann denn ein Mensch überhaupt schuldig sein. Wir sind hier doch alle Menschen, einer wie der andere.« »Das ist richtig«, sagte der Geistliche, »aber so pflegen die Schuldigen zu reden.« (Kafka 1983, S. 180)

Personale Verantwortung bedeutet den Kafkaschen Zeilen gemäß, den höchsten Wert im Dasein nicht darin zu sehen, so wie alle anderen zu werden und zu sein. Unsere Aufgabe und Verantwortung besteht vielmehr darin, unsere jeweils eigenen Bedürfnisse, Neigungen, Wertvorstellungen, Meinungen, Überzeugungen, Vorlieben, Antriebe und Ansichten (darunter nicht nur einige wenige, die sozial und kulturell gerade *en vogue* und erwünscht sind) zu registrieren, zur Geltung zu bringen und miteinander zu einer halbwegs runden Gestalt zu amalgamieren.

Wie aber macht man das? Unter welchen Umständen regen sich in uns Impulse, über die biologische Existenz hinaus Persönlichkeitswerdung ins Auge zu fassen? Woher beziehen wir Mut und Zuversicht, unsere Individualität und nicht bloß narzisstisch-eitle Daseins-Arrangements zu suchen? Und wer erinnert uns dabei an unsere begrenzte Lebensspanne und die drei Parzen aus der römischen Mythologie? Die erste soll unseren Lebensfaden gesponnen haben und die zweite uns den Inhalt unseres Daseins zugeteilt – die dritte aber (man nennt sie die Unerbittliche) wird den Lebensfaden durchtrennen.

Antworten auf diese Fragen gibt es viele. Max Scheler etwa verwies auf das Thema der Werte und meinte, dass sich unser personales Niveau steigert und stabilisiert, je mehr wir geistige und personale Werte intuitiv erfassen – wobei die Organe des Werterkennens aus differenzierten Gefühlen bestehen. Wertblinde oder Wert-eindimensionale Menschen leben im Hinblick auf die umgebende Wertewelt oft so, dass sie höhere Werte weder fühlend wahrnehmen noch handelnd realisieren. Wer den materiellen Wert Besitz oder den vitalen Wert Durchsetzungskraft als alleinige Wertorientierung seines Daseins kennt, steht achselzuckend vor geistig-personalen Wertgruppen wie Schönheit, Freiheit, Gerechtigkeit, Solidarität – sie sagen ihm nichts. Vielmehr treffen solche Werte auf eine taube, welke Seele, die durch bloße Predigten nicht wertsensibler wird.

Einem Aphorismus von Nietzsche zufolge empfinden und bewerten wir andere Personen nur dann als attraktiv und interessant, wenn wir uns diese »zutrauen«. Dieser Gedanke lässt sich auf die Wertwahrnehmung erweitern: Man kann davon ausgehen, dass wir nur jene Sinn-, Wert- und Bedeutungsaspekte wahrnehmen, deren Imperative der Veränderung und Realisierung wir uns zutrauen. Alle jene Wertpartikeln, die uns hinsichtlich ihrer Umsetzung in konkrete Wirklichkeiten überfordern, werden von uns schlicht und ergreifend ausgeblendet – wobei dies Aus- und Überblenden weitgehend automatisiert, unbewusst, reflexartig und wie im Sinne eines Schutzmechanismus geschieht. Sobald wir aber geistige und personale Werte registrieren, wächst die Verantwortung auf ihre Umsetzung und Realisierung – und damit die Verantwortung für unser personales Niveau.

Wenn wir nun fragen, wie wir uns auf Werthorizonte hin entwickeln könnten, die für unsere Persönlichkeit förderlich wirken, werden wir jedoch in Bezug auf einfache und schnelle Methoden enttäuscht: Direkte Wege, jählings und nur aus eigener Kraft beispielsweise mitfühlender, gütiger oder humorvoller zu werden, gibt es nicht – wir sind diesbezüglich von unseren Mitmenschen und der uns umgebenden Kultur abhängig.

Das Du. – Womit wir zu einem zweiten Bereich unseres Daseins kommen, in dem Verantwortung eine maßgebliche Rolle spielt: zum Bereich unserer Mitmenschen. Als Personen sind wir einer Formel Martin Bubers gemäß Du-sagende Iche; auf diese Dus sind wir alle angewiesen: In Kindheit und Jugend sorgen sie, wenn es halbwegs gut geht, körperlich, seelisch und geistig-intellektuell für uns. Doch auch als Erwachsene benötigen wir die Mitmenschen: sie wirken als emotionale und soziale Korrekturfaktoren und geben uns bisweilen Anerkennung – beides hält unseren Selbstwert hoch und stabil.

Als Kinder werden wir, ohne dass man uns danach gefragt hätte, in eine spezielle soziale Situation hineingeboren und in ihr sozialisiert. Als Erwachsene hingegen sind wir für die Auswahl unserer allernächsten Mitmenschen im hohen Maße verantwortlich – und damit indirekt auch für Veränderungsprozesse, die sie bei uns auslösen oder verhindern. Mit der Wahl beispielsweise von Partnern, Freunden, Ausbildern, Mentoren oder Psychotherapeuten wählen wir immer auch deren Welt und wertmäßiges Profil. Eng mit jeder nahen Beziehung assoziiert ist also das Eintauchen in ein spezifisches Wertgefüge, das auf uns zu wirken und uns via Osmose-Prozesse zu verändern beginnt. Welche Effekte dabei wann und im Detail induziert werden, obliegt nicht immer unserer Verfügungsgewalt. Unsere Verantwortung bezieht sich vorrangig auf die Wahl unseres Gegenübers sowie auf die Entscheidung, dieses Gegenüber auf uns wirken zu lassen oder sich von ihm zu distanzieren.

Durch wiederholtes Erleben wertsensibler Mitmenschen geraten wir in den Zirkel von Fühlen und Werterkennen, steigern die Empfänglichkeit für geistig-personale Werte und kommen langsam zur Vernunft. Wenn es an solch wertsensiblen Vorbildern mangelt (im großen Maße als Folgen von Terror, Totalitarismus, Krieg) und nur noch nackte Gewalt sowie die Werte rücksichtsloser Durchsetzungskraft zählen, mangelt es Kindern und Heranwachsenden an geeigneten Lehrern und Mentoren, die ihnen den Gehalt geistiger und personaler Werte modellhaft vorleben können. Es fällt nicht schwer sich auszumalen, welche Verwüstungen des Wert-Erlebens (neben den kulturellen, materiellen, menschlichen) derzeit in Kriegsgebieten des Nahen und Mittleren Osten angerichtet werden; und wie groß auch die wertebezogene Ödnis nach dem Ersten und Zweiten Weltkrieg, nach Faschismus und Bolschewismus gewesen sein muss.

Unsere Verantwortung bezieht sich hinsichtlich der Mitmenschen aber nicht nur auf die Auswahl derjenigen, die auf uns einwirken dürfen; auch umgekehrt wirken wir mit unserem Persönlichkeitsprofil auf andere ein. Wer je ernsthaft in die Rollen und Funktionen von Eltern, Erziehern, Ausbildern, Lehrern, Mentoren oder generell von Vorbildern eingerückt ist, weiß um die Dimensionen der damit verbundenen Aufgaben.

Wie sehr derlei bereits Immanuel Kant bedacht hat, wird an den Formulierungen seines kategorischen Imperativs deutlich. In *Grundlegung zur Metaphysik der Sitten* (1785) heißt es dazu: »Handle so, dass du die Menschheit sowohl in deiner Person als auch in der Person eines jeden anderen jederzeit zugleich als Zweck, niemals bloß als Mittel brauchst.« (Kant 1974, S. 61) Situationen, in denen wir die anderen oder die anderen uns als Mittel für irgendwelche Zwecke einsetzen, reduzieren das Niveau ihrer oder unserer Personalität und verwandeln ein Du oder ein Ich im schlimmsten Falle zu einem Es, zu einer bloßen Sache. Für Immanuel Kant gehörte es jedenfalls zum unumstößlichen Verantwortungsbereich eines jeden Einzelnen, seine eigene wie auch die personale Würde der Mitmenschen zu schützen und zu verteidigen.

Doch wie weit reicht dieser Schutz- und Verteidigungsauftrag? Die Allernächsten – unsere Familie, die Freunde und engen Bekannten – sind sicherlich damit gemeint; womöglich auch noch unser Dorf, die Stadt, der Kanton. Aber darüber hinaus? Wie und wozu Verantwortungsübernahme für die Fremden und die Weitentfernten? Immanuel Kant hätte auch auf solche Fragen Antworten gewusst. In seiner Schrift *Zum ewigen Frieden* sprach er von einem Besuchsrecht, das allen Menschen auf dem Globus zusteht, da wir Erdenbewohner (so drückte er sich aus) uns nicht ins Unendliche zerstreuen können, sondern nebeneinander dulden müssen.

Wenn wir demnach einem Wildfremden begegnen, begegnen wir recht besehen einem Weltbürger, der von seinem Besuchsrecht Gebrauch macht, und den wir entsprechend als Gast behandeln dürften, so sehr uns das Fremde an ihm auch irritieren oder sogar ängstigen mag. Es bedeutet jedenfalls ein massives Vergehen gegen den Geist der Hospitalität und Humanität, sich seiner Besucher zu entledigen, indem man sie wie Dinge oder Sachverhalte behandelt und ihre personale Würde verkürzt.

Darüber hinaus muss man es als regelrechte Dummheit einordnen, sich Mitmenschen vom Leibe zu halten, indem man sie wie Gegenstände traktiert und sie ihrer Subjekthaftigkeit und Personalität beraubt. Zwar hat sich der Betreffende mittels dieser Strategie jegliche Infragestellung seiner Person vom Halse geschafft – er ist (wie G. W. F. Hegel dies ausdrückte) uneingeschränkt Herr, und die anderen sind allenfalls seine Knechte oder aber lediglich ein Sachverhalt. Zugleich aber unterminiert er damit die eigene Personalität enorm, weil ihm die Gegenüber als Seinesgleichen fehlen und er zunehmend beziehungs- und weltverarmt.

Denn für die Entwicklung der eigenen Person kommt vieles darauf an, im direkten oder indirekten Gegenüber (dem wir durch Wissenschaft, Kunst, Philosophie und Literatur vermittelt begegnen) dessen personales Niveau zu erspüren. Je reichhaltiger und differenzierter dieses ist und je länger es auf uns wirkt, umso entschiedener geraten wir selbst in einen anregenden Zirkel von Fühlen und Werterkennen.

Wer mit seiner Person verantwortlich umgehen will, dem kann man deshalb empfehlen, sich wiederholt in Situationen zu begeben, in denen weitdimensionierte Persönlichkeiten auf ihn einwirken dürfen – sei es in Momenten der Verliebtheit, der Bejahung eines Künstlers, des Studiums von Philosophen oder Dichtern oder dem Kontakt mit fremden Anderen:

Wer das Persönliche in Menschen ... liebend erfasst, der lebt in einer Wertfülle anderer Ordnung als der Persönlichkeitsblinde. Seine Welt ist axiologisch unendlich reicher, erfüllter, eine Wertmannigfaltigkeit höherer Mächtigkeit. (Hartmann 1962, S. 521)

Das Wir. – Trotz vieler limitierender Rahmenbedingungen des Daseins, mit denen jeder von uns mehr oder minder stark konfrontiert ist, können und sollen wir Verantwortung auch für jene Phänomene übernehmen, die man als Kultur bezeichnet. Was unter Kultur zu verstehen ist, kann hier nur angedeutet werden – wobei ich diesbezügliche Anleihen bei Ralf Konersmanns *Kulturphilosophie* (2003) nehme.

Konersmann unterscheidet vier Funktionen respektive Qualitäten des Kulturbegriffs: a) deskriptiv verstanden beschreibt Kultur das Gesamt der von Menschen gemachten Welt im Gegensatz zur Natur (gewordene Welt); b) dynamisch verstanden zielt der Kulturbegriff auf den Prozess der Reflexion und damit auf wissenschaftliche, künstlerische, philosophische oder alltagsbezogene Erkenntnisprozesse ab; c) archäologisch gemeint bezieht sich Kultur auf den Jahrtausende alten Traditionszusammenhang; und d) kann Kultur unter normativen Prämissen betrachtet werden (Recht, Sitte, Brauchtum, Normen, Wertvorgaben). Alle diese Facetten verweisen auf das wesentliche Ziel und den nicht selten verfehlten Effekt von Kultur: die Humanisierung der Welt (siehe hierzu Konersmann 2003, S. 15).

Um mit den hier angedeuteten kulturellen Aufgaben niemanden zu verschrecken, will ich gerne zeigen, wie jeder von uns humanisierend in Gesellschaft und Kultur aktiv werden kann, ohne gleich Wissenschaftler, Künstler, Philosoph oder Literat sein zu müssen. Diese Zusammenhänge sollen an den drei Zeitdimensionen der menschlichen Existenz skizziert werden: an Vergangenheit, Gegenwart und Zukunft und ihren jeweiligen Bezügen zu Gesellschaft und Kultur.

Wir beginnen mit der *Vergangenheit*. Ein Hauptwirkfaktor von Psychoanalyse und Psychotherapie ist seit ihren frühen Anfängen bis zum heutigen Tag die einordnende und verstehende Erinnerung der eigenen Werdens-Geschichte. Wer nicht weiß, woher er kommt und woraus er stammt, hat Mühe, die Umrisse und Inhalte seiner Identität zu bestimmen; dies gilt für Individuen wie auch für Gruppen und Sozietäten.

Eine solche Erinnerungsarbeit findet beileibe nicht nur im Rahmen von psychotherapeutischen Prozessen statt. Marcel Proust hat in seiner weitausholenden *Suche nach der verlorenen Zeit* (1913–27) eindrücklich demonstriert, wie fein verästelt Menschen ihre persönliche Geschichte zu memorieren imstande sind, wenn sie sich (wie der Autor) dem Strom der erinnerten Bilder, Töne und Gerüche (zum Beispiel von in Tee getunkten Madeleine-Törtchens) überlassen – und wie subtil sie dabei eventuell den einstigen Zeitgeist und die ehemalige Kultur erfassen und wiedergeben.

Nun sind wir alle keine Prousts, und unser Erinnerungsvermögen steigert sich nicht schlagartig, selbst wenn wir noch so viele *Madeleines* in Tee tunken und sie genüsslich verzehren – ein Moment, der im Roman für den Ich-Erzähler die Kindheit als Erinnerung vor sein geistiges Auge treten ließ. Dennoch lohnt es für jeden von uns, der Frage nach dem eigenen Woher nachzuspüren, und Analoges gilt für Gruppen, Sozietäten und die Kultur. Das Geschäft der Historiographie muss nicht nur den Geschichts-Experten überlassen werden – jeder, ob Handwerker, Arbeiter, Künstler oder Intellektueller, ist aufgerufen, das Narrativ seiner Gesellschaft und Kultur als Teil der eigenen Person kennen zu lernen und zu erzählen – mit all den individuellen Akzentsetzungen, die oftmals aus der *Rekonstruktion* von Geschichte eine *Konstruktion* derselben werden lassen.

Die eigene Werdens-Geschichte bedeutet für den Einzelnen eine Art Rückgrat seiner Identität – vor allem, wenn er sich und den anderen diese ohne allzu große Flunkereien und Verdrängungen wiedergibt. Damit fördert er zugleich den Zusammenhalt von Gesellschaft und Kultur. Denn ein großer Teil jener Vorurteile, Engstirnigkeiten und Selbstgerechtigkeiten bis hin zu destruktiven Akten, die das Zusammenleben der Menschen so sehr erschweren, ist dem Umstand geschuldet, dass Einzelne zu wenig von sich, von anderen und den kulturellen Gegebenheiten und Traditionen wissen und verstehen. Stattdessen tendieren sie dazu, Defizite, Übel und Mängel projektiv bei den Zeitgenossen und kaum bei sich selbst oder im Rahmen kulturell-zivilisatorischer Prozesse einzuordnen.

Wer sich jedoch des persönlichen ebenso wie gesellschaftlich-kulturellen Herkommens und Werdens bewusster wird, spürt, dass auch er aus (wie Immanuel Kant es benannte) krummem Holz geschnitzt ist, und kann das Anders-Sein der anderen deshalb toleranter und generöser ertragen. Und er erkennt, wie sehr alle Menschen seit Jahrtausenden in dem nicht selten als dramatisch imponierenden Spiel der jeweiligen Kultur verfangen sind und daraus selbst bei noch so großen Anstrengungen nicht so ohne weiteres auszusteigen vermögen.

Solche Erkenntnisprozesse führen manchmal dazu, bei Einzelnen ihr kulturkritisches und kulturanalytisches Potential zu steigern und damit das kulturelle Treiben distanzierter zu verfolgen. Kulturanalyse und -Kritik sind wichtige Ingredienzien für den Fortbestand und die Weiterentwicklung einer Kultur, bei der zunehmend die Hochachtung vor und die Förderung von Individualität und Persönlichkeit als Maß und Richtschnur gelten soll. Wenn möglichst viele Menschen in die Lage versetzt werden, Wert- und Bedeutungsvolles im Kulturprozess vom Sinnwidrigen zu diskriminieren, erhöht dies die Chancen für eine humane Kultur-Evolution.

Zweite Dimension: *Gegenwart.* Bei Gesellschaft und Kultur denken viele an die Sphären von Medien und Politik sowie an Oper, Schauspiel und Konzerte, an Literatur und bildende Kunst – wo, bitteschön, sollen wir da als Nicht-Journalisten, Nicht-Politiker und Nicht-Künstler Verantwortung übernehmen? Nun hat um 1800 Hegel schon darauf hingewiesen, dass

Menschen der Moderne die Tageszeitung ähnlich intensiv und regelmäßig lesen sollten wie die Bibel. Er erwartete damit ein Minimum an politischem und gesellschaftlichem Interesse von jedermann, obwohl die Nachrichten um 1800 ähnlich wie heute nicht gerade amüsant waren. »Ein garstig Lied! Pfui! Ein politisch Lied!« – heißt es dazu lakonisch in Goethes *Faust*.

Auch im 21. Jahrhundert fällt es in unseren Verantwortungsbereich, vor den Tatsachen der Gegenwart die Augen nicht zu verschließen. So schwer es uns auch ankommen mag, das Destruktiv-Absurde der Welt zur Kenntnis zu nehmen und die Tausend Händel, Probleme und Konflikte der Welt zu registrieren, so sehr ist diese Welt doch die unsere und geht uns deshalb etwas an. Und obwohl wir sehr vieles an ihr nicht ändern können, dürfen wir uns empören und einen humanistischen Standpunkt entwickeln.

Im Vergleich zur Politik scheint es angenehmer, Verantwortung in Bezug auf die Kultur zu übernehmen. Auch die Kultur stellt eine Mischung aus Wertvollem und Wertwidrigem dar, aber in der Regel steht es uns frei, uns jenen Aspekten zuzuwenden, von denen wir uns Anregung, Sinn- und Bedeutungsvolles, Ästhetik oder Entspannung versprechen. Man könnte meinen, dabei in die Rolle des bloßen Konsumenten zu schlüpfen – doch weit gefehlt. Sobald wir ein Buch zur Hand nehmen, in Galerien die Bilder bestaunen, Foto-Ausstellungen durchstreifen, eine Händel-Melodie hören und Tanzkompagnien bewundernd genießen, werden wir auch kulturelle Akteure. Dadurch nämlich bilden wir eine Art Resonanzkörper für Künstler und Kulturschaffende der Vergangenheit und der Gegenwart, ohne den es die Kultur und ihre Geschichte nicht oder nur sehr verkürzt gäbe.

Unsere momentane kulturelle Verantwortung bezieht sich noch auf einen weiteren Aspekt: auf die Sprache. Ernst Cassirer charakterisierte die Sprache als großartigen Symbolbereich, der das Entstehen von Kulturen und unserer kulturellen Existenz ermöglicht hat. Menschen sind (so meinte Cassirer) *Animal symbolicum* – Wesen, welche Symbole und damit auch Sprache verstehen, interpretieren und schaffen. Nur wenn wir die Sprache sorgsam, feinfühlig und subtil benutzen, halten wir das Niveau von Kultur und unserer personalen Existenz aufrecht – ein Gedanke, der in manchen sogenannt sozialen Medien derzeit merklich unterrepräsentiert scheint.

Wie sehr Sprache, Emotion, Gesinnung und Tat mit- und ineinander verwoben sind, hat Mitte des letzten Jahrhunderts der Romanist und Literaturwissenschaftler Victor Klemperer (1881–1960) in seiner *Lingua Tertii Imperii (LTI – Die Sprache des Dritten Reiches) – Notizbuch eines Philologen* (1947) überzeugend dargelegt. Anhand dutzender Begriffe wie »judenrein«, »Adressat abgewandert«, »Kraft durch Freude«, »Lügenpresse«, »Altparteien« (die beiden Letzteren klingen in unseren Ohren erschreckend aktuell), die alle zum nationalsozialistischen Jargon zählten, demonstrierte Klemperer einerseits die Vorbereitung und Bagatellisierung faschistischer Verbrechen sowie andererseits die Entmenschlichung von z. B. jüdischen Mitbürgern als »unreine Tiere«.

Dritte Dimension: *Zukunft.* Das eine ist, Vergangenes zu erinnern – das andere, Zukünftiges sich auszumalen und vorzustellen. Was dafür Not tut, ist ein Blick auf sich, die Mitmenschen, die Gesellschaft und Kultur, der von Resignation, Zynismus, Tristesse nicht angekränkelt, von illusionärer Verkennung und idealisierender Schönfärberei aber auch nicht verklärt ist. Dieser Blick ermöglicht dem Einzelnen wie auch den von ihm beurteilten Zeitgenossen jenen Spielraum der Entfaltung, den wir bitter nötig haben, um das Heute mit seinen teils massiven Inhumanitäten, Absurditäten und Friktionen zu verstehen, vor allem aber auch in Maßen zu verändern.

Bezüglich solcher Transzendenz des *Status quo* darf und soll sich die Radikalität von Veränderung an entsprechenden Vorschlägen von Sir Karl Popper (1902–1994) orientieren. Popper plädierte entschieden dafür, mittels wissenschaftlicher Erkenntnis-Schritte nach und nach die allfälligen Irrtümer bei der Beurteilung von Natur und Kultur aufzudecken und falls nötig zu beseitigen; revolutionäre Hauruck-Aktionen hinsichtlich Kultur und Gesellschaft lehnte er ab.

Dieses behutsame, von kritisch-skeptischer Rationalität geprägte Vorgehen lässt sich noch ergänzen, indem größere kulturelle, politische, gesellschaftliche Veränderungsprozesse ausnahmslos von jenen initiiert und vorgenommen werden sollten, die auch Verantwortung für die eigene Person und deren authentische Redlichkeit übernehmen. Wie oft haben in der Vergangenheit Herrschende und Politiker angebliche Verbesserungen der Welt nicht bei sich selbst, sondern bei gesellschaftlichen Strukturen, Verhältnissen und Machtdimensionen beginnen lassen – und wie allzu oft mündete dies in Verschlimmbesserung oder in die schiere Destruktion!

Ich wünsche mir Politikerinnen und Politiker, die beim Terminus der Zukunft lange Zeit an die Entwicklung der eigenen Person gedacht – und nicht nur gedacht – haben, bevor sie daran gehen, Verantwortung für Sozietäten und Staatsgebilde zu übernehmen. Wer die eigene Person in dieser Hinsicht überspringt, landet häufig im wertebezogenen Nirwana – es fehlt ihm oder ihr eventuell ein personal-humaner Maßstab, der es ihnen erlaubt, die Zukunft im Sinne von Frieden, Freiheit, Humanität und Gerechtigkeit für die Vielen zu gestalten.

Stattdessen fühlt sich ein derart wert- und gefühlsverarmter oder verstümmelter Politiker nicht selten berechtigt, Zuflucht zu sinnwidrigsten und inhumansten Aktionen (Lüge, Folter, Bestechung, Gewaltandrohung,

Mord, Krieg etc.) zu suchen, sobald sich ihm Widerstände jedweder Art in den Weg stellen oder ihn die Komplexität der Welt mit ihren ökologischen, ökonomischen, sozialen, gesellschaftlichen und kulturellen Aufgaben und Themenstellungen zu überfordern droht.

Die Erde. – Man spränge zu kurz, unsere Verantwortung nur auf unsere Person, die Mitmenschen sowie Gesellschaft und Kultur zu beziehen und die Natur außen vor zu lassen. Viele Einzelne wie auch die Gesellschaften und Kulturen der Vergangenheit und Gegenwart haben in dieser Hinsicht enorme Verantwortungslosigkeit bewiesen und sich und uns in Situationen verbracht, die man als kollektive Autodestruktions-Syndrome bezeichnen muss. Derzeit sind wir Zeugen globaler politischer Auseinandersetzungen um die Diagnostik wie um die Behandlung dieser uns alle bedrohenden Syndrome – Auseinandersetzungen und Debatten, in denen die überaus unterschiedlich vorhandene Bereitschaft von Einzelnen, Gruppierungen und Sozietäten zur Verantwortungsübernahme für die Natur und damit für das Leben auf unserem Planeten deutlich zutage tritt.

Eine bessere Zukunft zu imaginieren bedeutet, sich trotz aller Frag- und Sinnwidrigkeiten in ökologischer, gesellschaftlicher und kultureller Hinsicht auf einen Werthorizont hin zu entwerfen, dem die Begriffe und Ideale von Güte, Generosität, Nachdenklichkeit, Vornehmheit (in Bezug auf Handlungen und Gesinnungen), emotionaler Differenziertheit sowie würdevollem Respekt vor der eigenen wie vor der Fremdpersönlichkeit als Selbstverständlichkeiten innewohnen. Ein solcher Werthorizont induziert auch jene Haltungen sowie ein Ethos, die man als Gäophilie, als einen umfassenden Respekt vor dem Leben und der Natur bezeichnet.

Conclusio. – Bei derart vielen Verantwortlichkeiten muss nochmals darauf hingewiesen werden, wie sehr jeder von uns in gesellschaftlich-kulturelle Verhältnisse hineingeboren und sozialisiert wurde, ohne dabei auch nur im Geringsten weisungsbefugt gewesen zu sein. Der Ort, die Epoche, die familiären und sozio-ökonomischen Gegebenheiten, die schulischen und sonstigen Ausbildungsmöglichkeiten sowie der Zeitgeist, in, an und unter denen wir aufwuchsen, bestimmten maßgeblich unser Bildungsschicksal sowie unsere Welt- und Lebensanschauung mit. Inwiefern darf man hier und da noch von individueller Verantwortung sprechen?

Zur Beantwortung dieser Frage sei kurz auf die Biographie eines Schriftstellers verwiesen, dessen Kindheit und Jugend sich keineswegs durch ein Übermaß an kultureller Anregung ausgezeichnet hat. Ich meine Maxim Gorki (1868–1936), der in aggressiv-verwahrlosten Verhältnissen aufwuchs und einzig in seiner Großmutter jemanden sah, der Würde und Humanität verkörperte. Höchstwahrscheinlich ist es dieser Großmutter zu verdanken, dass aus Gorki später ein Autor von europäischem Rang und kein Wodka-saufender Niemand geworden ist. Bisweilen nämlich genügt die Begegnung mit lediglich einem Menschen, der Werte wie Wohlwollen, Solidarität, Verstehen, Humor oder Schönheit, Freiheit und Brüderlichkeit repräsentiert, um das Sensorium für Wertvolles zu schärfen und unseren Idealismus zu entfachen.

Doch nochmals sei die Frage gestattet, wo hierbei die persönliche Verantwortung zu platzieren ist. Meiner Meinung nach ist es dieses Gran von Entscheidungsspielraum, den etwa Maxim Gorki nutzte, als er sich unter den Erwachsenen seine Großmutter und nicht irgendeinen brutalen Verwandten (die es zur Genüge gab) zum Modell wählte, an der er etwas lernen und mit der er sich identifizieren mochte. Bezogen auf uns Nicht-Künstler bedeutet dies, dass wir jede Gelegenheit nutzen dürfen, die uns jene Menschen zuspielt, an denen wir Sinn-, Wert- und Bedeutungsvolles zu erkennen glauben – gleichgültig, ob es sich dabei um Lehrer, Freunde, Liebespartner, um Arbeitskollegen oder Vorgesetzte oder aber um Figuren und deren Ideen handelt, die uns über Kunst, Wissenschaft, Literatur und Philosophie vermittelt werden.

Gorkis Biographie mahnt uns, den Kairos beim Schopfe zu packen, der uns zufällig mit Personen in Kontakt bringt, an denen wir Sinn-, Wert- und Bedeutungsvolles erspüren – eine Großmutter im Gorkischen Sinne läuft uns schließlich nicht jeden Tag über den Weg! Nicht entscheidend ist es, ob sich das vermeintlich Ideale und Wertvolle an ihnen schlussendlich als weniger großartig erweisen sollte als angenommen: So oder so haben sie womöglich ihren Zweck erfüllt und bei uns die Sehnsucht nach Sinn, Wert und Bedeutung wachgerufen – eine Sehnsucht, die unseren intellektuellen, vor allem aber auch unseren emotionalen und sozialen Bildungsprozess enorm zu fördern vermag.

Wie wäre es, ein Mensch zu sein? – lautet die Ausgangsfrage dieses Kapitels und des ganzen Buchs. Die Antworten darauf sind einfach und komplex zugleich: Einfach, weil es eine Binse bedeutet festzustellen, dass jeder von uns zur Gattung Homo gehört und längst schon Mensch geworden ist; und komplex, weil es immens langer Übung und vielfältiger Anstrengungen bedarf, die Möglichkeiten und Verantwortungsbereiche der menschlichen Existenz überhaupt wahrzunehmen, auszuloten und sich dann ihnen entsprechend zu entwickeln.

Wie wäre es, ein Mensch zu sein? – Diese Frage im Konjunktiv signalisiert, dass Mensch-Sein und Menschlich-Werden eine Aufgabe und keine

Selbstverständlichkeit ist. Seit Generationen mühen sich Individuen erfolgreich oder scheiternd mit dieser Aufgabe ab und übernehmen mehr oder weniger Verantwortung für sich und ihre Mitmenschen, die Kultur und Gesellschaft und selten auch für Mutter Erde. »Einmal lebt ich, wie Götter, und mehr bedarfs nicht.« – dichtete Friedrich Hölderlin in seinem Poem *An die Parzen.* »Nicht nur einmal versuchlich Verantwortung wie ein Mensch, und mehr bedarfs nicht.« – können wir zum Ende unseres Lebens hin in Anlehnung an Hölderlin sagen, wenn wir immer wieder danach trachten, Sorge für uns und die Mitmenschen, für die Natur und unsere Kultur zu entwickeln.

LITERATUR

Hartmann, N.: Ethik (1926), Berlin 1962
Kafka, F.: Der Prozess (1925), Frankfurt am Main 1983
Kant, I.: Grundlegung zur Metaphysik der Sitten (1785), in Werkausgabe Band VII, Frankfurt am Main 1974
Konersmann, R.: Kulturphilosophie zur Einführung, Hamburg 2003

PERSONENREGISTER

A

Adler, Alfred 11, 21, 59, 68, 70f., 129, 135–138, 164, 167, 171–174, 184, 256, 281–283
Adorno, Theodor W. 38, 125, 132
Agamben, Giorgio 107
Agricola, Rudolf 100
Alberti, Leon Battista 99
Alt, Peter André 7, 305
Anakreon 201
Anaxagoras 74
Andersen Nexö, Martin 212
Apollon 9, 267
Arendt, Hannah 22, 83f., 248, 250, 285
Aristoteles 11, 74, 81, 177f., 258, 270
Arnim, Bettina von 263

B

Balzac, Honoré de 7
Barbusse, Henri 209f., 212
Basedow, Johann Bernhard 27, 139
Baudelaire, Charles 276
Bayle, Pierre 139, 251
Beaufret, Jean 104
Bebel, August 215, 235
Beecher-Stowe, Harriet 207f.
Beethoven, Ludwig van 210, 215
Bembo, Pietro 99
Benda, Julien 216, 257, 301

Benjamin, Walter 268, 270
Berdjajew, Nikolai 15
Berend, Iván Tibor 198
Berghan, Wilhelm 231
Bergson, Henri 103, 129, 131, 274f., 285
Berlin, Isaiah 90, 132, 214
Bieri, Peter 39
Bismarck, Otto von 215
Bloch, Ernst 13f., 255
Boccaccio, Giovanni 99
Boss, Medard 71
Bovenschen, Silvia 89
Brandes, Georg 216
Brandt, Willy 20
Brant, Sebastian 100f.
Brecht, Bertolt 6, 23, 217, 238, 249
Brücke, Ernst 295
Brunelleschi, Filippo 269
Bruno, Giordano 257
Buber, Martin 58–60, 82, 119, 184, 318
Bude, Heinz 254
Buffon, Georges-Louis Leclerc de 283
Bühler, Charlotte 118
Burckhardt, Jacob 316

330 Personenregister

C

Cabet, Étienne 15
Campanella, Tommaso 15
Camus, Albert 70, 104, 118, 144, 247, 264
Carus, Carl Gustav 99, 279 f.
Casanova 7
Cassirer, Ernst 103, 129, 138 f., 141, 180 f., 270, 308 f., 323
Chamfort 79
Chruschtschow, Nikita 220
Churchill, Winston 224
Cicero 98 f.
Clark, Christopher 218
Claudius, Matthias 209
Curtius, Ernst Robert 38 f., 107

D

d'Alembert, Jean-Baptiste le Rond 45, 139, 316
Dawkins, Richard 186
Demokrit 82, 270
Dennett, Daniel 186
Descartes, René 76, 101, 292, 298
Dewey, John 44
Diderot, Denis 45, 139, 146, 156, 251, 316
Dilthey, Wilhelm 100, 293 f.
Diogenes Laërtius 74, 252
Dionysos 267 f.
Dulles, John Forster 220
Dürer, Albrecht 101, 251, 254
Durkheim, Émile 152, 166, 190
Dürrenmatt, Friedrich 302 f.

E

Ebner-Eschenbach, Marie von 65, 315
Eckermann, Johann Peter 250
Ehrlich, Paul 215
Eichendorff, Joseph von 32
Einstein, Albert 104, 212, 216 f., 220-223, 225, 306
Eisenhower, Dwight David 220
Eliade, Mircea 153
Engels, Friedrich 15
Epikur 45, 74, 82-84, 156, 250, 277
Erasmus von Rotterdam 7, 100, 113 f., 121 f., 127 f., 139, 145 f., 201, 205, 251
Eucken, Rudolph 215

F

Fellmann, Ferdinand 283
Feuchtersleben, Ernst von 279
Feuerbach, Ludwig 152, 157-159, 174, 184 f., 193
Ficino, Marsilio 99
Finch, Edith 221
Fink, Eugen 299
Flaubert, Gustave 61 f., 232, 276
Fontane, Theodor 97, 146, 214
Foucault, Michel 261, 283
Frank, Jerome David 209
Frank, Leonhard 214-216
Franz Joseph I. 228
Freud, Sigmund 11, 50 f., 54, 59 f., 65 f., 68, 70, 105, 114, 134 f., 138, 143, 160, 164, 167-171, 184, 192, 222-225, 234, 251 f., 259 f., 281 f., 291, 295 f.
Friedrich, Ernst 15, 75, 100, 209, 212 f., 215, 280
Froben, Johannes 101
Fromm, Erich 84, 105
Frühwald, Wolfgang 31, 33
Fukuyama, Francis 198
Furtmüller, Carl 172

G

Gadamer, Hans-Georg 54, 230, 246 f., 294-296
Galilei, Galileo 292, 298
Galli, Giuseppe 256
Galtung, Johan 238 f.
Gandhi, Mahatma 64 f., 217, 224
Geertz, Clifford 152
Genet, Jean 276

Personenregister

Goethe, Johann Wolfgang von 7, 13, 20f., 36-40, 45, 56, 65, 85, 93, 97, 102, 111, 122f., 129, 139f., 145f., 212, 215, 245, 250, 263, 272, 277, 280f., 310, 323
Goldhagen, Daniel 199
Gorki, Maxim 206, 209, 212, 325f.
Goya, Francisco de 202-205, 213
Grawe, Klaus 50
Grillparzer, Franz 254
Grimmelshausen, Hans Jakob Christoffel von 217
Guzzoni, Ute 256

H

Habermas, Jürgen 90, 136-138, 300
Haeckel, Ernst 215
Hahnemann, Samuel 279
Hahn, Otto 198
Harari, Yuval Noah 109f.
Harris, Sam 186
Hartmann, Nicolai 63, 100, 119f., 272f., 284
Hauptmann, Gerhart 211, 215
Hegel, Georg Wilhelm Friedrich 78, 157, 198, 255, 263, 269, 320, 322
Heidegger, Martin 10, 104f., 182, 255, 295f.
Heine, Heinrich 263
Heinroth, Johann Christian August 279
Helvétius 156
Herakles 28
Heraklit 74, 229, 257
Herder, Johann Gottfried 27, 102, 123, 263
Hersch, Jeanne 256
Herzen, Alexander 206
Hitchens, Christopher 186
Hobbes, Thomas 98
Hobsbawm, Eric 14, 198
Höffding, Harald 258, 260
Hofmannsthal, Hugo von 211
Holbach, Paul Thiry von 217
Hölderlin, Friedrich 102, 201, 270, 327

Holzkamp, Klaus 118
Homer 269
Horaz 45
Horkheimer, Max 132, 136
Hübner, Kurt 245
Hufeland, Christoph Wilhelm 277, 279
Huizinga, Johan 100, 143f., 258, 265
Humboldt, Alexander von 102, 123, 263
Humboldt, Wilhelm von 27, 33, 102f., 123, 139, 263
Hume, David 157, 316
Husserl, Edmund 76, 245, 251, 256, 297-300
Hutten, Ulrich von 100f., 113f.
Huxley, Aldous 15
Huxley, Julian 106, 129

I

Ikeda, Daisaku 106
Itard, Jean 139

J

Jachmann, Reinhold Bernhard 139
Jaeger, Werner 103
Jahn, Ernst 171
James, William 163f.
Jaspers, Karl 104f.
Jean Paul 29f., 79, 137, 204f., 259
Joas, Hans 113, 190-192
Joliot-Curie, Frédéric 220
Julius II. 201
Jung, Carl Gustav 11, 184
Jungk, Robert 22

K

Kafka, Franz 316
Kahl, Michael 187
Kant, Immanuel 18f., 34, 37f., 43-45, 86f., 117, 137-140, 157, 175, 202, 205, 215, 251, 260, 269, 292, 299, 316, 319, 322

Kassandra 9, 17, 208
Kather, Regine 113
Kazantzakis, Nikos 16
Keller, Gottfried 56
Kennan, George Frost 198
Kennedy, John Fitzgerald 227
Kepler, Johannes 292
Key, Ellen 216
Khorchide, Mouhanad 107
Kierkegaard, Sören 7, 89, 266 f.
Klabund 217
Klee, Paul 77
Kleist, Heinrich von 97
Klemperer, Victor 323 f.
Kolakowski, Leszek 253
Kolko, Gabriel 198
Konersmann, Ralf 321
Konfuzius 197
Kopernikus, Nikolaus 291 f.
Koselleck, Reinhart 279
Kraus, Karl 217
Krüger, Hans-Peter 131
Küpper, Beate 231

L
La Bruyère, Jean de 79
La Mettrie, Julien Offray de 156
Landauer, Gustav 215
Laotse 75
Laplanche, Jean 282
La Rochefoucauld, François de 79
Lasch, Christopher 191
Lavater, Johann Caspar 39
Leibniz, Gottfried Wilhelm 101
Leonardo da Vinci 45, 277
Leontjew, Alexei 118
Lessing, Gotthold Ephraim 44, 102, 122 f., 139, 316
Lewin, Kurt 91, 248
Lichtenberg, Georg Christoph 79, 114
Liebermann, Max 215
Liebknecht, Karl 213
Liessmann, Konrad Paul 31, 38
Lindgren, Astrid 228 f.

Linné, Carl von 308
Locke, John 90, 122, 131, 316
Lorenzer, Alfred 68
Löwith, Karl 119, 177–180, 251
Lukrez 99
Luxemburg, Rosa 235

M
MacGregor, Neil 151, 154, 176
Mandela, Nelson 17
Manetti, Giannozzo 99
Mann, Heinrich 212
Mann, Thomas 97, 105, 146, 193, 211
Manutius, Aldus 101
Maritain, Jacques 103
Markard, Morus 118
Marx, Karl 168, 184, 190
Maslow, Abraham 105, 118
Maupassant, Guy de 41
Mehring, Walter 237
Meitner, Lise 198
Melanchthon, Philipp 100
Mendelssohn-Bartholdy, Felix 55, 248
Menoikeus 82
Merleau-Ponty, Maurice 77, 124, 129, 245, 275
Meslier, Jean 156
Michelangelo 210, 269, 277
Mill, John Stuart 131
Mittelstraß, Jürgen 32 f.
Möller, Philippo (Goethe) 85
Montaigne, Michel de 13, 73, 79, 100, 114, 146, 251, 255, 277–279
Montesquieu 79, 131, 217, 316
Mörike, Eduard 32
Moritz, Karl Philipp 56
Morus, Thomas 14, 100 f., 118
Mounier, Emmanuel 113, 118
Mozart, Wolfgang Amadeus 266, 271
Mühsam, Erich 217
Müller, Hedwig 218
Muschg, Walter 266
Musil, Robert 11 f., 285

N

Nansen, Fridtjof 216
Napoleon 205, 280
Nestle, Wilhelm 290
Newton, Isaac 101, 292
Nicolai, Georg Friedrich 63, 119, 209, 215–218, 272, 274
Nida-Rümelin, Julian 107
Niethammer, Friedrich Immanuel 100, 102, 139
Nietzsche, Friedrich 10, 17 f., 36, 40 f., 51, 55 f., 75, 79–81, 83 f., 92, 114, 134, 143, 145, 151, 160–163, 171, 173, 178, 184, 193, 217, 255, 257, 267, 271 f., 277, 280–283, 305, 310, 318
Nobel, Alfred 207
Norenzayan, Ara 154 f.
Nussbaum, Martha 28

O

Oldfield, Sybil 209
Onfray, Michel 186
Ortega y Gasset, José 111
Orwell, George 15 f.
Otto, Rudolf 164–166, 182, 190
Ovid 99
Owen, Robert 15

P

Panofsky, Erwin 270
Parin, Paul 118
Pater, Walter 270
Pauling, Linus 106, 220
Péguy, Charles 210
Peirce, Charles Sanders 163
Pestalozzi, Johann Heinrich 27, 139
Petrarca, Francesco 99
Petronius 99
Pfänder, Alexander 117
Pico della Mirandola 99, 112
Pindar 201
Pinker, Steven 199

Pirckheimer, Willibald 100
Planck, Max 215
Platon 54, 74, 76, 81, 177, 183, 256, 270, 279, 289
Plautus, Titus Maccius 98
Plessner, Helmuth 108, 137, 304
Plutarch 83
Poggio Bracciolini, Giovanni Francesco 99
Pontalis, Jean-Bertrand 282
Popper, Karl 70, 129, 131 f., 290, 309, 324
Protagoras 156
Proudhon, Pierre-Joseph 206
Proust, Marcel 321
Pythagoras 74, 270, 289
Pythia 8, 9

Q

Quante, Michael 113
Quintilian 99

R

Raffael 45, 277
Rank, Otto 52
Rascher, Max 215
Rattner, Josef 50, 106, 113, 184 f., 225, 301
Rawls, John 90
Reich-Ranicki, Marcel 31
Reinhold, Christian 139
Remarque, Erich Maria 217, 228
Renn, Ludwig 217
Reuchlin, Johann 100 f.
Rhenanus, Beatus 100
Rilke, Rainer Maria 211, 271 f., 275
Rivarol 79
Rogers, Carl 105, 118
Rolland, Romain 7, 170, 209–212, 216 f.
Roosevelt, Franklin Delano 223
Rousseau, Jean-Jacques 102, 139, 206, 316
Ruskin, John 270

Russell, Bertrand 33, 79, 90f., 104, 175–177, 212, 219–221, 257

S
Salzmann, Christian Gotthilf 139
Sand, George 232
Sappho 201, 269
Sartre, Jean-Paul 10, 59, 62, 93, 104, 115, 117f., 121, 124, 182f., 221, 245, 248, 257, 275f., 285
Schedel, Hartmann 100
Scheler, Max 32f., 63, 317
Schelling, Friedrich Wilhelm Josef 244
Schiller, Friedrich 102, 123, 142, 258, 263, 270f.
Schleiermacher, Friedrich 139, 157, 163f., 293f.
Schmidt-Salomon, Michael 106, 186
Schmid, Wilhelm 283
Schmitz, Hermann 245f.
Schopenhauer, Arthur 79, 92, 97, 126, 146, 159f., 193, 257, 280
Schwanitz, Dieter 31
Sen, Amartya 28, 90, 132
Seneca 98f.
Shakespeare 4
Sisyphos 144, 247
Snow, Charles Percy 296
Sokrates 31, 54, 75, 79–81, 270, 290
Spaemann, Robert 113
Spinoza, Baruch de 45, 178f., 255, 257, 292
Spitteler, Carl 270
Spranger, Eduard 103
Staiger, Emil 255
Stendhal 257f., 269
Storm, Theodor 97, 146
Strauß, David Friedrich 155
Strenger, Carlo 132
Suttner, Bertha von 198, 207–209, 217, 226, 230, 231f., 234–237
Swift, Jonathan 15

T
Tacitus 99
Teiresias 8f.
Tellenbach, Hubertus 251
Tersteegen, Gerhard 165
Tertullian 169
Thales 74
Thorvaldsen, Bertel 263
Thukydides 269
Toller, Ernst 210, 217
Tolstoi, Leo 7, 198, 205–207, 210, 217
Tönnies, Ferdinand 137
Toynbee, Arnold 106, 141
Trakl, Georg 85
Troeltsch, Ernst 190
Tuchman, Barbara 227
Tucholsky, Kurt 209, 217–219
Turgenjew, Iwan 206
Twain, Mark 97

U
Ulbricht, Walter 154

V
Valla, Lorenzo 99
Varnhagen, Rahel 263
Vauvenargues 79, 114
Vico, Giambattista 257, 293
Vitruv 99
Voegelin, Eric 68
Voltaire 15, 45, 100, 122, 156, 217, 251, 310, 316

W
Wagner, Richard 97, 189, 271
Weber, Max 141, 152, 165, 189
Weizsäcker, Ernst Ulrich von 106
Whitehead, Alfred North 33
Whitehouse, Harvey 154f.
Wieland, Christoph Martin 263
Wilamowitz-Moellendorf, Ulrich von 215
Wilde, Oscar 16, 79, 269f.

Winckelmann, Johann Joachim 102
Windelband, Wilhelm 216
Wittgenstein, Ludwig 80, 255
Woolf, Virginia 226 f.
Wundt, Wilhelm 216

X
Xenophanes 74, 290

Z
Zetkin, Clara 235
Zick, Andreas 231
Zweig, Arnold 217
Zweig, Stefan 7, 65, 100, 208 f., 212

GPSR Compliance

The European Union's (EU) General Product Safety Regulation (GPSR) is a set of rules that requires consumer products to be safe and our obligations to ensure this.

If you have any concerns about our products, you can contact us on

ProductSafety@springernature.com

In case Publisher is established outside the EU, the EU authorized representative is:

Springer Nature Customer Service Center GmbH
Europaplatz 3
69115 Heidelberg, Germany

www.ingramcontent.com/pod-product-compliance
Lightning Source LLC
LaVergne TN
LVHW011006250326
834688LV00004B/92